跨境数字贸易

主　编　郭爱美　李淑贞

北京理工大学出版社

BEIJING INSTITUTE OF TECHNOLOGY PRESS

内 容 简 介

本教材采用"总-分-总"的内容编排方式，在总体介绍跨境数字贸易的基础理论知识、技术基础知识、专业理论基础知识之后，首先，分别阐述跨境电子商务、跨境数字服务贸易这两大类跨境数字贸易的应用模式、发展现状与趋势；其次，围绕跨境电子商务阐述了其数字化运营的主要环节（诸如支付、融资、营销、物流等）的基本概念、业务模式、业务流程、发展现状与最新进展；再次，从发展环境角度阐述了跨境数字贸易的安全体系、监管制度与法律问题；最后，从全球视角分析与总结了当前全球多边和主要区域的跨境数字贸易规制现状。

本教材的编写逻辑结构清晰，语言表达准确，内容充实丰富。在正文之外，每章还以二维码的方式提供了与本章内容直接相关的案例、报告、数据、学术论文等资料。

本教材内容兼具实践性与理论性、现实性与前瞻性，除可供高等院校国际贸易、电子商务、市场营销等相关专业的本科生作为教材使用外，也适合相关专业的研究生作为学习与研究的参考用书。

图书在版编目（CIP）数据

跨境数字贸易 / 郭爱美，李淑贞主编. --北京：
北京理工大学出版社，2023.4
ISBN 978-7-5763-2251-4

Ⅰ. ①跨… Ⅱ. ①郭… ②李… Ⅲ. ①国际贸易-电子商务-高等学校-教材 Ⅳ. ①F740.4-39

中国国家版本馆 CIP 数据核字（2023）第 060194 号

出版发行 / 北京理工大学出版社有限责任公司
社　　址 / 北京市海淀区中关村南大街 5 号
邮　　编 / 100081
电　　话 / （010）68914775（总编室）
　　　　　（010）82562903（教材售后服务热线）
　　　　　（010）68944723（其他图书服务热线）
网　　址 / http：//www.bitpress.com.cn
经　　销 / 全国各地新华书店
印　　刷 / 涿州市新华印刷有限公司
开　　本 / 787 毫米×1092 毫米　1/16
印　　张 / 17　　　　　　　　　　　　　　　　责任编辑 / 封　雪
字　　数 / 396 千字　　　　　　　　　　　　　　文案编辑 / 毛慧佳
版　　次 / 2023 年 4 月第 1 版　2023 年 4 月第 1 次印刷　　责任校对 / 刘亚男
定　　价 / 92.00 元　　　　　　　　　　　　　　责任印制 / 李志强

前言

随着经济发展进入新常态，数字经济逐渐成为我国产业转型升级的重要驱动力，正在推动社会的生产方式、生活方式与治理方式发生深刻变革。作为我国数字经济发展中最活跃最有竞争力的部分，数字贸易展现出强大的发展韧性，为中国乃至世界经济复苏注入强大动力。经过十余年的发展，特别是在国家政策的引导和跨境电子商务综合实验区示范项目的推动下，很多城市已经初步建立起跨境电子商务生态体系，我国也已初步形成适应跨境电商发展的标准体系。与此同时，中国服务外包示范城市与服务贸易创新发展试点项目正在深入推进，旨在促进服务贸易数字化转型与深化探索数据跨境流动等制度规则的国家服务贸易创新发展示范区、数字贸易港建设也在加速推动。在政府与市场的合力作用下，未来我国跨境数字贸易的发展将越来越规范，开放水平越来越高，开放能力越来越强；在新的技术条件和新的制度规则下，对外贸易仍将继续成为我国经济稳定健康发展的重要引擎。在此背景下，作为多年从事国际贸易专业教学与研究工作的一线教师，我们有责任系统地梳理出当前跨境数字贸易领域出现的新现象、新模式、新规则与新理论，这样一方面有助于完善国际贸易学科体系的建设；另一方面有利于培养更多合格的专业应用型人才。

具体到编写风格，本教材具有以下特点：

（1）在内容的组织上凸显出跨学科性。一方面，在教材内容的整体设计上，既有对新兴数字技术的介绍，也有对跨境数字贸易主要商业模式的阐释，还有对当前跨境数字贸易相关监管制度、法律问题、国际协调制度的追踪，构建了"技术+商业+制度"三位一体的跨境数字贸易阐述范式；另一方面，在具体章节内容的安排上，比如第三章跨境数字贸易的理论基础共采用了五个学科视角来分别阐释跨境数字贸易的理论渊源，以期为读者提供一个跨学科的较为完善的理论知识架构。

（2）在内容的阐释上体现出一定的研究性。一方面，从参考资料上来看，在本教材的编写过程中，我们不仅参阅了已有的相关教材，更多地是参研了有关的学术论文、研究报告与专著，以使本教材的内容能够反映相关领域最新的发展动态；另一方面，在借鉴相关研究的基础上，我们在信息的整理与输出过程中，均融入了自己的思考与见解，比如第一章中按照规制变化对跨境数字贸易的发展阶段进行划分就是作者的独创，类似的情况在第三章、第五章、第十二章中也有所呈现。

（3）在内容的展示上开辟出空间弹性。本教材通过在纸质书籍中插入二维码的方式连通了线下和线上资源，借用云空间打破实体书的物理界限，使实体书具备了富媒体的功能。本教材每章都设置了二维码，让读者通过智能手机扫码的形式实时浏览或下载与本章内容直接相关的报告、案例、论文等文字资料。

本教材共分为十二章。其中，前三章主要阐述了跨境数字贸易的基本概念、特征、分类、发展阶段、经济效应、制约因素、技术基础、专业理论基础等内容，包括第一章跨境数字贸易概述、第二章跨境数字贸易的技术基础、第三章跨境数字贸易的理论基础；接下来的五章主要阐述了跨境电子商务的关键数字化运营环节诸如支付、融资、营销、物流等的基本概念、业务模式、业务流程、发展现状与趋势，包括第四章基于数字订购的跨境商品贸易、第五章跨境数字服务贸易、第六章数字贸易跨境网络支付结算与融资、第七章跨境数字贸易营销、第八章跨境数字贸易物流与供应链管理；之后的三章主要阐述了跨境数字贸易发展的安全环境、监管环境和法律环境，包括第九章跨境数字贸易的安全体系、第十章跨境数字贸易的监管制度、第十一章跨境数字贸易法律问题；最后一章阐述了当前全球多边和主要区域的跨境数字贸易规制现状，即第十二章全球数字贸易规则。

本书获杭州电子科技大学教材立项出版资助，由郭爱美和李淑贞任主编。其中，郭爱美负责编写第一章、第三至六章、第八章；李淑贞负责编写第二章、第七章、第九至十二章。

本教材的顺利完成离不开对本领域有关学者、专家与老师们前期成果的学习与借鉴，如参考文献中未能尽列，希望得到您的谅解与指正，在此向各位表示真诚的感谢。

编　者

目 录

第一章

跨境数字贸易概述

技术是塑造社会生产生活总体样貌的根本性力量，每次技术革命都颠覆了既有的生产生活方式，以电子计算机的应用为代表的第三次技术革命，以人工智能、区块链、物联网、云计算等数字技术为代表的第四次技术革命也不例外。信息通信技术的迅速发展与全面应用驱动数字经济高速增长，并成长为全球经济增长的新引擎。中国信息通信研究院在其发布的《中国数字经济发展白皮书》中将数字经济定义为，以数字化的知识和信息为关键生产要素，以数字技术创新为核心驱动力，以现代信息网络为重要载体，通过数字技术与实体经济深度融合，不断提高传统产业数字化、智能化水平，加速重构经济发展与政府治理模式的新型经济形态。贸易作为经济活动中配置资源的关键环节，受第三和第四次技术革命的影响，正经历数字化的深刻变革。数字贸易可视为数字经济在贸易领域发展的延伸与应用，数字经济是数字贸易发展的基础。

一、跨境数字贸易的内涵与特征

学术界对跨境数字贸易的理性认识也存在一个随着贸易实践的不断发展而不断深化的过程。对跨境数字贸易内涵的揭示便是如此[①]。马述忠等（2018）根据贸易标的的不同，将"数字贸易"概念的演进历程划分为两个阶段。

2013 年之前是第一阶段，数字贸易仅被视为数字产品与服务的贸易。Weber（2010）在其研究数字经济时代国际贸易规则的文章中提出，数字贸易通常是指通过互联网等电子化手段传输有价值产品或服务的商业活动，数字产品或服务的内容是数字贸易的核心。美国商务部经济分析局（USBEA）在《数字化服务贸易的趋势》中提出了"数字化服务贸易"概念，即因信息通信技术进步而实现的服务的跨境贸易，具体分类如下：版权和许可费；金融和保险产品；长途通信；商业、专业和技术服务等，这一概念主要用于衡量美国的国际数字服务贸易。2013 年 7 月，美国国际贸易委员会（USITC）在《美国与全球经济

---

① 数字贸易这个概念严格来讲既包括数字内贸也包括数字外贸，当国际贸易学者进行本领域的学术探讨时，为叙述简便起见，常用数字贸易代指跨境数字贸易，本书中我们也大都做此处理。

中的数字贸易Ⅰ》中正式定义了数字贸易，即通过互联网传输产品和服务的国内商务和国际贸易活动，具体的交易标的为：音乐、游戏、视频、书籍等数字内容；社交媒体、用户评论网站等数字媒介；搜索引擎；其他产品与服务。以上定义都将数字贸易的标的限定在数字产品与服务范围之内。这一阶段，数字贸易的标的范围相当狭隘，与经济现实脱节的现象较为严重，因此很快被全新的概念所替代。

2014 年之后是第二阶段，实体货物被纳入数字贸易的交易标的范畴，强调数字贸易是由数字技术实现的贸易。2014 年 8 月，美国国际贸易委员会在《美国与全球经济中的数字贸易Ⅱ》中重新界定了"数字贸易"这一概念，将其解释为互联网技术在订购、生产以及交付产品和服务中发挥着关键作用的国内商务或国际贸易活动。数字贸易的标的具体包括：使用数字技术订购的产品与服务，如在电子商务平台上购买的实体货物；利用数字技术生产的产品与服务，如存储软件等；采用数字技术实现交付的产品与服务，即该机构发布的前一版定义中所包含的内容。2017 年，美国贸易代表办公室（USTR）在其发布的报告《数字贸易的主要壁垒》中认为，"数字贸易"应当是一个广泛的概念，不仅包括个人消费品在互联网上的销售以及在线服务的提供，还包括实现全球价值链的数据流、实现智能制造的服务以及无数其他平台和应用。该报告列举了诸多事实：物联网已将超过 50 亿台设备连接起来，汽车、冰箱、飞机甚至整幢建筑物都在不断生成数据并将其发送到国内外的处理中心。制造业产生的大量数据被广泛应用于研发、生产、运营、服务等价值链各环节，这样可以降低生产成本并提高生产效率。

以上对数字贸易概念演进的分析主要依据美国相关机构的研究所定。与此同时，中国学者也在追踪并参与该领域的研究，如熊励等（2011），其将全球范围内的数字贸易概括为以互联网为基础，以数字交换技术为手段，为供求双方提供互动所需的数字化电子信息，实现以数字化信息为贸易标的的创新型商业模式。该定义接近美版第一阶段对数字贸易标的的界定。蓝庆新和窦凯（2019）则认为，数字贸易是依托互联网为基础，以数字交换技术为手段，实现传统实体货物、数字化产品与服务、数字化知识和信息的高效交换的商业活动。该定义接近美版第二阶段对数字贸易标的的界定。张宇和蒋殿春（2021）将数字贸易定义为以数字技术和信息技术为依托，以电子信息产业的产品和可在线传输的数字产品与服务为交易标的，或在交易活动中广泛采用数字与信息技术的产品与服务的贸易活动。相较前一定义，该定义专门突出了 ICT 产品与服务的贸易，即与数字技术本身相关的软硬件产品与服务，包括硬件设备与软件开发、信息传输与电信服务的提供等与传统贸易活动存在较多重叠，但为现代数字技术提供了重要支撑的产品与服务内容。总体而言，上述定义倾向于将数字贸易中数字技术应用的范畴界定在产品和交易领域。相比之下，另一些研究则进一步拓展了有关数字技术应用的涵盖范围，如伊万·沙拉法诺夫和白树强（2018）从广义的角度出发，认为数字贸易应当包括信息通信技术产品或服务的交易、数字产品及服务、人员流动和数据传输四个核心因素；马述忠等（2018）则进一步指出，数字贸易不仅应当包括传统意义上的那些以数字化技术为主要交易手段或以数字化产品为主要交易标的的贸易活动，而且应当进一步涵盖通过信息通信技术实现传统有形货物、新型数字产品与服务、数字化知识与信息的高效交换，进而推动消费互联网向产业互联网转型并最终实现制造业智能化的新型贸易活动，这实际上将数字贸易概念中数字技术应用的范畴从原本的产品和交易领域推进至生产领域。另外，孙杰（2020）从数字贸易在国民经济活动中的功能及定位出发，认为数字贸易仍然需要以传统经济活动的效率提升和结构优化作为其基本目的，只是在生产和交易活动中将数字化的知识和信息作为关键性的生产要素，本质上仍属于现代生产性服务业的范畴。

由国内外对数字贸易内涵的界定及其演变过程可以看出，数字贸易概念的发展既有客观历史性，又兼具主观意图性。客观历史性体现在其概念内涵随对外贸易实践的现实状态变化而变化，主观意图性则由于其概念界定因学者的研究视角和想要强调的侧重点不同而不同。

美欧日数字贸易的内涵演变、发展趋势及中国策略

（一）跨境数字贸易的概念框架

2019年，为回应对数字贸易及其可比数据日益增长的现实需求，经合组织（OECD）、世界贸易组织（WTO）和国际货币基金组织（IMF）共同发布了《数字贸易测度手册》，该手册定义了数字贸易的概念框架，提出了数字贸易指的是通过计算机网络，以数字订购和（或）数字交付方式进行产品或服务的国际贸易。数字贸易基本框架由交易主体、交易客体、交易方式组成，系统地回答了谁在交易、在哪儿交易、交易什么、如何交易的问题。在数字贸易框架下，交易主体是企业、政府、居民、为居民服务的非营利机构；交易的产品包括货物和服务；交易通过数字中介平台进行，以数字方式订购、数字方式交付为主。

（二）跨境数字贸易的特征

数字经济本身具有低运输成本、低边际成本、低搜索成本以及关键要素（数据资源）内生化的特性，得益于这些特性，数字贸易显示出异于传统贸易的诸多特征。刘洪愧（2020）将数字贸易与传统贸易进行比较分析后认为，虽然数字贸易与传统贸易在贸易的行为本质、内在动因、经济意义等方面具有一致性，但在两者产生的时代背景、贸易主体、贸易对象、交付方式、贸易效率、监管政策等方面均表现出显著差异，如表1-1所示。

表1-1　数字贸易与传统贸易的比较

项目	传统贸易	数字贸易
时代背景	以蒸汽机为代表的第一次工业革命、以电力技术为代表的第二次工业革命、以计算机及信息技术为代表的第三次工业革命	第三次工业革命和以人工智能、工业机器人、物联网、量子通信、虚拟现实以及生物技术为代表的第四次工业革命
贸易主体	以大型跨国企业为主，中小型企业则通过代理商、批发商和零售商等中间机构间接交易，供给方和需求方通常并不直接进行交易磋商	互联网平台企业的作用越发凸显，中小微企业成为主力军，且平台企业的出现，以及互联网和数字技术的使用使得供给方和需求方直接交易成为可能
贸易对象	以有形的货物和生产要素为主，服务贸易占比较低	既包括数字产品和服务，也包括借助平台企业实现交易的传统货物，服务贸易占比将不断上升
交付方式	主要采取陆运、海运等运输方式，通关需要准备更多的实物文件（如证明材料、纸质单据等）	有形产品主要采取邮政和快递等方式寄送，数字产品和服务则采用数字化交付方式，整个交易过程可实现无纸化和电子化

项目	传统贸易	数字贸易
贸易效率	贸易周期长、不确定因素多、贸易成本高，易受空间因素的制约	平台企业的出现以及信息通信技术的应用缩短了贸易周期、减少了贸易的不确定性，并降低了交易成本，弱化了地理等因素的制约
监管政策	WTO 等国际组织是主要监管机构，各国的贸易政策、双边及区域层面的贸易协定等构成全球贸易监管的主要法律规范	不仅包括传统贸易下的监管机构和监管法律规范，还更加强调数字贸易中的数据监管、隐私保护等，但数字贸易的国际监管政策还在形成之中

表 1-1 中的比较主要呈现的是传统贸易与数字贸易在实践层面的差异，较少涉及两者在经济学本质特征方面的区别。为此，本书借鉴张宇和蒋殿春（2021）的分析，将数字贸易的经济学特征总结如下。

1. 交易平台化与供应链扁平化

数字贸易区别于传统贸易的一个显著特征在于交易方式的改变。在传统的贸易活动中，由于高昂的信息成本导致的信息不对称性，国际贸易活动大多需要依靠专业化的进出口商作为中介机构，以实现供应方与需求方的有效勾连，由此导致传统的国际贸易存在更长的供应链条。然而，在数字化的贸易活动中，信息技术的广泛采用大大降低了需求方与供给方之间的信息壁垒和沟通成本，中间商存在的必要性大幅下降并趋于消失，由此，需求方和供给方之间可实现直接对接，贸易活动的供应链体系也越来越呈现出扁平化的特征。

数字贸易中参与方信息成本下降以及供应链扁平化的直接驱动因素，源自数字技术下专业性交易平台的产生与不断发展。作为一种直接汇聚用户和商品与服务供应商的典型双边市场，数字交易平台的存在大幅降低了贸易参与方之间的搜寻和匹配成本，最大限度地取代了原有的中介机构。与此同时，平台经济采用同一套硬件、软件和管理组织取代了原有的分散的传统贸易组织形式，引发了国际贸易的供应链从原有的"链条式"结构向扁平化的"网络式"结构转变。

2. 产品的个性化与物流的分散化

与传统贸易相比，数字贸易所具有的另一个特征就是产品的个性化与多样化程度得到了极大提升。这实际上得益于数字经济本身所造就的"长尾效应"。根据 Anderson（2004）的总结，传统商业活动中由于成本和规模限制，市场上的产品通常只能覆盖 20% 的主流需求，却占据了 80% 以上的市场份额，而对于剩余 80% 的零散和小规模需求则因为无法达到市场的最低进入规模而被排除在外。互联网的出现对上述"二八法则"提出了挑战——借助互联网和交易平台，更多的消费者有机会接触更契合自身偏好的产品，从而汇聚了众多"小众"需求，这些原本属于"尾部"而被主流市场排除在外的产品，现在则可通过需求的汇聚积累足够的规模从而获得进入市场的机会，甚至累积获得比主流产品更大的市场。与此同时，数字技术的应用大幅改善了企业的供应链管理效率，使企业得以更为精准地进行订单和库存管理，甚至可直接提供客户需求定制服务，由此减少了因盲目试错而产生的时间成本与经济损失，为众多"小众"或"尾部"需求的满足创造了必要的技术条件。与产品领域的多样化和个性化程度提升相对应，以小规模和多样化为特征的物流活动改变了以往单一产品下大规模集中运输的物流交付模式，以小型邮包为代表的分散式物流在数字贸易中的占比得到了显著提升。

3. 贸易标的的服务化

受技术条件和运输条件的局限，传统贸易活动的标的主要为具备"可贸易"特征的制成品，服务业产品由于自身生产和消费环节的不可分割性，往往不具备远距离传递的条件，而被排除在传统的国际贸易领域之外。数字技术的发展则在很大程度上突破了服务产品不可贸易的局限，包括金融、咨询、教育乃至医疗等在内的众多服务产业，可借助数据的流动实现低成本甚至零成本的远程传输，因此，服务贸易也随着数字技术的普及而得到迅猛发展，成为国际贸易体系中越来越重要的组成部分。

从狭义的角度来看，数字贸易所涉及的数字化产品交易中，绝大部分可归属于服务贸易范畴，贸易标的的服务化由此成为数字贸易的另一大典型特征。除直接促进新兴的服务贸易发展之外，数字经济下的贸易服务化特征也在传统的制成品领域中逐渐显现。由于传统制造业产品的国际贸易竞争日趋激烈，提升产品附加值成为传统制造企业获取市场竞争优势的重要突破口。在数字经济带来的服务环节可贸易性大幅增强的背景下，通过延伸产业链条，为制造业产品提供更好的售后保障和附加服务，甚至通过"以租代售"等新型商业模式来实现经营方式的转变，已成为制造企业的现实选择，由此带来的制造业服务化转型则成为数字经济条件下贸易活动服务化的重要表现形式。

4. 交易成本节约效应

相比传统贸易，数字贸易活动通常具有更低的交易成本。这种交易成本节约主要来源于如下一些途径。首先，从数字化产品贸易这一数字贸易最基本的交易形式来看，由于贸易品可通过信息网络技术实现远距离的瞬时传输，传统贸易形式中的物流环节可完全省略，从而在运输成本方面实现了完全意义上的节约。其次，从更广泛意义上的贸易数字化情况来看，即便是对于那些仍无法规避现实运输成本的实体产品，也可通过数字化的贸易方式实现交易成本节约。相对于数字化产品而言，贸易方式数字化带来的交易成本节约突出地表现在信息搜寻与获取成本的降低。借助于各类专业化的网络搜索引擎以及交易平台，贸易活动的参与方可较为容易地获取相关的产品信息并遴选符合条件的供应商，还可实现即时的沟通与反馈，无论时间成本还是信息成本都实现了相较以往的大幅下降。最后，数字技术在贸易活动中的应用还可进一步降低交易过程中可能产生的风险。传统贸易活动由于交易周期更长，且交易双方信息不透明，从而交易双方都会面临较大的风险和不确定性；而在数字化的贸易环境中，交易活动被纳入网络贸易平台的统一监督之下，资金的流转和货物的交付拥有完整的记录并可随时跟踪查询，交易具有更为公开透明的信用评价体系，这些措施都会在相当程度上缓解交易双方的信用风险，而由此带来的不确定性下降也可进一步降低交易过程中的隐性附加成本。

5. 规模经济与范围经济效应

数据要素的内生性使数字贸易兼具规模经济与范围经济特征。规模经济在传统贸易的理论解释中已有体现，比如克鲁格曼的产业内贸易理论就是建立在规模经济与不完全竞争市场结构之上的，但相关理论均未涉及范围经济。并且，数字贸易的规模经济有其特殊来源，其植根于数据要素的内生性。在数字贸易过程中，出口规模更大、交易范围更广的参与方可通过交易活动积累更多的数据信息，从而对需求和市场具有更为详尽和准确的把握，有助于其更有针对性地进行市场细分和产品推广，并能够及时结合需求的变动调整产品策略，由此而进一步强化其在出口过程中的竞争力，形成规模扩张—数据累积—竞争力提升的良性循环。此外，数字贸易中的规模经济特性也可能源自数字化交易本身的特点。在电子化和数字化的交易环境中，成交量的大小和评价本身也会成为需求方遴选产品的重要标准，由此使在先期出口市场上占据较大份额的出口方会在产品的搜寻与客户认同方面形成固有的优势，且此优势会随着交易量的扩大而不断强化。除上述规模经济效应外，由于数据要素本身的通用性和外部性，出口前期积累的贸易相关数据还可较为容易地应用于其他业务领域，从而获得范围经济的好处。特别是在当前大数据技术广泛应用的背景下，单一市场上对客户偏好的刻画可以大幅提升出口商开辟其他业务领域的针对性和精准度，从而降低跨部门经营的门槛，并使数字贸易的出口方呈现更多的多元化和跨界经营特征。与此同时，在数字经济条件下，由于考虑了提升消费体验或降低额外成本，客户在选择某个网络贸易平台进行交易活动的同时，还会选择该平台开发的支付系统乃至金融信贷服务以节省额外的搜寻成本，由此让数字贸易出口方获取超额利润。

二、跨境数字贸易的分类

（一）按交易对象划分

根据《数字贸易测度手册》对数字贸易的定义，数字贸易按交易对象可分为数字订购的产品、数字订购的服务、数字交付的信息和数据。

数字订购的产品指的是实体产品，能够以数字方式订购，却无法以数字方式交付，必须经由国际物流运输才能送达产品。跨境电子商务（以下简称"跨境电商"）是指分属于不同关境的交易主体，通过电子商务的手段，将传统进出口贸易中的展示、洽谈和成交等各环节电子化，并通过跨境物流送达产品完成交易的一种国际商务活动。跨境电商的出口流程如图 1-1 所示。

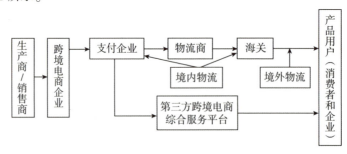

图 1-1　跨境电商的出口流程

数字订购的服务包括两类，一类是数字订购、非数字交付的服务，一类是数字订购、数字交付的服务。前者（如许多拨号呼叫中心提供的服务）由于在另一端有人机界面，无法纳入数字交付的服务范围，后者（如云服务的提供）由于无论其订购还是交付都是数字化的，属于数字交付的服务范围。

数字交付的信息和数据。在以上纳入统计的产品和服务之外，数字贸易还有一类交易对象，我们称之为数字交付的信息和数据。数字交付的信息和数据指的是数字贸易平台通过免费向消费者提供服务而换取的用户数据；基于这些用户数据，数字贸易平台（如 Facebook、Google 等）通过定向广告投放来获取收益。虽然跨国广告服务已被纳入国际贸易统计，但跨国广告服务所依托的数据流却既未定价，也未纳入统计。然而，弄清楚跨境数据流的真实规模与潜在价值，无论对于数字贸易政策的制订，还是对于国民福利与消费者剩余的考量都具有重大的政策价值，因此已经成为有关国际组织相关统计部门未来重要的工作方向。

在按照交易对象划分的三类数字贸易中，数字化交付的服务、信息和数据由于侧重点在于数据的流动，更能体现数字贸易的本质及其最新发展趋向，区别于跨境电子商务，它们是数字贸易的关注重点，也应该成为持续追踪的热点与研究的前沿。

（二）按交易主体划分

跨境电商根据交易主体的不同，可分为 B2B 跨境电商、B2C 跨境电商和 C2C 跨境电商三种类型。

1. B2B 跨境电商

B2B 跨境电商是指分属不同关境的企业，通过电商平台达成交易、进行支付结算，并通过跨境物流送达商品完成交易的一种国际商业活动。B2B 跨境电商的代表性企业有阿里巴巴国际站、敦煌网、中国制造网和环球资源网等。2021 年中国跨境电商总交易额中 B2B 占比最高，达 77%。B2B 跨境电商平台主要有"交易佣金+服务费"和"会员制+推广服务"两种经营模式。

"交易佣金+服务费"模式。这种模式采取免费注册，免费商品信息展示，只收取交易佣金的方式。其一般采用单一佣金率模式，按照平台类目分别设定不同的固定比例来收取佣金。与此同时，实施"阶梯佣金"政策，比如当单笔订单金额达到 300 美元，敦煌网的平台佣金率将降为 4.5%，而对于 300 美元之下的订单，适用的佣金率则为 8%～12% 不等，视产品类目而定。另外，平台还为商家提供了一系列的服务，如开店、运营和营销推广等，均收取一定的服务费。

"会员制+推广服务"模式。这种模式主要为商家提供贸易平台和资讯收发等信息服务，通过收取会员费和服务费的方式进行运营。

2. B2C 跨境电商

B2C 跨境电商是指企业直接面向与其分属不同关境的个人消费者在线销售商品和服务，通过电商平台达成交易、进行支付结算，并通过跨境物流送达商品、完成交易的一种国际商业活动。例如，天猫国际、全球速卖通、网易考拉、兰亭集势、米兰网等都属于此类网站。B2C 跨境电商平台主要有"保税进口+海外直邮""自营"和"自营+招商"三种经营模式。

"保税进口+海外直邮"模式。在该模式的典型平台主要有亚马逊海外购、天猫国际和 1 号海购、顺丰海淘等。亚马逊在各地保税物流中心建立了跨境物流仓储，在全球范围内拥有自己的流配送系统。天猫在宁波、上海、重庆、杭州、郑州、广州六个城市试点跨境电商贸易保税区、产业园签约跨境合作，全面铺设跨境网点，在保税区建立了自己的物流中心。

"自营"模式。在该模式下，跨境电商企业直接参与采购、物流、仓储等境外商品买卖流程，对物流监控和支付都有自己的一套体系。

"自营+招商"模式。该模式最大限度地发挥了企业的资源优势，通过招商的方式来弥补自身的不足。

3. C2C 跨境电商

C2C 跨境电商是指个人卖方对与其分属不同关境的个人买方在线销售商品和服务，个人卖方通过第三方电商平台发布商品和服务售卖信息等，个人买方进行筛选，最终双方通过电商平台达成交易、进行支付结算，并通过跨境物流送达商品、完成交易的一种国际商业活动。

（三）按交易方向划分

跨境电商按进出口方向可分为出口跨境电商和进口跨境电商。

1. 出口跨境电商

出口跨境电商是指境内卖家将商品直销给境外买家。其流程通常是境外买家首先访问境内卖家的网店，然后下单购买并完成支付，最后由境内卖家发国际物流给境外买家。中国电子商务研究中心监测数据显示，2011 年，在中国跨境电商的进出口结构中，出口占比为 77.5%，进口占比为 22.5%。从进出口结构上来看，在一定时期内，出口跨境电商贸易额的比例将持续高于进口跨境电商。中国跨境电商出口的产品品类主要有手机和手机附件、服装、健康与美容用品、母婴用品、家居用品、消费类电子产品、运动与户外产品、计算机和网络产品等。

2. 进口跨境电商

进口跨境电商是指境外卖家将商品直销给境内的买家，一般流程是境内买家首先访问境外卖家的购物网站，选择商品，然后下单购买并完成支付，最后由境外卖家发国际物流给境内买家。在跨境进口贸易中，传统海淘模式是一种典型的 B2C 模式。除了海淘模式外，还有依托进口零售电商平台的商业模式、海外代购模式、直发或直运平台模式、自营B2C 模式、导购或返利平台模式，以及境外商品的闪购模式等。

（四）按平台运营方划分

跨境电商按平台的运营方不同可分为企业自营平台模式和第三方平台模式。其中，企业自营平台模式又可细分为采购商主导的自营平台模式和供应商主导的自营平台模式。

1. 企业自营平台模式

企业自营平台模式是指企业依托自有网站，以规范化的流程和标准化的管理，对其采购的物料或营销的商品进行一体化运营的商业模式。自营电商具有品牌力强、产品质量可控以及全交易流程管理体系完备等特征。其中，基于采购商网站的交易平台又名买方主导的电子商务，采购商应用自有网站与其上游供应商开展各种商务活动，即电子化采购或网络采购。基于供应商网站的交易平台也称为卖方主导的电子商务，供应商通常应用自有网站与其下游用户开展以电子化分销或网络直销为核心的各种商务活动。

买方主导的自营平台一般由大型制造企业运营，平台设立的目的在于利用互联网或专用网络（如 EDI）在企业间开展商品、服务等的购买活动，属于 B2B 电商。网络采购的主要目的是对那些成本低、数量大或对业务影响大的关键产品和服务订单实现处理和完成过程的自动化。基于采购商网站的网络采购方式主要有网上招投标、集中采购目录、团体购买和易货交易。例如，美国波音公司建立了专门的采购平台来管理其复杂的原材料、配件等的全球采购活动，以达到其"在合适的时间以合适的质量、合适的数量、合适的价格从合适的来源"采购物料的目的。

卖方主导的自营平台或者被品牌企业用来分销自己生产的商品，或者由专门的数字型外贸企业独立运营用作全球销售平台。自营的外贸平台一般有两个显著的特点：产品集中差异化和货物的小包化。产品集中差异化是指这类电商大都经营某一类或几类利润比较高的产品，如数码、婚纱等；而货物的小包化则是指他们的客户大多是终端的消费者，只需使用特定的国际快递便可解决运输问题。卖方主导的自营平台其交易模式既可以是 B2B，也可以是 B2C，视其交易对象而定。

2. 第三方平台模式

第三方平台模式也称为中介模式。第三方中介网站提供的是一个电子商务交易服务平台，交易双方需要注册成为该网站会员，才可以借助该平台进行交易。平台的提供者并不参与交易，而是起到中介服务作用。根据面向的行业范围，可以将中介网站进一步划分为垂直型第三方平台和水平型第三方平台。

（1）垂直型第三方平台也称为行业性第三方平台。这类平台的优点是容易将一个行业做深、做透，专业性强，如中国化工网、全球纺织网和全球五金网等。由于垂直型第三方平台的专业性强，其客户大都是本行业的，潜在购买力较强，平台广告的营销效果较强，所以其广告费较水平型第三方平台要高。除广告外，垂直型第三方平台还可以通过举办拍卖会、出售网上店面、收取客户的信息费和数据库使用费等形成利润来源。垂直型第三方平台的发展趋势是深入产业链上下游，做好产业电商、供应链生态，逐渐形成电子商务生态圈。

（2）水平型第三方平台也称为综合性第三方平台。这类平台覆盖的行业范围很广，很多行业都可以在该类平台上开展商务活动。典型的水平型第三方平台有阿里巴巴、慧聪网等。这类平台一般注重在广度上下功夫，在品牌知名度、用户数、跨行业、技术研发等方面具有垂直型第三方平台难以企及的优势。水平型第三方平台可以有多种利润来源，如广告费、竞价排名费、分类目录费、交易佣金、拍卖佣金、软件使用许可费、会员费和其他服务费等。此外，平台自身也可以开展电子商务活动，并从中直接获利。

三、跨境数字贸易的发展阶段

从跨境数字贸易的发展历程来看，较为明显的发展阶段区分标志有数字贸易平台的服务功能的变化，以及数字贸易发展的规制变化，下面就分别从这两方面来考察跨境数字贸易发展的阶段性特征。

（一）按数字贸易平台的功能演化来划分

从数字贸易平台的服务功能演化角度来看，数字贸易共经历了四个发展阶段。

1. 贸易信息展示平台阶段（1999—2003 年）

数字贸易在此阶段的主要商业模式是网上展示、线下交易的外贸信息服务模式。该阶段第三方平台的主要功能是为企业信息以及产品提供网络展示平台，并未在网络上开展任何交易环节的业务工作。此时，平台的盈利模式主要是向进行信息展示的企业收取会员费如年服务费等。跨境电子商务第三方平台在该阶段的发展过程中，逐渐衍生出竞价推广、咨询服务等为供应商提供的一条龙式的信息流增值服务。

阿里巴巴国际站和环球资源网为该阶段的典型代表性平台。其中，阿里巴巴成立于1999 年，以网络信息服务为主，线下会议交易为辅，是中国最大的外贸信息黄页平台。环球资源网于1971 年成立，前身为 Asian Source，是亚洲较早的贸易市场资讯提供者，2000年在纳斯达克证券交易所上市。该阶段的跨境电商虽然通过互联网解决了中国贸易信息面向世界买家的难题，但是依然无法完成在线交易，在整个外贸电商产业链中仅完成了信息流整合环节。

2. 在线交易服务平台阶段（2004—2012 年）

2004 年，随着敦煌网的上线，跨境电商发展进入新阶段。在这个阶段，跨境电商平台开始摆脱纯信息黄页的商业模式，将线下交易、支付、物流等流程实现电子化，逐步实现平台的在线交易。相比贸易信息展示平台阶段，在线交易服务平台阶段更能体现电子商务的本质，借助于电子商务平台，通过服务、资源整合，有效打通上下游供应链。

在在线交易服务平台阶段，第三方平台实现了营收的多元化，创造了后向收费模式，将"会员收费"改为收取"交易佣金"，俗称"向成功者收费"，即由第三方平台按照商户每笔订单的成交额提取一定比例的费用作为其交易服务费的收费模式。同时，第三方平台还会通过提供营销推广、支付服务、物流服务等获得增值收益。

3. 贸易产业链综合服务平台阶段（2013—2019 年）

2013 年是跨境电商重要转型年，跨境电商全产业链都出现了商业模式的重大变化。首先，这一阶段的跨境电商具有大型工厂上线、B 类买家成规模、中大额订单比例提升、大型服务商加入和移动用户量爆发五方面特征。与此同时，这一阶段的跨境电商服务全面升级，平台承载能力更强，全产业链服务在线化也是该阶段的重要特征。

贸易产业链综合服务平台阶段，用户群体由草根创业向工厂、外贸公司跨渠道运营转变，这些用户具有极强的生产设计管理能力；平台销售产品由网商、二手货源向一手货源、品牌产品转变；主要卖家群体正处于从传统外贸业务向跨境电商业务转型的艰难时期，生产模式由大规模生产线向柔性制造转变，对电商代运营和产业链配套服务需求较高；主要平台模式由 C2C 和 B2C 向 B2B 和 M2B 转变。

贸易产业链综合服务平台能够整合并优化供应链资源，减少中间环节，提供从上游工业到下游用户的全产业链交易服务。比如，敦煌网的 DTC（数字贸易中心）模式整合并优化产业链的营销、金融、物流等环节，提供开放服务端口，集成贸易信息展示、在线支付、融资分期、物流基础设施等多元化服务，平台收取 5% 的入门费以及其他信息增值服务收费。一些传统的贸易中间商也开始利用数字技术实现向外贸综合服务型企业的转型，依托平台为贸易企业提供的从中间品到最终产品的采购、物流、仓储和通关在内的一体化服务及其他信息服务，大幅提升了贸易活动的效率。

4. 数字化贸易商业操作系统阶段（2020年至今）

数字化贸易已进入另一个新阶段，即数字化贸易商业操作系统阶段。数字化贸易商业操作系统，建立在全球贸易多元化基础设施包括商家操作系统、超级会员系统、标品库系统、金融支付、智慧物流等数字化服务之上，为全球范围内的企业和消费者提供数字化的基础设施，从而实现"买全球、卖全球"的数字贸易全球化。

显然，当前的贸易数字化已不是传统意义上贸易方式的数字化，而是由数字贸易化为先导，即贸易撮合数字化，包括线下、线上及其相互结合的数字化销售等；贸易执行数字化，包括本国本地区及跨境的物流、仓储、关务、许可证、税务等的数字化；贸易服务数字化，包括市场服务、公共服务、口岸服务、争议解决机制，以及商检、金融、保险等的数字化；市场主体数字化，包括所有贸易参与方、贸易主体、服务主体、生产主体等的数字化；产品数字化，包括所有成品、半成品、原辅材料、大宗商品等，还有服务、信息与数据等的数字化；产业链数字化，包括制造业的整个产业链上下游、产业流通环节和产业资本的数字化。贸易数字化是智能科技集成协作的产物，也是时代发展的必然。如今，人工智能已开始全面介入贸易数字化的各个环节，依托数字技术和信用体系的建设，国际贸易合作也将逐步从可信任的贸易者向可信任的贸易方式转变。

（二）按数字贸易的规制程度来划分

以数字贸易管理为视角，结合我国数字贸易的发展状态及其监管历程，可将数字贸易按其规制程度分为三个阶段：市场主导型发展阶段、规制引导型发展阶段和国际监管协调阶段。

1. 市场主导型发展阶段（1999—2011年）

阿里巴巴于1999年成立，开启了我国数字贸易的实践发展历程；敦煌网于2004年成立，开启了我国数字贸易B2B交易的在线服务时代；全球速卖通于2010年4月成立，开启了我国数字贸易B2C交易的全程在线服务时代；阿里巴巴一达通于2010年11月成立，将我国数字贸易的发展形态推进到新阶段，形成了一站式外贸供应链服务链条。在我国数字贸易的发展过程中，数字时代的企业家们积极学习模仿国内外先进的贸易数字化模式，并在多个方面进行了不断地探索与创新，我国数字贸易领域不仅有新的商业主体在陆续产生，也在不断地创造新的商业模式。与此同时，原有的商业主体也在市场竞争中不断地淬炼自己，实现了自身商业模式的快速迭代，比如阿里巴巴国际站就经历了信息黄页展示平台、一站式全系列线上服务平台、海陆运一站式一体化物流方案提供平台等多个发展阶段，不断根据环境需要及自身发展需求调整发展方向和定位。因此可以说，中国数字贸易的良好开端和蓬勃发展既是自由市场竞争条件下我国企业家精神不断发挥的产物，也与我国政府提供的包容性、鼓励性政策环境息息相关。经过多年的发展，我国数字贸易领域已经形成了较为成熟完善的生态圈，如图1-2所示。然而，随着跨境电子商务的发展，原有外贸管理体制与跨境电子商务特点的不适配性日益显现，而且跨境电商相关交易方之间的各类矛盾纠纷也日益增多，迫切需要监管与法律的管控与调解，从而进一步推动跨境电商在规范的轨道上繁荣发展。

图 1-2　2021 年中国跨境电商产业链图谱

2. 规制引导型发展阶段（2012—2018 年）

这一阶段主要有两大发展特征：一是政府对跨境数字贸易监管政策的日益完善；二是调节跨境数字贸易领域主要矛盾的综合性法律的颁布与实施。

为促进我国跨境电子商务的顺利发展，2012 年，海关总署在上海、重庆、杭州、宁波、郑州 5 个城市开展跨境电子商务服务试点工作，为合理监管与高效服务我国跨境电商出口的发展积累经验。2013 年，上海、重庆、杭州、宁波、郑州、广州共 6 个城市获批为跨境电商进口服务试点城市，为跨境电商进口的规范发展探索经验。2015 年，国务院设立了中国（杭州）跨境电子商务综合试验区，着力在跨境电子商务交易、支付、物流、通关、退税、结汇等各环节的技术标准、业务流程、监管模式和信息化建设等方面先行先试，以期逐步形成一套适应和引领全球跨境电子商务发展的管理制度和规则。

与各类试点同向同行，我国政府同步加强了对跨境电子商务的海关监管、税收征管和金融监管。首先，各地海关在探索监管模式过程中，逐步形成了"集中监管、清单核放、汇总申报、平台管理"的海关基本监管模式；在进口方面，逐步形成了两种海关监管模式：一是建立阳光跨境直购渠道，二是海关特殊监管区域的保税进口模式。其次，2016 年，国家有关部门采用正面清单方式规定了跨境电子商务零售进口商品种类，并在此清单基础上对跨境电子商务零售进口税收政策进行了调整，调整后的跨境电子商务零售进口商品单次交易限值为 2000 元，个人年度交易限值为 20000 元；在限值以内进口的跨境电子商务零售进口商品，关税税率暂设为零；进口环节增值税、消费税取消免征税额，暂按法定应纳税额的 70% 征收；超过单次限值、累加后超过个人年度限值的单次交易，以及完税价格超过 2000 元限值的单个不可分割商品，均按照一般贸易方式全额征税。与此同时，将个人行邮税率调整为 15%、30%、60% 三档。最后，在金融监管方面，中国人民银行于 2010 年出台《非金融机构支付服务管理办法》及其实施细则，以加强对非金融机构的支付监管；2011 年颁发第一张支付业务许可证书；2013 年印发《支付机构客户备付金存管办法》；2014 年公布支付机构客户备付金存管银行清单。另外，国家外汇管理局于 2015 年印发《支付机构跨境外汇支付业务试点指导意见》（7 号文），在全国范围内开展支付机构跨境外汇支付业务试点，还将跨境电商单笔限额提升至 5 万美元，放宽支付机构开立外汇备付金账户户数的限制。

在监管逐步完善的同时，跨境电商相关立法也在积极筹备。《中华人民共和国电子商务法》的颁布与实施标志着我国跨境电商发展开始步入成熟阶段。该法于 2018 年 8 月颁布并于 2019 年 1 月 1 日起正式实施。此前，我国没有专门针对电子商务领域的综合性法律，电子商务发展过程中出现的问题或矛盾主要通过对已有法律进行适应性修订或颁布个别专门法来调节。对已有法律做出适应性调整方面，比如 1999 年 10 月起实施的《中华人民共和国合同法》首次规定了数据电文可以作为书面形式用于合同的签订；2013 年 10 月修改的《中华人民共和国消费者权益保护法》对网络消费进行了明文规定，以法律形式保障了消费者网购的七天无理由退货权。电子商务相关专门法包括《中华人民共和国电子签名法》（2005）和《中国互联网络信息中心域名争议解决办法》（2014），它们可以解决妨碍电子商务发展的某个细分领域的问题。

《中华人民共和国电子商务法》是政府调整企业和个人以数据电文为交易手段，通过信息网络所产生的，因交易形式所引起的各种商事交易关系，以及与这种商事交易关系密切相关的社会关系、政府管理关系的法律规范的总称。该法首先规定了电子商务经营者、电子商务平台经营者、平台内经营者的内涵和范围，明确了各自的责任和义务。比如明确规定电子商务经营者应依法办理市场主体登记；商家销售的商品有问题，平台承担连带责任；商家承担运输责任和风险；网络搭售商品不得设置为默认选项；消费者付款成功后，经营者不得随意毁约等。这些普适性的条款除适用于内贸电商从业者外，对国内的外贸电商从业者同样适用。此外，该法专门有四条针对跨境电商的条款，分别是第二十六条、第七十一至七十三条。第二十六条明确将跨境电子商务经营者纳入本法管辖范围，也规定了其受本法约束的同时，还应当遵守其他相关法律法规及规定。第七十一至七十三条表述了国家鼓励、支持、推动及发展跨境电子商务的态度及具体的完善方向，体现了国家对跨境电子商务发展的重视。然而，这部分规定较为笼统，没有具体详细的操作规范，因而在具体执行过程中仍需要参照其他较为详细的相关法律法规、监管政策来实施。

另外，面对数字贸易由跨境电子商务向以数据为基础的数字服务贸易、信息和数据贸易发展的最新态势，我国于 2021 年先后实施了《中华人民共和国数据安全法》和《中华人民共和国个人信息保护法》，用来调解数据时代面临的新问题，既可以促进数字贸易的深入发展，又能为数字贸易领域的全球竞争与规制博弈创造一定的主权力量条件。

3. 国际监管协调阶段（2019 年至今）

跨境数字贸易实践涉及国与国之间在外贸监管政策与相关法律之间的协调问题。随着跨境数字贸易在全球的迅速发展，有必要通过持续的国际监管协调为其进一步发展扫清障碍，也为其健康发展创造良好的国际营商环境。作为数字贸易发展大国，中国有必要积极参与国际监管协调，向全球输出中国话语并提供中国方案。

早在 1998 年，世界贸易组织就开始了电子商务方面的讨论，并成立了电子商务工作组，但当时并无实质性进展。直到 2017 年，在布宜诺斯艾利斯举行的世界贸易组织（WTO）第 11 届部长级会议发布了《电子商务联合声明》。它的发布将世界贸易组织开展的有关电子商务的工作由问题探讨的旧模式转向以规则谈判为导向的新模式。

2019 年 1 月 25 日，在瑞士达沃斯举行的电子商务非正式部长级会议上，中国和澳大利亚、日本、新加坡、美国等共 76 个 WTO 成员方签署《关于电子商务的联合声明》,确认有意在世贸组织现有协定和框架基础上,启动与贸易有关的电子商务议题谈判。至此,中国正式加入联署。WTO 电子商务谈判通过不断提案、组织多轮年度磋商而逐渐提速。磋商议题涵盖电子传输、电子签名和认证、无纸贸易、关税弹性、数据透明度、开放互联网接入、消费者保护、垃圾邮件和源代码等问题,服务市场的准入承诺也纳入谈判框架。截至 2021 年 6 月,WTO 电子商务谈判共形成来自 29 个成员国的提案 89 份,其中包含了中国的 4 份提案。中国的提案主要着眼于在建立合理的电子商务交易环境等区域贸易协定(RTA)电子商务条款的基础上,进一步细化了跨境电子商务便利化措施,同时提出网络设备的非歧视待遇。经多方努力,联合声明之下的电子商务谈判已取得一些早期成果,主要体现在已经达成两份干净的文本,分别关于电子签名和认证问题、未经请求的商业信息即垃圾邮件问题。这两份文本最核心的意义在于促进电子商务环境改善。对于当前讨论得较为深入与热烈的问题,诸如隐私保护、数据流动和数据安全等,中国也在积极参与。由于主要经济体在上述领域存在着比较严重的分歧,因而短期内 WTO 难以达成高水平数字经济协定。相信随着各经济体在数字安全、数据跨境流动和个人信息保护方面的国内规则不断完善,未来有望在多边领域达成高水平数字经济协定。

中国不仅积极参与了 WTO 电子商务多边协定谈判,区域层面电子商务与数字贸易相关协定谈判及签署工作也在务实推进。例如,2015 年生效的《中韩自贸协定》是中国最早签署并以专章纳入“电子商务”条款的 RTA,规则重心偏向于贸易便利化与透明度领域。2022 年正式生效的《区域全面经济伙伴关系协定》(RCEP)除了继续深化与货物数字化相关条款外,还纳入了跨境数据流动、数据本地化和网络安全方面等条款,但 RCEP 文本在条款中同时纳入了广泛的“合法目标例外”,说明中国试图在数据安全、服务业保护和数据流动之间寻找利益平衡点。此外,中国于 2021 年先后正式提出申请加入《全面与进步跨太平洋伙伴关系协定》(CPTPP)和《数字经济伙伴关系协定》(DEPA),表明了我国积极推进全球化并参与全球经济治理的决心。

四、跨境数字贸易的经济效应

在改变国际贸易发展形态的同时,数字贸易本身也会产生一系列的社会经济影响。

(一)对消费者福利的双向影响

从正面效应来看,首先,数字贸易活动本身所引发的产品多样化和“长尾效应”会扩大消费者的选择空间,特别是在传统贸易活动中被忽视和舍弃的小众型产品需求,从而在更广泛的范围内契合消费者偏好,整体提升消费者效用。其次,在数字贸易活动中,由于交易平台的引入所带来的供应链扁平化以及数字产品本身的低边际成本和低运输成本特征,产品价格相对传统贸易模式会更为低廉,这将进一步增加消费者在同等规模的消费中所获得的消费者剩余。再次,数字经济条件下,借助于现代化的网络和信息技术,很多商品的供应和消费会采用与传统贸易活动截然不同的经营模式,如一些市场规模较为庞大、受众覆盖面较广,且边际成本极低的数字媒体与内容提供商会采取“免费+广告”的运营模式,将内容服务本身作为广告推广的媒介,并以广告收入作为企业营收的主体,对于消费者而言,无疑获得了以更低的成本甚而免费获取相关消费产品的途径;云平台技术的发展使得一些软件产品和服务开始从电脑和终端主机转向云端,并以“月租”的形式取代传统的一次性购买，在减轻消费者资金压力的同时，也提升了消费者在产品选择方面的灵活性。最后，一些非经常使用产品的"共享消费"作为一种数字经济环境下的新生经营模式，对于消费者使用体验的提升也起到了很大的推动作用。

数字贸易是一把"双刃剑"，对消费者福利的负面效应同样值得注意。首先，数字经济本身内涵的规模经济与自我强化特征会使得数字型企业具有更强的自然垄断属性，在不施加外部制度约束的情况下，由"赢者通吃"所带来的极端垄断格局会对市场竞争造成严重冲击，并通过限制消费者的选择空间和垄断性的定价策略使得消费者福利遭受一定侵害。其次，数字贸易活动中的范围经济特征会使数字型企业倾向于通过产品技术和标准的"捆绑"来排斥外来的竞争压力，如通过手机终端软件和电脑、智能家电以及汽车软件等的适配性和兼容性，使消费者在购买其中任意一款产品后，出于易用性的考虑而被迫选择该品牌的其他产品。这种所谓的"产品生态体系"的营造实际上可能导致产品市场上呈现出厂商与品牌的分割，并可能通过限制消费者的选择空间或提升消费者选择其他产品的成本而对其福利产生影响。再次，在数字贸易活动中，由于交易平台、大数据和人工智能技术的广泛应用，数字厂商会具有较之传统厂商更强悍的消费者识别与歧视性定价能力，甚至可以根据每个消费者的偏好进行单独定价，从而进一步侵蚀消费者利益。最后，在数字贸易活动中，生产者出于获取竞争优势以及创造市场需求的需要，往往会对旗下的软硬件产品进行频繁甚至强制性的更新，比如通过软件系统的更新实现对旧款硬件产品的强制淘汰，而其中大部分的更新对于提升消费者的消费体验并无明显的促进效果，却会使消费者因此付出额外的代价。

（二）对生产者福利的双向影响

就正面效应而论，数字贸易对于数字产品生产者所带来的最直观的积极效应就是交易成本的大幅节约，这既可以减少最终产品交易过程中的额外成本负担，也有助于企业降低中间产品的采购成本支出，使企业能够以更为高效的方式组建供应链体系，进而减轻企业的资金压力并提升经营效率。在规模经济的技术条件下，国际贸易活动的开展可以为数字产品生产企业提供更为广阔的市场空间，并借助由此产生的规模累积效果实现成本的节约与效率的提升。数字技术也为企业在生产和交易过程中的信息搜集和获取提供了更多便利，这既可以帮助企业更加迅速地把握市场需求的变化，并通过对消费者的进一步细分与精准定位向其提供更有针对性的产品和服务，也能够使企业更准确地甄别潜在的信用风险，从而进一步增加生产者的福利空间。此外，数字技术还可以使企业对生产贸易流程以及供应链体系进行精确管控，在极端情况下，甚至可以实现传统生产方式无法企及的"零库存"经营，减少了传统生产与贸易过程中的损耗和浪费。数字化产品与技术的易复制性也使很多基于软件代码或经营模式的创新活动更加易于模仿，这也为潜在的生产者进入市场，保持对市场的竞争压力并激发在位者不断进行技术创新，以及推动产业滚动发展创造了更加良好的条件。

数字贸易活动在提高企业效率和增进企业福利的同时，也可能在某些方面损害企业的利益，而这种负面作用可能更多来自数字经济自然垄断特征所带来的市场进入壁垒。具体而言，数字贸易条件下可能阻止企业进入和发展的障碍主要来自以下两方面。一方面，由规模经济引发的规模壁垒，即当市场中存在已经占据优势市场地位的企业主体时，其优势可能会通过规模经济和范围经济效应得到不断地强化，并极大限度地挤占和压缩其他企业的生存空间，因此，在数字经济环境下，可能并不存在若干企业并存的完全竞争或垄断竞争市场结构，取而代之的则是寡头垄断甚至完全垄断的竞争格局，对于绝大多数企业而言，在数字经济环境下的生存难度都将远高于传统企业。另一方面，数字经济本身的技术壁垒和专利壁垒。由于数字经济依托于高度复杂的现代电子信息技术，无论是硬件产品还是软件产品，其生产过程都远高于传统制造业的技术门槛，数字经济环境下极大的生存压力也会使相关产业具有极高的研发密集度和技术更迭频率，而且多数数字产业都具有极高的固定成本投入与极低的边际成本并存的特征，这进一步加大了企业参与相关生产与贸易活动的资金和技术壁垒。此外，目前在位的企业还可以凭借对于标准的控制和知识产权的围堵进一步对后发者和潜在进入者的技术发展路径进行封锁，这也从客观上加大了企业攻克相关技术壁垒的难度。

（三）对国家国际分工地位的双向影响

阿里研究院：数字贸易下我国跨境产业链变迁及新比较优势建立

从正面效应来看，数字贸易为发展中国家开辟了更为广阔的市场空间，有利于摆脱其深陷"微笑曲线"中段的较为不利的国际分工地位，向全球价值链附加值较高的两端延伸提供了新的全球价值链攀升机遇，具体表现为以下三点。

1. 有利于拓展对外贸易的组织形态

数字贸易能够适应多元化、个性化的市场需求，不断促进线上线下融合发展，借助这一契机，有利于拓展一国对外贸易的组织形态。目前，数字贸易已培育出多种贸易新业态和新模式：首先，数字贸易下订单的碎片化、需求的个性化及国家禀赋的差异化能让跨境电商的优势得到充分发挥，一种全新的贸易业态即跨境电子商务蓬勃发展。其次，数字贸易构建的开放、多维、立体的多边经贸合作模式，极大地拓宽了进入国际市场的路径，大大促进了多边资源的优化配置与企业间的互利共赢。最后，数字贸易促进了多种产业深度融合，催生了包括采购、仓储、加工包装、分销、配送和信息服务在内的一体化供应链管理模式。数字贸易对培育贸易新业态、新模式具有重要意义，未来对外贸易的业态和模式将朝着更开放、更高端、更融合的方向不断发展。

2. 有利于探求竞争优势的新源泉

在传统国际贸易中，国际竞争优势主要由市场结构、市场行为等外生性因素以及异质性资源和企业核心能力等内生性因素共同决定。全球数字贸易则强调信息集成、消费者个性偏好、智能制造和贸易生态系统的关键性作用。数字贸易下的信息资源是无限的、可再生的、可共享的，确保贸易信息的质量、时效和共享将成为塑造国际贸易新竞争优势的关键条件。充分利用数字贸易平台汇集的贸易流量和消费者信息，并以此来指导企业的决策与智能化生产，不仅可以创造出能够满足境外消费者个性需求的产品和服务，还有助于提高企业在国际市场上的竞争力。此外，数字贸易创造了更加公平的贸易机会，大量小微企业将在国际舞台上发挥越来越重要的作用。发展数字贸易有助于培育国际竞争新优势，打造出一个以数字贸易平台为核心，集普惠、集约、个性为一体的国际贸易生态系统。在数字贸易环境中，传统比较优势逐步弱化，数字资源与技术的比较优势日益强化，为具备本国市场规模优势、数字资源较为丰富与数字技术具有赶超潜力的发展中国家提供了难得的跨越式发展机遇。

3. 有利于增大对外贸易的便利性

对外贸易的数字化转型不仅便利了国际买卖双方之间的跨境交易，也为政府部门的对外贸易监管与服务提供了便利。在传统贸易环境中，WTO 就在提倡各国建立"单一窗口"来提升对外贸易的便利化水平，然而，由于各项业务的整合能力技术条件的限制，数字技术的发展为打造"单一窗口"升级版创造了有利条件。数字"单一窗口"的建设是国际贸易"单一窗口"基础服务的延续和拓展，促进运输、仓储、代理等各类物流企业与外贸企业的信息共享和业务协同，为压缩整体口岸通关时间，提升跨境贸易便利化水平，提供决策依据和技术支撑；围绕提升贸易便利化和压缩口岸通关时效的相关要求，可通过建设通关时效分析和口岸监管服务平台，完善企业申报平台，进一步夯实国际贸易"单一窗口"的基础服务能力。

从负面效应方面来看，数字贸易的规模经济性与范围经济性，可能会导致全球价值链主导权的集中化，数字技术发达国家通过重重知识产权保护可能会形成对发展中国家数字技术进步的围堵，阻碍发展中国家的全球价值链攀升道路。

首先，数字贸易下的价值链主导权将更为集中。 数字产品本身所具有的高技术门槛以及规模经济特征决定了在大多数的数字产品领域无法容纳更多的市场主体，市场结构会趋向寡头垄断甚至完全垄断格局，由此所带来的一个必然的结果便是产业链的主导权将会更多地集中在少数大型跨国数字企业的手中。这些企业可以凭借其在标准制定、专利封锁以及前期市场规模等方面的优势实现对价值链的严格掌控，处于数字鸿沟之下的发展中国家及其企业只能处于被支配的国际分工地位，且由于其国内数字规制不健全，其数字资产存在被少数大型跨国数字企业捕获、截留、转移及滥用等风险，数据价值可能严重流失。

其次，数字贸易将加剧国际收入分配失衡。 传统的价值链领域中，由于技术含量相对有限，价值创造活动更多集中在生产环节，因此，拥有相对庞大和完整的制造业体系的国家往往会在价值链参与的过程中获得更为可观的利益。然而在数字贸易环境中，技术和创新能力的重要性得到了前所未有的强化，而研发和创新活动所创造的价值也将在新的价值链体系中占据绝对优势的地位。这将使得全球价值链体系的利益分配从传统的工业化国家向掌握数字经济主动权和价值链主导权的企业与国家倾斜，而在寡头化的市场结构中，这种价值链分配体系的改变也会进一步强化全球价值创造向少数企业集中的趋势，从而进一步加剧国际分工体系中的收入分配失衡现象。

五、跨境数字贸易发展的制约因素

制约跨境数字贸易发展的因素很多，下面主要从国际规制和国内发展环境两个层面来归纳。

（一）国际规制层面

从国际上来看，当前制约跨境数字贸易顺利发展的因素主要来自跨国交易制度的协调层面。数字贸易的生产和交换属性使其发展面临请诸多规则约束：第一，数字贸易使有形货物和无形服务的界限更加模糊从而在传统国际贸易规则下，数字贸易产品的分类和界定尚不明确、不统一；第二，数字贸易严重依赖于数据的自由流动，而各国由于法律法规、文化习俗、历史传统的不同，对数据隐私保护的要求程度不同，在数据隐私保护上难以达成一致意见；第三，各国数字贸易发展程度差异较大，从而使各国有关数字贸易的政策目标也不同，监管规则和重点自然也不同。在这种情况下，数字贸易产品的生产、交易、支付和使用等环节的法律规则体系缺失严重，国际社会还没有制定出一套完善的数字贸易国际规则体系来对其进行引导和监管。

虽然 WTO 框架包含涉及货物贸易、服务贸易、知识产权保护、信息技术协定等领域的一系列规则，但是对数字产品缺乏一揽子解决方案。2017 年，WTO 的 71 个成员国针对数字贸易产品进行谈判，内容涉及市场准入、数据流动、数据隐私保护、国民待遇、知识产权保护等，且在 2019 年共同发布了关于电子商务的倡议，但是由于美国、欧盟和中国等大型经济体在数字贸易政策上的分歧太大，短期内达成一致意见仍非常困难。另外，为抵御数字贸易自由化对本国发展的冲击，许多国家以保护国家安全、信息和个人隐私等为由，纷纷采取一系列专门针对数字贸易的非关税贸易壁垒，包括数字贸易本地化措施、数据隐私保护、知识产权保护、网络审查和技术性壁垒等。这些措施的本质在于是否允许数据和信息跨境自由流动，而后者是数字贸易发展的关键。此外，与数字贸易相关的市场准入和外国投资监管措施也在一定程度上限制了数字贸易的发展，如对电子支付的准入限制以及要求数字产品的硬软件达到本国的特定技术标准。数字贸易国际规则的不完善和由此形成的各国的贸易壁垒在一定程度上限制了跨国数字贸易的发展。

1. 世界范围内的数字贸易本地化措施十分普遍

数字贸易本地化措施主要包括：要求使用本地数字产品软硬件；要求特定的合伙方为本地企业；对技术转让的跨国限制等。总体来看，全球范围内的数字贸易本地化措施十分普遍，近年来许多国家仍在不断推出新的数字贸易本地化措施，2008 年金融危机以来，数字贸易本地化措施数量增速明显加快。各国实施数字贸易本地化的方式也多种多样。一些国家要求所有数字贸易企业必须接受数据存储和数据服务器本地化的规定，如巴西、加拿大等国在进行贸易执法和监管时，要求企业使用一些指定的本地化数据内容。欧盟、韩国、俄罗斯、印度尼西亚、越南、巴西和印度等国则以保护信息安全和个人隐私为由，要求数据本地化。例如，巴西曾讨论是否将与本国公民有关的国内企业和外国企业的数据全部储存在国内；欧盟出台了新的法规，使数据本地化措施可以在更广泛的领域内实施；德国的新商业准则要求国内企业将会计数据和文件存储在国内，2017 年出台了关于通信业数据本地存储的新要求；为了满足欧盟的要求，美国公司已经在欧盟建立云计算中心；印度通信部在 2015 年出台相关政策，建议实施数据本地化措施并要求通信业 M2M（Machine to Machine）服务商将印度客户数据全部存储在印度。

究其原因在于，相对于有形的货物贸易，无形的数字贸易产品无法征收关税，也更难识别和监管，内含更多风险因素。然而，数字贸易本地化措施不仅会增大本国企业负担，也不利于外国投资者在本国投资，还有可能引发国家间利益冲突，从而不利于跨境数字贸易的发展。特别地，数据本地化要求限制了许多依赖数据流动的服务贸易如云计算、大数据、金融服务等的发展，也增加了企业数据存储的成本，造成规模不经济，特别是对中小企业非常不利，当然也不利于全球价值链的发展。

短期来看，因为数据本地化措施涉及原因较多，不仅包括经济因素，还包括伦理、道德、文化、风俗等诸多方面，所以难以在短期内得到妥善解决。如何在数据自由流动、隐私保护和国家安全之间寻求一个平衡点，找到合适的数据本地化程度，对数字贸易的发展至关重要。

2. 各国数据隐私保护的分歧仍然较大

各国以防止泄露个人和企业敏感数据、保护国家安全等为由，纷纷采取了一系列数据隐私保护措施。例如，欧盟2018年出台的《通用数据保护条例》（General Data Protection Regulaion，GDPR）要求欧盟境内的企业按照规定保护个人数据隐私，俄罗斯和印度尼西亚等国也使用欧盟的监管标准。而美国等国家则使用亚太经合组织（APEC）的数据隐私标准（Cross-Border Privacy Rules，CBPR）。然而，各国对数据隐私相关信息的搜集、披露和保护等监管体制存在差异，不同国家对数据隐私保护的标准和文化不尽相同。国际社会也没有形成统一的标准，这导致各国在数据隐私保护中存在较大分歧，阻碍了全球数字贸易的发展。例如，欧盟到目前为止还没有接受其与美国的国际服务贸易协定谈判中关于跨国数据流动的条款，欧盟也没有在与日本的自由贸易协定中加入跨境数据流动的条款，仅承诺3年以内可以重新考虑该问题。

美国依赖其在信息技术方面的优势地位，更多提倡跨境数据自由流动，对隐私保护关注较少，但以欧盟为代表的大多数国家则普遍认为跨境数据自由流动不利于数据隐私保护，会给个人隐私带来威胁。尽管2000年美国与欧盟达成了《安全港隐私保护原则》（Safe Harbor Privacy Principles），在安全港协议框架下实现了跨境数据的自由流动，但该协议最终因美国企业对欧洲客户数据的滥用而宣布作废。2016年，为了实现数据传输和共享，美欧再次达成新的数据共享协议——《欧美隐私盾牌》，该协议就美欧数据传输中个人隐私保护做出了新的规范，其中就美国获取欧盟相关数据的前提做了明确界定，新协议强化了欧盟的数据主权，美国承担了更多义务，欧盟则拥有更多权利。虽然美欧在跨境数据自由流动和数据隐私保护的某些方面谈判顺利，并取得了一些共识，但从根本上来说，美国与欧盟之间的分歧仍然存在，并未完全消除。

过度的数据隐私保护既不利于企业成长，也阻碍了数字贸易发展。对于企业来说，数字贸易壁垒的存在给企业带来了较重的成本负担；对于数字贸易本身来说，由数据隐私保护问题而引发的贸易壁垒，严重阻碍了数字贸易向透明化和效率化方向发展。另外，一些研究估计，美国与欧盟之间的数据隐私保护机制的差异使每年双边贸易流减少了6500亿美元。为此，全球各国应该加强谈判和合作，在数据隐私和保护机制中寻找共同点，对原有的监管措施进行改革，形成有利于数字贸易发展的新型隐私保护措施和框架。

3. 各国关于数字产品的知识产权保护仍有较大争议

数字产品大多是知识密集型的，容易被复制和盗版，比有形货物更需要知识产权的保护。欧盟2019年出台了新的版权法以适应数字经济和数字贸易的新需要，未来可能有更多国家会跟进此举措。但是，各国关于数字贸易相关的知识产权保护制度仍不够健全，不同国家对数字产品知识产权的保护标准存在较大差异，尚未达成共识，而这些问题已成为阻碍数字贸易发展的重要壁垒。例如，数字内容的盗版是数字贸易发展中较大的不利因素。相关报告指出，2008年假冒和盗版产品的贸易额为3600亿美元，到2015年，这一数额增长至9600亿美元，其中各国盗版数字音乐、电影和软件的贸易价值从2008年的750亿美元增长到2015年的2400亿美元。

此外，随着数字贸易发展导致的线上产品种类不断增加，与之相关的知识产权纠纷也日渐增多，而传统的知识产权保护法律无法解决数字产品的知识产权保护问题。为此，在WTO框架下，美国、欧盟等成员国纷纷以"知识产权保护"为中心议题展开讨论，虽然在某些议题上达成了一致意见，但是在很多议题上仍存在较大争议。不同国家的议案都代表本国的利益诉求，这很有可能在两国之间形成数字贸易壁垒。对此，国际谈判应将数字贸易知识产权保护纳入其中。

4. 各国出于网络安全考虑普遍存在网络审查

出于秩序稳定、公众利益和国家安全等因素的考虑，各国都对互联网内容和网站平台制定有各类审查措施。例如，日本对信息和网络服务有国家安全审查要求；印度也有相关法案阻止有可能威胁其国家主权、国防，扰乱公共秩序等方面的国外网络信息进入公众视野；印度尼西亚的电子传输法案授权政府筛选和过滤网络信息；俄罗斯则人为过滤掉了上千个国外网站。

影响更大的是，对于相同的内容，不同国家可能有不同的审查措施和审查标准，这种差异化的网络审查标准极易形成无形的市场准入壁垒，限制企业参与全球数字贸易活动。因为要完成一次数字贸易活动，必须借助互联网来实现数字产品和服务的传输，网络审查标准直接决定了数字产品和服务能否进入一国市场。另外，为保护和支持本国数字贸易产业和企业的发展，各国政府都以网络安全为由，采用网络审查和网络执法等手段对国外数字贸易企业进行审查，这也限制了跨境数字贸易的发展。

（二）国内发展环境层面

1. 跨境物流发展滞后

跨境电商主要以零售为主，金额小、体积小、频率高是其普遍特点，一般不太可能采用传统集装箱海运的方式运输，主要的物流模式包括：国际小包和国际快递、B2C 外贸企业联盟集货、B2C 外贸企业自身集货、第三方物流模式和海外仓储五种方式。跨境外贸的发展速度如此之快，国际物流发展还没有跟上节奏。跨境物流由于运输距离长，各国相关政策差异大，很难像国内电商一样，通过自建物流的方式来解决跨境电商的物流问题。比如跨境物流周期到美洲和欧洲一般需要 7～15 天，到南美、巴西、俄罗斯需要 25～35 天。除了物流时间长之外，跨境物流还存在投递时效不稳定问题，收货时间波动很大，有时 7 天收到，有时 20 天才收到。跨境物流的复杂性与不稳定性势必会带来很多隐患，不仅直接关系到跨境电商的交易成本，还关系到买家对卖家的满意度、购物体验和忠诚度，最终掣肘的是整个跨境电子商务的发展进程。

2. 通关手续不够简化

尽管基于互联网的信息流动畅通无阻，但是跨境货物流动并不自由，通关是跨境电商面临的一个共同难题。额度小、频率高是跨境电子商务的优势，额度小决定跨境交易难以走集装箱，频率高意味着复杂漫长的传统外贸出口程序不适合跨境电子商务。由于小额 B2B 和 B2C 跨境电子商务贸易与一般出口贸易有差异，在出口过程中存在难以快速通关、难以规范结汇、难以享受退税等问题，虽然目前国家针对跨境电商零售出口提出"清单核放、汇总申报"的通关模式，但该政策仅针对 B2C 企业，大量从事小额 B2B 的外贸中小企业仍存在通关困难的问题。在进口过程中，存在以非法进口渠道逃避海关监管，以及进口商品品质难以鉴别，消费者权益得不到保障等问题。为加大进口关税征缴力度，我国海关总署将个人进口税额的临界点由 500 元降至 50 元，至于超出 50 元的，要办理退运手续或者按照货物规定办理通关手续。个人邮寄物品免税额度的降低意味着越来越多的跨境交易需要申报，一系列烦琐的手续及费用的支出常常成为消费者和网上卖家沉重的经济负担。此外，因申报不合格而使商品滞留在海关致使消费者无法收到的现象也时常发生。

3. 结汇不易

根据我国现行政策，国外买家支付的款项只能通过个人储蓄账号结汇，但是由于我国限制个人结汇每年最高为 5 万美元，导致一些出口企业借用亲属账户进行结汇或者通过地下钱庄将外汇兑换成人民币，还有一些外贸企业通过第三方服务商在香港等离岸地区注册一个离岸账户，把外汇转汇给服务商的离岸账户，然后让第三方服务商在国内按当日汇率把外汇转化为人民币交给外贸企业。无论哪种结汇方式都不属于正规渠道，存在极大的风险。

4. 支付安全问题明显

跨境电子支付服务涉及企业、个人、银行及第三方支付平台等多个个体，典型的跨境电子支付服务方式主要包括网上银行支付服务系统和第三方支付平台参与的电子支付服务。网上银行支付服务系统主要用于 B2B 这种大额的交易方式，由于款项和收货有前后，很有可能会给交易一方带来货款两失的可能性。通过第三方支付平台，款项还是先支付到第三方，对于买卖双方都会比较公平，但是由于交易存在周期性，第三方平台很可能会存在大量资金沉淀。如果资金管理出现问题，或者是系统出现故障导致信息丢失都会给交易各方带来重大损失。另外，无论哪种支付方式都存在共同的风险，即网络支付信息被非法盗取带来的损失。

5. 退缴税制度匮乏

目前，跨境电子商务主要以快件的方式寄送，无法提供报关单，因此，大部分卖家没有办法缴税，这也就享受不了出口退税的好处。另外，跨境电子商务是通过网络等信息交流平台来进行的，这就使税务机关难以掌握交易双方的具体交易情况，不仅使扣缴的管控手段失灵，而且客观上促成了纳税人不遵从税法的可能性，加之税收领域现代化征管技术的严重滞后，这一切都使依法征税变得苍白无力。

6. 部分跨境电商卖家信用不足

跨境电商是基于网络的虚拟模式，由此而产生的参与者信用不确定性已经成为电子商务发展中的桎梏。加之我国的电商企业缺乏法律意识，假冒伪劣商品时有发生，因为侵犯知识产权而被海关扣留的仿牌产品事件屡见不鲜，带来了恶劣的影响，致使很多国外客户内心有些排斥"中国制造"。较之国内电子商务，信用问题对于跨境电商尤为重要，因为交易双方来自不同国家，有着不同的文化背景和地区差异，而信用往往是吸引客户驻足的决定性因素。

7. 专业人才缺乏

跨境电商人才是复合型人才，应具备英文网店管理、在线英语交流、海外网络营销策划及执行、搜索引擎优化、海外客户需求分析等应用能力，还要了解国际支付方式、国际物流工具、国际贸易常识、跨文化交流等知识，也要熟悉各主要跨境电商平台的后台操作。然而，跨境电子商务属于新兴产业，本身人才存量不多，有经验的复合型的跨境电子商务人才更是少之又少。与此同时，高校与社会培训机构来不及对跨境电商人才的培养与培训进行调整，故产生巨大的人才缺口。未来对跨境电商人才的培养与选拔应关注两点：一是加大对小语种跨境电商人才的培养力度；二是注重人才知识与技能培养的复合性。

第二章

跨境数字贸易的技术基础

一、电子数据交换技术

电子数据交换（Electronic Data Interchange，EDI）是 20 世纪 80 年代发展起来的一种新颖的电子化贸易工具。在基于互联网的电子商务普及应用之前，曾是一种主要的电子商务模式。EDI 用一种国际公认的标准格式将贸易、运输、保险、银行和海关等行业的信息形成结构化的事务处理的报文数据格式，借助计算机通信网络，使各有关部门、公司与企业之间实现数据的交换与处理，并完成以贸易为中心的全部业务过程。

（一）EDI 的组成要素

EDI 由 EDI 标准、EDI 软件和硬件、通信网络三个要素组成。

1. EDI 标准

目前的 EDI 标准主要是由联合国欧洲经济委员会制订的 EDIFACTC，该标准规定了进行电子事务处理的格式和数据内容，定义了在不同部门、不同公司、不同行业以及不同国家之间进行信息传送的通用方法。

2. EDI 软件和硬件

（1）EDI 软件。EDI 软件具有将用户数据库系统中的信息译成 EDI 标准格式，以供传输交换的能力。虽然 EDI 标准可以适应不同行业的众多需求，但每个公司有自己规定的信息格式，因此，当需要发送 EDI 电文时，必须用某些方法从公司的专有数据库中提取信息，并把它翻译成 EDI 标准格式进行传输，这就需要相关软件的帮助。

EDI 软件包括转换软件、翻译软件和通信软件。转换软件可以帮助用户将原有计算机系统的文件转换成翻译软件能够理解的平面文件，或者将翻译软件接收来的平面文件转换成原计算机系统中的文件。翻译软件将平面文件翻译成 EDI 标准格式，或将接收到的 EDI 标准格式翻译成平面文件。EDI 交易不必要求所有企业使用相同的应用程序来读取收到或发出的信息。使用一些翻译软件，某一种应用程序格式中的特殊字段就能够转换成一种通用格式，然后再转换成接受方的应用程序格式。通信软件将 EDI 标准格式的文件外层加上通信信封，再送到 EDI 系统交换中心的邮箱，或从 EDI 系统交换中心将接收到的文件取回。

（2）EDI 硬件。EDI 硬件包括计算机、网卡及通信线路。①计算机：目前所使用的计算机，无论何种，均可利用。②网卡：由于使用 EDI 进行电子数据交换需通过通信网络，因此网卡是必备的硬件设备。③通信线路：最常用的是电话线路，如果对于传输时效和传输流量有较高要求，则可以租用专线。

3. 通信网络

通信网络是实现 EDI 的手段。EDI 通信方式有以下几种。

（1）直线连接方式。其包括点对点、一点对多点和多点对多点的连接。该方式适合在贸易伙伴数量较少的情况下使用。

（2）增值网络（VAN）方式。在贸易伙伴数量较多的情况下，多家企业直接用计算机通信时，会出现由于计算机厂家不同、通信协议相异以及工作时间不同等问题造成的困难。为了克服这些问题，许多应用 EDI 的公司逐渐采用第三方网络与贸易伙伴进行通信，即增值网络方式。增值网络可以提供存储转送、记忆保管、通信协议转换、格式转换、安全管制等功能。因此，使用该方式传送 EDI 文件，可以降低相互传送资料的复杂性，提高EDI 的效率。

（二）EDI 应用系统的组成

EDI 系统一般由报文生成和处理模块、格式转换模块、通信模块和联系模块等几部分组成。不同用户的 EDI 系统通过 EDI 中心连接在一起。EDI 中心是一个电子数据处理系统，可通过公用电信网、专用网及 X.25 等通信网络把不同地区的 EDI 系统连接在一起。EDI 中心具有数据库管理功能，可以对不同标准语法的 EDI 数据进行处理，实现不同标准语法用户之间的 EDI 数据交换。当一份 EDI 报文从 EDI 系统传送到 EDI 中心，确认报文无误后，便通知发方已收妥（否则便通知发方重发），然后进行标准语法的处理，并自动识别收方，进行存储转发。转发到收方 EDI 系统的报文，首先进行格式转换，形成本单位计算机系统格式，然后送到报文生成和处理模块，按照不同的业务要求处理，最后再通过联系模块，将信息通知本单位数据库信息系统及正在使用中的其他用户。

1. 报文生成及处理模块

报文生成及处理模块被用来生成 EDI 报文和接收外部 EDI 报文并进行处理。其作用有两个：一是接收来自用户联系接口和其他通信系统以及数据库内部联系接口模块的命令和信息，按照 EDI 标准生成订单、发票、合同以及其他各种 EDI 报文和单证，经格式转换模块处理后，提交给通信模块，经 EDI 通信网络转发给 EDI 系统的其他用户。二是更复杂的工作，即自动处理由其他 EDI 系统发来的 EDI 报文。在从信息系统中取出必要信息回复给发来单证的 EDI 系统的同时，也将单证中的有关信息传送给本单位其他信息系统，如将客户加工的特殊图形式样传送给相关部门等。

2. 格式转换模块

格式转换模块按照 EDI 结构化的要求将各种 EDI 报文进行结构化处理，按照 EDI 语法规则对其进行压缩、重复、嵌套和代码转换，并加上相应的语法控制字符后提交给通信模块，再发送给其他 EDI 用户。另外，还可以将其他 EDI 系统经通信模块所收到的结构化的

EDI 报文，进行非结构化的处理，以便信息系统或数据库作进一步的处理。对于在格式转换过程中语法出错的 EDI 报文，格式转换模块将拒绝接收并通知对方重发。

由于要遵循统一的国际标准和行业标准，所有 EDI 都必须转换成标准的交换格式。同时，通信模块接收的来自其他 EDI 系统的 EDI 报文也要经过相反过程的处理后才能交给其他模块进行下一步操作。在格式转换过程中要进行语法检查，对于语法出错的 EDI 报文应该先拒收，再通知对方重发，因为有语法错误的 EDI 报文可能会导致语义出错，从而把商业文件的原意弄错，这是 EDI 系统不允许的。

目前，EDI 标准体系还没有完全统一，不同的行业 EDI 标准也往往有所不同，格式转换模块必须能够适应和识别不同的 EDI 标准，做出相应的转换处理，将某种标准的 EDI 报文转换成另一种标准格式，以便和国际上广泛存在的 EDI 系统互通。

3. 通信模块

通信模块是 EDI 应用系统与 EDI 通信网络的接口，执行呼叫、应答、自动转发、地址转换、差错校验、出错报警、审计和确认、命名和寻址、合法性和完整性检查及报文传送等任务。EDI 通信网络的结构不同，对该模块功能的要求也不同。但是，有些基本的通信功能，如执行呼叫、自动重发、合法性和完整性检查、出错报警、自动应答、通信记录、报文拼装和拆卸等任务则都是必备的，有些还需要执行地址转换等工作。在某种程度上，通信模块与通信网络是一体的，它们的作用就是使 EDI 系统在一个安全、可靠、方便的通信平台上顺利运行。如今，越来越多的 EDI 系统使用互联网作为通信网络，因此，如何实现 EDI 系统与互联网的通信接口并且保证安全性就成为一个重要的课题。

4. 联系模块

联系模块包括用户联系模块和内部联系模块两部分。

①用户联系模块。EDI 系统能自动处理各种报文，但是与用户界面友好的人机接口仍是必不可少的。由于使用 EDI 系统的大都是非计算机专业的业务管理人员，不可能要求他们了解过多的计算机和网络技术。因此，从用户的观点来看，就是操作起来越简单、越直观越好。

用户接口包括用户界面和查询统计。用户界面是 EDI 系统的外包装，它的设计直接影响 EDI 系统产品外在形象。查询统计模块可帮助管理人员了解本单位的情况，显示或打印各种统计报表，从而能够展现市场变化情况，以利于及时调整经营策略等。

在实际使用中，EDI 系统不一定都是高度自动化的，应允许存在不同程度的人工干预。所以用户接口模块的作用和地位就显得尤为重要，不仅要具备友好的界面，还要有强大、灵活的与用户交互的功能。

②内部联系模块。它是 EDI 系统与本部门其他信息和数据库的接口。使用 EDI 系统的用户在某种程度上有自己的企业内部管理信息系统。一份来自外部的 EDI 报文，经过 EDI 系统处理之后，大部分相关内容都需要经内部接口模块送往其他信息系统，或查询其他信息系统后才能给对方 EDI 报文以确定的答复。例如，一份到货通知到达后，EDI 系统可以通过内部接口模块修改财务、库存等 MIS 系统的记录，使新数据立刻在这些系统中得到反映。

EDI 系统除了包含以上基本模块外，还必须具有安全保密功能、命名和寻址功能、数据库管理功能等。安全保密功能分别执行不同的数据安全和加密/解密的工作。例如，在报文生成和处理模块与金融系统交换 EDI 报文时，必须使用电子签名的加密方法保证传送的数据不会被篡改、抵赖或窃取。另外，所有模块都可以具备身份验证和终端确认等功能，这样，利用 EDI 传输商业金融数据就比用人工传递有形凭证更为安全、可靠。

上述模块是 EDI 的软件支持，它们之间相互协调共同完成 EDI 的系统功能。一般说来，通信模块和格式转换模块对于所有的 EDI 系统应该是相同的，而联系模块、报文生成及处理模块会因不同的国家、地区及行政单位而有所区别。但随着 EDI 标准化技术的发展，这些功能也将逐渐规范化。

（三）EDI 的实现过程

EDI 实现过程就是用户将相关数据从自己的计算机信息系统传送到有关交易方的计算机信息系统的过程。该过程因用户应用以及外部通信环境的差异不同，这个过程分为六个步骤，如图 2-1 所示。

①发送方将要发送的数据从信息系统数据库提出，转换成平面文件。

②将平面文件翻译成标准的 EDI 报文。

③发送 EDI 信件。

④接收方从 EDI 信箱中收取信件。

⑤EDI 拆开信件并翻译成平面文件。

⑥将平面文件转换并送到接收方信息系统中处理。

由于 EDI 服务方式不同，平面转换和 EDI 翻译可在不同位置（用户端，EDI 增值中心或其他网络服务点）进行，但基本步骤仍是上述六个步骤。

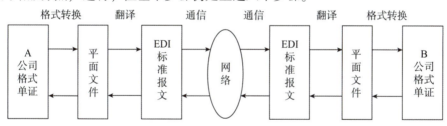

图 2-1　EDI 的实现过程

二、计算机网络与互联网

（一）计算机网络概述

1. 计算机网络的概念

简单地说，计算机网络就是通过电缆、电话或无线通信设备，将分布在不同地理位置上的具有独立功能的两台或两台以上的计算机、终端及其附属设备用通信手段连接起来以实现资源共享的系统。更严格地说，计算机网络是用通信线路将分散在不同地点并具有独立功能的多台计算机系统互相连接，按照网络协议进行数据通信，实现资源共享的信息系统。

2. 计算机网络的组成

计算机网络的组成可以从它的物理组成和系统组成两个方面来描述。

1）计算机网络的物理组成

计算机网络的物理组成主要包括主机、终端、通信控制处理机、通信设备和通信线路。

①主机：是计算机网络中承担数据处理的计算机系统，可以是单机系统，也可以是多机系统。

②终端：是网络中用量大、分布广的设备。

③通信控制处理机：也称为前端处理机，是主计算机与通信线路单元间设置的计算机，负责通信控制和通信处理工作。

④通信设备：是数据传输设备，包括集中器、信号变换器等。集中器设置在终端较集中的地方，它先把若干个终端用低速线路先集中起来，再与高速通信线路连接。信号变换器的作用是将一种信号转换为另一种信号，以便在不同的系统之间传输信息。

⑤通信线路：是用来连接上述各部分并在各部分之间传输信息的载体。

2）计算机网络的系统组成

从计算机网络系统组成的角度来看，典型的计算机网络从逻辑功能上可以分为资源子网、通信子网和计算机网络软件三个部分。

①资源子网：由主机、终端、终端控制器、联网外设、各种软件资源与信息资源组成。资源子网负责全网的数据处理业务，并向网络用户提供各种网络资源与网络服务。

②通信子网：由通信控制处理机、通信线路与其他通信设备组成，作用是完成网络数据传输、转发等通信处理任务。

③计算机网络的软件：网络软件是实现网络功能必不可少的软环境，包括网络协议软件、网络通信软件、网络操作系统、网络管理软件和网络应用软件等。

3. 计算机网络的功能

建立计算机网络的主要目的是实现在计算机通信基础上的"资源共享"。计算机网络具有以下几个功能。

①实现资源共享：所有网内的用户均能享受网上计算机系统中的全部或部分资源，这些资源包括硬件、软件、数据和信息资源等。

②进行数据信息的集中和综合处理：将地理上分散的生产单位或业务部门通过计算机网络实现联网，把分散在各地计算机系统中的数据资料适时集中，并进行综合处理。

③提高计算机的可靠性及可用性：在单机使用的情况下，计算机或某一部件一旦有故障便引起停机，当计算机连成网络之后，各计算机可以通过网络互为后备，还可以在网络的一些节点上设置一定的备用设备作为全网的公用后备。另外，当网络中某一计算机的负担过重时，可将新的作业转给网络中另一较空闲的计算机处理，从而减少了用户的等待时间。

④进行分布处理：在计算机网络中，用户可以根据问题的性质和要求选择网内最合适的资源来处理，以便迅速而经济地处理问题。对于综合性的大型问题，则可以采用合适的算法，将任务分散到不同的计算机上进行分布处理。利用网络技术还可以将许多小型机或微型机连成具有高性能的计算机系统，使它具有解决复杂问题的能力。

⑤节省软、硬设备的开销：因为每个用户都可以共享网中任意位置上的资源，所以网络设计者可以全面统一地考虑各工作站上的具体软、硬件资源配置，从而达到用最低的开

销获得最佳的效果。例如，只为个别工作站配置某些昂贵的软件和硬件资源，至于其他工作站，可以通过网络调用，从而使整个建网费用和网络功能的选择控制在最佳状态。

4. 计算机网络的分类

计算机网络的分类标准很多，比如按拓扑结构、介质访问方式、交换方式以及数据传输率等，但这些分类标准只给出了网络某一方面的特征，并不能反映网络技术的本质。按照网络的作用范围和拓扑结构，计算机网络可以分为以下类别。

1）按网络的作用范围划分

①局域网：局域网（Local Area Network，LAN）是计算机通过高速线路相连组成的网络。其覆盖范围一般从几十米至数千米。局域网组建方便，使用灵活，是目前计算机网络中最活跃的分支。

②广域网：广域网（Wide Area Network，WAN）跨越国界、洲界，甚至全球范围。广域网互联的形式主要有两种：一是局域网到局域网的连接；二是单机到局域网的连接。广域网的典型代表是互联网。

③城域网：城域网（Metropolitan Area Network，MAN）的覆盖范围通常是一个城市或一个地区。城域网是局域网的延伸，用于局域网之间的连接。

2）按照网络的拓扑结构划分

①星型网络：在星型拓扑网络结构中，各节点通过传输介质与中心节点相连，中心节点具有数据处理和转接的功能。星型拓扑结构的优点是结构简单，易于增加新的站点；缺点是对中心节点的依赖性大，一旦中心节点有故障会引起整个网络瘫痪。

②树型网络：在树型拓扑网络结构中，其形状像一棵倒置的树，每棵树中的各个节点都是计算机。树型拓扑结构可以看成是星型拓扑结构的扩展。

③总线型网络：在总线型拓扑网络结构中，所有的点共享一条数据通道，一个节点发出的信息可被网络上的多个节点接收。总线型网络结构简单，若某个站点出现故障，一般不会影响整个网络，故相对于其他几种结构，可靠性高。

④环型网络：在环型拓扑网络结构中，节点通过点到点通信线路连接成闭合环路，环中数据沿一个方向传送。环型网络结构简单，网络节点的加入、退出以及环路的维护和管理都比较复杂。

⑤网状型网络：在网状型拓扑网络结构中，节点之间的连接是任意的，没有规律。其优点是可靠性高，但结构复杂，必须采用路由选择算法和流量控制方法。广域网基本上采用网状型拓扑结构。

（二）互联网基本原理

1. 什么是互联网

1995 年 10 月 24 日，联合网络委员会（The Federal Networking Council，FNC）通过了一项关于"互联网定义"的决议。

互联网指的是全球性的信息系统。

①每台接入主机通过一个全球性唯一地址链接在一起，这个地址是建立在"互联网协议"或今后其他协议基础之上。

②可以通过"传输控制协议"和"互联网协议"，或今后其他接替协议或与"互联网

协议"兼容的协议来通信。

③可以让公共用户或者私人用户使用高水平的服务。这种服务是建立在上述通信及相关的基础设施之上。

这当然是从技术的角度来定义互联网。这个定义至少向我们揭示了三方面内容。首先，互联网是全球性的；其次，互联网上的每台主机都需要有"唯一地址"；最后，这些主机必须按照共同的规则（协议）连接在一起。

2. 互联网基本技术

1）TCP/IP 协议

TCP/IP（Transmission Control Protocol/Internet Protocol），即传输控制协议/互联网互联协议，又叫网络通信协议，这个协议是互联网最基本的协议，是互联网的基础，简单地说，它是由网络层的 IP 协议和传输层的 TCP 协议组成的。

TCP（Transmission Control Protocol）协议属于传输层协议。它提供的服务包括数据流传送、可靠性、有效流控、全双工操作和多路复用。通过面向连接、端到端和可靠的数据包发送。通俗地说，它是先为所发送的数据开辟连接好的通道，然后再进行数据发送。

IP（Internet Protocol）协议即互联网协议，它规定了数据传输时的基本单元和格式，以及数据包的递交办法和路由选择。

2）IP 地址

IP 地址是人们在互联网上为了区分数以亿计的主机而给每台主机分配的一个专门的地址，通过 IP 地址就可以访问每台主机，所以 IP 地址的主要作用是区别不同的主机。IP 地址由四部分数字组成，每部分数字对应 8 位二进制数字，各部分之间用小数点分开，如某台主机的 IP 地址为 211.152.65.112。

IP 地址分为固定 IP 地址和动态 IP 地址。固定 IP 地址，也可称为静态 IP 地址，是长期固定分配给一台计算机使用的 IP 地址，一般是特殊的服务器才拥有固定 IP 地址。动态 IP 地址是因为 IP 地址资源非常短缺，通过电话拨号上网或普通宽带上网用户一般不具备固定 IP 地址，而是由 ISP 动态分配给暂时的一个 IP 地址。普通人一般无须去了解动态 IP 地址，这些都是计算机系统自动分配完成的。

另外，IP 地址分为公有 IP 地址和私有 IP 地址。公有地址（Public Address，也可称为公网地址）由 Internet NIC（Internet Network Information Center，互联网信息中心）负责。这些 IP 地址分配给注册并向 Internet NIC 提出申请的组织机构。通过公有地址可以直接访问互联网，它是广域网范畴内的。私有地址（Private Address，也可称为专网地址）属于非注册地址，专门为组织机构内部使用，属于局域网范畴，离开所在局域网是无法访问互联网的。

3）域名与域名解析

由于 IP 地址是数字标识，使用时难以记忆和书写，因此在 IP 地址的基础上又发展出一种符号化的地址方案，以此来代替数字型的 IP 地址。每一个符号化的地址都与特定的 IP 地址对应，这样网络上的资源访问起来就容易得多了。这个与网络上的数字型 IP 地址相对应的字符型地址，就被称为"域名"。可见，域名就是上网单位的名称，是通过计算机进入网络的单位在该网中的地址。域名起着识别作用，便于他人识别和检索某一企业、组织或个人的信息资源，从而更好地实现网络上的资源共享。除了识别功能外，在虚拟环境下，域名还可以起到引导、宣传、代表等作用。

域名中的标号都由英文字母和数字组成，每一个标号不超过 63 个字符，也不区分大小写字母。由多个标号组成的完整域名总共不超过 255 个字符。标号中除了连字符（-）外，标号中不能使用其他的标点符号。

一个域名由若干个子域名组成，子域名之间用圆点隔开，一般来说，最右边的子域名是顶级域名（国家或地区代码），而级别最低的子域名写在最左边。例如，中国互联网信息中心的 WWW 服务器域名为 www. cnnic. net. cn，其顶级域名是 cn，表示该主机在中国注册；第一级子域名是 net，表示主机所在的机构属网络支持机构；第二级子域名为 cnnic，是中国互联网络信息中心的名称；最左边的第三级子域名 www 是该主机的名字。

域名虽然比数字的 IP 地址好记，但通过域名并不能直接找到要访问的主机，IP 地址才标示出主机的真实地址。所以中间要加一个从域名查找 IP 地址的过程，这个过程就是域名解析，简而言之，域名解析就是域名到 IP 地址的转换过程。

负责将域名解析成为 IP 地址的服务器，叫作域名解析服务器（DNS）。当互联网用户打开浏览器，输入一个网址的时候（如 http：//www. alibaba. com），计算机并不知道 www. alibaba. com 到底是哪一台主机，因此，向互联网上的 DNS 发出查询请求，DNS 将查询到的 IP 地址反馈给计算机，它就可以根据 IP 地址找到 www. alibaba. com 主机来下载网页了。

4）服务器

服务器是网络上最基本的硬件之一，其最常用的数据库根据服务器所提供的功能可以分为五种。

①WWW 服务器（WWW Server）也称为 Web 服务器，是互联网上最常见也是使用最频繁的服务器之一，WWW 服务器能够为用户提供网页浏览、论坛访问等服务。比如我们在使用浏览器访问 http：//www. alibaba. com 的时候，实际上就是在访问 alibaba 的 WWW 服务器，并从该 WWW 服务器获取需要的网页和信息。

②FTP 服务器（FTP Server）。其是专门为用户提供各种文件（File）的服务器，FTP 服务器上往往存储着大量文件，例如，软件、音频、视频、程序等。用户只要使用 FTP 客户端软件登录到 FTP 服务器上就可以从 FTP 服务器上下载所需文件和资料到自己的计算机中，同时，也可以把自己移动设备上的文件上传到 FTP 上供其他用户下载，以实现文件资源的共享。

③邮件服务器（Mail Server）。电子邮件是互联网上应用最频繁的服务之一，而互联网上每天数百亿电子邮件的收发都是通过邮件服务器实现的。邮件服务器就像邮局一样，可以为用户提供电子邮件的接收存储和发送服务。

④数据库服务器（Database Server），是指运行在局域网中的一台或多台服务器计算机上的数据库管理系统软件，数据库服务器为客户应用提供服务，这些服务是查询、更新、事务管理、索引、高速缓存、查询优化、安全及多用户存取控制等。

⑤域名服务器（Domain Name Server）。它是负责将域名解析成为 IP 地址的一种服务器，每个域名至少要有两个 DNS 服务器，这样如果其中一个 DNS 服务器出现问题，另一个也可以返回关于这个域名的数据。

3. 互联网接入方法

1）互联网接入方式

（1）专线方式

通过租用专用通信线路与互联网进行直接的、不间断的连接。这种方式的费用较大，适合多人使用、数据通信量大的情况。企事业网和校园网一般是以局域网的方式通过专线接入互联网，例如，目前许多大中院校使用光纤线路高速接入教育网。

（2）拨号方式

拨号上网是指利用电话线和调制解调器（Modem），采用拨号的方式登录到 ISP 的主机，获得动态分配的 IP 地址信息后连接互联网，上网结束后断开连接并释放资源的上网方式。拨号也有多种形式，包括 56kbit/s Modem 拨号、ISDN（综合业务数字网）、ADSL 等。

2）互联网接入技术

（1）56kbit/s Modem

传输速率为 56kbit/s，主机通过调制解调器，连接普通电话线就可以上网，也就是将 ISP 终端设备与现有的公共电话交换网（PSTN）直接进行数字连接。现在，此种接入技术已较少见。

（2）ISDN

综合业务数字网（Integrated Services Digital Network，ISDN）提供端到端的数字连接，承载包括语音和非语音在内的多种电信业务，在各用户之间实现以 64kbit/s 速率为基础的端到端的透明传输，同时用户通过普通电话线可以进行多种通信，如用于电话、互联网、传真、可视电话、会议电视。由于其速度较慢，这种接入方式如今也不常用了。

（3）ADSL

ADSL 的中文名是"非对称数字用户线路"，ADSL 技术的关键就是采用高速率、适于传输、抗干扰能力强的调制解调技术。用户需要安装的 ADSL 设备包括 ASDL Modem、滤波器（作用是使电话的正常通话不受任何影响），主机需要安装网卡。ADSL Modem 通过网卡和网线连接主机，再把 ADSL Modem 连接到现有的电话网中就可以上网了。目前，这种方式在家庭用户及中小型企业中得到普及应用。

ADSL 的优点如下：传输速率高，ADSL 为用户提供上、下行非对称的传输速率，上行为低速传输，速率也可达 1Mbit/s；下行为高速传输则可达 10Mbit/s；由于利用现有的电话线，并不需要对现有网络进行改造，因此其实施所需投入的资金不高；ADSL 采用频分多路技术，将电话线分为三个独立的信道，用户可以边观看点播的网络视频边发送电子邮件；同时还可以打电话；每个用户都独享带宽资源，不会因为网络用户增加而使传输速率下降。

（4）Cable Modem

Cable Modem（线缆调制解调器）是利用现有的有线电视网，提供高速数据传送的设备。它的优点是：传输速率快，其上行速率可达 10Mbit/s，下行最高速率可达 40Mbit/s 以上；上网不用拨号，也就是时刻连接在互联网上；支持宽带多媒体应用包括视频会议、远程教学、视频点播、音乐点播等。

（5）无线互联网

无线互联网是新兴的网络技术，其主导思想是把无线设备的方便性和移动性与存取互联网大量信息的能力结合起来。建立在无线接入协议（Wireless Access Protocol，WAP）之上，用户还可以通过移动电话小小的屏幕，接收来自互联网的信息。利用手机上网有许多好处：上网可以不受时间、地点的限制，无论何时何地都可以进入互联网，接收电子邮件、浏览 Web 页面，查询工作中所需的电子数据，及时进行数字商务交易等。

三、无线网络与移动通信技术

（一）无线网络的概念和特点

1. 无线网络的概念

数字商务改变了传统的经营方式，网络技术飞速发展，建立网络不只是简单地将计算机在物理上连接起来，而是要合理地规划和设计整个网络系统，充分利用现在的各种资源，建立遵循标准的高效可靠、具有扩充性的网络系统。

一般来讲，凡是采用无线传输媒体的计算机网都可称为无线网。为区别于以往的低速网络，这里所指的无线网特指传输速率高于 1Mbit/s 的无线计算机网络。为了降低成本、保证互操作性并促进无线技术的广泛应用，如电气电子工程师协会（IEEE）、互联网工程任务组（IETF）、无线以太网兼容性联盟（WECA）和国际电信联盟（ITU）等许多组织参与了若干主要的标准化工作。例如，IEEE 工作组负责解决如何将信息从一台设备传送到另一台设备（例如是使用无线电波还是使用红外光波），以及怎样、何时使用传输介质进行通信的问题。另外，在开发无线网络标准时，有些组织（如 IEEE）着重于电源管理、带宽、安全性和其他无线网络特有的问题。

2. 无线网络的特点

下面从传输方式、网络拓扑、网络接口三个方面来介绍无线网的特点。

1）传输方式

传输方式涉及无线网采用的传输媒体、选择的频段及调制方式。目前无线网采用的传输媒体主要有两种，即无线电波与红外线。

采用无线电波作为传输媒体的无线网依据不同的调制方式，又可分为扩展频谱方式与窄带调制方式。在扩展频谱方式中，数据基带信号的频谱被扩展至几倍到几十倍后再被搬移至射频发射出去。这一做法虽然牺牲了频带带宽，却提高了通信系统的抗干扰能力和安全性。由于单位频带内的功率降低，无线电波对其他电子设备的干扰也减小了。采用扩展频谱方式的无线局域网一般选择所谓的 ISM 频段（Industrial Scientific Medical Band）。许多工业、科研和医疗设备辐射的能量集中于该频段。例如，美国的 ISM 频段由 902～928MHz、2.4～2.48GHz、5.725～5.850GHz 组成，假如发射功率及带宽辐射满足美国联邦通信委员会（FCC）的要求，则不用向 FCC 提出专门的申请即可使用 ISM 频段。在窄带调制方式中，数据基带信号的频谱不做任何扩展即被直接搬移到射频发射出去。与扩展频谱方式相比，窄带调制方式占用频带少，频带利用率高。采用窄带调制方式的无线局域网一般选用专用频段，需要经过国家无线电治理部门的许可才能使用。当然，也可选用 ISM 频段，这样便可免去向无线电治理委员会申请。但带来的问题是，当临近的仪器设备或通信设备也在使用这一频段时，会严重影响通信质量，通信的可靠性无法得到保障。

基于红外线的传输技术最近几年有了很大发展，目前广泛使用的家电遥控器几乎都是采用红外线传输技术。作为无线局域网的传输方式，红外线的最大优点是不受无线电干扰，且使用不受国家无线电治理委员会的限制。然而，红外线对非透明物体的透过性极差，这导致传输距离受限。

2）网络拓扑

无线局域网的拓扑结构可归结为两类，既无中心拓扑和有中心拓扑。

①无中心拓扑。无中心拓扑的网络要求网中任意两个站点均可直接通信。采用这种拓扑结构的网络一般使用公用广播信道，各站点都可竞争公用信道，而信道接入控制（MAC）协议大多采用CSMA（载波监测多址接入）类型的多址接入协议。这种结构的优点是网络抗毁性好、建网容易，且费用较低。但当网中用户数（站点数）过多时，信道竞争成为限制网络性能的要害，而且为了满足任意两个站点可直接通信，网络中站点布局受环境限制较大。因此这种拓扑结构适用于用户相对较少的工作群网络规模。

②有中心拓扑。在有中心拓扑结构中，要求一个无线站点充当中心站点，负责控制所有站点对网络的访问。这样，当网络业务量增大时，网络吞吐性能及网络时延性能的恶化并不剧烈。由于每个站点只需在中心站覆盖范围之内就可与其他站点通信，故网络中点站布局受环境限制也小。此外，中心站点为接入有线主干网提供了一个逻辑接入点。有中心拓扑结构的缺点是抗毁性差，中心站点的故障容易导致整个网络瘫痪，而且中心站点的引入增加了网络成本。在实际应用中，无线网络往往与有线主干网络结合起来使用。此时，中心站点充当无线网与有线主干网的转接器。

3）网络接口

一般来讲，网络接口可以选择在OSI参考模型的物理层或数据链路层接入网络系统。

所谓物理层接口，是指使用无线信道替代通常的有线信道，而物理层以上各层保持不变。这样做的最大优点是上层的网络操作系统及相应的驱动程序可不作任何修改。这种接口方式在使用时一般作为有线网的集线器和无线转发器，以实现有线局域网间互连或扩大有线局域网的覆盖面积。

另一种接口方法是从数据链路层接入网络。这种接口方法并不沿用有线局域网的MCA协议，而采用更适合无线传输环境的MAC协议。在实现时，MAC层及其以下层对上层是透明的，配置相应的驱动程序来完成与上层的接口，这样可保证现有的有线局域网操作系统或应用软件在无线局域网上正常运转。目前，大部分无线局域网厂商采用数据链路层接口方法。

（二）移动通信技术与无线应用协议

1. 移动通信技术

移动通信技术自兴起以来，因其满足了人们在任何时间、任何地点与任何个人进行通信的愿望，因此得到了飞速发展。与此同时，在信息支撑技术、市场竞争和需求的共同作用下，移动通信技术实现了跨越式的发展。每一次的代际跃迁，都极大地促进了产业的升级和经济社会的发展。当前，移动网络已融入社会生活的方方面面，改变了人们的沟通、交流乃至整个生活方式。

第一代移动通信技术（1G）起源于20世纪80年代，主要采用的是模拟技术和频分多址（FDMA）技术。由于受到传输带宽的限制，其最致命的缺点为不能进行移动通信的大区域性漫游，只能是一种区域性的移动通信系统。第一代移动通信有多种制式，我国主要采用的是 TACS。1G 有很多不足之处，如容量有限、制式太多、互不兼容、保密性差、通话质量不高、不能提供数据业务和不能提供自动漫游等。

第二代移动通信技术（2G）起源于 20 世纪 90 年代初期，主要采用的是数字的时分多址 TDMA（GSM）和码分多址 CDMA 技术，此系统以数字传输方式来实现语音和数据等业务，初步具备了支持多媒体业务的能力。2G 替代第一代移动通信技术完成了模拟技术向数字技术的转变，但随着用户规模和网络规模的不断扩大，频率资源已接近枯竭，语音质量不能达到用户满意的标准，数据通信速率太低，无法在真正意义上满足移动多媒体业务的需求。

第三代移动通信技术（3G）最基本的特征是智能信号处理技术，智能信号处理单元将成为基本功能模块，支持语音和多媒体数据通信，它可以为用户提供前两代产品不能提供的各种宽带信息业务，如高速数据、慢速图像与电视图像等。但是，第三代移动通信系统的通信标准有三大分支，成员间存在相互兼容的问题，因此已有的移动通信系统不是真正意义上的个人通信和全球通信；再者，3G 的频谱利用率还比较低，支持的速率还不够高。这些不足点远远不能适应未来移动通信发展的需要，因此寻求一种既能解决现有问题，又能适应未来移动通信的需求的新技术是必要的。

第四代移动通信技术（4G）可称为宽带接入和分布网络，具有非对称的超过 2Mbit/s 的数据传输能力。它包括宽带无线固定接入、宽带无线局域网、移动宽带系统和交互式广播网络。第四代移动通信标准比第三代具有更多的功能。第四代移动通信可以在不同的固定、无线平台和跨越不同的频带的网络中提供无线服务，可以在任何地方用宽带接入互联网，能够提供定位定时、数据采集、远程控制等综合功能。4G 系统中有两个基本目标：一是实现无线通信全球覆盖；二是提供无缝的高质量无线业务。

第五代移动通信技术（5G）是具有高速率、低时延和大连接特点的新一代宽带移动通信技术，5G 通信设施是实现人机物互联的网络基础设施。国际电信联盟（ITU）定义了 5G 的三大类应用场景，即增强移动宽带（eMBB）、超高可靠低时延通信（uRLLC）和海量机器类通信（mMTC）。增强移动宽带（eMBB）主要面向移动互联网流量爆炸式增长，为移动互联网用户提供更加极致的应用体验；超高可靠低时延通信（uRLLC）主要面向工业控制、远程医疗、自动驾驶等对时延和可靠性具有极高要求的垂直行业应用需求；海量机器类通信（mMTC）主要面向智慧城市、智能家居、环境监测等以传感和数据采集为目标的应用需求。5G 作为一种新型移动通信网络，不仅要解决人与人通信，为用户提供增强现实、虚拟现实、超高清（3D）视频等更加身临其境的极致业务体验，更要解决人与物、物与物通信问题，满足移动医疗、车联网、智能家居、工业控制、环境监测等物联网应用需求。最终，5G 将渗透到经济社会的各行业各领域，成为支撑经济社会数字化、网络化、智能化转型的关键新型基础设施。

2. 无线应用协议

无线应用协议（Wireless Application Protocol，WAP）由一系列协议组成，用来标准化无线通信设备，如移动电话、移动终端；它负责将互联网和移动通信网连接到一起，客观上已成为移动终端上网的标准。WAP 将移动网络和互联网，以及内联网紧密地联系起来，提供一种与网络种类、承运商和终端设备都无关的移动增值业务。移动用户可以像使用台式计算机访问信息一样，用电子移动设备（如支持 WAP 协议的手机，即 WAP 手机）访问互联网，从而在移动中随时随地在手机屏幕上浏览互联网中的内容，诸如收发电子邮件、查询数据、浏览金融信息等。

1）发展背景

在互联网时代的 20 世纪 90 年代初期，主要的手持无线电话制造商就清醒地认识到无线网络与互联网最终可能融合到一起，并开始致力于技术研究。与此同时，Unwired Planet™（现在已经改名为 Phone. com）公司也开始研究这种融合技术。无线标记语言（WML）的基础是 Phone. com 公司的 HDML（手持装置标记语言）。Phone. com 公司是一家公认的 WAP 兼容微浏览器和 WAP 网关技术的提供者。

1997 年，Phone. com 公司与当时的世界三大手持无线电话制造商——爱立信（Ericsson）、摩托罗拉（Motorola）和诺基亚（Nokia）合作建立了 WAP 论坛，该论坛是为消费类无线装置提供互联网访问而建立标准的非营利性机构。WAP 论坛向所有对其感兴趣的团体开放，尤其是内容发展商、设备制造商、运营商和基础结构提供商，其目的在于确立一个世界范围内适用的、基于互联网的，并为巨大无线市场服务的标准。WAP 论坛的主要任务就是管理 WAP 的建立过程。同时，WAP 论坛也广泛邀请其他无线行业中的伙伴加入该协议。

2）特点

无线应用协议的产生，是为了使移动设备能够直接地访问国际互联网上的资源。目前，WAP 已经成为移动通信业中的一大热点。具有下的特点。

（1）WAP 是公开的全球无线协议标准，并且是基于现有的互联网标准制定的

当今社会处于知识经济时代，越来越朝着经济运作即时化、移动化、由信息驱动的方向发展，这种趋势又推动着无线数据的需求。目前人口的流动性比以往任何时候都大，很多人需要在旅行时访问互联网。因此，移动电话就成了满足这一需要的明智选择。WAP 的出现，为移动电话和其他无线设备访问互联网提供了公共标准。

由于无线环境与有线信息技术环境差异很大，WAP 规范在设计时，以现有的互联网标准为依据，并考虑了无线网络的制约因素（CPU 不太强、存储容量较小、功耗受限和不同的输入设备），进行了最优化。WAP 使用一个程序设计模型和一种程序设计语言来开发应用，降低了市场分裂的危险，显然对终端用户、运营商、应用开发者和电信界等各方都有利。因此，WAP 已经成为世界通用的标准。

在许多情况下，WAP 的关键部分是建立在互联网的基础之上，因此可以非常简便地将这两部分进行相互比拟。应用层包括无线标识语言（WML）、WML Script 和无线电话应用（WTA）。WML（一种类似于 HTML 的浏览语言）为用户提供浏览支持、数据输入、超链接、文本和图像显示以及表格服务。WML Script 可与 Java Script 相媲美，能使移动设备先将信息进行处理后再发给服务器。

符合 WAP 标准的电话所配备的微型浏览器，可与标准 Web 浏览器相媲美。用户可以通过微型浏览器，浏览运营商规定的 Web 业务。首先，用户选择一项业务，该业务将卡片组下载到移动电话中；接着，用户可以在卡片之间往返浏览，进行选择和输入信息的操作；然后执行所选择的工作。浏览到的信息可高速缓存，供以后使用。卡片组可做成书签以供快速检索。另外，微型浏览器还可以支持电子名片、日历事件和其他类型的内容格式。其他层包括无线对话层（基于超文本传输协议 HTTP）和无线事务处理协议层（基于 TCP/IP）。关于安全性，无线传输层（WTLS）将提供数据完整性、保密性、认证和业务

拒绝保护服务。

（2）WAP 提供了一套开放、统一的技术平台

它使用 Web 服务器来提供互联网或内联网内容服务，因此保持了现有的拥有各种开发经验的技术人员的平衡。

WAP 定义了一种 XML（Extensible Markup Language）语法，被称作 WML（Wireless Markup Language）。在互联网上，所有的 WML 内容都是使用标准的 HTTP 请求来操作的。也就是说，支持 WAP 协议的手机并不能解释互联网上的 HTML 页面信息，但能解释经过特定服务器过滤和翻译过的页面信息。

WAP 可以广泛运用于 GSM、CDMA、TDMA、5G 等多种网络。现在的 WAP 服务在 5G 到来后仍然可能继续存在，但传输速率会更高，协议标准也会随之升级。WAP 可以在各种通信网络中使用，包括短信息业务（SMS）、GSM 数据、非结构化的补充业务数据（USSD）、高速电路交换数据（HSCSD）、TDMA、CDMA、宽带 CDMA 和通用分组无线电业务（GPRS），终端用户不必了解深奥的无线网络技术，就可以使用互联网。

为了保持现有的巨大的移动市场，WML 用户的界面直接映射到现有手机界面上。这意味着终端用户可以使用具有 WAP 功能的移动电话和设备，而不需要再生产新的 WAP 专用的无线设备。WAP 协议让产品可以继续使用标准的互联网技术优化现有的产品。

3）WAP 的优势

随着 WAP 技术的发展，WAP 手机已不单是一部移动电话，更是成为 WAP 浏览器和数字数据传真机，能让用户更全面地掌握通信优势。只要用户拥有一部 WAP 手机，就可以随时掌握一切，其优势表现在工作、生活、娱乐等各方面。

①在工作方面，对于日理万机、经常与时间竞赛的商务人士，WAP 更能为其提供市场上最新的第一手信息，完全满足其业务和工作需要。有了 WAP 的帮助，商户就有了与消费者接触的新渠道，尤其有助于打开庞大的手机用户市场。通过使用 WAP 技术，用户可以在网上进行数字商务买卖，从而为商户带来更可观的收益。同时，无论用户置身何处，都可以浏览 WAP 网页，获得全球各大城市的天气报道，查询不同股票市场的情况并进行买卖操作，通过使用全球定位系统，在 WAP 手机内的地图准确搜寻方向和位置……这一切都让用户突破时空的阻碍，控制自如。

②在生活方面，无论用户身在何处，都可以通过 WAP 手机上网，享受各项线上银行服务，甚至预订旅馆，购买或预订电影票和音乐会门票，完全满足实际需要。

③在娱乐方面，WAP 也为用户提供了崭新的消费模式，无论用户走到哪里，都可以随心所欲地与朋友甚至其他 WAP 用户一起上网、玩游戏，享受 WAP 带来的乐趣。

4）WAP 的局限

尽管 WAP 有如此强大的优势，但是也必须指出 WAP 在技术方面的局限性，以便在开发和使用时特别注意，解决瓶颈问题，推动技术发展。WAP 的局限性主要存在于两个方面：WAP 设备和 WAP 承载网络。

WAP 设备受 CPU、随机访问存储器（RAM）、只读存储器（ROM）和处理速度的限制。既然 WAP 装置是移动无线装置，那么电池的使用时间是有限的。使用的带宽越大，所需要的功率就越大；需要的功率越大，电池的使用时间就越短。

WAP 承载网络属于低功率网络，目前带宽适中。WAP 承载网络的固有特性是可靠性不高、稳定性不高和不可预测性。而 WAP 协议和运行在 WAP 设备上的应用都需要强健性

和可靠性，它们必须能够处理服务中断、断续连接和服务丢失。WAP 承载网络具有高延时的特点。

四、Web 开发技术

Web 是建立在互联网基础上的应用技术。Web 主要由 Web 服务器、Web 浏览器，以及一系列的协议和约定组成，它使用超文本和多媒体技术，以便人们在网上漫游，进行信息浏览和信息发布。它可以提供收发电子邮件、阅读电子新闻、下载软件、查询信息、聊天和网上购物等服务。

（一）Web 应用系统结构

B/S 结构（Browser/Server，浏览器/服务器模式）是一种典型的 Web 应用系统结构。这种模式统一了客户端，将系统功能实现的核心部分集中到服务器上，简化了系统的开发、维护和使用。B/S 结构采用的是浏览器请求，服务器响应的工作模式，如图 2-2 所示。

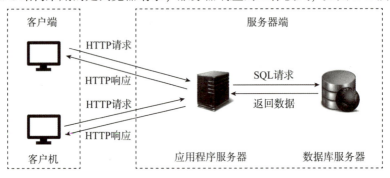

图 2-2　B/S 结构

在 B/S 结构中，包括客户端和服务器端。用户可以通过浏览器访问互联网上由 Web 服务器产生的文本、数据、图片、动画、视频点播和声音等信息。而每个 Web 应用服务器又可以通过各种方式与数据库服务器连接，大量的数据实际存放在数据库服务器中。

B/S 系统的工作流程如下。

①客户端发送请求。用户在客户端提交表单操作，向服务器发送请求，等待服务器响应。

②服务器端处理请求。服务器端接收并处理请求，若涉及数据库，则需要访问数据库，然后才能对请求进行数据处理，并产生响应。

③服务器端发送响应。服务器端把用户请求的数据（网页文件、图片、声音等）返回给浏览器。

④浏览器解释执行 HTML 文件，将页面呈现给用户。

（二）客户端技术

信息在客户端浏览器显示的样式，客户端对页面的控制、与服务器端的通信等均由客户端技术实现。常用的客户端技术有超文本标记语言（HTML）、脚本语言（Java Script）、可扩展标记语言（XML）、级联样式表（CSS）和文件对象模型（DOM）等。这些技术各有优势，也各有适用的领域，此处只简要介绍前三种客户端技术。

1. 超文本标记语言

超文本标记语言是构建 Web 页面的主要工具，是用来表示网上信息的符号标记语言，是对标准通用语言（SGML）的简化实现。

超文本标记语言文档的制作不是很复杂，但功能强大，它支持不同数据格式的文件嵌入。它具备简易性、可扩展性和通用性等特点。

网页设计软件实现了超文本标记语言文档编写的"所见即所得"，使用起来十分方便，如 Dreamweaver。

Dreamweaver 是美国 Macro Media 公司开发的集网页制作和网站管理于一身的"所见即所得"网页编辑器，它是针对专业网页设计师开发的视觉化网页开发工具。利用它可以轻而易举地制作出跨越平台和跨浏览器的充满动感的网页。

2. 脚本语言

通过超文本标记语言可以实现文字、表格、声音、图像和动画等多媒体信息的显示。然而采用这种技术存在一定的缺陷，那就是它只能提供静态的信息资源，缺少动态的客户端与服务器端的交互。

脚本语言的出现，使信息和用户之间不再仅是显示和浏览的关系，还实现了实时的、动态的、可交互式的表达方式。脚本语言是一种新的描述语言，它可以被嵌入超文本标记语言的文件之中。脚本语言可以回应使用者的需求，当使用者输入一项信息时，它不用经过传给服务器端处理再传回来的过程，可以直接被客户端的应用程序处理。

3. 可扩展标记语言

可扩展标记语言是专为 Web 应用而设计的，它是标准通用标记语言的一个优化子集，是由万维网联盟（W3C）于 1998 年 2 月发布的一种标准。它以一种开放的自我描述方式定义了数据结构，在描述数据内容的同时能突出对结构的描述，从而体现数据之间的关系。可扩展标记语言所组织的数据对于应用程序和用户都是友好的、可操作的。

可扩展标记语言的精髓是允许文档的编写者制订基于信息描述、体现数据之间逻辑关系的自定义标记，确保文档具有较强的易读性、清晰的语义和易检索性。因此，一个完全意义上的可扩展标记语言文档不仅要求有标准的格式，而且需要自行定义一些标签。它必须遵守文档类型定义（DTD）中已声明的种种规定。

文档类型定义是作为可扩展标记语言标准的一部分发布的。目前大多数面向可扩展标记语言的应用，都支持可扩展标记语言和文档类型定义。当前大多数与可扩展标记语言模式相关的算法研究都是基于可扩展标记语言和文档类型定义展开的。

（三）服务器端技术

随着数字贸易的发展，静态网页越来越不能满足客户的需求，动态网页技术应运而生，逐渐成了数字贸易系统中 Web 服务端的基本实现方式。

1. 公共网关接口

公共网关接口（Common Gateway Interface，CGI）是运行在网络服务器上的可执行程序，它的作用是接收从客户端传过来的请求信息，然后运行服务器端的应用程序或数据库，最后再把结果转换为 HTML 代码并传送到客户端。

公共网关接口可以用许多编程语言来设计，如 C/C++、Java、Delphi、Visual Basic 和

Perl 等，但必须遵守一定的规则。公共网关接口由于设计复杂、移植性差、功能有限，现在已经较少使用了。图 2-3 所示为公共网关接口运行示意。

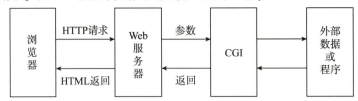

图 2-3　公关网关接口运行示意

2. ASP

ASP（Active Server Pages，动态服务器页面）是在服务器端执行的程序。ASP 由微软公司推出，实际上是一种在服务器端开发脚本语言的环境。利用 ASP 可以开发动态、交互、高性能的 Web 服务器端应用程序。ASP 只能在可以支持它的服务器上运行，用户不能看到原始脚本程序的代码，只能看到最终产生的 HTML 内容。图 2-4 所示为 Web 程序语言运行示意。

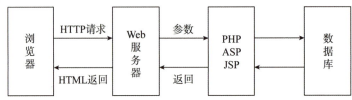

图 2-4　Web 程序语言运行示意

3. JSP

JSP（Java Server Pages，Java 服务器页面）是一种动态网页技术标准。JSP 技术是在传统的网页超文本标记语言文档中插入 Java 程序段和 JSP 标记，从而形成 JSP 文件的。用 JSP 技术开发的 Web 应用是跨平台的，既能在 Linux 中运行，也能在其他操作系统中运行。自 JSP 技术推出后，众多大公司支持采用 JSP 技术的服务器，因此，JSP 迅速成为商业应用的服务器端语言。

4. PHP

超文本预处理语言（Hypertext Preprocessor，PHP）是一种超文本标记语言内嵌式的语言，是在服务器端执行的、嵌入超文本标记语言文档的脚本语言。PHP 语言具有所有的公共网关接口的功能，非常强大，而且支持几乎所有流行的数据库和操作系统。

（四）数据库管理技术

数据库是存储在计算机中的有组织、可共享的数据集合。数据库管理系统是为管理数据库而设计的计算机软件系统，一般具有存储、截取、安全保障、备份等基础功能。

早期比较流行的数据库模型有三种，即层次式数据库、网络式数据库和关系型数据库。而在当今的互联网中，最常用的数据库模型主要是关系型数据库和非关系型数据库。

关系型数据库模型是把复杂的数据结构归结为简单的二元关系（二维表格形式）。主流的关系型数据库管理系统有 Oracle、My SQL、SQL Server、Access 数据库等。

非关系型数据库也被称为 No SQL 数据库，No SQL 的本意是"Not Only SQL"，指的是非关系型数据库，因此，No SQL 的产生并不是要彻底地否定非关系型数据库，而是对传统关系型数据库的一个有效补充。No SQL 数据库在特定场景下可以发挥出难以想象的高效率和高性能。常用的非关系型数据库管理系统有 Memcaced、Redis、Mongb 和 Cassandra 等。

五、物流技术

（一）条码技术

1. 条码的概念

条码是指由一组规则排列的条、空及字符组成的，用来表示一定信息的代码，条码系统是由条码符号设计、制作及扫描阅读组成的自动识别系统。

条码技术最早产生在 20 世纪 20 年代，条码中的信息是收信人的地址，就像邮政编码，于是诞生了最早的条码标识，设计方案非常简单，即一个"条"表示数字"1"，二个"条"表示数字"2"，以此类推。后来，又出现了由基本的元件组成的条码识读设备：一个扫描器（能够发射光并接收反射光）、一个测定反射信号条和空的方法——边缘定位线圈和使用测定结果的方法，即译码器。

2. 条码的优点

条码是迄今为止最经济、实用的一种自动识别技术。条码技术具有以下几个优点。

①输入速度快。与键盘输入相比，条码输入的速度是键盘输入的 5 倍，并且能实现即时数据输入。

②可靠性高。键盘输入数据出错率为三百分之一，利用光学字符识别技术出错率为万分之一，而采用条码技术后，误码率低于百万分之一。

③采集信息量大。利用传统的一维条码每次可采集几十个字符的信息，二维条码则可以携带数千个字符的信息，并有一定的自动纠错能力。

④灵活实用。条码标识既可以作为一种识别手段单独使用，也可以和有关识别设备组成一个系统实现自动化识别，还可以和其他控制设备连接起来，从而实现自动化管理。

另外，条码标签易于制作，对设备和材料没有特殊要求，识别设备操作简单，且售价相对便宜。

3. 条码分类

按维数分类，条码可分为一维条码和二维条码：一维条码只是在一个方向（一般是水平方向）表达信息，而在垂直方向则不表达任何信息；二维条码在水平方向和垂直方向的二维空间中都储存信息，可以直接显示英文、中文、数字、符号、图形。

一维条码的应用可以提高信息录入的速度，减少差错率，但是一维条码也存在一些不足之处：数据容量较小，只有 30 个字符左右；只能包含字母和数字；面积相对较大（空间利用率较低）；遭到损坏后便不能读取。二维条码与一维条码相比，具有数据容量更大（超越了字母数字的限制）、条码相对面积小和抗损毁能力大的优点。因此，二维条码的范围更加广泛。

4. 条码在物流中的应用

①物料管理。利用条码技术，通过将物料编码并打印条码标签，不仅便于物料跟踪管

理，而且有助于做到合理的物料库存准备，提高生产效率，便于企业资金的合理运用。对采购的生产物料按照行业及企业规则建立统一的物料编码，从而杜绝因物料无序而导致的损失和混乱。

②生产线物流管理。条码生产线物流管理是产品条码应用的基础，它建立在产品识别码的基础上。在生产中应用产品识别码可以监控生产，采集生产测试数据，采集生产质量检查数据，进行产品完工检查，建立产品识别码和产品档案，有序地安排生产计划，监控生产过程，提高下线合格率。

③分拣运输。铁路运输、航空运输、邮政通信等许多行业都存在货物的分拣和搬运问题，需要在很短的时间内将大批货物准确无误地装到指定的车上或航班上；一个生产厂家如果生产上百个品种的产品，并需要将其分门别类，以送到不同的目的地，那么就必须扩大场地，增加人员，还常常会出现人工错误。解决这些问题的办法就是应用物流标识技术，使包裹或产品自动分拣到不同的运输机上。应用条码技术后，所要做的只是将预先打印好的条标签贴在发送的货物上，并在每个分拣点装一台条码扫描器。

④仓储保管。在仓储系统，采用条码可以通过应用标识符分辨不同的信息，经过计算机对信息进行处理后，更有利于对产品的采购、保管和销售。

（二）射频技术

射频识别（Radio Frequency Identification，RFID）技术是 20 世纪 90 年代开始兴起的一种非接触式自动识别技术，在世界范围内被广泛应用。

1. 射频识别技术概述

射频识别技术是一项利用射频信号通过空间耦合（交变磁场或电磁场）实现无接触信息传递并通过所传递的信息达到识别目的的技术。简单地说，RFID 是利用无线电波进行数据信息读写的一种自动识别技术或无线电技术在自动识别领域中的应用。

射频识别技术具有非接触识别（识读距离可达几十米）、标签信息可改写、可识别高速运动物体、抗恶劣环境、保密性强、可同时识别多个识别对象等突出特点。

目前，RFID 在物体跟踪方面已经得到广泛的应用。

2. RFID 系统的组成与原理

射频识别系统在具体的应用过程中，根据不同的应用目的和应用环境，系统的组成会有所不同，但从射频识别系统的工作原理来看，系统一般都由信号发射机、信号接收机、发射接收天线三部分组成。

1）信号发射机（射频标签）

在射频识别系统中，信号发射机出于不同的应用目的，会以不同的形式存在，典型的形式是标签。标签相当于条码技术中的条码符号，用来储存需要识别传输的信息。另外，与条码不同的是，标签必须能够自动或在外力的作用下，把储存的信息主动发射出去。标签一般是带有线圈、天线、储存器与控制系统的低电集成电路。

2）信号接收机（读写器）

在射频识别系统中，信号接收机一般称为读写器。读写器一般由天线、射频模块、读写模块组成，基本功能是提供与标签进行数据传输的途径。另外，读写器还提供相当复杂的信号状态控制、奇偶错误校验与更正功能等。

3）发射接收天线

天线是标签与阅读器之间进行数据的发射和接收的装置。在实际应用中除了系统功率，天线的形状和相对位置也会影响数据的发射和接收，需要专业人员对系统的天线进行设计。

RFID 读写器通过天线发送出一定频率的射频信号，当标签进入磁场时产生感应电流从而获得能量，发送出自身编码等信息，这些信息被读写器读取，解码后发送至计算机主机进行有关处理。

3. 射频识别技术在物流中的应用

随着跨境数字贸易物流量的增加，传统的人工配送效率低下、出错率高等特征日益明显。RFID 的主要功能是提供配送任务以及配送的路线，其主要表现在货物出库、入库、盘点、网络物流跟踪以及物流退换货等流程上。工作人员可以通过查询 RFID 系统的信息，了解网络销售信息，将仓库里带有电子标签的物品经过验收后运出，也就是物流配送初始凭证，然后根据 RFID 提供的配送路线进行发货和运输，每个停留驻地都设有读取器，通过 RFID 的输入功能获取物品所在位置，对销售物品进行实时定位，并且运达客户端。多商品运输时，RFID 技术可以提高扫描效率，缩短配送时间，极大地缩短客户与商品之间的空间距离。

1）入库

数字贸易配送的入库业务主要包括进货单和补货单的确认、数字贸易货物的分拣、电子标签的添加、货物上架以及更新货物信息等环节。RFID 系统的使用，在确保信息的准确性和及时性的条件下实现了很多检查和信息更新的工作，无须人工参与，极大地提高了数字贸易货物入库的效率。与此同时，它也降低了数字贸易货物的损耗，在一定程度上提高了货物的质量，进而控制了数字贸易货物的入库风险。

2）出库

出库业务基本上与入库业务相反，主要通过网络指挥调度中心的出库命令，将货物的相关信息提供给货物出库的操作者，出库信息管理系统将出库信息传送给叉车以及相关运输设备，完成货物的下架和搬运。在货物出库后，系统将会对库中货物的信息进行自动更新。

3）物品盘点

传统的物品盘点不仅浪费大量的劳动力，还浪费了宝贵的时间。而 RFID 直接通过 RFID 读取器，对物进行定期或者不定期的扫描检查，可以准确迅速地获取物品的信息。此外，RFID 系统可以通过读取的信息自动生成盘点报告，有利于及时发现和解决问题。不仅解决了传统盘点中烦琐的记录、清点工作，还自动提供报告，实现了物品盘点的自动化操作。

4）网络物流跟踪

网络物流跟踪主要包括车载 GPS 终端信息接收、GPS 卫星定位以及车载信息的采集，其中车载信息的采集通过 GPRS 通信上传到数字贸易物流配送指挥调度中心。RFID 可以随时查询车载的货物信息，并自动核对，将结果上传给管理者，确保货物的安全。一旦发现运输过程中货物丢失或者被盗的情况，可进行紧急处理。控制跨境数字贸易物流配送的风险。

5) RFID 物流退换货

物流的退换货是逆向物流的重要内容之一。RFID 物流的退换货可以直接联系附近的服务店，通过追踪商品的交易信息及流动信息过程，来确定是否符合商品的退换货标准，判断是否可以退换货。如果达到退货或者换货标准，就应该将信息及时反馈给物流中心。如果是退货，在线销售商需要收集退货商品，并进行回收和结算，同时退款，最后将商品运输到生产厂商。如果是换货，也需要计算货款差价，将退回的货物进行逆向配送并返回厂商，同时将更换的商品再次运输到物流中心，并配送给消费者。

（三）无线传感器网络

无线传感网络（Wireless Sensor Network），或称无线感知网络，是由许多在空间中分布的自动装置组成的一种无线通信计算机网络，这些装置使用传感器协作监控不同位置的物理或环境状况。无线传感器网络的发展最初起源于战场监测等军事应用，而现今无线传感器网络被应用于很多民用领域，如环境与生态监测、健康监护、家居自动化以及交通控制等。

早在 20 世纪 70 年代，就出现了将传统传感器采用点对点传输，连接传感器而构成传感器网络雏形，被称为第一代传感器网络。随着相关学科的不断发展和进步，传感器网络同时还具有了获取多种信息信号的综合处理能力，并通过与传感器的相连，组成了有信息综合和处理能力的传感器网络，称为第二代传感器网络。而从 20 世纪末开始，大量多功能传感器被运用，并使用无线技术连接，无线传感器网络逐渐形成。作为新一代传感器网络，无线传感器网络可实现数据的采集量化、处理、融合和传输应用，其发展和应用将会给人类的生活和生产的各个领域带来深远影响。它不仅在工业、农业、军事、环境、医疗等传统领域具有很广泛的应用价值，而且在未来还将在许多新兴领域体现其优越性。近年来，随着传感器、计算机、无线通信、微机电等技术的发展和相互融合，人们可以实时监测外部环境，实现大范围、自动化的信息采集。无线传感器网络的主要应用如下：

1) 军事应用

无线传感器网络的相关研究最早起源于军事领域。由于具有可快速部署、自组织、隐蔽性强和高容错性的特点，因此能够实现对敌军地形和兵力布防及装备的侦察、战场的实时监视、定位攻击目标、战场评估、核攻击和生物化学攻击的监测和搜索等功能。

2) 环境应用

可以用于气象和地理研究、自然和人为灾害（如洪水和火灾）监测、监视农作物灌溉情况、土壤空气变更、牲畜和家禽的环境状况，以及大面积的地表检测和跟踪珍稀鸟类、动物和昆虫进行濒危种群的研究等。

3) 家庭应用

嵌入家具和家电中的传感器与执行单元组成的无线网络与互联网连接在一起，能够为人们提供更加舒适、方便和具有人性化的智能家居环境。用户可以方便地对家电进行远程监控，如在下班前遥控家里的电饭锅、微波炉、电话机、录像机、计算机等家电，按照自己的意愿完成相应的煮饭、烧菜、查收电话留言、选择电视节目以及下载网络资料等工作。在家居环境控制方面，将传感器节点放在家庭里不同的房间，可以对各个房间的环境温度进行局部控制。此外，利用无线传感器网络还可以监测幼儿的早期教育环境，跟踪儿童的活动范围，让研究人员、父母或老师全面地了解和指导儿童的学习过程。

4）工业应用

无线传感网络可以用于车辆的跟踪、机械的故障诊断、工业生产监控、建筑物状态监测等。将无线传感器网络和 RFID 技术融合是实现智能交通系统的绝好途径。在一些危险的工作环境，如煤矿、石油钻井、核电厂等，利用无线传感器网络可以探测工作现场的一些重要信息。

（四）地理信息系统技术

1. 地理信息系统含义

根据中国国家标准《物流术语》（GB/T 18354—2006），地理信息系统（Geographical Information System，GIS）是指由计算机软硬件环境、地理空间数据、系统维护和使用人员四部分组成的空间信息系统，可对整个或部分地球表面（包括大气层）空间中有关地理分布数据进行采集、存储、管理、运算、分析、显示和描述。地理信息系统是 20 世纪 60 年代迅速发展起来的地理学研究新成果，是多种学科交叉的产物，它以地理间数据为基础，采用地理模型分析方法，适时地提供多种空间和动态的地理信息，是一种为地理研究和地理决策服务的计算机技术系统。

GIS 的基本功能是将表格型数据（无论它是来自数据库、电子表格文件还是直接在程序中输入）转换为地理图形显示，然后对显示结果进行浏览和分析。其显示范围可从洲际到非常详细的街区，显示对象包括人口、销售情况、运输线路以及其他内容。

2. GIS 组成

GIS 主要由四部分组成：计算机硬件系统、软件系统、空间地理数据库、GIS 系统维护及使用人员。GIS 的基本组成如图 2-5 所示。

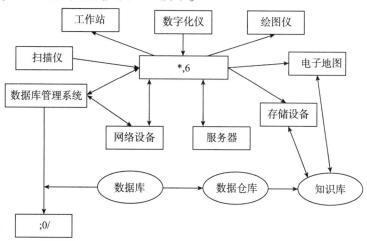

图 2-5　GIS 的基本组成

3. 地理信息系统的应用

跨境数字贸易离不开传统物流，GIS 使传统物流企业在运作方式、技术、管理水平和经营理念上发生了根本性变化，使物流表现出许多新的特点，如信息化、自动化、网络化、智能化、柔性化。GIS 具有强大的数据管理功能，所存储的信息不仅包括以往的属性和特征，还具有了统一的地理定位系统，因此能将各种信息进行复合和分解，形成空间和时间上连续分布的综合信息，支持各种分析和决策。这是其他信息系统所不具备的优势之一。

1）交通路线的选择

在跨境数字贸易的物流管理中，涉及物质实体的空间转移，运输和仓储占成本的70%以上，因此交通运输方式及路线的选择直接影响物流成本的多少。这都属于空间信息的管理，正是 GIS 数据管理的强项。在基于 GIS 的物流分析中，对于网络中最优路径的选择首先要确定影响最优路径选择的因素，如经验时间、几何距离、道路质量、拥挤程度等，采用层次分析法，确定每条道路的权值。物流分析中的路径可以分为这样三种情况：①两个特定地点之间的最佳路径；②从一个地点到多个地点之间，车辆数量以及行驶路线选择；③网络中从多个地点运往多个地点的最优路径选择配对。

2）机构设施地理位置的选择

对于供应商、配送中心、分销商和用户而言，需求和供给这两方面都存在着空间分布上的差异。此外，供应商和分销商的服务范围和销售市场范围具有一定的空间分布形式，因此物流设施的布局是数字商务下物流管理所必须面对的问题，其合理程度直接影响利润的多少。机构设施地理位置的选择包括位置的评价和优化。评价是对现有设施的空间位置分布模式的评价，而优化是对最佳位置的搜索。地理位置的合理布局实质上就是在距离最小化和利润最大化两者之间寻求平衡点。

3）车辆运输动态管理

全球定位系统是 20 世纪产生的一项高科技系统。在物流领域，全球定位系统能广泛地应用于各个环节，如用于汽车的定位、跟踪、调度，这样能极大地避免物流的延迟和错误运输的现象，货主可随时对货物进行全过程的跟踪和定位管理，还能掌握空中交通以及铁路运输中有关货物的动态信息，增强了供应链的透明度和控制能力，提高了整个物流系统的效益和客户服务的水平。GIS 能接收 GPS 数据，并将它们显示在电子地图上，这在很大程度上能帮助企业动态地进行物流管理。

（五）全球定位技术

1. 全球定位系统含义

根据中国国家标准《物流术语》（GB/T 18354—2006），全球定位系统（Global Positioning System，GPS）是指由美国建立和控制的一组卫星组成的、24 小时提供高精度的全球范围的定位和导航信息的系统。全球定位系统具有对海、陆、空全方位实时三维导航与定位能力。美国于 1973 年 11 月开始研制，到 1994 年 7 月全部完成该系统，耗资 300 多亿美元。2000 年 5 月 1 日美国政府取消对 GPS 的保护政策，向全世界用户免费开放。

2. GPS 系统的组成

GPS 系统由三部分组成：空间星座部分、地面监控部分和用户设备部分。

1）空间星座部分

GPS 的空间部分由 24 颗工作卫星组成，位于距地表 20200km 的上空，均匀分布在 6 个轨道面上（每个轨道面 4 颗），轨道平面相对于赤道平面的倾角为 55°，各轨道平面之间的夹角为 60°。此外，还有 3 颗备用卫星在轨道运行。卫星的分布使得在全球任何地方、任何时间都可以观测到 4 颗以上的卫星，并能保持良好定位解算精度的集合图像，这就提供了在时间上连续的全球导航能力。

2）地面监控部分

地面监控部分由 1 个主控站、5 个全球监测站和 3 个地面控制站组成。监测站均配装有精密的铯钟和能够连续测量到所有可见卫星的接收机。监测站将取得的卫星观测数据，包括电离层和气象数据，经过初步处理后传送到主控站。主控站从各监测站收集跟踪数据，计算出卫星的轨道和铯钟参数，然后将结果送到 3 个地面控制站。地面控制站在每颗卫星运行至上空时，把这些导航数据及主控站指令注入卫星，每颗 GPS 卫星每天注入一次，并在卫星离开注入站作用范围之前进行最后的注入。如果某地面站发生故障，那么在卫星中预存的导航信息还可用一段时间，但导航精度会逐渐降低。

3）用户设备部分

用户设备部分即 GPS 信号接收机，其主要功能是能够捕获到按一定卫星截止高度角所选择的待测卫星，并跟踪这些卫星的运行。当接收机捕获到跟踪的卫星信号后，即可测量出接收天线至卫星的伪距离和距离的变化率，解调出卫星轨道参数等数据。根据这些数据，接收机中的微处理计算机就可按定位解算方法进行定位计算，计算出用户所在地理位置的经纬度、高度、速度、时间等信息。

3. GPS 的应用

GPS 在跨境数字贸易物流领域可应用于汽车自定位、跟踪调度以及铁路、船舶运输等方面的管理。

1）在汽车自定位、跟踪调度方面的应用

利用 GPS 计算管理信息系统，可以通过 GPS 计算机网络时收集全部汽车所运货物的动态信息，可实现对汽车、货物的追踪管理，并及时进行汽车的调度管理。据丰田汽车公司的统计和预测，日本公司在利用全球定位系统开发车载导航系统，日本车载导航系统的市场在 1995—2000 年平均每年增长 35% 以上，全世界在车辆导航上的投资将平均每年增长 60.8%。因此，车辆导航成为未来全球定位系统应用的主要领域之一。

2）在铁路、船舶运输方面的管理

随着"一带一路"倡议的提出，中国与沿线国家的经济贸易量将会大幅增长，而对于商品的可视化管理将成为消费者和供应商的关注重点。利用 GPS 的计算机管理信息系统，可以通过 GPS 和计算机网络实时收集全航线的列车、船只、车辆、集装箱及所运货物的动态信息，实现对各类运输工具和货物的追踪管理。只要知道某货车的种类、型号，就可以从互联网上运行着的几十万辆货车中找到该货车，还能得知这辆货车现在何处运行或停在何处，以及所有的车载货物信息。全球定位系统可大大提高路网能力及运营的透明度，为货主和消费者提供更高质量的服务。

六、新兴数字技术

（一）云存储技术

云存储（Cloud Storage）是在云计算的概念上延伸和发展出来的一个新概念，云存储实际上是云计算中有关数据存储、归档、备份的一个部分，是一种创新服务。我们可以从两方面理解云存储的定义：第一，在面向用户的服务形态方面，它是一种提供按需服务的应用模式，用户可以通过网络连接云端存储资源，在云端随时随地存储数据；第二，在云存储服务构建方面，它是通过分布式、虚拟化、智能配置等技术，实现海量、可弹性扩

展、低成本、低能耗的共享存储资源。云存储具有高可靠性、高可用性、高安全性、规范化和低成本等特征。这些特征是依靠分布式接入、全局访问空间、虚拟化感知能力、数据流动能力、空间智能分配和绿色节能等技术来实现的。

1. 云存储的分类

1) 公共云存储

公共云存储是云存储提供商推出的付费使用的存储服务。云存储服务提供商建设并管理存储寄出设施，集中空间来满足多用户需求，所有的组建放置在共享的基础存储设施里，设置在用户端的防火墙外部，用户直接通过安全的互联网连接访问。在公共云存储中，通过为存储池增加服务器，可以很快和很容易地实现存储空间增长。

公共云存储服务多是收费的，如亚马逊等公司都提供云存储服务，通常是根据存储空间来收取使用费。用户只需开通账号使用，不需了解任何云存储方面的软硬件知识或掌握相关技能。

2) 私有云存储

私有云存储顾名思义，它多是独享的云存储服务，为某一企业或社会团体独有。私有云存储建立在用户端的防火墙内部，并使用其所拥有或授权的硬件和软件。企业的所有数据保存在内部并且被内部 IT 员工完全掌握，这些员工可以集中存储空间来实现不同部门的访问或被企业内部的不同项目团队使用，无论其物理位置在何处。

私有云存储可由企业自行建立并管理，也可由专门的私有云服务公司根据企业的需要提供解决方案协助建立并管理。私有云存储的使用成本较高，企业需要配置专门的服务器，获得云存储系统及相关应用的使用授权，同时还需支付系统的维护费用。

3) 混合云存储

把公共云存储和私有云存储结合在一起就是混合云存储。混合云存储把公共云存储和私有云存储整合成更具功能性的解决方案。而混合云存储的"秘诀"就是处于中间的连接技术。为了更加高效地连接外部云和内部云的计算和存储环境，混合云解决方案需要提供企业级的安全性、跨云平台的可管理性、负载/数据的可移植性以及互操作性。

混合云存储主要用于按客户要求的访问，特别是需要临时配置容量的时候。从公共云上划出一部分容量配置一种私有或内部云可以帮助公司在面对迅速增长的负载波动或高峰时很有帮助。尽管如此，混合云存储带来了跨公共云和私有云分配应用的复杂性。

2. 云存储的应用

1) 企业级云存储应用

(1) 企业空间租赁服务

信息化的不断发展使得各企业、单位的信息数据量呈几何曲线性增长。数据量的增长不仅仅意味着更多的硬件设备投入，还意味着更多的机房环境设备投入，以及运行维护成本和人力成本的增加。通过高性能、大容量云存储系统，数据业务运营商和 IDC 数据中心可以为无法单独购买大容量存储设备的企事业单位提供方便快捷的空间租赁服务，满足企事业单位不断增加的业务数据存储和管理服务，同时，大量专业技术人员的日常管理和维护可以保障云存储系统运行安全，确保数据不会丢失。

(2) 企业级远程数据备份和容灾

随着企业数据量的不断增加，数据的安全性要求也在不断增加。不仅要保证本地数据的安全性，还要保证当本地发生重大的灾难时，可通过远程备份或远程容灾系统进行快速恢复。通过云存储技术，可以为所有需要远程数据备份和容灾的企事业单位提供空间租赁和备份业务租赁服务，普通的企事业单位、中小企业可租用 IDC 数据中心提供的空间服务和远程数据备份服务功能，可以建立自己的远程备份和容灾系统。

2）个人级云存储应用

（1）网络磁盘

相信很多人都使用过腾讯、MSN 等很多大型网站所推出"网络磁盘"服务。网络磁盘是在线存储服务，使用者可通过 Web 访问方式来上传和下载文件，实现个人重要数据的存储和网络化备份。高级的网络磁盘可以提供 Web 页面和客户端软件等两种访问方式，例如通过客户端软件在本地创建一个虚拟磁盘，实现重要文件的存储和管理，使用的方式与使用本地磁盘相同。

（2）在线文档编辑

经过近几年的快速发展，Google 所能提供的服务早已经从当初单一的搜索引擎，扩展到了 Google Calendar、Google Docs、Google Scholar 等多种在线应用服务。Google 一般都把这些在线的应用服务称之为云计算。相比较传统的文档编辑软件，Google Docs 的出现将会使我们的使用方式和使用习惯发生巨大转变，今后我们将不再需要在个人 PC 上安装 Office 等软件，只需要打开 Google Docs 网页，就可以进行文档编辑和修改（使用云计算系统），并将编辑完成的文档保存在 Google Docs 服务所提供的个人存储空间中（使用云存储系统）。无论我们走到哪儿，都可以再次登录 Google Docs，打开保存在云存储系统中的文档。通过云存储系统的权限管理功能，还有能轻松实现文档的共享、传送、以及版权管理。

（二）云计算技术

云计算（Cloud Computing）是通过网络提供可伸缩的、廉价的分布式计算能力的一种技术。用户只需要在具备网络接入条件的地方，就可以随时随地获得所需的虚拟化资源，如网络、服务器、存储、应用软件、服务等。

云计算包括基础设施级服务（Infrastructure–as–a–Service，IaaS）、平台级服务（Platform–as–a–Service，PaaS）和软件级服务（Software–as–a–Service，SaaS）三个层次的服务。它们分别在基础设施层、软件开放运行平台层和应用软件层实现。

基础设施级服务是把数据中心、基础设施等硬件资源通过 Web 分配给用户的商业模式；平台级服务可以让软件开发人员在不购买服务器等设备环境的情况下开发新的应用程序；软件级服务是一种通过互联网提供软件的模式，用户无须购买软件，而是向提供商租用基于 Web 的软件，来管理企业的经营活动。

1. 云计算模式

云计算包括公有云、私有云和混合云三种模式。

①公有云。公有云面向所有用户提供服务，用户一般可通过互联网使用，如阿里云、腾讯云、金山云和百度云等。它使客户能够访问和共享基本的计算机基础设施，包括硬件、存储和带宽等资源。

②私有云。私有云是为某一个客户单独使用而构建的，因此可提供对数据、安全性和服务质量的最有效控制。私有云可以被部署在企业数据中心的防火墙内，也可以被部署在一个安全的主机托管场所中。私有云能保障客户的数据安全，目前有些企业已经开始构建

自己的私有云。

③混合云。混合云是公有云和私有云两种服务方式的结合。企业在选择公有云服务的同时，出于对安全和控制的考虑，会将部分企业信息放置在私有云上，因此，大部分企业使用的是混合云模式。

2. 云计算的应用

随着云计算技术产品、解决方案的不断成熟，云计算理念迅速得以推广和普及，云计算在许多领域被大规模应用，如云教育、云医疗、云社交和云政务等。

云计算能够在校园系统、远程教育、数据归档、协同教学等多种教育场景中得到应用，从而降低教育成本，实现教育资源的共享和及时更新。

医药企业与医疗单位一直是国内信息化水平较高的行业用户，在"新医改"政策的推动下，医药企业与医疗单位将对自身信息化体系进行优化升级，以适应医改业务调整的要求，在该政策的影响下，以"云信息平台"为核心的信息化集中应用模式将应运而生，进而提高医药企业的内部信息共享能力与医疗信息公共平台的整体服务能力。

云社交是一种虚拟社交应用。它以资源分享作为主要目标，将物联网、云计算和移动互联网相结合，通过其交互作用创造新型社交方式。云社交把社会资源进行测试、分类和集成，并向有需求的用户提供相应的服务。

在电子商务延伸至电子政务的背景下，各国政府部门都在着力进行电子政务改革，研究如何推广云计算的应用。伴随着我国政府信息化的推进，政府部门也开始从自建平台转变为购买服务，这将促进云计算的进一步发展，并为信息服务提供商带来商机，这就是云政务。

（三）大数据技术

大数据是指无法在一定时间范围内用常规软件工具进行捕捉、管理和处理的数据集合，是需要新处理模式才能具有更强的决策力、洞察发现力和流程优化能力的海量、高增长率和多样化的信息资产。

1. 大数据处理流程

一般来说，大数据处理流程包括大数据的采集和预处理、大数据的存储和管理、大数据分析和挖掘，以及大数据的展现四个步骤。

1）大数据的采集和预处理

在互联网时代，数据来源广泛（包括商业数据、互联网数据、传感器数据等），数据类型复杂多样（有结构化、半结构化及非结构化等）。大数据采集是指从大量数据中采集出有用的信息，为大数据分析打下基础。采集大数据需要庞大的数据库作为支撑，有时也会利用多个数据库同时进行。采集端有很多数据库，工作人员需要将这些分散在数据库中的海量数据全部导入一个集中的大的数据库中，并在导入的过程中，根据数据特征对其进行简单的清洗和筛选。

2）大数据的存储和管理

大数据存储与管理要用存储器把采集到的数据存储起来，建立相应的数据库，并进行管理和调用，主要解决的是大数据的可存储、可表示、可处理、可靠性及有效传输几个关键问题。

3）大数据分析和挖掘

大数据分析是对已经导入的海量数据依据其本身特征进行分析并对其进行分类汇总，从而满足大多数常见的分析需求。在分析过程中需要用到大数据分析工具。

数据挖掘则是从大量的、不完全的、有噪声的、模糊的、随机的实际应用数据中，提取隐含在其中的、人们事先不知道的、但又是潜在有用的信息和知识的过程。数据挖掘涉及的技术方法种类很多，因此，只有运用相对准确合适的方法，人们才能从大数据中得到有价值的结果。

4）大数据的展现

大数据技术能够将隐藏于海量数据中的信息和知识挖掘出来，为人们的社会经济活动提供依据，从而提高各个领域的运行效率。大数据的展现方式包括图化展示（散点图、折线图、柱状图、地图、饼图、雷达图、K线图、箱线图、热力图、关系图、直方图、平行坐标、桑基图、漏斗图、仪表盘）和文字展示等。

2. 大数据的应用

大数据已被广泛应用于各行业，如表2-1所示。

表2-1　大数据的应用

行业	应用范围
制造	利用工业大数据提升制造业水平，包括产品故障诊断与预测、工艺流程分析、工艺改进，生产过程能耗优化、供应链分析与优化等
金融	对高频交易、社交情绪和信贷风险进行分析
汽车	无人驾驶汽车
互联网	分析用户行为，推荐产品和投放精准广告，提供更加周到的个性化服务
餐饮	实现餐饮精准营销，改变传统餐饮经营方式
电信	实现客户离网分析，及时掌握客户离网倾向，出台客户挽留措施
物流	优化物流网络，提高物流效率，降低物流成本
城市管理	实现智能交通、环保监测、城市规划和智能安防
生物医学	实现流行病预测、智慧医疗、健康管理等目标；研究DNA，攻克医学难题

（四）区块链

从狭义方面来讲，区块链是一种按照时间顺序将数据区块以顺序相连的方式组合成的一种链式数据结构；同时，它是以密码学方式保证其内容不可篡改和不可伪造的分布式账本。从广义方面来讲，区块链技术是利用块链式数据结构来验证与存储数据，利用分布式节点共识算法来生成和更新数据，利用密码学的方式保证数据传输和访问的安全，利用由自动化脚本代码组成的智能合约来编程和操作数据的一种全新的分布式基础架构与计算范式。

1. 区块链的特点

1）去中心化

由于使用分布式核算和存储，不存在中心化的硬件或管理机构，区块链中任意节点的权利和义务都是均等的。

2）开放性

系统是开放的，除了交易各方的私有信息被加密外，区块链的数据对所有人公开，任何人都可以通过公开的接口查询区块链数据并开发相关应用，整个系统信息高度透明。

3）自治性

区块链采用基于协商一致的规范和协议（比如一套公开透明的算法）使得整个系统中的所有节点能够在信任的环境中自由安全地交换数据，使对"人"的信任改成了对机器的信任，任何人为的干预不起作用。

4）信息不可篡改

一旦信息经过验证并被添加至区块链中，就会永久地存储起来，除非能够同时控制系统中超过51%的节点，否则在单个节点上对数据库进行修改是无效的。因此，区块链的数据稳定性和可靠性极高。

5）匿名性

由于节点之间的交换遵循固定的算法，其数据交互是不需要信任的（区块链中的程序规则会自行判断活动是否有效），因此，交易对手不用通过公开身份的方式让对方对自己产生信任，对信用的累积非常有帮助。

2. 区块链的应用

1）金融领域

区块链在国际汇兑、信用证、股权登记和证券交易所等金融领域有着潜在的巨大应用价值。将区块链技术应用在金融行业中，能够省去第三方中介环节，实现直接对接，从而在大大降低成本的同时，快速完成交易支付。

区块链与电商应用案例

2）物联网和物流领域

区块链在物联网和物流领域也可以天然结合。通过区块链可以降低物流成本，追溯物品的生产和运送过程，并且提高供应链管理的效率。区块链+大数据的解决方案就利用了大数据的自动筛选过滤模式，在区块链中建立信用资源，可双重提高交易的安全性，并提高物联网交易便利程度，从而为智能物流模式应用节约时间成本。

3）公共服务领域

区块链在公共管理、能源、交通等领域都与民众的生产和生活息息相关，但是这些领域的中心化特质也带来了一些问题，可以用区块链来改造。

4）数字版权领域

使用区块链技术，可以对作品鉴权，证明文字、视频、音频等作品的存在，从而保证权属的真实性和唯一性。当作品在区块链上被确权后，之后的交易都会被实时记录，从而实现数字版权全生命周期管理，也可作为司法取证中的技术性保障。

5）公益领域

区块链中存储的数据可靠性高且不可篡改，适合用在社会公益场景中。公益流程中的相关信息（如捐赠项目、募集明细、资金流向、受助人反馈等）均可以存放于区块链中。

（五）人工智能

人工智能（Artificial Intelligence，AI）是计算机科学的一个分支，人工智能可以对人的意识和思维的信息过程进行模拟。该领域的研究范围包括机器人、语音识别、图像识别、自然语言处理和专家系统等。

1. 人工智能的关键技术

人工智能已经逐渐发展为一个庞大的技术体系，它涵盖了机器学习、深度学习、人机交互、自然语言处理、机器视觉等多个领域的技术。

1）机器学习

机器学习是一门多领域交叉学科，涉及统计学、系统辨识、逼近理论、神经网络、优化理论、计算机科学、脑科学等诸多领域。机器学习主要研究计算机怎样模拟或实现人类的学习行为，以获取新的知识或技能，重新组织已有的知识结构，使之不断改善自身的性能。

2）深度学习

深度学习是机器学习研究的一个新领域，其动机在于模拟人脑进行分析和学习，并模仿人脑的机制来解析图像、声音和文本等数据。

3）人机交互

人机交互研究的内容主要是人和计算机之间的信息交换，它是人工智能领域重要的外围技术。人机交互与认知心理学、人机工程学、多媒体技术、虚拟现实技术等密切相关。

4）自然语言处理

自然语言处理泛指各类通过处理自然语言并将其转化为计算机可以"理解"的数据技术。自然语言研究的主要是能实现人与计算机之间用自然语言进行有效通信的各种理论和方法，它涉及的领域较多，主要包括机器翻译、机器阅读理解和问答系统等。

5）机器视觉

机器视觉就是用机器代替人眼来进行测量和判断，让计算机拥有如人类那般提取、处理、理解和分析图像和图像序列的能力。机器视觉系统通过机器视觉设备（即图像摄取装置）将被摄取目标转换成图像信号，传送给专用的图像处理系统，得到被摄目标的形态信息，先根据像素分布和亮度、图像系统再对这些信号进行各种分析并抽取目标的特征，再根据判别的结果来控制现场的设备动作。

2. 人工智能的应用

人工智能具有广阔的应用前景，日前"AI+"已经成为发展趋势，下面是人工智能应用最多的几大领域。

1）智能家居

智能家居主要是指基于物联网技术，通过智能硬件、软件系统、云计算平台构成一套完整的家居生态圈。用户可以对设备进行远程控制，设备间可以互联互通，并进行自我学习等。智能家居系统能整体优化家居环境的安全性、节能性、便捷性等。

2）智能零售

人工智能在零售领域的应用已经十分广泛，无人便利店、重力感应无人售货机、自助结算、情绪识别系统、人脸识别技术及生物识别支付技术已经逐步应用于新零售中。智能零售，正在一点一滴地改变着人们的生活。

3）智能交通

智能交通系统是人工智能、物联网、云计算及大数据在交通系统中集成应用的产物。

目前，我国主要通过采集和分析车辆流量、行车速度来实现对交通状况的监控和对车辆的调度，这样可以有效提高通行能力、简化交通管理流程、减少环境污染等。

4）智能医疗

医疗方面是人工智能应用的一大领域。智能医疗在辅助诊疗、疾病预测、医疗影像辅助诊断、药物开发等方面已经在发挥重要作用。目前，比较流行的可穿戴设备（如智能手环、手表等）具有心血管监测、血压监测、热量消耗统计等多种功能，对于个人的疾病预防和医疗保健具有辅助作用。

5）智能教育

智能教育通过图像识别，可以实现机器批改试卷、识题答题等功能；通过语音识别可以纠正用户的发音；而人机交互可以进行在线答疑解惑等。人工智能与教育的结合可以从工具层面给学生提供更有效率的学习方式。

6）智能物流

物流行业利用智能搜索、计算机视觉以及智能机器人等技术在运输、仓储、配送、装卸等流程上已经进行了自动化改造，基本能够实现无人操作。

7）智能安防

近年来，中国的安防监控行业发展迅速，在部分一线城市，视频监控已经覆盖了全部公共区域，成为打击犯罪的一大利器。

七、数字商务运作体系框架

（一）数字商务系统概述

数字商务系统的基本组成要素包括数字商务网络系统、供应方、需求方、认证机构、网上银行、物流中心和数字商务服务商，如图 2-6 所示。

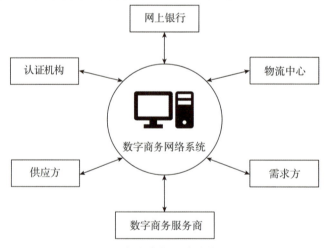

图 2-6　数字商务系统的基本基础

1. 数字商务网络系统

数字商务网络系统包括互联网、内联网和外联网。互联网是数字商务的基础，是商务、业务信息传送的载体；内联网是企业内部商务活动的场所；外联网是企业与企业，以及企业与个人进行商务活动的纽带。

2. 供应方和需求方

供应方和需求方统称为数字商务用户，可分为个人用户和企业用户。个人用户将个人计算机（PC）、个人数字助理（PDA）等接入互联网；企业用户建立企业内联网、外联网和企业管理信息系统，对人力、财力、物力、供应、销售、储存等进行科学管理。企业利用互联网发布产品信息、接受订单，如需要在网上进行销售等商务活动，还要借助电子报关、电子纳税、电子支付系统与海关、税务局、银行等进行有关商务、业务的处理。

3. 认证机构

认证机构是受法律承认的权威机构，负责发放和管理数字证书，使进行网上交易的各方能互相确认身份。数字证书是一个包含证书持有人、个人信息、公开密钥、证书序列号、有效期、发证单位的电子签名等内容的数字凭证文件。

4. 网上银行

网上银行在互联网上实现传统银行的业务，为用户提供 24 小时实时服务；网上银行与信用卡公司合作，为数字商务交易中的供应方和需求方提供网上支付服务。

5. 物流中心

物流中心接收商家的送货要求，组织运送并跟踪商品的流向，将商品送到消费者手中。

6. 数字商务服务商

数字商务服务商在这里专指提供网络接入服务、信息服务及应用服务的信息技术厂商，如互联网服务提供商、互联网内容服务商、应用服务供应商等。

（二）数字商务系统框架

数字商务系统框架（图 2-7）是指实现数字商务从技术到一般服务所应具备的完整的运作基础。完整的数字商务系统框架包含四个层次（网络层、信息发布与传输层、数字商务服务层和数字商务应用层）和两大支柱（社会人文性的国家政策及法律规范和自然科技性的技术标准和网络协议）。在数字商务系统框架中，前三层属于社会经济环境，取决于政府或社会其他部门，而第四层则是企业或企业与其合作伙伴共同的任务。

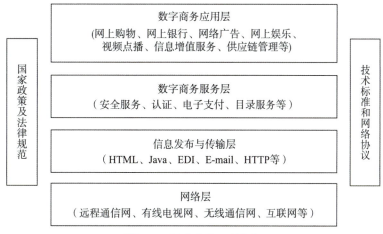

图 2-7　数字商务系统框架

1. 网络层

网络层指网络基础设施，是实现数字商务的最底层的基础设施。它既是信息的传输系统，也是实现数字商务的基本保证。网络层包括远程通信网、有线电视网、无线通信网和互联网。

2. 信息发布与传输层

网络层决定了数字商务信息传输使用的线路，而信息发布与传输层则解决如何在网络上传输信息和传输何种信息的问题。目前互联网上最常用的信息发布方式是在万维网上用超文本标记语言的形式发布网页。从技术角度讲，数字商务系统的整个过程就是围绕信息的发布和传输进行的。

3. 数字商务服务层

数字商务服务层的功能是实现标准的网上商务活动服务，如网上广告、网上零售、商品目录服务、电子支付、客户服务、电子认证（CA 认证）和商业信息安全传送等。因为数字商务是在网上进行的商务活动，参与交易的商务活动各方互不见面，所以身份的确认与安全通信变得非常重要。CA 认证中心扮演着网上"公安局"和网上"工商局"的角色，而它给参与交易者签发的数字证书，就相当于网上的"身份证"，用来确认数字商务活动中各方的身份，并通过加密和解密的方法实现网上安全的信息交换与安全交易。

4. 数字商务应用层

在基础通信设施、多媒体信息发布、信息传输以及各种相关服务的基础上，人们可以进行各种实际应用，如采用供应链管理、企业资源计划、客户关系管理等各种实际的信息系统，以及在此基础上开展企业的知识管理和竞争情报活动等。而企业的供应商、经销商、消费者、政府部门等参与数字互动的主体也在这个层面上和企业产生各种互动。

5. 国家政策及法律规范

法律维系着商务活动的正常运作，对市场的稳定发展起到了很好的制约和规范作用。进行商务活动必须遵守国家的政策，还要对道德和伦理规范进行自我约束管理。

数字商务引发的纠纷不断增加，原有的法律规范已经不能适应新的发展环境，制定新的法律规范并形成成熟、统一的法律体系已经成为世界各国发展数字商务的必然趋势。

6. 技术标准和网络协议

技术标准定义了用户接口、传输协议、信息发布标准等技术细节。它既是信息发布和传递的基础，也是网络信息一致性的保证。就整个网络环境来说，技术标准对于保证兼容性和通用性是十分重要的。

网络协议是计算机网络通信的技术标准，对于处在计算机网络中的两个不同地理位置上的企业来说，必须按照通信双方事先约定好的规程进行通信。这些共同的约定和规程就是网络协议。

第三章

跨境数字贸易的理论基础

跨境数字贸易实践兼具技术性、商务性与制度性，这就决定了其理论支撑必然具有跨学科的复合性。本章选择与跨境数字贸易紧密相关的经济学、国际贸易学、国际商务、消费者行为学、信息管理学五大学科方向的有关理论，以期从多维视角深入观察与解读复杂的跨境数字贸易现象，为持续追踪、前瞻该领域的最新发展提供思想工具。

一、经济学理论

（一）交易成本理论

交易成本是指在一定的社会关系中，人们自愿交往、彼此合作达成交易所支付的成本，即人与人之间的关系成本。它与一般的生产成本即人与自然界之间的关系成本是对应概念。从本质上来讲，有人类交往互换活动，就会有交易成本，它是人类社会生活中不可分割的组成部分。与传统经济相比较，网络经济的一部分成本增加了，而另一部分成本减少了。网络经济的显著特征之一是交易成本大幅度下降。

> **罗纳德·哈里·科斯**
>
> （Ronald H. Coase，1910—2013）
>
> 他是交易成本分析方法的创立者。1991 年，他因为发现和澄清了交易成本和产权对经济体制的生产制度结构及其运作的作用和意义而获得了诺贝尔经济学奖。其代表作品有《企业的性质》《社会成本问题》《灯塔经济学》等。

1. 交易成本的组成

对于市场中的交易而言，使用市场的成本称为市场型交易成本[①]，包括三个细分类别。①搜寻和信息成本合称为合约的准备成本。要进行一个具体的市场交易，一个人必须

[①] 另外，企业内部发号施令的成本称为管理型交易成本，而政治体制中制度框架的运行和调整所涉及的成本安排，则称为政治型交易成本。

搜寻愿意与他进行交易的那个人，这种搜寻的过程不可避免地会产生成本。这些成本可能由于需要发生直接的支出（做广告、拜访潜在的客户等），或者因创造有组织的市场（股票交易、展览会、每周集市等）而间接产生。此外该成本还包括在有可能达成交易的双方之间所进行的沟通成本（如邮递费、电话费支出和销售员的费用支出），收集不同供给者对同样一件产品的报价信息所花费的成本，以及检测和质量控制方面所涉及的成本。对于服务的交易，质量的控制包括对服务提供商的资历认证以及是否合乎要求进行评估。当然，服务领域中一个主要问题就是搜寻合格的雇员，这一活动不仅成本越来越高，耗时也越来越长。搜寻和信息成本非常重要，如使用资源来获取信息，这将有助于避免因决策者决策失误所带来的高额损失。

②谈判和决策成本合称为决定签约的成本。这类交易成本与签约时相关各方就合约条款进行谈判和协商时必须支付的成本有关。谈判过程不仅耗时，而且可能还会需要求助于昂贵的法律建议。在信息不对称的情形中（即谈判各方具有私人信息），无效率的结果就会出现。在某些特殊的情形中，合约在法律上或多或少有些复杂，相应地，谈判也会或多或少存在些困难。决策成本包括处理收集到的信息所涉及的成本、支付顾问的成本以及团队内部形成决策的成本等。

③监督和执行成本合称为合约义务履行成本。这些成本的产生源于交货时间需要监督，产品质量和数量需要度量等，信息在这里具有重要的作用。度量交易中有价值的属性涉及成本，保护权利和执行合约的条款也会产生成本。就监督和执行存在高昂的成本而言，违约的发生在某种程度上是不可避免的。合约各方的欺骗或机会主义行为存在不良后果，不仅具有收入再分配效应，还会造成总产出水平或福利水平的损失。机会主义行为可以通过适当的制度安排来避免，但其本身会增加制度实施的成本。

2. 交易成本的影响因素

①交易成本与市场规模呈反向关系。市场规模越大，单位产品承担的交易成本便越低。当市场规模扩大时，收集和传播信息的费用未必会增加多少。因此，使用信息的人数越多，单位产品分担的信息成本就越低。另外，市场规模越大，交易部门提供的市场信息就越充分、越迅速，平均信息成本就越低。市场规模扩大时，买卖双方对信息了解得更加充分、及时，更加容易达成一致意见，合同谈判成本就会降低。另外，合同履行成本与合同总数呈反向关系，即市场规模扩大会使合同总数增加，从而降低合同履行成本。

②交易成本与交易环节的多少呈正向关系。交易环节越多，交易成本就越高。交易环节越少，交易成本就越低，而即时的、面对面的交易有着最小的交易成本，如偏僻农村的集市贸易就属于这种情况。但是由于在落后的生产技术条件下的直接交易规模很小，故其生产经营的平均成本很高，完全抵消了零交易成本产生的益处。为了解决这个问题，传统经济中采取了增加中间环节，利用批发商和零售商提供的专业性服务来提高生产经营效率的方法。这里就出现了两难困境：要使交易成本降低，就达不到规模经济；要达到规模经济，就会使交易成本提高。

③交易成本与信息传递速度及信息的对称性呈反向关系。信息传递的速度越快，市场信息成本、合同谈判成本、合同履行成本就越低。信息的对称性越高，与信息有关的交易成本就越低。因为这时交易双方很容易沟通，不仅减少了因互相不了解而造成的隔阂和猜疑，也减少了因对交易对象不了解而造成的延误。

④数字经济是数据与信息起主导作用的经济。数字经济的实时性、虚拟性和交互性特征，使交易成本得以大幅度地下降。首先，降低信息传递成本。数字时代，信息交换主要依托互联网络进行。这种信息交换方式的改变，加快了信息传递速度，提高了信息交换效率。其次，减少流通环节。数字商务打破了买卖双方的时空分离，双方可在互联网上直接交易，避免了流通的无序与多层次化，交易领域呈现去中介化趋势，大幅度降低了交易成本，经济活动效率大幅度提高。再次，扩大市场规模。在网络经济中，交易成本的下降可以提高市场活动效率、深化分工程度，其结果是促进市场规模的扩大。而市场规模的扩大，又会促进交易成本的进一步下降。最后，降低结算成本。利用电子货币，通过网络决算系统进行远距离的汇兑，可以大幅度地降低结算成本。尤其当网络提供带有附加价值的、经过加工的服务信息时，效果尤其显著。此时，服务信息的接收、传递与结算信息融汇在一起，可及时自动结算，大幅提升了结算效率。值得一提的是，数字商务大幅降低了交易成本，也带来了一系列重大经济后果，如降低市场价格、提高市场效率、促进分工深化、消除企业边界等。

（二）网络效应

所谓网络效应，是指一个网络的价值，取决于该网络用户的数量。用户数量越大，该网络的价值就越大，网络效应也就随之增大。根据梅特卡夫定律，网络价值与网络用户数量的平方成正比，即 N 个联结能创造 N^2 的效益。网络效应体现了典型的正外部性：任何厂商或个人的加盟，都会对网络中其他厂商或个人的生产或消费产生有利影响。网络效应在网络经济中的大量存在是网络经济区别于传统经济的根本原因，也正是网络效应造成了收益递增。

传真机的市场开拓之旅

网络效应的产生是有条件的。网络效应能否产生及其强弱程度，取决于三个因素。第一，网络的结构，即网络成员之间相互联系的密切程度，或称为网络关联度；第二，网络的规模，即网络成员的多少；第三，网络的标准。网络关联度在很大程度上取决于网络成员之间在经济上的互补性。一般来讲，社会分工越发达，网络成员之间的经济互补性越强。此外，信息的交互速度和交互容量也是网络关联度的重要影响因素。在以计算机和互联网作为信息传递工具的网络时代，信息不但能充分、快速地流动，而且已经成为经济活动的主导力量。网络规模是影响网络效应的第二大因素，网络效应与网络规模的大小呈正向关系。首先，网络需要达到一定的临界规模才能体现价值；其次，当把分散在各处的小型局域网联接在一起时，组合而成的大型网络的价值将成倍增长。网络标准是影响网络效应的第三大因素，网络效应与网络标准的统一性呈正向关系。标准化可以大幅降低交易成本，这一点在经济运行速度加快、人与人之间交往非常频繁时显得尤为重要。影响网络效应的三大因素是相互联系、缺一不可的。只有当网络关联度和网络规模达到一个临界水平时，网络效应才会产生。随着网络标准的建立，网络关联度的增强和网络规模的扩大，网络的功能才会呈几何级数增长。

网络效应可分为直接网络效应和间接网络效应。直接网络效应指的是由于同一市场内的消费者之间存在相互依赖性，使用同一产品的消费者数量的增加可以直接增加该市场中其他消费者的效用。例如，移动电话这个由 m 个消费者组成的网络中，有 m $(m-1)$ 个潜在产品，第 $m+1$ 个加入的消费者，通过给现有的连接加入新的互补的连接，增加了 $2m$ 个潜在的新产品，从而为网络中每个用户造成了直接的网络效应。间接网络效应指的是当某种产品的使用者增加时，该产品的互补品会更加丰富，价格会更低，从而使该产品的使用者间接受益。间接网络效应主要产生于基础产品和辅助产品之间技术上的互补性，而这种互补性导致了产品需求上的相互依赖性，即用户使用一种产品的价值取决于该产品的互补品的数量和质量，一种产品的互补性产品越多，那么该产品的市场需求也就越大。

二、国际贸易理论

（一）比较优势理论

大卫·李嘉图在其代表作《政治经济学及赋税原理》中提出了比较成本贸易理论，认为国际贸易产生的基础是生产技术的相对差别，而非绝对差别，以及由此产生的相对成本的差别。每个国家都应根据"两利相权取其重，两弊相权取其轻"的原则，集中生产并出口具有"比较优势"的商品，进口具有"比较劣势"的商品。根据比较优势原理，即使某国在两种商品生产上较之另一国均处于绝对劣势，但只要处于劣势的国家在两种商品生产上劣势的程度不同，而处于优势的国家在两种商品生产上优势的程度不同，则处于劣势的国家在劣势较轻的商品生产方面便具有比较优势，而处于优势的国家则在优势较大的商品生产方面具有比较优势。两个国家分工专业化生产和出口其具有比较优势的商品，进口其处于比较劣势的商品，则两国都能从贸易中得到利益。

> **大卫·李嘉图**
>
> （David Ricardo，1772—1823）
>
> 他是英国古典政治经济学的主要代表和完成者。亚当·斯密《国富论》一书激发了他对经济学的研究兴趣，其研究的领域主要包括货币、产品价格和税收问题。李嘉图继承并发展了亚当·斯密的自由主义经济理论，认为限制政府的活动范围、减轻税收负担是实现经济增长的最好办法。其代表作是《政治经济学及赋税原理》。该书中辟出专章，集中讨论了国际贸易问题，还提出了著名的比较优势贸易理论。

比较优势贸易理论在更普遍的基础上解释了贸易产生的基础和贸易利得。然而，比较优势贸易理论建立在零交易成本假设之上，考虑到国际贸易中实际存在不容忽视的国际物流成本、信息成本及合约成本等，实际的国际贸易格局相对比较优势贸易理论所决定的贸易格局肯定有所偏离。随着以互联网为代表的数字技术在商品生产及贸易过程中的日益广泛应用，商品的生产效率和贸易效率都将得到提高，各国之间的"数字鸿沟"将通过国际间生产效率与贸易效率共同作用后产生的综合效率差异来改变国际贸易格局。

（二）要素禀赋理论

要素禀赋理论又称为"赫克歇尔-俄林理论"或"H-O理论"，由瑞典经济学家赫克歇尔提出，其学生俄林加以发展。该理论认为，商品价格的国际绝对差异是国际贸易产生的直接原因，各国商品相对价格的不同是国际贸易产生的必要条件，而各国商品相对价格的区别由各国要素相对价格的区别决定，而各国要素的相对价格则由该国要素供给比例或相对要素充裕度决定。若某个国家的生产要素相对充裕，其生产出的产品的价格就会低廉。例如，劳动力相对充裕的国家，劳动的价格即工资就低一些，资本相对充裕的国家，资本的价格即利率就低一些。反之，一个国家比较稀缺的生产要素，其价格当然就高一些。

> **戈特哈德·贝蒂·俄林**
>
> （Gotthard Bertil Ohlin, 1899—1979）
>
> 现代国际贸易理论的创立者。1977 年，他由于在资产阶级国际贸易理论和资本转移理论所做出开创性的贡献而获得诺贝尔经济学奖。其代表作是《区际贸易与国际贸易》。俄林认为，各地生产要素相对稀少性的差异决定了商品相对价格的差异，从而导致贸易的发生。而贸易的结果又会缓和各地生产要素配置的不均衡，并使生产要素的价格趋向均等化，从而给各地都带来利益。因此，政府应该放宽贸易限制，推行贸易自由化，给国家带来最大的福利。他的学说为国际自由贸易和经济一体化提供了理论说明。

"H-O 理论"认为，各国的生产要素相对充裕度不同是决定国际贸易中各国比较优势的基本原因。如果各国都专业化生产密集使用本国要素禀赋较多、价格相对便宜的产品，然后进行贸易，就会得到互利的结果。因此，一国应当出口密集使用该国相对充裕且便宜的生产要素生产的产品，进口密集使用该国相对稀缺且昂贵的生产要素生产的产品。例如，劳动相对充裕、资本相对稀缺的国家应该出口劳动密集型产品，进口资本密集型产品；而资本相对充裕、劳动相对稀缺的国家应该出口资本密集型产品，进口劳动密集型产品。

在数字经济时代，数据成为继土地、劳动力、资本、技术四大生产要素之后的第五大生产要素。数据不仅自身具有独立的价值，而且与其他生产要素结合能产生更大的融合价值；各国在数据的生产、采集、挖掘、存储、交易、利用等方面的能力差异，将导致各国具有不同的"数据"要素充裕度，数据使用的低边际成本与高边际价值将使各国产品或服务的数据要素密集度产生差异，最终通过改变各国产品或服务的相对价格使国际贸易格局和贸易利益分配发生变化。数据要素禀赋将成为国际贸易比较优势的新来源。

（三）产业内贸易理论

为解释自 20 世纪 60 年代以来国际贸易实践中新出现的一种与传统贸易理论相悖的新现象（国际贸易大多发生在发达国家之间，而不是发达国家与发展中国家之间，且通常发生在各制成品产业内部，即某国既进口又出口同类制成品），美国经济学家保罗·克鲁格曼提出了一种新的国际贸易理论，即产业内贸易理论。

> **保罗·克鲁格曼**
>
> （Paul Krugman, 1953—）
>
> 他主要研究领域包括国际贸易、国际金融、货币危机与汇率变化理论。1991 年获克拉克经济学奖，2008 年由于他在贸易模式和经济活动定位的分析上做出了贡献，获得了诺贝尔经济学奖。其代表作有《市场结构和对外贸易：报酬递增、不完全竞争和国际经济》和《地理和贸易》。

该理论采用产品差异化与规模经济来共同解释现实中大量存在的产业内贸易。产品差异是产业内贸易产生的基础，差异化产品生产的规模经济性决定了某国只能生产有限种类的差异化产品，而消费者对差异化产品的多样化偏好促使各国开展同类产品之间的贸易，而国际贸易导致的市场扩大使各国的差异化产品能够以规模经济的低成本来生产，从而国际间的产业内贸易分工得以强化，各国专注于大规模生产有限种类的产品。产业内贸易使贸易参与国获得了两方面的利益：一是规模经济导致的低成本和产品的低价格；二是消费者享受到了多样化的产品，福利得以增进。

从供给角度来看，数字经济时代由于智能化、数字化技术在生产管理中的日益广泛应用，生产更加柔性化，达到规模经济的产量可以不像工业时代那样巨大；同时，借助互联网平台，生产企业能够直接与消费者实时沟通，获取消费者偏好的各项产品参数，进而使产品快速迭代。从需求角度来看，互联网为消费者低成本地在全球多样化产品中进行选择提供了技术手段；同时，互联网平台还聚合全球长尾需求，使小众产品的需求规模也能够达到可在市场中供给的经济点。供求两方面的协同演进使数字贸易时代的产业结构更趋近于垄断竞争，这种情况有别于产业内贸易理论产生之时的工业经济年代，当时其研究对象主要是汽车等寡头垄断行业。相对于工业时代，数字时代的消费者能够更加方便、快捷、低成本地享受到全球更加多样化的产品甚至是个性化的定制产品。

数据产业具有特殊的固定成本。对于数字时代的数据产业来讲，其规模经济并非来源于机器、设备以及投资建厂等导致的固定成本，而是来源于数据的数量和质量以及在公司内部建立专家团队的固定成本。由于搜索引擎服务的技术含量较高，企业内部在建立专门的专家团队就会产生巨大的固定成本，即科技人才固定成本支出（马述忠等，2018）。

（四）异质性企业贸易理论

无论是古典的比较优势理论、新古典的 H—O 理论还是以克鲁格曼为代表的新贸易理论，都以代表性厂商作为前提假设，然而，大量的经验研究对这一假设提出了挑战，于是异质性企业贸易理论应运而生。异质性企业贸易理论是 Melitz（2003）最先进行模型化的，其在新贸易理论的基础上引入了企业生产率的异质性和固定进入成本，试图解释在同一行业内，生产率不同的企业在利润最大化时的不同选择，还分析了开放经济和贸易自由化的影响。

马克·J·梅里兹

（Marc J. Melitz，1968—）

哈佛大学政治经济学教授，新新贸易理论的创立者，主要研究微观生产者对全球化的反应及其对总体贸易与投资模式的影响。其代表作是《贸易对产业内资源重新配置和产业总量生产率的影响》。他认为，不断提高的产业内贸易开放度将促使企业之间进行资源再配置，且越来越有利于具有更高生产率的企业。由此，贸易开放将提高在本土或在出口市场上销售产品的企业的平均生产率，而资源的再配置则将提升整个产业的生产率，进而带来福利的增长。

异质性企业贸易理论得出的主要结论有：由封闭经济到开放经济，企业对未来利润的预期改变，使更多企业进入某一行业；由于要素市场价格上升，市场竞争加剧，优胜劣汰的过程体现为自选择效应与再分配效应：生产率最低的企业入不敷出、退出行业；生产率居中的企业只做内销；生产率最高的企业既做内销又做出口。此外，资源会从生产率低的企业流向生产率高的企业，实现优化配置，但一国企业总数会减少。因此，只有生产率足够高的企业才会做出口，因为只有这样的企业才能支付高额的国际市场进入成本，并实现盈利，而且利润的高低与企业的生产率水平成正比。

异质性企业贸易理论仅假设企业技术水平不变，忽略了数字时代企业能够通过互联网、大数据、云计算、人工智能等数字技术在生产运营中的综合应用来提高企业生产率，从而主动改变行业内部的生产率分布与市场份额分布。由于该理论未考虑企业生产率水平的动态变化，其解释深度受限。另外，数字贸易大大降低了企业出口的固定成本和可变成本，使大量中小企业能够利用互联网平台跨越进入国际市场的门槛，充分彰显了企业经营的灵活性，也改变了出口市场的企业规模分布，这也是异质性企业贸易理论无法解释的新现象。

值得注意的是，数字贸易降低了传统的出口固定成本如市场信息搜集、寻找交易对象、谈判签约等交易成本，但随着各国对数字经济时代税基受到侵蚀这一问题的重视，如英国、法国、意大利等已经率先对全球大型跨境零售电商平台单边征收数字服务税，这势必会增加此类平台及平台上商家进入征税国市场的成本。此外，在全球兴起的"数据本地化"浪潮也将对数据产品、数据服务的跨境交易与提供制造了障碍，如号称史上最严的数据和隐私保护法律——欧盟出台的《通用数据保护条例》（GDPR），已经使跨境数字服务企业的投资与交易的成本与风险大幅增加。

三、国际商务理论

（一）国家竞争优势理论

某个国家在国际贸易中的竞争力取决于生产力发展水平。迈克尔·波特认为，企业应该从所在国的四种环境因素中去寻找其竞争模式，这就是国家竞争优势理论。

①要素条件。其包括土地等自然资源、资本、劳动力、劳动力受教育水平、国家基础设施质量等。这些要素条件中，有些是自然因素，另一些则是政府可以发挥作用的地方。

②需求条件。其是指本国市场对该产业所提供的产品或服务的需求情况。多数公司首先的目标是着重于满足国内市场的需要。如果国内市场很小，公司很难开发出新产品。

③相关和支持产业。其考察的是该产业的相关产业和上游产业是否具有国际竞争力。

④企业的战略、结构和竞争对手。其考察的是企业在一个国家的基础、组织和管理形态以及国内市场竞争对手的表现。国内的竞争环境造就了公司在国际上的竞争能力。

以上四种因素相互影响，构成了通常被称为"钻石"模型的国家竞争优势理论。该钻石体系是一个双向强化的系统，其中任何一项因素的状况必然会影响到其他因素的效果。以需求条件为例，除非行业竞争非常激烈，可以刺激企业的进取意识，否则再有利的需求条件并不必然形成该企业的竞争优势。当企业获得钻石体系中任何一项因素的优势时，也会帮助它创造或提升在其他因素上的优势。

迈克尔·波特

(Michael E. Porter, 1947—)

他是哈佛大学商学院教授，还是全球第一战略权威，商业管理界公认的"竞争战略和竞争力之父"。

他的代表作有：

《竞争战略》：分析企业面临的"五种竞争力量"，锁定可供企业选择的"三种竞争战略"。

《竞争优势》：用价值链为分析工具寻找并创造企业竞争优势。

《国家竞争优势》：用钻石模型解释国家产业竞争力的创造。

国家环境与企业竞争力的关系中还有"机会"与"政府"两个变数，而产业发展的机会通常要等待基础发明、技术、战争、政治发展、国外市场需求等方面出现重大变革与突破。因此，"机会"通常非企业或政府所能控制。这些"机会"因素调整产业结构，给一国企业提供超越另一国企业的机会，因此机会条件对许多产业竞争优势消亡的影响力不容忽视。数字技术的快速变革及其对社会生产生活的加速渗透，对于数字化产业的兴起、传统产业的数字化转型都是难得的发展契机。

政府与企业竞争力的关系，最容易观察到的就是各级政府政策对钻石体系产生的作用，如反托拉斯法有助于国内竞争对手的崛起、政府的保护性收购可能刺激相关产业的兴起等。漠视经济政策对国家优势的影响，正如过度夸大或过度贬抑国家与企业的关系，都是不切实际的。在现代经济条件下，繁荣是一国自己的选择，竞争力的大小也不再由先天继承的天然条件所决定。如果一国选择了有利于生产率增长的政策、法律和制度（如升级本国国民的能力、对各种专业化的基础设施进行投资，如中国政府对 5G 基础设施的大规模投资等）它就选择了繁荣。与此相反，如果一国允许破坏生产力的政策存在（如技能培训仅为少数人服务，或者漠视甚至助长企业的寻租行为等），则该国就限制了本国财富的增长，即选择了贫穷。

（二）全球价值链理论

20 世纪 80 年代以来，伴随经济全球化的发展，以前完全由一家企业单独生产的产品，现在可能被切割成许多不同的价值环节，由遍布全球、成千上万家企业协作生产。基于价值环节在企业之间分割、组合及其在全球布局的现象，理论研究者提出了全球价值链的概念和相关理论。

基于全球价值链的温州
制鞋产业转型与升级

1985 年，迈克尔·波特在其所著的《竞争优势》一书中首次提出了"价值链"概念，认为企业创造价值的过程可以分解为一系列互不相同但又相互关联的"增值活动"，每一项增值活动就是价值链上的一个环节，其总和即构成了企业。20 世纪 90 年代，格雷菲和其他研究者将"价值链"概念与产业的全球组织联系起来，提出了"全球商品"链概念，即围绕某种商品的生产所形成的一种跨国生产组织体系，把分布在世界各地不同规模的企业、机构组织成一体化的生产网络，形成全球商品链。由于商品在西方语境中经常代表着服装、食品等最终消费品，将服务、机器设备等排除在外，因此，格雷菲等人后来逐渐用"全球价值链"概念取代了最初的"全球商品链"概念。

　　全球价值链的理论研究主要集中在三个方面：一是全球价值链的治理。全球价值链的治理是指价值链的组织结构、权力分配，以及价值链中各经济主体之间的关系协调。二是全球价值链的升级。主要研究升级的机制、类型和路径等。三是全球价值链中经济租的产生和分配。包括进入障碍、经济租产生的来源（如技术能力、组织能力、营销能力等核心能力）、租金的分配等。全球价值链研究的这三个方面是有机结合在一起的，其中治理居于核心地位，它决定了全球价值链中的升级和租金的分配。

　　格里菲等（2005）首先归纳出五种典型的全球价值链治理方式，它们按照链中主体之间的协调和力量不对称程度从低到高依次为：市场型、模块型、关系型、领导型和层级制，然后，通过企业间交易的复杂程度、用标准化契约来降低交易成本的程度，即对交易的标准化能力和供应商能力等三个变量来解释并区分五种价值链治理方式。

　　①市场型治理。企业间通过契约可以降低交易成本，产品比较简单，供应商能力较强，不需要购买者太多投入，且当资产的专用性较低时，就会产生市场治理，而这时的交易比较简单，双方只要通过价格和契约就可以很好地控制交易的不确定性。

　　②模块型治理。产品较复杂，供应商的能力较强，其资产专用程度较高，买卖双方的数量虽然有限，但仍有一定的市场灵活性，更换合作伙伴较容易。双方交流的信息量较市场型大、较复杂，但能够通过标准化契约来较好地降低交易成本，因此，协调成本也不高。

　　③关系型治理。产品复杂导致交易复杂，双方需要交换的信息量大且复杂，供应商的能力较强，领导厂商和供应商之间有很强的互相依赖。但双方可以通过信誉、空间的临近性、家族或种族关系来降低交易成本。双方常常可以通过面对面的交流来进行协商和交换复杂的信息，需要较多的协调，因此更换交易伙伴比较困难。

　　④领导型治理。产品复杂，供应商的能力较低，需要供应商的大量投入和技术支持，供应商为了防止其他供应商竞争，将其资产专用化。供应商对领导厂商的依赖性非常强，很难改变交易对象，成为"俘虏型供应商"。领导厂商通过对供应商的高度控制来实现治理企业，再通过提供各种支持，使供应商愿意保持合作关系。

　　⑤层级制治理。当产品很复杂，外部交易的成本很高，而供应商的能力很低时，领导厂商不得不使用纵向一体化的企业内治理方式。

　　随着决定价值链治理模式的三个变量的不断变化，价值链的治理模式也会随之发生变化，价值链治理模式是动态调整的，如在自行车行业，由于规模经济、标准化和供应商能力的提高，治理模式将由层级型转向市场型治理；服装行业由于交易复杂程度的降低和供应商能力的增强，其治理模式将由领导型发展为关系型；美国的电子产业，由于分工和专业化的发展，使该行业的治理方式由层级型即垂直一体化发展为模块型。

　　决定价值链治理模式的三个变量产生变化的原因主要来自三方面：首先，领导厂商采购要求的提高相对降低了对供应商能力的要求，还增加了交易的复杂程度；其次，创新和标准化是一对矛盾，创新会降低交易标准化的能力；第三，供应商的能力随时间会发生变化，学习会提高企业能力，引入新供应商竞争、新技术革命和领导厂商采购要求的变化都会影响供应商的相对能力。

　　格里菲的全球价值链治理范式涵盖了目前发现的多数典型的全球价值链类型，分析得较为严谨。但是，该范式仍然存在一些问题，比如忽视了企业战略、政府政策和国内、国际的制度及文化对全球价值链治理的重要影响，格里菲的模型也没有说明全球价值链中各个节点的区位问题，即为什么不同的节点会分布在不同的地区或国家。

数字贸易时代，全球价值链呈现出新的特点。以往，全球价值链更多地被国际化程度较高的大型企业占据，中小微特别是小微企业参与度较低；数字技术的应用使中小企业能够跨越国际市场的进入壁垒，还推动了传统的同质化批量生产向定制化、个性化发展。数字贸易推动了更多中小微企业、个体工商户甚至是消费者主动融入全球价值链，还围绕数字贸易生态不断衍生出新主体、新业态、新模式、新产业，势必重构全球数字价值链的新版图。

四、消费者购买行为理论

消费者的购买行为是否有规律可循，对市场营销工作者无疑非常重要。学者们为此做了大量工作，还提出了解释消费者购买行为的一些理论。当然，这些理论的真理性还需要我们在实践中加以检验。

（一）习惯建立理论

习惯建立理论认为，消费者的购买行为实际上是一种习惯的建立过程。消费者对消费对象和消费方式的喜好是在重复使用和消费中逐步建立起来的，这个过程不需要认知过程参与，消费者在内在需要的激发和外在商品的刺激下购买了该商品，并在使用过程中感觉不错，那么其可能会再次购买并使用，如果多次的购买和使用给消费者带来的是愉快的经历，购买、使用和愉快的多次结合，最终在消费者身上形成了固定化反应模式，即消费习惯建立。每当产生消费需要时，消费者就会想到这种商品，并随之产生相应的购买行为，如图3-1所示。

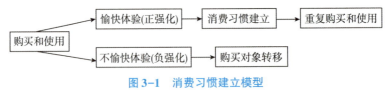

图3-1　消费习惯建立模型

习惯建立理论完全符合斯金纳操作条件学习理论，是行为主义心理学观点在消费行为研究上的应用。消费者主动的购买和使用行为在先，而愉快这种正强化在后，此过程丝毫不见认知因素的影子。多次的购买和使用与愉快经验的结合就在消费者身上形成了固定的联结，一种新的条件反射建立了。

在日常生活中，每个人都有许多这样的习惯性购买行为存在，如对牙膏、香皂、理发服务等都有其固定的消费偏好，而不会轻易选择新的消费对象。这样做不仅可以使人最大限度地节省用于选择的精力投入，还避免了非必要的消费风险的发生。

（二）信息加工理论

信息加工理论不是某种理论的名称，而是一类理论的统称。信息加工理论把人看作一个信息处理器，而人的消费行为就是一个信息处理过程，即信息的输入、编码、加工、储存、提取和使用的过程。消费者面对大量的商品信息时，要先对信息进行选择性注意、选择性加工、选择性保持，再做出购买决定并产生购买行为。这个过程可以用心理学原理解释为：商品信息引起了消费者有意或无意的注意，大脑就开始了对所获得的信息进行加工处理，而这个过程包括知觉、记忆、思维和态度，最终产生了购买决定和行为，如图3-2所示。

图3-2　购买决策信息加工模式

需要注意的是，信息加工理论的理论假设前提是"人是理性的"。只有这个前提成立，信息加工理论才能成立。而事实上，人是理性和非理性的复合体，纯粹的理性状态和非理性状态都是非常态，所以在应用信息加工理论时必须注意这个问题。可以这样说，信息加工理论揭示了人的一个侧面，能够解释消费行为的某些种类和某些部分。而对于随机性购买和冲动性购买，受教育程度较低的消费者的购买行为，其信息加工过程或者不明显，或者谈不上什么真正的信息加工。前文介绍过的习惯性购买行为也不存在明显的信息加工过程。对于那些受过良好教育，又面临高介入的购买行为①，还有大量的商品信息可资利用的人，信息加工理论就能为此时的购买行为提供比较完美的解释。

（三）风险减少理论

风险减少理论认为，消费者购买商品时要面临各种各样的风险，而这种风险和人的心理承受力会影响人的消费行为。所谓风险，是指消费者在购买商品或服务时，由于无法预测和控制购后的结果是否会令自己满意而深陷或体验到的不确定性。这种观点认为，消费者的消费行为就是想方设法寻求减少风险的途径。消费者对可能存在和发生的风险的心理预期就会影响到他的购买行为。消费者对风险的感知程度对消费行为产生影响。至于现实中风险到底多大，有还是无，并不重要。

风险减少理论认为，消费者进行消费时承受的风险主要有六种类型：第一，产品功能风险；第二，生理健康风险；第三，经济风险；第四，社会风险；第五，心理风险；第六，时间风险。个体所体验到的风险水平受四种因素影响。

①消费者个体付出成本的高低。对具体消费者而言，通常其付出的成本越高，面临的风险就可能越大，采取购买行为时就会越谨慎。这里所指的成本包括心理成本、生理成本、时间成本、机会成本、经济成本和社会成本等。

②消费者对风险的心理承受力。这是影响风险感知程度的主要因素。个体的心理素质差异以及个体对购买结果的心理预期水平的差异是构成消费者心理承受力的两大因素。

③服务产品的购买风险大于实物产品。实物产品在购买前可以有实物供消费者进行比较、判断，从而避免了一些风险的发生。服务产品有两个主要特点，即产品的无形性和生产与消费的同时发生性，而消费者在购买之前通常无法对其功能和质量等进行判别，这种判别和鉴定只能在消费行为发生之时进行，而这时风险可能已经发生了。由于服务产品的

---

① 消费者介入理论认为，介入度是"基于个体内在需求、价值与兴趣，个体与物体可以感知的相关程度"构念的表征。简而言之，介入度描述的是，在购买决策过程中，消费者在慎思某一产品与其个体相关的匹配程度时所付出的搜索、评价和处理信息的精力和成本。高介入度产品与低介入度产品是学者及产品经理们划分消费者对于产品介入高低程度的一种常规方式。其中，高介入度产品意味着消费者花费更多的成本去搜索产品信息以达到正确的决策，包括数码相机、汽车和保险等产品；而低介入度产品是指消费者鲜有地为产品备选项投入大量信息检索或精力的产品，如书本和光盘等。

无形性和生产消费的同时发生性，使消费者一旦遭遇风险就难以拿出实证性证据用于申诉，因此自身权利难以得到保障。因此，服务产品的购买风险大于实物产品。

④购买风险与产品销售方有关系。通常情况下，人们倾向于认为实力雄厚的大企业一般不会欺诈，似乎更值得信赖，而与小公司打交道会感知到更多的风险。购买有固定销售场所的产品比购买无固定销售场所的产品感知到的风险小；流动商贩和邮购则属于后者。

风险减少理论认为，消费者为了控制由于购买决策所带来的风险，在做出决策时总是使用一些"风险减少策略"来尽力控制风险的发生，从而达到增强自己决策决心的目的。消费者常用的控制风险的方法有六种：第一，尽可能多地收集产品的相关信息；第二，尽量购买自己熟悉的或使用效果好的产品，避免购买不熟悉的产品；第三，通过购买名牌来减少风险；第四，通过有信誉的销售渠道购买产品；第五，购买高价格的产品。人们普遍认为"一分钱一分货"，价高则货好；第六，寻求安全保证。如企业的退货制度、权威机构提供的检测报告等。

（四）边际效用理论

边际效用理论认为，消费者购买商品的目的就是要用既定金额的货币最大限度地满足个体的需求，换句话说，就是要以最小的投入换取最大的产出，即用有限金额的货币买来尽可能多的商品，从而达到总效用的最大化。

效用是指商品满足人的需求的能力。通俗地说，就是一种商品能够给人带来多大的满足。总效用是指消费者在一定时间内消费某种商品而获得的效用总量。边际效用是指每增加一个单位的商品所增加的总效用，即总效用的增量。随着商品消费的增加，总效用也增加，但却以递减的比例增加，即总效用的增长率递减，这是因为边际效用递减规律在起作用。另外，随着消费量的持续增加，该商品的边际效用将降至零，而该商品此时带给消费者的总效用将达到最大值。此后，若继续增加消费量，该商品消费带来的边际效用将变为负值，此后，总效用将不断下降。

边际效用递减规律的特点有以下几个。

①边际效用的大小与人的需求强弱成正比，即对某种商品的需求越强，其边际效用越大。反之，则边际效用越小。对某商品没有需求，则边际效用为零。

②边际效用的大小与商品的稀缺性成反比，即商品越稀缺，其边际效用越大，比如钻石与水，水的存量远大于钻石，故水的边际效用远小于钻石。

③边际效用递减规律只在特定时间内有效。由于需求具有再生性、反复性，边际效用递减规律也具有时间性，即连续地消费某一种物品，从某一点以后边际效用才开始递减。

④正常情况下边际效用永远是正值。虽然在理论上边际效用会出现负值，而实际上如果不是被不可抵抗的外力控制，当一种物品的边际效用趋于零时，个体就会主动放弃对它的消费，而转向其他物品。

边际效用理论对消费者的消费行为规律进行了深入的剖析，即消费者在拥有一定量货币的情况下努力寻求总效用的最大化。边际效用理论的思想基础是享乐主义哲学和传统的理性人假设。按照边际效用理论的解释，消费者本质上是一种最大限度地求享乐和舒适的理性"机器"，随时随地计算如何使自己的收益最大化。边际效用理论对人的冲动性消费、习惯性消费、信念性消费等现象无法做出令人满意的解释，边际效用理论的最大价值是能够比较圆满地解释人的复杂消费行为。

（五）消费前景理论

前景理论由丹尼尔·卡内曼和阿莫斯·特沃斯基于 1979 年提出，他们将心理学研究应用在经济学中，在不确定情况下的人为判断和决策方面做出了突出贡献。针对长期以来沿用的理性人假设，前景理论从实证研究出发，从人的心理特质、行为特征揭示了影响选择行为的非理性心理因素。

与期望效用函数理论①不同的是，前景理论认为，个体的决策在多数情况下是非理性的，并不遵循自我效用最大化原理。该理论具体包含三层含义。

第一层，个体的效用具有参考点依赖特征。收益或损失是相对于参考点而言的，参考点可以是历史、现状或期望水平；

第二层，个体是损失厌恶的。即参考点以下等额损失减少带来的效用大于参考点以上等额收益增加带来的效用；

第三层，个体在相对收益区域是风险厌恶的，在相对损失区域是风险偏好的。即个体的效用函数并不是严格凹的，而是具有 S 形特征，其在相对收益区域是凹函数，在相对损失区域是凸函数，且等额相对收益处的斜率小于等额相对损失处的斜率。

比如，营销中的"概率式免费"，通过抽奖有 15% 的机会免单，有 85% 机会支付原价。相比传统式折扣营销——打八五折，两者的期望价格一致；但在实际的消费情境中，概率式免费营销比传统折扣营销的效果更好，消费者会被免费获得商品这一可能性所吸引，而减少对打折商品质量的怀疑。"概率式免费"已成为当今线上线下购物场景中常见的营销策略。

五、技术接受模型

技术接受模型（Technology Acceptance Model，TAM）是由美国学者戴维斯（F. D. Davis，1989）运用理性行为理论研究用户对信息系统的接受行为时所提出的一个理论模型。该模型指出，感知有用性和感知易用性这两个独特的信念与计算机的接受行为之间具有重要的关联。感知有用性指的是潜在使用者对于使用某种特定的应用系统将会在组织情境下提高自身工作绩效程度的一种主观概率评估；感知易用性反映的是潜在使用者对某特定应用系统容易使用程度的预估，两者都属于人们的主观评价范畴，如图 3-3 所示。

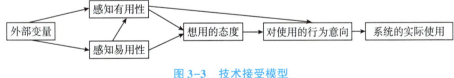

图 3-3　技术接受模型

技术接受模型认为对系统的实际使用是由行为意向决定的，而行为意向由想用的态度和感知有用性共同决定，想用的态度由感知有用性和感知易用性共同决定，感知有用性由

---

① 期望效用函数理论假定人都是理性的，各人主观追求的效用函数不同，对各种可能性发生所认为的主观概率不同，导致了判断和决策的因人而异。但为保持理性，效用函数必具有一致性（同一个结果有同样的效用），主观概率也必须满足贝叶斯定理等概率论基本原理。期望效用理论是规范性的经济学，指导人们应该怎样做，而前景理论是实证性的经济学，描述人们事实上是怎样做的。

感知易用性和外部变量共同决定，感知的易用性则由外部变量决定。外部变量包括系统设计特征、用户特征（包括感知形式和其他个性特征）、任务特征、开发或执行过程的本质、政策影响、组织结构等，为技术接受模型中存在的内在信念、态度和意向，与不同的个人之间的差异、环境约束、管理上可控制的对使用者行为的干扰因素之间建立起一种联系。

戴维斯的技术接受模型成为后来人们研究知识管理系统、ERP 系统、互联网应用、网络购物等各类新技术接受模型的理论原型。

六、对跨境数字贸易的理论反思

数字贸易的发展虽然不能完全脱离传统贸易理论的分析框架，但也因其所蕴含的，显著区别于传统贸易方式的特征而对经典的国际贸易理论构成了一定的挑战。

（一）基于比较优势内生化再论战略性贸易政策

经典国际贸易理论的发展经历了古典主义的比较优势理论、新古典主义的要素禀赋理论、基于规模经济的产业内贸易理论、基于企业异质性的新新贸易理论，形成了一套较为完整的理论体系，对于国际贸易活动的成因、影响因素乃至社会福利效果等问题都进行了严谨、系统的理论论证。然而，从根源来看，上述国际贸易理论基本上建立在对传统经济部门的微观分析基础之上，所涉及的要素投入、成本结构乃至经营模式并未涵盖数字贸易条件下的最新情况。

数字贸易对于传统贸易理论的最大颠覆可能来自数字要素本身的特性。根据古典和新古典贸易理论的经典分析，一国参与国际贸易并能够在某一领域开展出口活动的先决条件是在该领域的生产率或者密集使用的要素方面占据比较优势。此原理也适用于数字贸易。一些数字贸易相关研究指出，在数字贸易环境中，劳动力、原材料等传统比较优势的作用变弱，而诸如数字基础设施、人力资本、数字技术以及与数字经济相关的制度作为一类新的比较优势，在支持和促进相关领域出口活动中可以起到较传统比较优势更为重要的作用。

事实上，数据作为数字经济特别是数字贸易活动中的重要因素，其对经典经济理论的冲击绝不仅限于一种新型的要素的引入，而更多地来自数据要素本身区别于传统要素的特性，即可以通过生产和贸易活动不断形成和强化的内生性。在经典贸易理论中，无论是基于生产率还是要素禀赋的比较优势分析，其比较优势的形成都具有典型的外生性特征，而在数字经济条件下，具有内生性特征的数据要素的引入无疑对此前基于外生比较优势的理论形成挑战。在数据要素内生性的前提下，一国的数据要素禀赋将不再作为一成不变的外部条件而存在，它会随着生产和贸易规模的扩张而不断地自我强化，从而使比较优势呈现出内生性和动态发展的态势，而相关国家的进出口结构与贸易格局也会在这种内生性比较势作用下呈现出"强者恒强"的特征。

比较优势的内生性与自我强化可能会进一步引发一个政治经济学层面的问题，即数字经济下的国际贸易是否依然有助于各国经济的收敛。经典贸易理论在完全竞争市场与要素可自由流动的假设下认为，国际贸易会引发各国要素报酬和收益率的均等化，在商品和要素可以自由流动的情况下，各国的产业结构和收入将会趋向于收敛，并据此将自由贸易视为后进国家实现经济追赶的康庄大道，而现实世界中各国经济发展的非收敛性也往往被归咎于开放度的不足。然而，这看似"完美"的理论在数字贸易的冲击下可能会呈现出相当的问题：一方面，数据要素在使用过程中的"零边际成本"特性使得要素报酬均等化机制在数字经济条件下会近乎失灵；另一方面，数据要素本身的内生性也会使得一国一旦形成微小的竞争优势，在开放条件下便会借助规模经济效应不断形成对既有优势的强化，其他国家将很难有机会实现对相关领域的参与和渗透。长此以往，各国之间的贸易规模乃至收入水平非但不会收敛，反而存在差距不断扩大的可能。如果数字贸易最终会造成各国贸易规模与收入差距的增加，那么"第一步"的选择（即在数字贸易领域率先建立优势）就变得异常重要，这也意味着经典贸易理论中放弃政府干预、完全借助市场本身的力量实现"公平"的贸易格局仅是一个"空中楼阁"，而借助战略性贸易政策和产业政策的力量，通过大量的前期投入抢占产业发展先机将会成为未来贸易活动中各国普遍采取的现实政策选择。

（二）从"规模经济"到"范围经济"

经典的国际贸易理论主要基于完全竞争的市场结构，并不涉及规模经济的技术条件。而在 20 世纪 80 年代，以 Krugman（1979）和 Helpman（1981）提出的贸易理论模型突破了上述局限，在垄断竞争的市场结构框架下从规模经济的角度探讨了国际贸易的成因，并以此为国际贸易活动中广泛存在的产业内贸易提供了令人信服的理论解读。然而，上述讨论仅将有关国际贸易理论拓展到了规模经济领域；同时，规模经济的成因也主要源自垄断竞争市场结构的设定。而在数字贸易环境中，由于数字要素的内生性，不仅企业的生产会呈现出更为典型的规模经济特性，贸易市场中的产品分类也将更为细化，更重要的一点是数字要素可以近乎无成本地跨部门使用，并由此带来显著的范围经济效应，而在范围经济方面，目前的国际贸易理论则少有涉及。就理论而言，范围经济的引入对于现有国际贸易理论的冲击至少会表现在以下几个方面。

首先，范围经济不仅会进一步强化贸易活动中比较优势的内生性，而且会使得相关领域的比较优势呈现簇生的特征。即在某一个具体领域中所形成的优势会借由要素的通用性和共享性被迅速地扩散到其他领域当中，从而使相关企业在一系列相关的产品与服务市场建立比较优势，并形成一整套围绕同一类数据要素和技术特质的产业聚合体。

其次，范围经济会颠覆多产品生产中的技术设定，使同一生产者的不同产品之间从传统的替代关系转变为互补关系，并由此引发企业生产和贸易决策的一系列变化。在传统的微观经济分析中，共同使用同一要素的两种产品之间存在隐含的竞争与替代性，即一种产品产量的增加必然伴随要素的更多占用，以及另一种产品产量的减少。因此，厂商需要在一定的产品价格下权衡要素的配置并确定两类产品的产出比例。如图 3-4 所示，当要素禀赋存在差异时，国际市场上的统一价格会使厂商的生产呈现出专业化分工态势，并决定了彼此之间的贸易格局。但在范围经济条件下，数据要素的低成本跨部门共享特性使产品之间不存在对共同要素的争夺，尤为重要的是，当数据要素可以通过某种产品的生产而内生获取时，一种产品的产出增加还可能进一步提升另一种产品的产出潜力，由此使企业的产品转换曲线会由原本凹向原点的曲线转化为由原点出发的射线。在这种情况下，每种产品专用要素的禀赋可能决定了相关国家两种产品产量的上限（点 A 与点 B），但产品的产出比例不再由价格决定，而是更多地取决于数据要素的内生性与共享程度，各国由禀赋条件所导致的产品间分工将不复存在，在相同的产品结构下进行复杂的产业内交换，甚至在规模经济的驱使下，由一国完全垄断两种产品的生产可能成为数字贸易的典型形态。

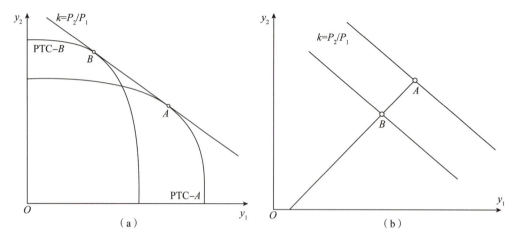

图3-4 传统理论与范围经济下的多产品生产决策

注：图中 PTC-A 与 PTC-B 分别为 A 国与 B 国的产品转换曲线，A 点与 B 点则为两国在开放环境下的生产点。

最后，范围经济还会进一步引发国际贸易活动中定价策略的复杂化。在数字要素的共享性引发的范围经济背景下，由于一种产品的生产可以通过积累数据要素的方式为另一种产品提供支持，因此即便不考虑价格的补偿，单纯的产品生产本身也会对厂商产生一定的正向经济效益；而落实到现实层面，这一情形可能会衍生出更为复杂的定价机制，如对于某类以数据挖掘和信息获取为主要目的的市场，厂商可以以极低的定价甚至免费的方式吸引大量的消费者并获得可观的市场份额与数据要素积累，并通过将相关要素用于另一市场的方式实现企业整体的盈利。目前，数字贸易领域（特别是一些网络化的文字、音像等文娱产业）以免费提供内容服务为契机赚取流量。

（三）"数字鸿沟"与数字贸易中的技术扩散

在传统的古典和新古典主义贸易理论模型当中，产品的生产并不存在特殊的技术壁垒，因此，贸易活动带有更多的"普适性"特征，即任何国家或者企业都可以根据自身生产率或者要素禀赋的具体情况生产和出口具有比较优势的产品，并可以从专业化的生产中获得相应的利益改善。这一情况在工业化早期或简单产品的生产方面可能是适用的，但在制造业技术复杂度不断提升、生产工艺日趋复杂的情况下，技术壁垒可能会成为国家或者企业参与国际贸易活动的一个最为重要的障碍。Melitz（2003）和 Yeaple（2005）等基于企业生产率异质性所创建的新新贸易理论实际上也涉及了这种技术壁垒对于贸易的阻碍作用。在他们看来，国内的企业只有在具备一定的生产率或技术优势的情况下才能够进入国际市场，而生产率较低的企业则只能为国内市场生产产品。但相关理论模型对技术壁垒的刻画仍然被简单地抽象为生产率差异，并不能完全刻画出技术壁垒对贸易的阻隔。

在数字经济环境下，这种技术壁垒对于国家和企业参与生产和贸易活动的阻碍作用也将变得更加突出，其被形象地称为"数字鸿沟"。一方面，数字经济条件下的生产会具有较传统工业部门更高的技术复杂度，如作为数字经济硬件基础的电子信息产业中大规模集成电路的生产，不仅需要高度专业化的研发和设计部门；同时，其精微到纳米级别的元器件产品也需要能够实现高精度生产的制造部门加以配合，而光刻机作为芯片加工的母机，其生产更是集中了全球顶尖公司的高端技术，单纯在一个或者几个领域的技术突破可能仍无助于冲破产品的技术壁垒，这就使绝大部分不具备相关工业基础或技术能力的国家和企业被挡在了高端数字产品贸易的大门之外。另一方面，国家之间在数字基础设施以及人力资本方面的差异也是导致数字鸿沟无法弥合甚至被逐渐扩大的重要原因。据世界银行相关统计，目前发达国家人口仅占世界总人口的 17%，但网络用户却占世界总量的 80%，由此产生的结果便是全球 90% 的电子商务交易额被发达国家垄断。此外，遍布数字技术领域的知识产权实际上也对后进国家的技术进步形成了阻碍。目前，发达国家的电子信息企业和数字企业已经通过先行者优势主导了产业技术革新的路径，并对任何可能实现技术突破的关键节点都申请了专利，而发展中国家无论是通过模仿还是在现有技术基础上进行自主研发，实际上都无法绕过相关的知识产权壁垒，这种名义上的保护所带来的事实上的技术封锁也是造成数字经济下技术壁垒无法有效规避和突破的原因之一。

然而，尽管数字经济条件下技术壁垒对于贸易活动的阻碍作用或变得更为突出，但数字经济本身也在一定的侧面为后发国家实现技术的追赶甚至反超提供了一定的机遇。在传统的贸易研究中，技术溢出本身就是贸易活动所产生的一个不容忽视的结果，在数字经济条件下，这种技术溢出的效果可能会变得较之以往更为强烈。首先，在数字经济条件下，产业技术更新换代的频率达到了前所未有的程度，而大规模的技术更新往往会抹平传统技术优势国家的领先地位并将各国拉回同一起跑线，从而使后进国家具有了实现"弯道超车"的历史机遇。其次，数字经济本身的可复制性和易传播特征也会使技术的封锁和控制变得更加困难，特别是对于软件源代码等以数字为载体，或以商业模式创新为主要形态的技术而言，在国际贸易活动所带来的产品传播过程中会有更大的概率为后进者所仿效，并由此缩小国家之间的技术差距。最后，数字经济下产品的多样化会使得领先者的技术优势更加难以维持，后发者在现有产品基础上的微小修改或创新都可能会实现对市场的成功切入，并借助数据信息内生化的"滚雪球效应"迅速做大，甚至动摇领先者的技术优势和垄断地位。

（四）引力模型是否失效

"引力模型"是经典国际贸易研究，特别是实证研究中最为重要也是最为常用的理论基础和研究框架。作为从物理学延伸演绎而来的理论体系，Tinbergen（1962）和 Poyhonen（1963）首次将双边贸易规模视为与经济总量成正比，并与两国的地理距离成反比的经济变量，开创了将引力模型用于贸易研究的先河。此后，包括 Anderson（1979），Helpman 和 Krugman（1985），Bergstrand（1989），以及 Anderson 和 Wincoop（2003）在内的学者分别在差异性产品、规模经济、垄断竞争框架等假设前提下，从理论上推演出贸易活动的引力方程，为引力模型的研究提供了理论支撑，并在有关贸易的影响因素和贸易壁垒的测算等方面广泛应用。

传统的引力模型更多地是基于传统制造业产品的分析，其中的经济规模和地理距离分别作为产能约束和运输成本约束对贸易的流量规模产生基础性的影响。但在数字经济背景下，传统的引力模型是否依然成立则可能存在一定的疑问。一方面，从地理距离来看，数字产品的无形性和可即时传输的特征使其运输成本近乎为零，因此，传统引力模型中的地理距离因素对于数字贸易的影响可能会大幅下降，甚至可以从引力模型中被剔除。Lendle 等（2016）基于交易数据和传统贸易数据的实证对比分析发现，eBay 平台贸易受到的地理距离限制作用仅为传统贸易的 35%，Gomez-Herrera 等（2014）针对欧盟 27 国的在线消费调研也发现，与线下交易相比，网络交易中与地理距离相关的成本被大大降低，类似的结论也曾为我国学者马述忠等（2019）以及吴群峰、杨汝岱（2019）所证实。另一方面，从经济规模来看，尽管在数字经济环境下数字产业的贸易规模大体上仍会受到一国经济规模的约束，但由于数字产品的要素投入，特别是关键性的数字要素具有近乎无成本的特征，相关的成本约束将主要体现为一次性的固定成本投入，可变成本在其中所占的比例极低，数字贸易也会呈现出较之传统产品更为明显的规模经济效果，因此，经济总量规模对于数字型企业的产能约束也将大大降低。但数字贸易对于传统引力模型的挑战却并不意味着对引力模型框架的彻底颠覆，而是更多地引发其内涵的改变。

首先，从规模约束来看，尽管纯粹的经济规模对于数字贸易的影响力将会较传统贸易减弱，但数字贸易实际上会面临另一种形式的规模约束即贸易参与国本身的数字基础设施以及网络的普及与发达程度。如前文所述，目前世界上的国家之间由于经济发展水平和前期技术基础的差异，存在明显的数字鸿沟，互联网基础设施以及用户普及率都有着较大的差异，而数字贸易在生产端尽管可以摆脱传统的要素投入束缚，但对于数字基础设施，包括畅通高效的网络条件、大规模的运算能力、高质量的终端系统乃至综合上述技术能力的云平台等则具有更严格的要求；同时，需求端的数字贸易市场开拓实际上也在很大程度上取决于当地的互联网以及各种移动和智能终端的普及。因此，在数字经济下的引力模型中，数字基础设施和互联网的普及程度可能将取代经济规模成为决定贸易流量规模的核心因素。

其次，从距离因素来看，数字经济条件下的贸易活动可以凭借近乎为零的运输成本摆脱地理距离的限制，但国家之间的一些"隐性"的距离，如文化距离和制度距离等对于数字贸易的影响则会进一步凸显。作为以内容和用户体验为核心的产品，消费者在数字产品的选择过程中往往会倾向于与自身的语言、消费习惯和消费心理更为贴近的产品，而在文化越为接近的国家之间，对于上述需求因素的把握也会更为容易，由此使文化因素在数字贸易中可能会取代地理距离成为影响贸易规模的另一关键因素。与此同时，在数字贸易规则尚未有效建立和各国对于数字要素和数字产品跨境流动的态度与政策选择存在较大差异的情况下，数字贸易所面临的制度性壁垒，包括数据要素的本地化限制、数字产品的内容合规性限制，甚至电信产业的市场准入限制等也都可能会对数字贸易活动形成重要的影响。

（五）生产区位与贸易格局

著名的国际贸易学者、要素禀赋理论的创始人俄林（2008）曾经指出，贸易问题的本质是区位问题。然而，传统的国际贸易理论却并没有将企业的区位决策纳入分析框架。这在生产要素无法跨境流动的情况下固然是合理的，但随着全球经济开放程度的提高和要素可流动性的增强，企业已经能够脱离原有的地域局限并通过直接投资活动进行生产区位的选择，从而使国际贸易和国际直接投资不再是一个彼此独立的问题，二者共同决定了全球范围内的生产格局，还决定了各国之间的贸易格局。数字经济的发展则进一步增强了商品和要素跨境流动的可行性，并由此对全球的贸易格局产生了更进一步的影响。Fujita 等（1999）针对传统工业制成品所建立的空间经济模型曾经立足于企业区位选择的视角讨论了开放经济条件下的全球生产与贸易格局及其演变趋势。在他们看来，制造业通常会在外部规模经济的作用下，出于接近中间品产地以及最终消费市场以节约运输成本的考虑而集聚在某一个国家当中，并由此形成"核心"（工业化国家）与"外围"（农业国）的区别，而只有在外围国家的生产率和收入上升到一定阶段之后，才会凭借劳动力成本等优势抵消制造业在核心国家的集聚力，吸引工业的进入并最终跨入工业化国家行列。这一理论模型虽然较好地解释了工业革命以来发达国家与发展中国家之间的分化以及各国工业化的历程，但以外部规模经济和运输成本为核心的模型却在数字经济条件下面临着更多的挑战：一方面，数字经济环境下的产品跨境流动面临着近乎为零的运输成本；另一方面，可变要素投入在成本中占比极低，也使得数字型企业的生产活动对中间品投入的依赖大幅下降。所有这些都会导致传统上引发企业集聚的因素失灵，国际生产与贸易的格局在理论上可能会更多地呈现出"均匀"或"对称"的特征，而非传统上的"核心-边缘"形态。

进一步结合数字经济的特性以及数数字监管规则可能的演变趋势，上述结果可能意味着数字经济下的生产区位选择与贸易格局会形成两种可能的发展趋势。

首先，脱离了运输成本束缚的数字型企业完全可以将生产活动集聚在母国与东道国之外的第三地。在充分利用当地的特殊比较优势（如低廉的土地成本、廉价的能源供应以及宽松的政策环境等）的基础上以此为基地向全球提供数字化产品和服务的供应，而这些在传统经济活动中可能不具有显著区位优势的地区有可能成为未来数字贸易更为活跃的地区。

其次，如果在数字要素的跨境流动或者数字产品与服务的提供方面面临一定的政策壁垒，则数字企业可能会从上述集中化的生产与贸易模式转变为分散性的经营，即通过国际直接投资将数字产品与服务的提供安排到目标市场所在地，并通过数据本地化以及内容的专门化迎合当地的监管与市场偏好，实现对数字监管壁垒的规避。在这种情况下，可能会呈现出国际直接投资活动对于数字贸易的大幅替代，并最终在规模经济的作用下形成由少数大型数字企业以直接投资的方式组织和控制数字产品供应的全球生产与贸易模式。

（六）新"里昂惕夫悖论"

根据传统的要素禀赋理论，在一个充分开放的经济体系中，工业化程度较高的发达国家应当集中生产并出口资本和技术密集型产品，并进口劳动密集型产品。然而美国经济学家里昂惕夫却在一项针对第二次世界大战后美国对外贸易发展状况的研究中发现，美国作为一个最发达的工业化国家，却大量进口资本密集型产品，并出口劳动密集型产品。这一与经典要素禀赋理论预测截然相反的结论被称为"里昂惕夫悖论"，并成为国际贸易研究领域的一大争议性问题。针对里昂惕夫悖论，学术界曾经从劳动生产率的差异、消费偏向、贸易壁垒干扰以及人力资本等诸多方面来对其进行解释，其中的要素密集度逆转第一次作为一种重要的经济现象进入人们的视野。在这一假说看来，任何一种产品的生产在不同的国家以及不同的技术条件下可能具有截然不同的要素密集度，因此在一些国家主要依靠劳动力进行生产的典型劳动密集型产品可能会在另一些国家通过机器设备的大量采用而转变成资本密集型产品。而正是这种定义的差异引致了"里昂惕夫悖论"的出现。上述解释可以在一定层面上回答国际贸易活动中出现的"反理论"事实问题，但在以传统制造业为主的生产体系中，产品的生产技术在国家之间的差别并不十分显著，因此"要素密集度逆转"的现象是否会真实发生并影响到分工格局一直是一个存在争议的问题。然而，在数字技术广泛应用的背景之下，产品的生产方式正在经历巨大的变革，由此带来的更为显著的要素密集度逆转可能导致"里昂惕夫悖论"越来越多地出现在现实生活中。

导致数字经济条件下要素密集度逆转的一个重要诱因是数字技术普及所带来的生产自

动化和人工智能制造的应用。在现有的技术环境中，人工智能以及高度自动化的生产设备已经被越来越广泛地应用于工业技术领域，并以此实现了对劳动要素的替代。然而，由于技术发展本身的阶段性局限，目前的人工智能与自动化技术还只能从事最低层次的工作，或仅位于最简单的工艺环节中，因此对劳动的替代也更多地发生在高度劳动密集型的简单生产环节。由此而可能引发的一个重要现象就是，越是在传统的劳动密集型产品或生产环节（如标准化的简单工业制成品以及加工组装环节），人工智能对劳动的取代会越为深入，相应的产品也会直接从高劳动密集型产品直接逆转为高资本密集型产品。这种要素密集度的逆转会给国际贸易格局带来类似"里昂惕夫悖论"但程度更深的变化。在传统的贸易格局中，发展中国家即便不具有技术方面的优势，仍可借助相对丰裕的劳动力资源和低廉的劳动力要素价格获得参与国际分工并开展国际贸易的可能，但在人工智能和自动化技术的冲击之下，发达国家将会在高端制成品之外进一步获得传统意义上的低端劳动密集型产品的比较优势，形成对发展中国家技术和成本的双重挤压，发展中国家的贸易空间和贸易利益获取都将不可避免地受到冲击。在这样的背景下，经典贸易理论中所内含的贸易"普适性"与"普惠性"特征是否依然存在？国际分工和贸易格局又会发生怎样的改变？这些实际上使贸易理论面临新的挑战。

第四章

基于数字订购的跨境商品贸易

数字订购的跨境商品指的是实体商品，能够以数字方式订购，却无法以数字方式递送，必须经由国际物流运输才能将商品送达目的地。本书中提到的基于数字订购的跨境商品贸易就是指跨境电子商务。

一、跨境电子商务典型商业模式

国际贸易的数字化主要表现在以信息通信技术和互联网技术构筑的赛博空间构成了买卖双方进行交流与交易的新型市场空间，这一新空间为国际交易双方提供了数字化的沟通渠道与交易方式，从多个方面颠覆了传统的国际贸易模式，并产生了新型的跨境电子商务商业模式。

（一）电子商务对国际商品贸易的影响

1. 电子商务改变了国际贸易的运行环境

电子商务通过网上虚拟信息的交换，开辟了新的交易空间，进一步促进了世界经济与市场的全球化。信息流动加速了资本、商品、技术等生产要素的全球流动，导致了全球网络经济的崛起，而在这种网络贸易环境下，各国间的经贸联系与合作大为加强。具体到国际贸易业务中，互联网将国际贸易有关各方包括生产厂家、外贸企业、海关、商检、运输、税务、金融、消费者等紧密结合起来，方便了各方之间的实时联系。不仅如此，互联网的使用还贯穿了国际贸易的整个流程包括商机发现、询盘、洽谈、签约、库存管理、租船订舱、支付、保险、报关报检等，使国际贸易更加具有整合化、自动化的特征，也使国际贸易的运行环境得到了极大改善。

网络虚拟市场的形成突破了地域的限制，以信息网络为纽带形成了一个统一的全球大市场，这一网络市场使商品与服务等有关信息能够在全球范围内充分准确地流动，表现出公开、完整、实时等特性，降低了进出口双方之间信息不对称的程度，从而使同等质量的商品或质量相似的商品之间的竞争更加激烈，也使市场中的价值规律得以充分发挥作用。同时，由于构筑在信息通信技术与互联网技术基础上的各项交易要件（包括交易主体、交易对象、支付工具、交流工具等的全面虚拟化）使网络交易的各个环节都面临着来自技术本身的安全漏洞风险以及各类人员的主动破坏与欺诈风险。

2. 电子商务使国际贸易的经营主体发生变化

电子商务技术简化了国际贸易的流程，降低了进入国际市场的门槛，从而使大量中小企业甚至个人也能够借助互联网开展国际贸易，极大地扩充了国际贸易的经营主体。同时，电子商务改变了国际贸易经营方式，冲击了原有的国际贸易中介组织。在传统贸易方式下，进出口商作为国家间商品和服务买卖的媒介，专业的进出口贸易公司占有十分重要的地位；在虚拟交易环境中，跨境电商平台成为新的国际贸易中介组织。这些平台可能是贸易商自建的，也可能是独立于买卖双方的第三方公共交易平台，还可能两者兼有。跨境电商平台取代了原有的贸易中间商、代理商和专业进出口公司的地位，引发了国际贸易中间组织结构的革命。借助各类跨境电商平台，生产企业可直接接触国际市场，并直接与国外客户进行商务磋商与交易，正逐渐成长为从事国际贸易经营的重要主体。

3. 电子商务改变了国际贸易的经营方式

传统国际贸易一般以线性模式展开，外贸产品由生产商生产完毕，再经由出口商、进口商、批发商、零售商依次流通，最后才流转到消费者手中，整个贸易链条较长，渠道成本畸高。电子商务使处于产品供应链上游的生产企业可以借助互联网直接与国外最终客户取得联系，继而通过磋商达成交易，大大缩短了国际贸易链条，使传统外贸的线性模式向由大量供应商与大量用户集聚而构成的双边网络平台结构转型。在数字经济时代，各类跨境电商平台不仅是国际贸易的重要经营主体，更是国际贸易供求双方实现直接对接的新市场，借由电商平台开展国际贸易已经成为当今外贸领域最流行的经营方式。

电子商务将整个外贸流程如市场调研、国际营销、商务谈判、租船订舱、跨境支付、报关报检等均纳入了计算机网络，外贸经营的信息化与网络化使信息流成为外贸经营的核心，信息流统领物流、资金流与商流，成为实现全球生产要素与资源配置的核心驱动。跨越空间的实时信息沟通，使供需得以更精确且以更低的成本实现匹配，交易的长尾效应得以产生，进而催生了跨境定制生产、零库存生产、柔性生产等新的外贸生产经营模式。此时，国际贸易向着更大市场范围、更加高效率、更具个性化、更具生产弹性的方向不断演进。

4. 电子商务创造了新的国际营销方式

电子商务引起市场营销方式巨变，驱动国际贸易营销领域不断创新，产生了新的国际市场营销方式，即利用电子信息技术尤其是互联网技术开展的网络营销。与传统的国际贸易营销方式比较，国际网络营销主要有以下特点。

①网络互动式营销。网络营销使得企业能够兼顾客户需求与企业利润，寻求能同时实现企业利润最大化和客户需求最大化的营销决策。网络互动的特性使客户真正参与国际贸易运行过程成为可能，企业可以和客户随时随地进行沟通与交流，并能够根据客户的意愿设计和生产产品，客户在整个国际贸易营销中的地位得到提高，企业在产品设计、市场开拓等方面的能力也得以同步提升。

②网络整合营销。电子商务中有许多营销方式，比如搜索引擎营销、电子邮件营销、企业博客营销、微信营销、TikTok营销等，外贸企业可以综合利用以上多种网络营销方式，将多种营销途径整合起来，以统一的目标和形象传播连续、一致的企业或产品信息，

使各种营销途径或方式之间产生协同效应，从而大大增强营销效果。

③网络定制营销。定制营销是指企业在大规模生产的基础上，将每位客户都视为一个单独的细分市场，根据个人的特定需求来搭配市场营销组合，以满足每位客户的特定需求的一种营销方式。定制营销的一个重要特征就是数据库营销，企业通过建立和管理客户数据库，向其研发、生产、销售和服务等部门人员提供全面的、个性化的信息，使其理解客户的期望、态度和行为。企业根据网上客户在需求上存在的差异，将信息或服务化整为零或提供定时定量服务，客户根据自己的喜好进行选择和组合，形成"一对一"营销。定制营销是电子商务时代具有代表性的国际市场营销创新领域。

④网络软营销。与工业化时代的大规模生产方式以及卖方市场相适应，传统营销具有强势特征，以电视广告和人员推销为典型代表。与"强势营销——硬广告"相比，软营销的主动方是客户，而不是企业。网络软营销是指在互联网环境下，企业向客户传送的信息及采用的促销手段更具理性化，更易于被客户接受，进而实现信息共享与营销整合。软营销的核心要义是以满足客户需求为中心，尊重客户的感受与体验，淡化营销过程中的商业行为，采用拉式策略以体贴、关心，低成本高效率地满足客户的需求来打动客户的心，以达到预期的营销效果。网络软营销的成功实施需要企业重视网络社区在营销领域的重要性并充分加以利用，还要尊重网络礼仪，避免引起网络用户反感。

⑤网络直播营销。网络营销载体经历了文字、图片、音频、视频，直至当前以视频直播为主流的发展阶段。网络直播充分利用互联网优势，利用视频方式进行网上现场直播，可以将产品展示、背景介绍、方案测评、对话访谈等内容现场发布到网上，利用互联网的直观、快速、表现形式好、内容丰富、交互性强、地域不受限制、受众可划分等特点，来加强活动现场的推广效果。当现场直播完成后，主播还可以随时为用户继续提供重播、点播，有效延长了直播营销的时间与空间，发挥了直播内容的最大价值。随着网络直播营销在国内电子商务市场的蓬勃发展，国际网络直播营销也在迅速兴起，正在成为各类跨境电商平台实施网络营销的热门领域。

5. 电子商务改变了国际贸易的竞争方式

在电子商务环境下，企业之间的竞争不再是简单的产品或服务的竞争，而是商务模式和供应链之间的竞争。哪家厂商能以最快的速度把最先进的技术应用到产品及服务中去，同时以最具竞争力的价格交给客户，那么这家厂商就能赢得市场竞争的主动权。越来越多的进出口企业已经意识到，供应链管理在市场竞争中取胜的重要性。在电子商务条件下，供应链管理可依托电子交易方式，以最小的投资建立与供应商、分销商和客户更快、更方便、更精确的电子化联系方式，实现信息共享和管理决策支持，保证客户需求的产品能够及时生产、发货、调度，从而降低库存，减少在途时间，争取以最小的成本换取最大的效益。

6. 电子商务改变了国际贸易的成本结构

在传统的国际贸易交易中心，花费的成本主要指买卖过程中所需要的信息搜寻、合同订立和执行、售后服务等方面的交易成本，而电子商务这种交易形式最重要的是改变了信息成本的支出结构。通过电子商务进行国际贸易，既可节省大约90%的文件处理费用，又可加快资金周转速度，还可节省利息开支，因此成本优势十分明显。另外，各类跨境电商平台的出现，大大减少了外贸流程的中间环节，使买卖双方可通过网络直接进行商务活动，显著降低了双方的交易费用。跨境电子商务交易成本的降低使企业在生产成本上的优势得以凸显，从而提高了发展中国家生产企业的国际市场竞争力。同时，跨境电子商务市场上日益激烈的竞争将迫使贸易企业将更多的资金投入产品创新，在增加创新成本的同时，也提高了创新收益。

但是，电子商务这种交易形式在降低传统交易成本的同时，又产生了一些新的成本，如技术成本、安全成本、法律成本等。电子商务增加了企业在包括软硬件成本、学习成本和维护成本等技术上的投入，而网络的虚拟特征使电子商务产生了新的风险与安全成本。

（二）跨境出口电子商务业务流程

跨境出口电子商务是指跨境电商的交易主体通过电子商务方式将一国关境内的商品或服务销往别的国家或地区的贸易，涵盖了商品电子贸易、线上数据传递、跨境电子资金支付及电子货运单证和跨境物流等业务内容。目前，商品或服务出口到境外市场主要有一般贸易出口和跨境电子商务出口两种正规途径，而两者在业务流程上不同，在效率和成本上也体现出较大的差异。

在一般贸易出口模式下，由于交易环节较多，跨境贸易需要通过多层分工才能保证顺利完成。跨境出口电子商务既有一般贸易出口的基因，也带有电子商务的新兴血统。与一般贸易出口模式相比，跨境出口电子商务最显著的特征是部分贸易环节从线下转到线上，还减少了过去线下交易的部分中间环节，使制造企业与海外消费者之间的渠道长度大为缩短。跨境出口电商不仅包含商品的转移，还包含中间数据信息的传送、资金往来、信息凭证的传达等方面，能够即时传递信息、快速应对境外消费者或批发零售企业，在节省成本的同时，也提高了效率，如图 4-1 所示。

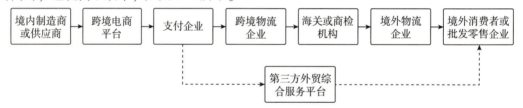

图 4-1　跨境出口电子商务业务流程

在跨境出口电子商务模式下，境内制造商或供应商可以将商品直接在跨境电商平台上进行推广展示，由境外消费者或批发零售企业在该电商平台选购商品，被选中的商品在下单并完成支付后，将由国内供应商自己或者委托跨境电商平台将商品交付跨境物流企业。跨境物流企业对该商品进行运输配送，运输配送一般需要经过两次通关商检，即出口国和进口国边境海关通关商检，然后再将商品递送到境外消费者或企业的手中。另外，在完成出口贸易过程中，一些企业还会选择与第三方外贸综合服务平台合作，委托其代为完成物流、通关商检、跨境支付、贸易融资等环节，从而进一步提高跨境出口电商的整体效率。

相对于一般贸易出口，跨境出口电商具备以下几个优势。

①跨境出口电商的贸易成本低。与一般贸易出口不同，境内的制造商或供应商通过跨境电商平台进行线上展示，境外的消费者或批发零售企业也通过电商平台挑选订购，并在线完成跨境支付，减少了原有的出口商、进口商等一些中间环节，使跨境交易更加便捷。同时，减少了店面、员工、差旅等支出，使综合贸易成本大幅降低。

②跨境出口电商的贸易效率高。借助互联网平台，贸易可以突破时间和空间限制，供

需双方能随时随地进行商务交流、达成交易，大大提高了工作效率。

③跨境出口电商的贸易信息更新及时，内容全面。跨境电子商务的交易信息资源可以实现联网共享，商家和消费者可以及时、全面地知晓商品价格和供求信息，大幅降低了企业境外市场拓展的信息成本，特别是对于众多的中国中小企业而言，跨境电商提高了它们的境外营销能力，将对中小企业国际竞争力的提升起到重要作用。

（三）跨境出口电子商务典型商业模式

跨境出口电商的产业链主要包括上游卖家、中游渠道和下游买家三个组成部分。上游卖家主要是指一国境内的制造商或者品牌商；中游渠道一般是指跨境出口中的第三方平台或者企业自营电商平台，它们在电商运营和境外销售方面拥有经验，对接卖家和买家；下游买家是指境外的企业客户或个人客户。除了卖家、渠道、买家之外，还有一些跨境出口服务商，其中主要的是国际运输及海外仓服务商、支付服务商等，以及一些辅助软件服务商，如软件服务、营销服务等。

根据下游买家性质的不同，跨境出口电商主要有 B2B 和 B2C 两种商业模式，如表 4-1 所示。其中，B2B 的交易主体是企业，而 B2C 则是一种直接面向消费者提供产品和服务的零售模式。

表 4-1　跨境出口电商典型商业模式

商业	平台分类	模式关键词
B2B	信息服务型平台	交易撮合服务、会员服务、增值服务、竞价排名、点击付费、展位推广
	交易服务型平台	佣金制、展示费、按效果付费、交易数据、线上支付、佣金比例
B2C 模式	第三方平台	第三方平台、生态系统、数据共享、平台对接、仓储物流、营销推广
	自营平台	统一采购、在线交易、品牌化、物流配送、全流程、售后保障

1. 跨境出口电商 B2C 模式

跨境出口电商 B2C 模式也称为跨境出口电商零售模式，是指境内企业绕开境外的进口商、批发商和零售商，借助跨境出口电商平台把产品直接销售给境外消费者。从 2010 年以来，跨境出口电商 B2C 模式逐渐壮大起来，在 B2B 模式无法触及的领域，B2C 模式开辟了一片新天地。B2C 模式面对的是消费者或小微批发商，主要是做零售业务。这种模式下单笔订单金额小，但是订单数量多；跨境出口电商平台为卖家将货物售卖给海外消费者提供信息展示并辅助完成交易流程。整个业务流程涉及多语言产品描述、跨境支付、跨境物流、售后客服和平台运营等，"产品+运营"是 B2C 平台的核心。

根据跨境出口电商企业的盈利模式，B2C 跨境出口电商企业又可分为第三方平台型和自营平台型。第三方平台型电商的服务内容涉及出口电商的各个业务环节，包括商品展示、店铺管理、交易服务、物流服务、用户评价、仓储服务、商品或店铺的营销推广等；

第三方平台将这些业务环节的信息集成到自身的交易平台中，形成了服务国内商家与境外消费者的较为完整的生态系统。

第三方平台型电商更多的是作为管理运营平台商存在，通过整合平台服务资源来为买卖双方提供交易及相关服务，如信用评价、物流、支付与结算等支撑服务，平台靠抽取佣金、广告费及其他增值服务费等获取收益。卖家可以在平台上销售各种商品，而平台本身不从事任何销售活动。在这种模式下，平台自身的压力很小，卖家自负盈亏，自行根据市场变动做出策略调整，其市场的自由化和灵活性大大超出其他模式。如亚马逊、eBay、Wish、全球速卖通等平台，都属于第三方平台型电商。根据电子商务情报公司 Marketplace Pulse 2019 年的统计数据，在亚马逊欧洲的几个站点的综合统计中，41% 的卖家在中国；在亚马逊美国平台上的顶级卖家中，中国卖家占比为38%。

自营平台型电商对其经营的商品进行统一生产或采购，统一负责产品展示、在线交易等活动，并通过物流配送将商品送达最终消费者手中。自营平台型电商通过为消费者量身定做，或者按照消费者采购标准进行采购，来引入、管理和销售各类品牌的商品。自营平台型电商需要在商品的引入、分类、展示、交易、物流配送、售后保障等整个业务流程投入力量进行管理，一些平台还建设了大型仓储物流体系来实现对货物的全流程管理。这种模式的缺点在于其内部机构庞大，平台运营资金投入多，平台直接面对消费者的压力较大。因此，很多自营平台型电商在开展自营业务的同时，也逐步开始将自营平台开放，为其他跨境电商企业服务，形成了"自营+第三方平台"的模式。

2. 跨境出口电商 B2B 模式

跨境出口电商 B2B 模式是指在跨境出口电商 B2B 模式下，企业借助信息服务与电子商务平台及客户紧密联合，通过更快、更有效的反应能力来为市场提供更好的服务，以促进企业相关业务的顺利开展。跨境出口电商 B2B 运营模式根据平台运营方式的不同，可以分为自营型和平台型两大类。

1）自营型 B2B 运营模式

自营型 B2B 运营模式一般是指有经济实力的大企业对其自身组织结构的信息化建设，其目的是通过建设品牌网站，串联起行业的产业链，以实现产业链内上下游成员间的信息共享、业务协同和商业贸易。

自营型 B2B 运营模式是企业在其自建的平台上进行统一生产或采购，统一负责商品的陈列展示、价格策略、营销措施、线上交易等活动，最终通过平台统一的跨境物流系统将产品送达买家手中的一种运营模式。平台借助互联网技术建设完善的企业供应链管理系统，以做到对每一笔交易进行全程跟踪与实时动态管理。

自营型 B2B 运营模式本质上是实体企业的业务在互联网上的延伸，企业希望通过建立属于自己的电子商务平台来获得更多的商业机会，并提升供应链服务水平。然而，由于企业自建平台较为闭塞，缺少对相关领域的深度整合，有些企业只是将 B2B 网站作为相关增值服务进行维护，所以目前的跨境贸易份额占比并不大。

2）平台型 B2B 运营模式

平台型 B2B 运营模式又可根据平台所覆盖行业的多少划分为垂直 B2B 模式、水平 B2B 模式和关联行业 B2B 模式。

（1）垂直 B2B 模式

垂直 B2B 模式是指专注某一特定行业的第三方跨境电商 B2B 模式，行业类型有电子元器件、农业、钢铁、化塑、旅游、服纺、汽车、医疗、快速消费品、MRO（非生产原料类工业品）等。B2B 跨境电商的服务领域可以覆盖产业链的上、中、下游。以农业为例，从上游的土地、农资，中游禽苗，再到下游配料配送，产业链的各环节都有相应的 B2B 跨境电商提供匹配服务。与之相似，在服装纺织行业中，上游的丝绸、棉花，中游的纱布、布料，以及下游的服装、纺织品，整个产业链的各个环节基本上都可以被 B2B 跨境电商平台所覆盖。此外，B2B 跨境电商平台还可以集成很多支持服务的提供者，如第三方支付服务、金融服务、物流仓储服务及信息技术服务等，逐步形成针对某一特定行业的产业链服务生态系统。

中国建材集团旗下的易单网是跨境电商垂直 B2B 模式的代表性平台。易单网专注于建材类产品，为在平台上注册的会员企业（主要为国内的中小型建材生产企业）提供一对一的专属全球推广服务。平台整合了出口供应链资源，将生产、检验、报关报检、跨境物流、出口结算、保险金融各环节整合在跨境电商平台上，打造了外贸综合服务平台。通过与易单网合作，国内中小型建材生产企业可以将产品推广至境外市场，因为易单网提供的服务涵盖了金融、通关、退税、外汇、销售、物流、售后服务等所有环节。

垂直 B2B 模式交易最大的优点就是对行业的专注，在固定的产业链中不断探索，开发出很多独具特色的服务内容与盈利模式。但与此同时，行业的局限性也使此类平台面临风险，若该行业受到国际贸易政策的负面影响，则可能对平台上的企业造成巨大的打击。此外，垂直 B2B 的交易形式会被产业链上下游关系的波动所影响，其中的链条式关联形态存在着大量的价值交换，当产业链断裂时，不论是产品或服务，还是反馈的信息，都将受到很大的影响。所以目前，我国采用垂直 B2B 模式的电商企业所占交易比例不是很高。

（2）水平 B2B 模式

与垂直 B2B 模式覆盖单一行业不同，水平 B2B 模式下的跨境电商平台可以覆盖多个行业，为平台上的买方和卖方企业提供产品发布、信息搜索和供求信息匹配等基础服务，以及信用认证、营销推广、仓储、运输、物流配送、第三方支付等增值服务。水平 B2B 模式下的跨境电商平台不参与平台上注册企业的经营，只为买卖双方的交易提供一个第三方的、开放式的服务平台，并从中收取相应的增值服务费用。

敦煌网、Tradewheel、中国制造、环球资源、阿里巴巴国际站等平台都属于这种模式。水平 B2B 模式的跨境电商平台覆盖行业广泛，用户规模相对较大，进入门槛较低，许多刚刚进入跨境电商领域的中小型企业会选择这种类型的平台。但是，此类平台上同业竞争激烈，卖方企业获得用户关注的营销成本已经越来越高。

（3）关联行业 B2B 模式

关联行业 B2B 模式是对垂直 B2B 模式和水平 B2B 模式的综合与整合，兼备了以上两种模式的优点，主要是相关行业的企业为了降低固定产业链的经营风险，选择在与经营行业相关的平台上进行一系列营销，更多的是在联系供求双方的同时，也为它们提供更加便利的交流方式，从而提升了跨境电商交易的深度和广度。比如，美国陶氏化学公司的 B2B 平台，就是与壳牌、科诺特、西方石油等十多家跨国公司联合创建的。

无论采用上述哪种模式，B2B 跨境出口电商的基本流程均包括以下环节：境外商业客户发出订单；境内供应商查询订单；在得到海外客户的审核答复后，供应商向国际物流商发出运输查询，物流商在接到运输通知后开始发货，境外商业客户则进行支付。商机对接是跨境出口电商 B2B 模式发展中存在的一个核心问题，境内企业在寻找境外零售商、境外批发商、境外销售渠道的过程中常常会遇到信息对接问题。在整个过程中，跨境电商平台发挥了重要的连接作用。

（四）跨境进口电子商务业务流程

跨境进口电子商务是指跨境电子商务的交易主体通过电子商务方式实现把其他关境的商品进口至本关境的贸易。从狭义层面讲，跨境进口电子商务通常是指帮助境内消费者实现境外购物的交易模式，即跨境进口电商零售。境外商品进入境内市场一般有三种途径：一般贸易进口、跨境电商进口和个人物品类快件进境。一般贸易进口和跨境电商进口在交易流程、交易成本等方面都存在区别。跨境进口电子商务降低了交易成本，普通消费者借助跨境电商平台即可实现在线跨境购物，小批量、个性化、频度高的交易订单也可以履行，因此，国际贸易的交易主体扩充到中小微企业和消费者个体。

跨境进口电子商务的基本业务流程是境外制造商或供应商通过跨境电商信息平台线上展示产品，境内的消费者或企业从中挑选、订购并支付，产品供应方把商品交给物流公司，随后产品经历出口、进口两次清关商检之后，最终抵达消费者手中。部分跨境电商企业将物流、通关业务交给电商平台或第三方综合服务平台完成，如图 4-2 所示。

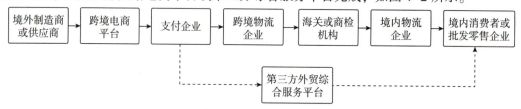

图 4-2　跨境进口电子商务业务流程

境外制造商或供应商是指商品的供应方，它们制造或提供商品，境内的企业或个人买方通过跨境电商平台与之在线磋商和交易。

跨境电商平台是指能够为境外商品供应方（卖方）和境内的买方提供在线交易、支付结算、物流、通关等服务的平台。这些平台需要提前在海关系统中备案。

支付企业通常是指为买方和卖方提供在线跨境支付与结算的第三方支付机构或企业，如 PayPal、支付宝、银联、财付通等。

物流商是指为跨境电子商务提供货品运输、仓储与配送的企业。跨境进口电商交易过程包含跨境和境内两段物流服务。跨境物流商提供跨境物流服务，境内物流商则提供境内物流服务。

第三方综合服务平台是指外贸综合服务型企业搭建的服务平台。基于该平台，外贸服务企业能为从事进出口的买方和卖方提供商品的物流运输、通关等一站式服务。

海关或商检机构是指对进出口货物和商品进行质量检验、监管、征税等环节所涉及的相关政府部门，其主要责任是保障进出口货物、旅客行李、邮递物品、进出境运输工具等合法地进出境。

与一般贸易进口不同，在跨境进口电商的业务流程中，境外企业将商品信息发布到跨境电商平台上，境内消费者或企业也通过跨境电商平台选择来自世界各地的商品，减少了原有的批发商、零售商等中间环节，使得跨境交易更加便捷。另外，跨境电商的进口渠道与一般贸易的进口渠道有很大区别。一般贸易进口都是从生产厂家直接进货，所以能够提供原产地证、合同、发票、装箱单和相关批文等。

（五）跨境进口电子商务典型商业模式

按照交易主体，跨境进口电商的典型商业模式主要有 B2B、B2C 和 C2C 三种。B2B 跨境进口电商模式主要是指分属不同关境的企业，利用互联网将一般贸易过程中的洽谈、展示、交易环节数字化和电子化，并通过跨境物流送达商品的一种国际商业活动。

B2B 跨境进口电子商务模式交易量在跨境电子商务中的占比较大，是未来的发展方向，但在目前的 B2B 跨境进口电子商务交易过程中，卖方企业主要是通过电子商务平台发布商品信息和广告，交易和支付等环节还需要通过线下辅助完成，整体交易模式与传统贸易进口模式的区别不大。因此，以下主要讨论面向消费者的进口模式，即跨境进口电子商务零售模式。

1. 跨境进口电商零售交易主体

跨境进口电商零售模式是指境外企业或商家利用跨境电子商务平台发布商品信息，境内消费者获取商品信息并选择有意向购买的商品，在提交订单和支付货款后，境外企业或商家采用快件、邮政小包等方式通过跨境物流和境内物流将商品送达消费者手中的交易过程。

随着跨境电子商务的蓬勃发展，跨境进口电商零售消费者群体中也有一部分小微企业，现实中这类小微企业和个体消费者难以区分与界定，一般将小微企业的进口也归属于跨境进口电商零售模式。

跨境进口电商零售主要有 B2C、C2C 两种模式。其中"B"这个主体主要有三种形式。

1）跨境电商平台本身

这种主体下的 B2C 模式，实际上是自营平台模式，跨境电商平台主要通过以下方式实现产品进口。

①海外品牌方的国内总代理采购。

②国外直接采购，经过各口岸走一般贸易进口的形式。

③国外订货，通过国内跨境电商试点城市报关入境。

④国外订货，以直邮等模式报关入境，将境外商品采购到境内进行自主销售。

自营平台模式能够缩短消费者的收货时间，但对平台方的资金占用要求很高。另外，平台采购的商品种类通常都比较单一，可选择性太少。另外，近年来各类电商平台售假事件时有发生，因此，消费者对这种模式下的进口购买有所顾忌。

2）境外品牌授权的国内代理商或经销商

这种主体下的 B2C 模式一般是指境内企业入驻平台，销售境外品牌商品，即一国企业获得境外品牌的授权，入驻某些跨境电商平台，面向境内消费者销售境外品牌商品，一般从保税仓发货。

这种模式能够缩短消费者的收货时间，但因为代理商、经销商层层加价，商品价格通常很高，在境内变成了奢侈品。另外，由于境外品牌对于境内经销商或代理商疏于管理，或难以管理到位，"假洋品牌"问题层出不穷。

3）境外商超或电商企业

这种主体下的 B2C 模式，指的是境外商家入驻直售直邮，即拥有境外零售资质的实体商超或电商企业入驻一国的跨境电商平台，自主销售、自主发货，并通过 DHL、PostNL 等国际物流公司，或是跨境电商平台自建的国际物流路线将商品直邮到国内。这种模式下，商品品质有保障，品类也更丰富，而且由于省去了中间商赚差价，商品价格更亲民，从而也更受消费者欢迎。

2. 跨境进口电商零售商务模式

在跨境进口电商零售模式下商品进入境内主要有批量和快件（含邮政快件）两种模式。批量模式有满足监管部门监管需要、加快物流配送时效、降低物流成本等诸多优势，保税进口是批量模式常采用的一种方式。但大多数国外大型电商平台出于对物流、成本、经营模式以及本国法律等方面的考虑，目前没有使用批量模式。而在快件模式下，消费者可以在全世界数以万计的购物网站中选择，其优势也是显而易见的，跨境直邮通常采用快件方式完成商品入境。

根据跨境进口电商零售入境方式的不同，其商务模式主要有直邮进口、海外代购、保税进口和"保税进口+直邮进口"复合商务模式。

1）直邮进口模式

直邮进口是一种典型的 B2C 跨境进口电商模式，是指消费者从跨境电商平台上下单并支付，境外商品通过国际邮政、国际快递、海外仓、物流专线等多种直邮模式直接从境外运送到消费者手中。

直邮进口模式业务流程，如图 4-3 所示。

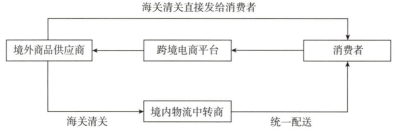

图 4-3　直邮进口模式业务流程

直邮进口模式业务流程主要包含如下步骤。

①消费者在注册备案的跨境电商平台上选择商品并下单支付。

②境外商品供应商按照订单约定向买家发货，经海关清关后直接发送给消费者或者在海关清关后由境内物流中转商统一配送给消费者。

③消费者收货。

直邮进口模式具有以下特点。

货品供应丰富。直邮进口是先有订单，再直接从境外发货。在该模式下，境内消费者可以通过境内国外的购物网站买到海量的境外商品，如亚马逊的自有商品达 8000 万种。消费者拥有更大的选择余地，可以购买到保税仓库中没有的最新境外商品，这也是直邮进口的最大优势之一。

运输成本较高。在直邮进口模式下，商品下单后从国外直接发货，通过国际邮政、国际快递、海外仓、物流专线或者空运等形式运送到消费者手中，运费较高。

物流时间较长。直邮进口模式的最大劣势来自物流方面，运输时间一般需 9~15 天；部分加急的可以 2~5 天到达，不过需要支付较高的运费。另外，直邮进口模式下订单跟踪比境内难度大。由于跨境进口订单的碎片化，对物流的信息化、清关、运输速度等都提出了较高的要求。在国内物流部分，大多数快递公司都已经实现了在线物流信息的实时跟踪。但在国际物流部分，要使消费者能够直观跟踪订单的物流信息，就需要不同国家间形成国际统一的物流信息共享渠道，以方便信息的对接与传递。此外，物转流程得不到海关有力的监管，无法保证商品的质量，在某种程度上加大了消费者承担的风险。

清关查验效率低。在直邮进口模式下，一件件商品从国外直接打包发货，大量碎片化的订单加大了海关的查验难度，降低了通关效率。当商品到达海关时，海关信息系统会自动调出数据进行快速清关，大大提高通关效率，而检验部门与海关"一致申报、一致查验、一致放行"。

海关进口税较低。按照中国跨境电商零售进口税率的规定（财关税〔2018〕49 号），自 2019 年 1 月 1 日后，单次交易金额不超过 5000 元，个人年度交易金额不超过 26000 元的，暂不征收关税，增值税、消费税暂按照应征税率的 70% 征收。相比之下，跨境电商直邮进口模式可以大大降低消费者的缴税负担。

退换货服务难。首先，消费者以直邮进口方式购买商品时，往往面临着退货难、维权难、售后服务不到位等问题，而且由于直邮进口的退换货流程比较烦琐，因此需要更长的时间和更高的费用。其次，国外网站一般客服人员很少，联系之后需要填写英文的退货申请，一般退货速度较慢，动辄一两个月，而且退回欧美需要的快递费用高达 60 元，退货物流成本较高。

2）海外代购模式

海外代购模式实际上也属于直邮进口模式，简单来讲即为身处境外之人或商家为境内消费者在本地采购所需商品，由物流企业完成商品转送的商业模式。其主要有两类运营模式。

海外代购平台。这一类平台的营运关键是平台上卖家均为第三方，平台本身不参与或较少参与交易环节；平台上的卖家通常为具备境外区域采购能力的个体或小型企业，其根据消费者的需要，定期在目的地批量购入商品，待消费者下单之后，以直邮方式发送商品。这一类平台的交易应属于 C2C 进口电商模式。平台通过收取入驻商家的入驻费，或收取交易提成，或收缴一定服务费等方式获利。其优势在于能够为消费群体提供更加多样的境外商品，从而可以吸纳更多用户，其劣势在于消费群体可能怀疑其商户资质，因此，信用问题是此类平台最需解决的困难。当消费者发现从平台上购买到的产品为仿冒货物时，往往很难维权。此类信用问题倘若不能得到有效解决，将直接威胁到这类平台在市场中的存续。

朋友圈海外代购。这一模式主要是熟人或日常交往关系不太密切的朋友，利用移动端的应用平台搭建的商业形态。尽管进行代购的多数为日常交往的朋友，对商品的真实性、安全性具有背书作用，但是上当受骗的案例也极多。伴随海关方面政策的收紧，监管机构可能将此模式判定为走私。

3）保税进口模式

保税进口模式是指跨境电商企业根据大数据分析提前将热卖商品批量运入自贸区、保税区、保税仓库等境内海关特殊监管区域，发挥这些特殊监管区域的保税功能与物流分拨功能，再根据境内消费者网络订单情况，将相应商品从这些特殊监管区域清关，并交由物流企业直接配送至境内收货人的进口模式。

以这种模式进口的商品按照个人物品的分类清关，不需要像一般贸易进口那样经过烦琐的检验检疫程序，大大缩短了消费者在下单后的等待时间，与境内电子商务交易流程相似。跨境电商保税进口模式是在特殊监管区域实行保税制度的基础上开展的，进口商品进入这些特殊监管区域后，可以暂缓缴纳进口税、免领进口许可证或其他进口批件，只需要在规定期限内复运出口或办理正式进口手续或提取用于保税加工。

保税进口模式业务流程，如图 4-4 所示。

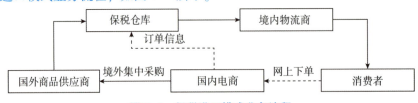

图 4-4　保税进口模式业务流程

保税进口模式业务流程主要包含如下步骤。

①境内电商企业从境外进口一批商品至境内保税区，货物入区集中申报，一次检验检疫。

②消费者在电商平台上选购商品，下订单。

③电商企业从保税仓发货，经海关清关后通过境内物流发送给消费者。

④消费者收货。

保税进口模式有以下优势。

①成本低，价格便宜。跨境电商保税进口商品有着较大的价格优势，与其他方式相比更节省成本，更有竞争力。以妈妈们青睐的荷兰美素佳儿奶粉为例，淘宝上的个人代购定价是 168 元，而跨境电商保税进口价格仅为 118 元，即便宜了 50 元。

跨境保税进口节省下的成本主要来自以下三个方面。一是运输成本。进口商品从国外批量运输回国，分摊到每一件商品上的运输成本比直邮进口的运输成本低。另外，跨境进口电商的商品批量运输一般可以采用海运方式，而直邮常采用空运方式，这样也可节省一部分运输成本。二是经销成本。跨境电商使消费突破了地域的限制，只要有网络，消费者均可下单。跨境电商通常不需要像传统实体店模式那样设置层层的中间经销环节，而是采用集中化、扁平化的管理模式，直接面对消费者开展销售，从而节省了经销成本。三是关税成本。一般贸易进口商品需要缴纳关税、消费税、增值税等进口税费，而保税进口的商品可以按个人自用进境物品监管，根据国家对跨境电商进口零售的监管新政，总的税率要比一般贸易进口低。以奶粉为例，若按照普通货物进口，缴纳税款合计为销售价格的 30%，而按照跨境电商保税进口方式则不到售价的 10%，税收优惠显而易见。

②收货时间缩短。保税进口的商品已提前从境外备货至境内保税仓，消费者网络下单后，货物直接从保税仓通过国内物流快递给消费者。提前备货节省了境外运输段的时间，缩短了境内消费者的收货时间。在正常情况下境内消费者 3 ~ 7 天就可以收到从保税仓发出的商品。

③品质有保障。消费者一直都非常关注保税进口的商品是否存在假货问题。从监管制

度来讲，保税仓内的商品出现假货的概率很小。保税仓是由海关直接进行监管的仓库，进口商品在进入保税仓之前会进行严格的审查，已经通过审查的商品放置在保税仓的货架上，并且有专人负责监管，整个物转流程是在海关监管下进行操作的，保税仓内物品的所有外包装改变必须在海关的监管下才可以进行。具有严格的追责制度。一旦发现虚假商品，追责系统即时启动，会在很短的时间内追踪并找出不良商家，及时追责。

④售后服务更方便。消费者以直邮进口、海外代购等方式购买商品时，往往面临着退货难、维权难、售后服务不到位等问题。而跨境保税进口商品未过海关分拣线之前，可以全额退货退款，与国内网购一样，在收到商品 7 日内可以申请退换货。

⑤消费体验更舒适。上海的跨境通、宁波的跨境购、杭州的跨境一步达、郑州的 E 贸易等跨境电子商务服务平台展示的是中文的购物页面，消费者可以突破地域语言的障碍以更实惠的价格购买到优质的境外商品。在这些跨境电商平台上购物以人民币方式结算，免去了货币兑换的不便，且支付方式也是常用的信用卡、支付宝、银行转账等。这些都使境内消费者购买境外商品更方便更舒适。部分试点城市（如重庆保税区商品展示交易中心）设立了跨境电商体验店，开展线下展示、线上交易，为消费者提供多种选择，消费体验更佳。

保税进口模式有以下局限性。

①商品品种的限制。在目前的保税进口模式下能储备和供应的商品种类是有限的。保税进口是跨境电商基于大数据分析，提前将热卖商品运至境内保税仓库，等消费者下单后，再直接从保税仓库通过境内物流发给消费者。此模式不能支持小批次、零碎化的进口商品，因此要求企业在进口环节批量化进货。而境内保税中心要求货物出售一件，清关一件，未经售出不允许出保税中心，导致商品在出售之前只能积压在保税区。一般而言，保税进口模式主要适用于三类商品，分别为标品、受到市场检验认可的热款商品和大众商品。在保税中心长期积压货物的情况下，企业不便进口生鲜、熟食等极易腐坏的商品。这就导致跨境电商企业采用保税进口模式进口的商品品种十分受限，仅能采购一些保质期长、方便囤积的货物，此类商品约占据85%的份额。其他常见商品如生鲜水果、玩具礼品、3C 产品占比不足 1/5。

②易受新政冲击。保税进口模式由于不是国家主推的方式，每当新政出台时，都会受到很大程度的冲击，一些只依赖于保税进口模式的垂直电商企业极易出现熔断现象。一方面，由于政策调整，许多消费者在购买商品时会避开价格较高的商品，确保商品额度未超出年度交易限值，导致消费者不愿意使用保税进口模式购买境外商品，从而使保税进口业务发展受限。另一方面，奶粉、纸尿裤母婴类等快消商品的税率涨幅较低，约为 11.9%，高尔夫球具、高档手表等商品与烟、酒、化妆品合为一档，征收税率由原本的30%上涨至60%，中高档水平的服饰、手表、化妆品等商品的税率涨幅约为 17.1%，大大提高了企业的运营成本。

③保税进口企业条件限制。海关总署对跨境电商的具体业务进行了规范，要求参与试点的电商、物流企业必须在境内注册，并按照现行海关管理规定进行企业注册登记，开展相关业务。海关还要求参与试点的电商、物流企业要实现与海关等管理部门的信息系统互联互通。如果电商、物流企业达不到这样的条件，则很难开展保税进口业务。此外，由于需要大批量购买备货，开展保税进口业务的跨境电商企业面临的资金压力也较大。保税仓适用的方向比较单一，进口商品的可选度单一，比较适合业务量规模较大、运营较稳定、有庞大资金支持的企业。

④**面临偷税漏税隐患**。一些跨境电商企业利用保税进口模式开展进出口业务，将原本应以一般贸易方式进口的货物进行拆解，利用保税进口模式的优惠政策将货物分批进口，从而逃避税务及海关部门的查验。例如，在2018年年底，广州海关曾查获两起走私案，涉案金额高达1.68亿元，走私货物包括62万罐奶粉和17万余只海鲜。2017—2019年，涉案企业大批量购买境外奶粉及营养粉，利用保税进口模式，将这批货物按实际成交价格的60%~70%向海关申报，将价格控制在个人年度交易限值以内，以逃避关税。该走私团伙还通过伪造跨境货物订单、支付单、运单冒充正常跨境电商交易，利用跨境电商零售进口零关税等政策达到避税目的，直接损害国家及消费者的利益。

4）"保税进口+直邮进口"复合模式

跨境电商进口业务的快速增长，为外贸稳增长、调结构提供了新动能和新思路，也助力实现"买全球"的宏伟目标。然而，在跨境电商进口业务快速发展的同时，也出现了不少新情况、新问题。相比货物属性的进境商品而言，海关对物品属性进境商品的监管相对宽松，于是不少跨境电商企业"恶意"利用海关监管的政策"洼地"，将大量进境货物属性商品拆分成小包装，假扮成物品属性的商品，单个包裹的成交税费额度大都被控制在物品免征税额上下，从而化整为零，逃避监管。这不仅造成国家税款的大量流失，也给一般贸易项下的进境商品带来了巨大冲击，形成不公平的市场价格竞争环境。

为了支持跨境电商这一新兴业态的发展，本着在"发展中规范"的基本原则，国务院相关部委和海关总署于2016年4月先后出台了跨境电商新政和进境物品税率新政（财关税〔2016〕18号）予以规范。为了适应海关新政所带来的影响，部分境内电商企业对传统电子商务模式的优缺点进行了全面反思，提出了基于大数据的"保税进口+直邮进口"复合型跨境进口模式，具体流程如图4-5所示。

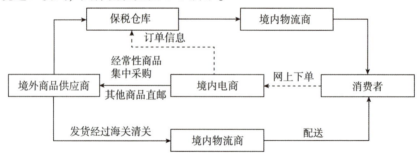

图4-5 "保税进口+直邮进口"复合进口模式

境内跨境电商对境外商品采取"保税进口+直邮进口"复合型电商模式，实际上是将境外商品分为两类：一类是对消费者经常购买的商品由跨境电商企业提前预测需求量并进行集中采购；另一类则是沿用此前的方式对部分商品进行直邮进口。整体而言，这是一种以保税进口模式为主、以直邮进口模式为辅的复合型跨境进口电子商务模式。

二、主要的跨境电子商务平台

（一）中国主要的跨境出口电子商务平台

1. 全球速卖通

阿里巴巴旗下的全球速卖通（AliExpress，以下简称"速卖通"）于2010年正式上线,有 B2B 和 B2C 两种业务模式,但以 B2C 模式为主。速卖通业务 65% 的买家是个人用户,35% 的买家从事小额批发业务,是中国供货商面向国外消费者交易的一种小额跨境电子商务,速卖通也被称为国际版淘宝。经过十余年的迅猛发展,速卖通已成为中国最大、全球第三大英文在线购物电商平台,业务覆盖全球 224 个国家和地区,经营服装、3C、家居等 30 个一级品类,支持 18 种语言站点。

1)速卖通业务模式

①产品和服务。速卖通作为一个开放式的 B2C 跨境电商第三方中介式平台,只要满足平台要求的卖家都可以申请入驻,所以平台商品的种类和数量十分丰富。该平台的卖方定位是中国外贸商家,且主要以中小企业和小额批发商为主;平台的买方定位为个人消费者,这部分群体的特点是人数多、需求多样。速卖通所提供的产品以小众商品和小包裹快递为主,依托中国成熟的制造业,速卖通主打高性价比商品,很多商品满 0.99 美元便可包邮。

速卖通秉持着"让天下没有难做的生意"的价值理念,自上线以来,产品类型不断丰富,数量逐渐增加,目前平台的产品大多都是平价的日常必需品,家居、服装、3C 电子产品等品类排名前三。针对个人和家庭消费,排名前三的产品类目的商家占比接近 50%。同时,由于国内轻工业比较发达,该平台上售卖的商品多为体积小且易于通过航空运输的标准化产品,符合个人消费者小批量、多频次的采购需求特点。

目前速卖通平台上的买家主要来自俄罗斯、西班牙、法国、巴西、美国等国家。其中,俄罗斯和法国的消费群体性价比追求者偏多,以低价格为导向;西班牙快速物流追求者偏多;波兰的新品尝鲜者和时尚颜控者居多,比较容易受到速卖通平台上网红达人的影响。

为了更加精准地满足海外消费者的需求,速卖通在俄罗斯、西班牙还与当地的品牌商合作,推出了部分自营业务。不过,平台未来依旧会继续扶持中国商家的发展,帮助它们提升其品牌竞争力。

②支付体系。跨境电子商务中的支付环节至关重要,如果买方在选好商品准备付款时需要绑定陌生的银行卡,经过一系列不熟悉的操作步骤才能下单,将会大大增加消费者的不信任感。速卖通提供多种支付方式,包括第三方支付、信用卡支付、储蓄卡支付、银行汇款等,使支付服务呈现多元化和本地化特征,不仅方便了消费者,也提高了下单率。

由于支付宝与速卖通同为阿里系产品,速卖通主推国际版支付宝,卖家在注册平台时只需绑定支付宝账户,就可以进行后续交易的一切支付活动。同时,速卖通也支持其他第三方支付工具,包括 Qiwi Wallet、WebMoney、PayPal 等。

针对不同地区消费者的不同支付习惯,速卖通因地制宜,在支付方式上实行本土化策略。在印度采用"印度版支付宝"Paytm 进行支付;在俄罗斯采用在当地使用率非常高的第三方支付平台 Qiwi Wallet 和 WebMoney 进行支付;在欧美地区采用 PayPal 进行支付,引进 PayPal 支付不仅增加了消费者对平台的信任,也提升了速卖通的品牌影响力。同时,速卖通也与世界各大银行合作,速卖通上的消费者也可以通过 Visa、MasterCard 等信用卡进行支付。

③跨境物流体系。速卖通联合菜鸟网络和国际上优质的第三方物流企业为商家和消费者提供高效的跨境物流服务。一方面,速卖通与 UPS、DHL 等国际知名物流企业积极开展合作,满足平台消费者对高时效商品的运输需求;另一方面,速卖通与同为阿里巴巴旗下

的菜鸟网络展开深度合作，开辟出具有特色的物流服务体系，包括无忧物流、海外仓和专线物流。

④无忧物流。无忧物流是菜鸟网络推出的优质物流服务，可以为速卖通商家提供一站式物流解决方案。无忧物流最大的特点就是方便、有保障：对于在揽收区域内的商家来说，可以享受上门揽收服务；因物流导致的丢件、少件、破损等情况，商家还可以得到相应的赔偿。无忧物流按照运输范围、赔付标准不同可以分为无忧简易、无忧标准、无忧自提和无忧优先四种。无忧简易的运送范围仅在俄罗斯、西班牙、乌克兰等国家；无忧标准支持全球 224 个国家和地区的运输服务；无忧自提由于需要在当地建立自提柜，对于基础设施的要求较高，其运输范围仅覆盖俄罗斯的大部分地区；无忧优先属于快速类物流，对时效的要求较高，目前仅为全球 176 个国家和地区的消费者提供服务。

⑤海外仓。速卖通从 2015 年开始，已经在美国、俄罗斯、英国、智利等国家针对全部商品开通了海外仓服务。速卖通平台对于加入海外仓的商家还会有相关资源倾斜，如俄罗斯海外仓的商家可以参加海外仓专属主题活动，海外仓专区活动曝光可以很好地为店铺引流，有利于商家打造爆品。例如，在 2019 年的"双十一"购物节，速卖通联合平台商家通过预售活动、大数据测算工具，充分利用海外仓的优势，让消费者体验到了"小时级"的物流速度，海外仓的物流服务能力完全可以与国内物流服务能力相媲美。

⑥专线物流。专线物流是速卖通联合不同目的地国家优质的物流企业搭建的一个物流平台，以完成物流的本地配送服务。专线物流与无忧物流的运作流程大体相似，都是卖家先完成国内段头程运输，再将货物送至就近的物流仓库，由仓库进行智能匹配，选择合适的物流运输路线，将货物运抵目的地国家消费者手中。

2）速卖通盈利模式

速卖通作为一个开放的第三方平台，其盈利主要来自对卖方收取的佣金和广告费。佣金是平台最主要的收入来源，按照商品品类的不同，通常一笔交易的佣金为交易额的 5%至 8% 不等。例如，电话通信、家具类商品的佣金率一般为 5%，而美容保健、服装服饰类商品的佣金率一般为 8%。速卖通的广告费收入主要来自直通车服务和联盟服务。直通车服务是利用站内流量帮助商家引流，即消费者进入速卖通平台后，使用直通车服务的商家的商品将会被优先推送给消费者，帮助商家增加交易的成交率，适合想要打造爆款的商家。直通车服务按照点击量收费，即消费者每点击一次商品，平台便向商家收取一次费用。联盟服务是帮助商家获得站外流量，优势在于无上限，联盟会持续拓展各种海外渠道，按照订单量进行付费，即推广后，每成交一次支付一次佣金，有助于提升商品的转化率。速卖通提供的广告服务效果是可以通过大数据工具直接查看到的，广告费用也与成交量挂钩。

年费是平台最基本的收入，但此项收入并不是为了盈利，主要是为了淘汰一些劣质商家，防止商家在其他同类型平台上开店。因为当进入平台后的转移成本很低时，商家便不会专心经营该平台上的店铺，从而降低其对消费者提供的服务的质量。2018 年，速卖通对销售额达到一定规模的商家实行年费返还，年费返还包括两部分：一部分是退还年费，即商家没有使用平台月份的年费；另一部分是奖励年费，奖励年销售额达标的商家，最高返还年费可达 100%，以此来激励平台中的优质店铺。为增加平台商家入驻的数量，丰富平台商品品类，2020 年年初，速卖通启动新的招商规则，取消年费销售额考核制度，引入保证金制度。当卖家退出经营且不存在成交不卖、虚假发货、知识产权侵权等违规行为时，保证金将会被全额释放，即无论是使用平台的商家还是消费者，都不需要缴纳任何平台使用费。

3）速卖通运营特点分析

速卖通的优势。①本地化运营，提升用户体验。作为一个为全球供应商和消费者服务的跨境电商平台，速卖通充分尊重不同国家和地区消费者的消费习惯，实行本地化运营；根据消费者消费习惯的不同，在不同的国家采取不同的支付方式和营销方式，提升消费者满意度和下单率。**②商品数量优势明显，能满足消费者个性化需求。**速卖通作为一个开放的第三方平台，没有库存、采购等成本压力，平台经营的主要目的是聚集买卖双方，需要经营双边客户关系。为了吸引更多的消费者在平台上购物，平台对消费者是免费开放的，消费者的增加意味着平台流量的增加，而巨大的流量优势将吸引更多商家入驻，平台的收入也随之增加，从而形成良性循环。速卖通平台上大量的商家提供了海量的商品品类和数量，满足了消费者的个性化需求，这也是速卖通商业模式的成功之处。

速卖通存在的问题。①缺少优质品牌。借助中国制造与供应链服务优势，速卖通成功开拓了欧美地区、俄罗斯、巴西等市场，让这些国家的人们喜欢上了中国制造的物美价廉的商品。但是由于长期以来一些中小企业缺少建立国际化品牌的意识和能力，甚至有些企业为了获取短期高额利润，利用跨境电商平台专门销售假货，因此给中国的跨境电商平台信誉造成了不良影响。作为一个开放的第三方跨境电商平台，速卖通的优势是平台商品数量足够多，劣势则是很难把控商品的质量。平台只能加强对商家资质的审核，与其他电商平台和政府联合打假以逐步地解决此类问题。**②盈利模式单一。**一个成熟的商业模式最重要的是盈利模式的多元化，以增强跨境电商平台的抗风险能力。因此，速卖通必须积极拓展新的利润来源，分散企业运营风险。

2. 敦煌网

敦煌网成立于2004年，总部位于北京市海淀区，是国内最早开设的跨境电子商务交易平台之一，专注于帮助中国中小微企业将商品直接卖给境外客户。敦煌网所销售商品覆盖消费电子、电脑、服装、美容美发、体育用品、鞋包、手表、珠宝饰品、家具、汽配和建材等多个大品类，订单呈现出金额小、下单频率高等特点。

敦煌网是商务部重点推荐的中国对外贸易第三方电子商务平台之一；同时，工信部电子商务认证机构管理中心也将其列为示范推广单位。敦煌网创始人兼董事长王树彤在深圳召开的2021 APEC中小企业跨境电商峰会暨敦煌网生态合作伙伴大会上提出，敦煌网已经发展成为美国市场上最大的中小零售商一站式在线贸易平台。美国、英国、法国、加拿大、意大利是敦煌网的前五大市场。

1）敦煌网业务模式

敦煌网聚集了众多中国中小供应商，能够为国外众多的中小采购商提供全天候B2B采购服务。其主要功能是帮助国内厂家打通各种贸易通道，与国际快递公司合作，提供诸如出口报关、物流等服务，还以批量业务为基础，降低了物流成本。敦煌网的这种创新模式可理解为"用淘宝的方式卖阿里巴巴的货物"。

作为一家B2B电子商务平台，敦煌网融合了新兴的电子商务和传统的国际贸易，为国际贸易的操作提供专业有效的信息流、安全可靠的资金流、快捷简便的物流等服务，彻底实现了国际贸易的在线化。

产品和服务。敦煌网以中小企业为主要交易服务对象，帮助国内的中小卖家和国外的中小买家创造更多的交易机会，为客户提供一站式 B2B 跨境出口服务。平台的主营商品以外贸综合类、小额批发类以及零售类商品为主，主要包括 3C 数码、婚纱礼服、综合百货、母婴玩具、健康美容与假发等门类。敦煌网为中国企业提供免费入驻的机会，并提供全方位的服务，其目的就是让平台上的企业能够把更多精力放到研发和商品质量提升环节，以优质特色商品吸引更多的境外消费者。

敦煌网提供的贸易服务除包括商品展示和推广外，还有信用担保和交易过程监督，也包括信息服务、支付服务和物流服务等。敦煌网采用第三方保证模式，即平台不仅是显示商品的接口，还作为参与者参与交易。敦煌网会对贸易的过程进行监督，并且作为第三方平台代收买方货款。若出现交易纠纷，敦煌网会作为第三方进行调解，帮助买卖双方协商。

敦煌网采用电子邮件营销的方式拓展海外市场，营销成本低，但效率很高。通过敦煌网自建平台，境外用户可以自由订阅英文电子邮件商品信息，第一时间了解市场最新供应情况。2019 年年底，敦煌网公布其最新战略定位，即致力于成为"全球跨境电商小微企业的数字化产业中台"，并承诺向所有产业参与者开放中台能力。敦煌网 2021 年新推出的外贸开放平台实质上是一个外贸服务开放平台，敦煌网此举旨在试探外贸 B2B 中大额交易，通过开放的服务拉拢中大型制造企业，最终引导它们实现线上交易。

支付模式。敦煌网作为第三方平台提供了卖方的收款和买方的支付功能。敦煌网为用户提供多个境外国家的支付方式，用户需要使用电子银行汇款到指定账户完成交易。除了使用信用卡外，用户还可以使用银行转账（包括 Global Collect BV、SEPA、Boleto 等）支付，从而能够免除很多手续费。多个海外大型支付机构和敦煌网保持着长期合作，如 Western Union、GlobalCollect、Worldpay、Moneybookers 等。用户信任平台并通过平台进行支付，一是可以保障买卖双方的利益，二是平台方也可以通过成功交易获取佣金。

物流模式。敦煌网主要承接额度比较小的批发业务，一般使用可由他人进行代理报关的快递物流，并与世界多家跨境物流企业保持着频繁的业务合作。随着《国际铁路货物联运协定》等的发布和实施，越来越多的跨境电商包裹将以新的物流方式送达世界各地的消费者手中。目前，EMS、UPS、DHL、FedEx 等几家大型跨国物流服务企业更受跨境电商平台的青睐。敦煌网基于物流行业的发展，增加了一项服务，整合外部物流资源并根据用户的需求为其选择最优的物流方式，提高了平台的物流服务能力。2021 年 5 月 13 日，敦煌网在线发货系统同时推出了仓库发货和美国线国际 e 邮宝两项服务，使敦煌网平台上的物流成本大幅度降低，还大大提高了发货速度。

2）敦煌网盈利模式

敦煌网的盈利模式是向买家收取交易佣金，买卖双方都能够免费注册成为敦煌网的会员，经贸易协商买卖双方成功下单后，敦煌网依据单笔贸易的金额向买家按比例收取佣金，其费用通常为交易额的 3% ~12%。各行业收益不同，平台收取的佣金服务费也不同。除交易佣金外，敦煌网还有增值服务费和广告服务费两项收入。所谓增值服务就是将多种功能、资源和服务进行优化整合，组合成各种不同的产品，用户可以根据自己的需求进行选购。目前，敦煌网将各类增值服务设计成增值包服务、如黄金礼包、白金礼包和钻石礼包等，购买此服务的用户在产品的展示页面和在线咨询工具等诸多方面都会享有特定的优势。

3）敦煌网运营特点分析

敦煌网的优势。①缩短贸易周期。通过敦煌网在线交易，企业的贸易周期可由传统的6个月缩短至2周，还降低了物流、支付等经营成本。②支付方式整合。敦煌网不断地整合支付工具，无论客户在哪个国家，他们习惯或喜欢使用的支付方式均会逐步被敦煌网整合到交易平台中。③拼单砍价。敦煌网根据微经济的特点提供增值服务，拼单是一种常见的做法。如果在同一时间内出现许多货物发往同一个地方，敦煌网便会将相关信息搜集起来将这些货物一起发送，以帮助节省成本。即便互不相识的客户也可以将货物拼到一个集装箱进行运输，以达到降低物流成本的目的。④推荐位竞价投放系统。这是敦煌网为平台上的广大卖家提供的提升卖家产品关注度的全新工具，卖家在此系统展开公平竞价，投放优势广告位，以获取更多赢单的机会。⑤个性化定制服务。根据境外买家的需求，敦煌网为他们提供产品的个性化定制服务；敦煌网为卖家提供制造国际品牌产品的经验和能力，以及按照国际品牌的设计样式进行制造的能力；还为卖家提供买家数据支持和多样化的服务，提高成单量。⑥在线客服系统。敦煌网通过实时在线客服系统，使境内外用户在遇到问题时，可以直接通过点击网站右上角的"联系客服"，不用下载和安装任何插件，就可得到敦煌网在线客服人员的即时回复，大大提高了问题的解决速率。

敦煌网存在的问题。敦煌网目前存在的问题主要是竞争中的定位问题。在跨境B2B领域，目前速卖通和大龙网发展势头都比较迅猛。作为传统B2B平台，敦煌网拥有较强的供应链整合能力，以及全网跨场景、全链路的海量数据，如何推动整个跨境电商业态融合发展，为中国供应商创造更大的市场，并在激烈的竞争中保住并扩大自己的市场份额是敦煌网面临的迫切需要解决的问题。

构建全球智慧物流是敦煌网的一个发展方向，与敦煌网合作的物流商家已经超过40多家。国际物流的发展要求打造一个快速而又精准匹配的物流线路。敦煌网作为批发型跨境电商出口平台，商品品类多是一个常态现象，这就更加需要吸引多元化的渠道资源来加快物流服务专线的精准匹配。然而，在跨境出口电商中，提供物流服务的主要是货代型企业，这类企业往往缺乏电商视角，不太能理解卖家的诉求。例如承诺15日达，如果延误5天，则需要20天才能送达。物流的延误不仅可能导致卖家流失其客户，也会对敦煌网的信誉造成损害。

（二）中国主要的跨境进口电子商务平台

1. 考拉海购

考拉海购是阿里巴巴旗下以跨境进口业务为主的会员电商平台，原名网易考拉，主打官方自营、全球直采的零售模式。2016年3月，网易考拉正式上线。网易考拉曾是网易旗下国内成长最快的跨境进口电商平台，除了借助网易的品牌优势及巨大流量外，其在品牌建设、供应链管理、检验检疫机制及物流配送等方面的能力是其成功的关键。2019年9月6日，阿里巴巴集团以20亿美金全资收购网易考拉，并将其更名为考拉海购。考拉海购于2020年8月21日正式宣布战略升级，全面聚焦会员电商，目的是提升电子商务购物体验，精选全球品质好货，确保最佳的性价比满足普通人的消费需求。目前，考拉海购和全球数百个优秀品牌供应商建立了友好的战略合作伙伴关系，经营的商品覆盖全球5000多个品牌，包括国际一线品牌1000多个。销售品类涵盖家居、保健、美妆、珠宝等。

1）业务模式

考拉海购主打自营直采模式，自成立起一直自己掌控从商品、定价、仓储、物流到售后等各个环节，"自营直采+入仓全检+物流全程可溯"模式树立了正品保障的典范，如图4-6所示。

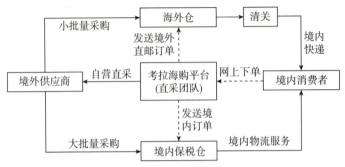

图4-6　考拉海购的业务模式

直采模式。考拉海购采用原产地直采与商品溯源保证商品质量。在商品源头上，考拉海购在旧金山、东京、首尔、悉尼、香港等近10个城市成立了分公司和办事处，建设专业采购团，直接对接优质品牌商和供应商，对商品来源进行把关，并且建立了严格的验证机制，希望从源头上杜绝假冒伪劣的品牌商品，确保商品安全。在商品溯源上，考拉海购为消费者提供从境外起运地开始的物流轨迹追溯，在部分城市采用二维码溯源体系，提供进口商品的官方溯源信息，包括原产地、起运地、进口商、进口口岸、报关报检情况、发货仓库等信息，并提供防伪查询服务，从多渠道确保消费者能购买到高品质的商品。

除此之外，考拉海购严审供货商资质，选择有品质保证的品牌商和供应商深度合作。考拉海购设立独立的质量检测部门，对所有入仓商品实行100%入仓检测。考拉海购还邀请瑞士通用公证行（SGS）等第三方质检机构、跨境电商国家监测中心等共建质量检测机构，共同对商品进行抽检，严格把控产品质量。同时，根据商品的品类和特性，考拉海购制订了严格的质检及收货标准，还对商品进行多维度的检查，提高其进入仓库的门槛，规避瑕疵商品和过期商品。

"全球工厂店"项目是考拉海购的一个亮点。近年来，由于劳动力和生产要素成本的上升，许多工厂处于订单减少乃至缺乏订单的困境，工厂想尝试创建自有品牌，却又面临高成本、缺人才、缺经验等困难。考拉海购瞄准了这些厂商的痛点，于2017年12月推出了"全球工厂店"项目，由考拉海购负责产品宣传和销售，工厂只需集中精力研发设计产品。与考拉海购合作的工厂可以建立自有品牌，而考拉海购则节约了中间的流通成本，由此可以向消费者推出具有更高性价比的产品，且更易于监管商品质量与物流服务质量。考拉海购凭借坚持正品直采模式和严格的质量管控获得了良好的用户口碑。

物流体系。考拉海购已经完全融入全球化物流运作体系，整合国际运输、海关检查、国内派送等多种流程，采用更好的定制包装箱，实现物流标准化运输保障，确保物流快速送达，提升用户体验。考拉海购与国际物流公司达成战略合作，提升考拉海购国际货运效率，节约物流成本。同时，考拉海购与国内快递服务企业建立深度合作，借助第三方物流企业覆盖全境的配送网络，保证考拉海购商品的快速配送。现在，考拉海购已建成"次日达"配送服务体系，浙江、河南、广东等地区消费者在当天下单可在次日收货，"次日达"订单量在全站订单总量中占比将近 30%。

发货模式。考拉海购采取保税仓发货为主、直邮进口为辅的运营模式。直邮进口是商品从境外直邮至消费者手中的方式,用户下单后才开始递送,在入境时即需清关。直邮进口的优点在于不会增加仓储成本,也不存在滞销风险;缺点是由于购买量不多,会增加运费成本,且由于从境外发货导致延长到货时长,影响用户体验。保税仓发货是物品先入境用户,下单后才清关。该模式的优势在于大批量采购可以降低运费成本,且可以保证国内用户较快收到商品;缺点是企业自身会增加一定的仓储成本和货物滞销风险等。

考拉海购拥有行业最大的国内保税仓,有 15 个国内自营保税仓,并在全球范围内建立了 18 个海外仓,建立了涵盖境外直邮—境外集货—境内保税进口在内的三级跨境物流仓储布局。在境内,考拉海购在杭州、郑州、宁波、重庆四个保税区拥有超过 15 万平方米的保税仓储面积,为行业第一。在杭州保税园区,考拉海购拥有最大的保税区仓库,实现了江浙沪重点海淘地区的 1～3 日送达。未来,考拉海购还将陆续开通华南、华北、西南保税物流中心。此外,针对夏天高温可能导致商品变质的问题,考拉海购启用了恒温仓库,对温度和湿度有较高要求的商品被分门别类地存储于恒温仓中,保障商品被控制在最适宜的温度,最大限度地减少商品变质情况的发生,让用户服更有温度。在境外,考拉海购初步在美国、中国香港建成两大物流仓储中心,并将开通韩国、日本、澳大利亚、欧洲等国家和地区的国际物流仓储中心。

支付手段。考拉海购不仅支持主流的第三方支付方式,还有网易自身的支付手段网易宝为其保驾护航。2017 年,网易结合网易白条,专门推出网易去花,前者支持贷款,后者支持分期付款,使消费者在考拉海购的支付方式上的选择空间更广泛。被阿里巴巴收购后,考拉海购开始支持支付宝、微信、银联、Apple Pay、PayPal 等境内外常见的跨境支付工具。

2)盈利模式

考拉海购的主要利润来源是商品销售收入,此外还有加盟专卖店的佣金及店铺推广的广告费。考拉海购自营模式使其拥有商品的自主定价权,可以通过整体协调供应链中仓储、物流、运营的各个环节,根据市场环境和竞争节点调整定价策略。考拉海购不仅要通过降低采购成本,还要通过控制利润率来调整定价,做到不仅尊重品牌方的价格策略,还重视中国消费者对价格的敏感和喜好。

考拉海购采用的是品牌特价销售的方式,这点与唯品会类似。考拉海购会高频率地组织其各类产品供应商开展大规模促销活动,还会补贴入驻商家以达到商品价格呈现"海外批发价"的目的,吸引大量的消费者产生购买欲望。因此,考拉海购的主要盈利方式还是获得商品的采购成本优势,从而实现销售利润最大化。

3)企业运营特点

①考拉海购的优势分析。首先,产品质量有保证。考拉海购一直坚持以自营为主,从供应链源头践行国际品牌知识产权的保护,每件商品都通过严格的品质把关,并且推出了"假一赔十"的正品保障政策。考拉海购已与全球数百个一线品牌和顶级供应商达成战略合作关系,品牌官方授权。在消费者心中,考拉海购的正品保障信任度在中国跨境进口B2C 平台中是最高的。其次,商品的性价比高。考拉海购坚持自营直采和精品化运作的理念,深入商品原产地精选全球优质尖货;规避了传统渠道中代理商、经销商等多个环节,直接对接品牌商和工厂,省去了中间环节及费用;通过大批量规模化集采模式,实现更低

的采购进价，甚至可以做到"海外批发价"。<u>再次，物流时效有保障。</u>先进的物流云系统，以及涵盖海外直邮—海外集货—国内保税进口在内的三级跨境物流仓储布局，使考拉海购的商品物流时效保持在行业领先地位。<u>最后，售后服务完善。</u>考拉海购有专门的在线人工客服，可随时咨询商品问题。如消费者对商品不满意想退货，可以寄回国内保税仓，不必寄到国外。

    <u>②考拉海购存在的问题。</u><u>首先，商品种类不丰富。</u>考拉海购的自营直采模式限制了它的商品种类的丰富性。该平台的商品主要集中在市场发展较为成熟的母婴、美妆、家居生活、营养保健等。<u>其次，假货风险。</u>考拉海购平台上的商品主要是海外原产地直采，且以保税仓发货为主，因此平台上的假货风险相对较小。但是整个运作过程毕竟经过进货—国际物流—保税区—包装—清关—国内物流等多个环节，监管部门以及考拉海购自身对供应链运作环节的监管难度都会增大。同时，该平台中的一些非考拉海购自营的品牌专营店是否会在销售过程中存在违规行为，平台对此在监控上也可能存在漏洞，这就使平台仍然面临假货风险。<u>最后，售后服务。</u>跨境电商平台的售后服务一直为消费者所诟病，考拉海购虽然在努力完善自己的售后服务，但是仍然存在跨境商品退换货难、物流成本高的问题。考拉海购的大部分商品支持 7 天退货，但不支持换货服务（部分特殊商品不能退货）。该平台规定，由于质量问题进行退货需要出具检验报告或证书。

2. 唯品会

    唯品会是一家致力于品牌特卖的 B2C 电商平台，成立于 2008 年 8 月，总部设在广州。2012 年 3 月 23 日，唯品会在美国纽交所上市，是华南地区首家在美国纽交所上市的电子商务企业。2020 年，唯品会注册用户已超过 3 亿人，全年总活跃用户数为 8390 万人，累计合作品牌超过 30000 家，其中深度合作国内外品牌超过 6000 家。

    唯品会的业务模式是依托于名牌正品的折扣和限时抢购的 B2C 特卖，所售卖的商品主要来自全球各地知名的一、二线品牌，品类包括服装、鞋子、首饰、箱包、家居、食品等。其中，服饰类商品为唯品会的最核心业务模块，消费占比达 70%。

1）业务模式

    唯品会曾经是坚定的直邮进口模式的践行者，随着网购保税模式的风行，唯品会也在青岛和郑州建立了自己的保税仓，目前采用"直邮进口+保税进口"的综合模式。

    唯品会的"品牌折扣+限时抢购"模式类似于线上的奥特莱斯。唯品会采取限时销售方式，每个品牌每年只进行 4～5 次销售，每次销售只维持 8～11 天。这种模式对唯品会经营品牌的传统服装渠道产生的冲击非常小，不会产生冲突。

    唯品会采用零库存的业务运作模式，在与上游品牌商达成合作关系后，在指定限时特卖档期上架合作品牌的商品。自营模式、JIT（唯品会仓发货）模式和 JITX（品牌供应商交由唯品会指定物流商发货）模式是唯品会核心的三种业务模式，支撑起了其整个电商业务运作。

    <u>①自营模式。</u>唯品会通过档期进行特卖销售，因此在运营的档期计划排好后，会在档期开售一周前让采购人员进行清货操作，既采购人员将需要采购的商品通知品牌供应商，品牌供应商备货完成后将其运送到指定的唯品会自营仓库。仓库收下货，也就意味着货权交了。收货后，仓库的业务人员将货品上架，待档期产生销售订单后，由仓库进行打包，并由物流服务商完成订单的配送。整个销售环节，品牌供应商只负责将采购的货品交给相

应的仓库，不参与订单履约环节，很好地保证了会员资料，使其不被品牌方获取。当售卖档期结束后，唯品会将该品牌剩余的商品退还至上游品牌商处。在整个过程中，唯品会虽然压货了，但最终可以做到零库存。

唯品会的这种业务模式管理简单，但也存在一些弊端。首先是资金压力大。由于平台是先买货，再卖货，当平台规模比较小时，资金尚且可以周转，但是当平台交易量爆发式增长时，备货量倍增，资金压力也会倍增，仓储成本也越来越大。其次是商品的种类受到限制。企业采购都是基于对销量的预测，但是预测存在不准确性。当采购的货品卖不出去时，即便可以退货，但是采购价和退货价之间的差额，对企业来说也是一笔不小的损失。企业为降低资金压力，备货的种类、型号就会相对减少，这可能就会影响消费者的购买体验。

②JIT 模式。随着交易量的不断增长，采用自营模式的平台都会碰到上述问题，可以采用商家入驻模式解决这些问题，即唯品会提供流量和平台，由品牌商家在平台运营销售。

所谓 JIT 模式就是档期开售前，品牌供应商会将其商品种类、规格型号和库存情况等提交给唯品会，唯品会根据品牌方的库存情况开档销售。当用户下单后，唯品会根据订单的商品信息，通知品牌供应商配货。品牌供应商在规定时间内将货品运送至唯品会的仓库。唯品会收货后，统一进行货品打包，并交付物流服务商派送。

JIT 模式很好地解决了自营模式遇到的问题。首先，平台可以根据实时订单量向品牌供应商提交采购申请，在商品销售之前，货权都属于品牌供应商且商品均存放在品牌供应商的仓库里，大大缓解了资金和仓储的压力。其次，唯品会可以在平台上销售品牌供应商提交的任意有库存的商品型号，而不需要采购所有型号，解决了货品种类、型号受限的问题。最后，在整个订单履约的过程中，品牌供应商仅负责将唯品会销售的商品统一派送到唯品会仓库，唯品会不用提供平台上的购买者信息，确保了会员资料的安全，而且品牌的商品均通过唯品会仓库打包发货，保证了平台消费体验的一致性。

JIT 模式虽然很好地解决了自营模式的问题，但是随着业务量的增大，也出现了新的问题。首先，品牌供应商的配货压力增大。平台上的订单量越来越大，在时效要求不变的情况下，品牌供应商的配货压力越来越大。另外，由于供应商发货到平台仓库需要花费一笔不小的物流费用，降本提效便成了新的难题。其次，订单的时效性压力增大。供应商发货到唯品会自营仓库，仓库收货后，还要重新对货物进行分拣和打包，此时人力和仓库周转压力越来越大。在订单履约过程中，每个环节出现问题都会影响订单时效，造成极大的发货超时风险，给用户带来不良的购物体验。

③JITX 模式。唯品会 JITX 模式是指用户下单以后，唯品会将与消费者相关的私人信息留下，而将订单的商品信息推送给供应商，品牌供应商对订单中的商品进行配货，并将配货信息传送给唯品会平台，平台将品牌供应商传到平台的配货信息以及订单上的消费者的收货信息传给唯品会指定的物流服务商，物流服务商根据收发货信息生成加密后的电子凭证，品牌供应商通过开放接口，获取到电子凭证并将商品打包好，等待物流服务商收货并配送给消费者。

JITX 模式省去了品牌方到唯品会仓库的配送过程，使品牌供应商有充足的时间完成订单的履约，还降低了物流成本。而唯品会仓库不需要进行二次分拣打包，既减轻了自营仓库的人力和周转压力，又保证了订单的时效性。此外，品牌供应商在整个订单履约过程中无法获取到完整的会员资料，物流服务方也只能从平台获取到收发货信息，无法获取到售卖商品信息，很好地保证了核心会员信息的安全。

2）营销模式

唯品会主要是从产品、价格、渠道、促销四个方面开展营销活动。

首先，名牌正品保障。 唯品会通过严格的品牌管理和筛选，确保与平台合作的大部分品牌供应商均能提供较高质量的商品，并且为用户推出"正品保险"，让他们可以放心购买。每天上午十点和晚上八点，唯品会都推出限时抢购品牌商品，这种限时限量的特卖抢购属于饥饿营销模式，既可以很好地维护品牌供应商为自身打造的高端品牌定位，又可以为品牌供应商削减库存，帮助品牌供应商的资金快速回笼。这种限时特卖方式往往会使消费者产生物有所值的购物体验。

其次，折扣价格。 唯品会抓住年轻消费者对价格比较敏感的心理特点，通过与上游品牌供应商达成优惠让利的合作条款，使得在平台上架的商品价格均能具备一定的竞争力，这也是唯品会最能吸引消费者的特点。物美价廉的商品既满足了消费者对于正品名牌的渴望，又让消费者享受到了低价购物体验，从而促使其持续关注网站，逐渐成为唯品会的忠实用户。

再次，分区策略。 在渠道上，唯品会采用分区策略，将全国分为东南、华北、华中、华东、西南、东北六个区域，根据浏览历史向消费者推送不同价位的商品。在物流配送方面，唯品会建立了相应的专门配送中心，大大缩短了商品的配送时间和退货周期，节约了物流成本。另外，唯品会还采用线上与线下相结合的渠道策略，在原有的线上渠道基础上在各大城市开设线下体验店，消费者在店内购物下单之后可以选择自提，也可以选择第三方配送，有效吸引线下消费者，增加唯品会的知名度。同时，线下店铺还可当作唯品会临时的储物仓库使用，从而缓解仓储和物流到货压力。

最后，会员机制。 在促销方面，唯品会建立会员机制，并且根据成长值的不同分为银卡会员、金卡会员和白金卡会员以及需要付费的超级会员。不同级别的会员享受不同的积分、成长值等，不同会员享受相应的积分增长速度，在购物付款时可以用积分抵扣现金。唯品会还设定每日签到活动，通过每日签到，以等差数列速度获得成长值和积分，以此来吸引用户每天登录唯品会 App，以此来增加消费者黏度。

3）盈利模式

唯品会提供的产品和服务可以概括为三个方面：在线销售、时尚资讯分享和广告推广。唯品会的主要盈利模式包括获取商品销售收入和广告收入，而商品销售收入在唯品会的盈利中占据最高的比例。

唯品会以丰富的商品种类、吸引客户的优惠价格、限时限量抢购的销售方式刺激消费者的购物欲望。唯品会先以低价从品牌供应商处购进商品，再加价在平台上转卖给消费者，从中赚取差价收入。同时，唯品会高效的供应链运营方式加速了企业的资金周转，减少了企业的资金占用，提升了企业的盈利能力。

唯品会的其他盈利模式包括向在唯品会平台销售商品的第三方商家收取费用，即收取在唯品会平台进行品牌推广的广告费和向部分供应商收取库存管理的服务费。另外，从2015 年开始，唯品会推出了一系列金融产品，包括消费者融资、供应链融资、财务管理服务等，这些服务的收入比例正在逐渐提高。

4）企业运营特点

企业运营的优势分析。一是网站页面设计简单。唯品会不是一家导购网站，但其最大的价值恰恰是由导购创造的。唯品会从第三方的角度，从海量的商品中为消费者做了一次精选，优化了消费者的购物流程。网站页面的界面设计比较简洁、美观，通过富有表现力的图片充分展示名牌商品的品牌特点，让消费者在浏览商品的时候受到的干扰比较小，使得消费者的购物行为变得轻松与快乐。二是"品牌折扣+限时抢购"的独特商业模式。与其他平台相比，唯品会上的商品品类不是最多的，但是它聚焦奢侈品，打造出了折扣网的特色，是最大的名牌特卖集中地。唯品会在品牌特卖这一细分市场中具有一定的规模优势和先发优势，消费者对平台的品牌特卖认可度较高，平台与供应商的议价能力强，品牌的折扣力度较大。特卖方式可以增加商家品牌曝光率和周转率，帮助供应商清理大量库存并实现薄利多销。另外，唯品会的抢购模式也是区别于其他电商的一个重要的不同之处，通过定期推出特卖商品、唯品快抢、最后疯抢等活动让消费者进行抢购并且购物车20分钟清空，这种抢购模式大大增加了消费者最终付款成交的概率，并且唯品会的商品由唯品会统一定价，不存在同品不同价的问题。三是零库存的管理模式。唯品会在特卖市场中集中选择了服饰尾货市场，名牌尾货的特性符合零库存的运作管理模式。唯品会的零库存管理模式能够有效压缩库存成本，提高资本周转速率，降低平台资金链断裂的风险。四是支付方式多样。唯品会平台支持网银、信用卡、支付宝、财付通、移动手机、代币券、礼品卡等多种支付方式，也支持货到付款。唯品会还有自己的唯品钱包，消费者使用该钱包可以获得1.5倍的积分。

企业运营中存在的问题。一是货源狭窄。唯品会的主要供货来源是二、三线品牌的库存尾货，现阶段服装产业产能还处于过剩阶段，很多服装企业要进行库存清理，与唯品会达成合作可以说是双赢的。但是，如果未来服装行业的库存减少，或者产能下降，那么唯品会货源不足的问题就会十分严峻。二是利润率低。唯品会对供应商和消费者的依赖程度比较高，平台上的商品售价低，利润率不高，如果不能维持与供应商的关系并吸引客户，就难以维持高销量。唯品会为了实现高速的库存周转效率和专业化物流服务，加大了对物流、仓储方面的建设投入，这在一定程度上也会影响唯品会的盈利能力。三是客户群体单调。唯品会的官网以粉红色系为主，给未使用过的用户一种只做女性专品的印象，降低了男性服饰或运动类产品的销售额。同时，唯品会平台内的女性用户群体高达70%以上，对国内男性消费群体的关注不够。另外，唯品会主要的客户是女性白领阶层，这一人群对潮流和时尚比较敏感，这也要求唯品会的专业买手团队对市场要有敏锐的察觉力，能够有效地捕捉当前的流行商品款式。四是客户关系管理和售后服务体系不完善。由于唯品会限时特卖模式的原因，上架的品牌仅短期内在平台售卖，且有部分品牌并没有与唯品会合作的历史记录，唯品会缺少对很多合作品牌的有效评价反馈，这也导致唯品会因不能及时解决消费者遇到的问题而导致差评。五是促销和商品信息不全面。唯品会采用限时特卖的运营模式来吸引消费者抢购商品，但是对于有些专场特卖没有进行活动预告，导致消费者不知道下一场活动的具体情况，只有在抢购开始之后才能看到活动商品的信息，导致很多上班族因为工作繁忙而未能及时关注。此外，唯品会的商品以特卖服饰、鞋包等为主，消费者对商品整体的样式、细节、穿着效果等十分注重，但是唯品会在商品介绍方面非常不充分，只有一些简单的文字和少量图片，从而使消费者不能深入了解商品，对衣服的穿着效果也没有直观的感受。

三、跨境电子商务发展现状及趋势

(一) 跨境出口电子商务发展现状及趋势

1. 跨境出口电子商务发展现状

1) 跨境出口电商交易规模迅速增长

近年来，由于受政策扶持、行业发展环境的逐步完善等利好因素的影响，中国跨境出口电商保持快速增长的趋势，成为推动我国外贸发展的重要力量。中国跨境出口电商市场交易规模以年均 20% 以上的增速增长，2012—2020 年我国跨境出口电商规模实现了 20.14% 的年复合增长率，远高于同期出口贸易总额 3.7% 的年复合增长率，2020 年我国跨境出口电商规模在出口贸易总额中的占比达到 54%，已经取代了传统贸易出口的主导地位。网经社发布的《2021 年度中国跨境电商市场数据报告》显示，2021 年中国跨境出口电商市场规模为 11 万亿元，较 2020 年的 9.7 万亿元同比增长 13.4%。

跨境出口电商的高速增长源于跨境电商零售方式替代了传统线下零售方式。并且，中国制造的产品品类丰富，更具性价比。此外，随着国家 "一带一路" 倡议逐步推进实施，以及《关于实施支持跨境电子商务零售出口有关政策的意见》等一系列涉及跨境电商的政策性文件的发布，我国外贸发展方式也从 "制造驱动" 向 "服务驱动" 转型升级。作为政策重点支持的外贸方式，跨境电商以 "互联网+外贸" 的形式，以大数据等技术为依托，以满足消费者个性化、多样化需求为基础的特性，也进一步促进了跨境电商出口业务的发展。

2) B2C 占比上升，B2B 和 B2C 协同发展

2016—2022 年，中国跨境出口电商 B2C 交易规模占中国跨境出口电商交易总额的比例逐年上升，从 2016 年的 20% 逐渐增至 2022 年的 68.4%。与此相对的是，B2B 占比在不断下降，2022 年降至 31.6%，但在我国跨境出口电商交易中仍占据主导地位。

传统贸易下我国生产商未能塑造出自身品牌的国际影响力，而更多的是以国际品牌代工厂的身份出现。随着互联网、跨境电子商务的发展以及中国制造产品质量和海外本地化服务水平的提升，国外消费者对中国制造的品牌认可度也在逐步提升，这将促使跨境电商零售的出口比例逐年提高。跨境电商零售模式的发展对中国制造业出口企业扩展新业务提供了新的可能性。

3) 产品品类和销售市场多元化

亿邦智库发布的《2021 跨境电商发展报告》披露，在我国跨境电商出口热门品类中，3C 电子产品、家居家具、服装鞋帽位列前三，分别有 28%、26% 和 22% 的卖家销售相应品类产品。此外，美妆个护、运动户外、小商品和工艺品、手工园艺等品类也是当前跨境电商出口热点。3C 电子产品在中国供应链中优势明显，适合跨境电商销售，占据中国跨境出口电商经营品类第一位。

从卖家的地理分布特征看，中国卖家大多数来自制造业发达的珠三角和长三角地区。近些年，跨境电商卖家开始向内陆延伸，覆盖更多的产业带。同时，中国卖家对海外环境与消费者需求变化的快速响应能力不断升级，能够快速识别全球消费趋势走向并灵活调整选品策略，形成了柔性供应链优势。

亿邦智库发布的《2021 跨境电商发展报告》披露，2021 年，北美和欧洲依然是我国

跨境出口电商的主要目标市场，分别有 54% 和 43% 的电商卖家在这两大市场开展业务。随着我国"一带一路"倡议的推进以及 RCEP 协定的签订，东南亚、中东、拉美、中亚、非洲等新兴市场也成为跨境电商卖家的重要拓展方向。其中，东南亚地区表现最为抢眼，有 25% 的跨境电商卖家已经在该市场开展了业务，超过了日韩、俄罗斯和澳洲市场。相比之下，进入非洲、中东、中亚和拉美市场的跨境电商企业均低于 10%，未来仍有很大的拓展空间。

4）跨境电商已进入立体化渠道布局阶段，独立站正在兴起

中国跨境电商企业进入境外市场通常选择入驻第三方平台，除了亚马逊、eBay、阿里巴巴国际站、Wish、全球速卖通等面向全球的国际化平台之外，Shopee、Lazada 这两个面向东南亚市场的平台也成为中国跨境电商企业的重要选择。同时，有些企业选择入驻 Newegg 等境外平台，中国的跨境电商企业正在深度融入全球市场。

此外，中国跨境出口企业借助第三方软件服务商的云服务平台建立的独立站或自建平台的数量也在增多。中国跨境电商企业开始建立独立站，一方面，因为第三方平台运营成本增加，头部效应越来越明显，且时常出现罚款或封号等问题；另一方面，因为独立站建站工具开始普及，Shopify、BigCommerce 等境外的服务商大力开展中国业务，本土的独立站服务商也在崛起，独立站的建站门槛大大降低。

5）移动端助推跨境电商发展

移动技术的进步使线上与线下商务之间的界限逐渐模糊，促使我国以互联、无缝、多屏为核心的"全渠道"购物方式快速发展。从 B2C 方面看，移动购物使消费者能够随时、随地、随心消费，大幅拉动了市场需求，增加了跨境出口电商零售企业的机会；从 B2B 方面看，全球贸易小额、碎片化发展的趋势明显，移动技术可以让跨国交易无缝完成，即卖家随时随地做生意，比如白天可以在仓库或者工厂用手机上传产品图片，实现实时销售，晚上可以回复询盘、接收订单。以移动端为媒介，买卖双方沟通变得非常便捷。

6）网络营销方式多元化，社交营销与网红营销发展潜力大

据亿邦智库统计，2021 年有 43% 的企业通过平台内竞价引流，是目前跨境出口电商企业获取流量的最主要方式。社交营销、搜索引擎营销紧随其后，分别有 35% 和 33% 的企业通过这两种方式获客。值得注意的是，网红营销的重要性开始被跨境电商企业关注，有 14% 的企业已经开始运用网红营销打开海外市场。

在所有海外营销平台中，Google 推广的应用最为广泛，据相关调查结果显示，约有 55% 的企业选择使用 Google 推广。而在社交媒体中，Facebook 和 YouTube 是企业使用最多的两个平台，均有 32% 的企业在两大平台上进行社交、视频推广。此外，Tiktok 也逐渐被人们关注。Snapchat 更是以沉浸式的社交广告锁住了年轻一代的心，有 4% 的企业开始使用 Snapchat 的营销服务。Snap 作为 AR 技术的领跑者，不断精进 AR 技术、打造内容生态，致力于创建集趣味、创意、好玩、互动于一身新社交广告。

7）跨境电商产业链上各环节协同发展

跨境电子商务涵盖实物流、信息流、资金流、单证流，随着跨境电子商务经济的不断发展，软件公司、代运营公司、在线支付公司、物流公司等配套企业都开始围绕跨境电商企业进行集聚，服务内容包括网店装修、图片翻译描述、网站运营、营销、物流、退换货、金融服务、质检、保险等，整个行业生态体系越来越健全，分工越来越明确，并逐渐呈现出生态化的特征。目前，我国的跨境电商服务业已经初具规模，有力地推动了跨境电

商行业的快速发展，使跨境电商服务呈现综合化和多元化的特点。

8）跨境交易本地化

跨境出口电商物流服务产业化升级，不断向综合方案解决服务商转型，使物流服务多样化。中国卖家通过海外仓储提升商品配送速度，加快退换货速度，提升用户体验，成为跨境出口电子商务服务商的重点关注项目，因此，越来越多的跨境出口电商选择交易本地化，向目的地市场伸出橄榄枝，提升本地化竞争优势。未来，跨境出口电商交易将加强本地化服务质量，提升本地化服务能力，而本地化服务竞争将成为未来跨境交易主流。

2. 我国跨境出口电子商务发展趋势

1）跨境电商产业集中度上升，推动企业建立自有品牌

在全球化趋势和消费升级的促进下，我国跨境电商市场的参与者将会面临规模较小的企业被整合或出局，市场份额进一步向头部企业聚集的局面，市场集中度仍会不断提升。

数字化推动中国制造业
价值链高端化效应解析
——基于全球价值链视角

随着线上消费的逐渐成熟，消费者将不再满足于低质量、无品牌的商品，品牌化已成为当下出口电商的重要发展举措。相较于一般出口贸易，跨境出口电商在减少商品流通环节、提高商品流通效率方面具有明显优势，拥有强大品牌、供应链布局的企业增长势能强劲。因此，越来越多的跨境出口电商开始重视品牌建设，深度运营商品的创新设计并加强对产品消费趋势的把控，加强境外客户对自身品牌的认知，拓展销售渠道和完善供应链体系，通过提升产品的品牌溢价构建核心竞争壁垒。

2）跨境电商产品种类不断丰富，提升营销转化率成为发展重点

我国跨境电商企业的数量增多和境外消费者需求的多样化，促使跨境电商经营商品的种类不断丰富，目前已覆盖电子及通信产品、计算机产品及相关设备、服装服饰、家具家居、庭院园艺、宠物用品、母婴玩具、汽车配件等众多产品领域。随着海外仓建设、国际物流运输以及供应链服务体系的不断完善，家具等较大体积产品在跨境电商领域也将快速发展。

随着线上消费规模的扩大和业务的发展，跨境电商的客户流量在达到一定规模后，通常难以再维持高速增加，而提高流量转换率将成为跨境出口电商企业可持续发展的重要因素。企业不仅需要做到能及时、全面获取流量，而且要能够经营好流量，建立精细化运营流程。以打通全渠道数据为根基，跨境出口电商将拥有通过用户行为数据寻找目标客户群、分析用户旅程、定位业务痛点等能力，跨境出口电商将进入全面数字化和精细化运营时代。

3）海外仓的运营能力将逐渐成为跨境出口电商企业的核心竞争优势之一

随着全球买家对在线购物体验的要求逐渐提高，海外仓的作用日益突显。通过自建海外仓，跨境电商企业可以提前完成备货，一方面，有助于缩短客户下单后的配送时间、提升客户满意度，进而扩大销量；另一方面，有助于跨境电商企业实现本土化运营，实现高效率退换货服务，与本地售后服务保持同步，进而提升消费者的消费体验。因此，具备一定技术与规模优势的跨境电商企业将逐步加大海外仓储体系建设力度，提升海外仓的运营能力，实现整个仓储物流端的高效管理，进而提高销售效率与库存周转能力，由此形成自身的核心竞争优势之一，并借此筑起较高的行业壁垒。

4）第三方平台问题众多，独立站成为跨境电商新通道

亚马逊、阿里巴巴国际站、eBay、Wish等第三方平台仍是跨境商品的主要流通方式，

占据八成市场份额。但从整体发展趋势来看，企业建立独立站的发展趋势也非常明显，这一趋势在未来还将得到延续。

首先，佣金高、竞争压力大、业务流程无法改变、用户数据无法获取、存在被罚款的潜在风险，成为跨境电商企业入驻第三方平台的主要问题，卖家对拥有独立站的需求也越来越大。独立站模式的优势是可以让卖家拥有很高的自主权，在销售品类、产品选择、定价等方面无须受到平台的挤压和限制。同时，独立站模式让卖家可以最大限度地收集与分析客户的信息，用于后续的选品与营销，培植自身的客户群体。

其次，境外市场反垄断机制的存在使头部企业发展受限，这为跨境电商独立站的发展带来了空间。全球已有130多个国家和地区实施反垄断法，在头部电商平台亚马逊受反垄断法案威胁之际，独立站新型平台将拥有更多突出和崛起的机会，更有益于跨境电商企业的进入。卖家也可以利用独立站分散在第三方平台运营可能遭受的账号受限、被封的风险。随着亚马逊等平台对卖家的监管与限制越发严格，许多卖家也逐步采取"第三方平台+独立站"同步运营的模式，在平台之外利用独立站沉淀自身资源，分散平台风险。

再次，随着科技的发展，独立站建站服务商和工具逐渐普及。利用 Shopify、Square、BigCommerce 等电商平台提供的开发工具，卖家可轻松自建独立站，将业务快速从第三方平台向独立站迁移。从网站搭建到推广引流各项增值定制服务，建站平台的服务呈现出全流程一体化的趋势。

最后，随着业务规模的扩大，跨境电商卖家将不满足于第三方平台，建立新渠道的意愿会越来越强。跨境电商企业在实现业务规模化的同时，在业务层面也需开展从粗到细的转型，而建设独立站是企业布局立体化境外渠道的重要举措之一。

5）海外市场行业法规逐渐完善，强监管大势所趋

跨境电商作为发展迅猛的新兴行业，其创新往往领先于政府的监管和法律法规。近年来，境外主要国家或地区的法规已经逐渐更新完善，尤其是在税务方面的进展较快。自2018年以来，美国大部分州市已相继明确要求电商平台代征代缴销售税；自2019年起，欧洲多国要求电商平台承担更大的税务合规责任，部分不合规的店铺被关闭停业；自2021年1月1日起，英国已经要求电商平台代征代缴部分产品的增值税，欧盟也将自2021年7月1日起执行电商平台代扣代缴增值税的政策。合规经营已经成为跨境电商行业发展的必然趋势，跨境电商企业需要加强合规能力建设，以适应国际市场的相关要求。

（二）跨境进口电子商务发展现状及趋势

1. 我国跨境进口电子商务的发展现状

1）交易规模迅速增长

近年来，随着我国居民生活水平的不断提高，消费需求日趋多样，消费升级浪潮日益涌起，跨境进口电子商务也迎来了高速发展，市场规模快速增长，渗透率不断提升。网经社发布的《2021年度中国跨境电商市场数据报告》显示，2021年中国跨境进口电商增长速度较快，随着经济的复苏，内需不断扩大，国内消费升级，交易规模增长率再次提高，中国跨境进口电商市场规模达3.2万亿元，较2020年的2.8万亿元同比增长14.28%，占当年进口贸易总额的比例达到18.42%。

在疲软的经济大背景下，跨境进口电商成为中国外贸经济的新增长点。2021年，我国跨境进口电商交易规模占跨境电商市场整体的份额也仅为22.54%，与跨境出口电商的发

展规模仍有很大差距，仍有较大的增长空间。跨境进口电商的交易模式主要有基于一般贸易线上化的 B2B 模式，以及跨境电商零售模式包括 B2C 和 C2C 两大类。目前，我国的跨境进口电商主要采取 B2B 模式，但是市场的集中度不高，整体呈现企业小而散的市场格局。近几年，很多规模型企业开展了线上的 BB 跨境电商采购，促进了我国 B2B 跨境进口电商的发展。

在跨境进口零售电商中，B2C 模式占比不断提升。此前，在跨境进口零售电商交易额中，C2C 模式占绝对主体，而随着国内消费结构升级和跨境购物需求扩大，监管方式及税收政策也趋于严格，代购和海淘模式也向跨境进口电商规范化发展，B2C 模式占比进一步提高，成为最主要的跨境进口电商零售模式。

2）用户规模日趋扩大

根据中国互联网络信息中心发布的《第 49 次中国互联网络发展状况统计报告》，截至 2021 年 12 月，我国网民规模达 10.32 亿人，网络支付用户规模达 9.04 亿，占网民整体的 87.6%。此外，2021 年，中国跨境进口电商用户规模达 1.55 亿人，较 2020 年的 1.4 亿人同比增长 10.71%[①]。伴随我国跨境网购用户基数日趋扩大，以个性化、多元化、品质化为代表的消费升级趋势在中国消费者中持续发酵，进口消费正成为消费升级的重要表现。

经历了近十年的演变，跨境网购从小众尝鲜的阶段逐渐走向大众化，融入生活场景的方方面面，成为用户常态化消费的一部分。虽然目前国内跨境网购用户仍主要集中在一、二线城市，但在农村消费升级和新零售的大背景下，随着未来跨境电商平台继续向三、四线城市下沉，跨境进口电商零售市场也将随之平稳增长。

3）贸易碎片化趋势明显

我国跨境进口电商具有对象覆盖面广、商品琐碎复杂、交易信息量大等特征，且因面对最终消费群体和零售性质呈现出碎片化特点，具体表现为：一是卖家依托平台与消费者进行直接交易，直接与零售实体相竞争，表现出主体碎片化；二是商品来源的全球化和消费群体的小微化使得商品交易在全球范围内表现为点到点的网状分布，呈现出商品碎片化；三是物流的全球化流动和平台数据的多样化采集使得信息链条碎片化，数据分析和贸易管理的难度加大；四是直销带来税收征管困难和监管范围扩大，直接冲击实体零售网店。

4）跨境进口电商的市场格局基本稳定

随着行业马太效应的加剧，一些中小跨境进口电商平台逐渐被淘汰。

当前，我国跨境进口电商 B2C 市场呈现出一超多强的格局，天猫国际、考拉海购、京东国际、唯品国际排名居前，阿里系在进口零售端的地位稳固，市场格局基本稳定。

2. 我国跨境进口电子商务的发展趋势

1）政策、用户、渠道共振，跨境进口电商零售市场快速发展

在消费升级的大背景下，相关政策的完善、跨境进口电商平台的选择性大、商家供应链配套设施升级、社交化营销的渗入、直播带动购物体验感提升等多方面因素将共同推动跨境进口电商用户数量和交易规模高速增长。

以国家的视角而言，跨境进口电商零售是促进海外购物回流的重要发展方式；从需求

---

① 资料来源：网经社《2021 年度中国跨境电商市场数据报告》。

侧而言，中国消费者收入水平不断提升，对健康、品质生活等的消费认识水平不断提高，对奢侈品、保健品、化妆品等需求强劲；从产业角度而言，产业参与者不断应用新的技术、探索新的商业模式，整个行业正在良性竞争中不断前行。

2）消费者差异化、品质化、多样化需求旺盛

随着物联网、智能化等新技术的发展和应用，制造业向智能化转型，供给端的生产由需求端决定，国民的消费升级使得跨境进口电商的发展转向精细化和垂直化，以满足消费者的个性化需求。

根据易观和考拉海购的数据，一、二线城市消费升级从数据上体现为享受与便利类商品增速较快，三、四线城市的消费升级体现为刚需品的增长和补充需求旺盛，进口产品成为消费者需求的有力补充。

3）信息技术的应用重塑消费行为模式，线上化程度加深

随着消费者对"随时随地购物"的需求越来越高，持续向线上渠道和O2O渠道转移，品牌要注重为消费者提供无缝的、整合的全渠道购物体验。未来，跨境电商线上、线下之间的融合将不断加深，将更注重利用科技助力用户购物体验。

图片、视频等信息传播方式的应用，以及兴趣社区、移动社交等对消费者的行为模式产生深刻影响，跨境进口电商主要的品类如中高端食品、化妆品、服装鞋帽、休闲用品等非标准、可选消费品线上化趋势进一步加深。

4）新型获客方式成为跨境进口电商发展的新动能

随着互联网技术的发展，以直播和社交为特征的新型获客方式成为跨境进口电商的标配。一是直播方式给消费者带来更直观、生动的购物体验，同时解决获客与体验两大问题，成为引流及提高购买转化率的重要法宝；二是"90后""00后"新型消费群体日渐崛起，年轻用户群体的消费潜力不断被挖掘、释放，契合年轻用户消费需求、文化价值的集社交互动、内容营销、多端渠道于一体的场景化跨境进口电商消费趋势也日渐显著；三是主流跨境进口电商平台加强社交化布局，将关注、分享、沟通、讨论、互动等社交化元素应用于跨境进口电商传播过程，具有更强的导购作用，有助于跨境进口电商平台扩大影响力，吸引更多流量和热度带动销量。

5）跨境进口电商趋于合规化、稳定发展

《中华人民共和国电子商务法》及系列跨境电商新政的出台约束和规范了整个跨境电商市场，保障进口商品来源透明化、安全化，并对税收、物流、售后等消费者关心的方面做了明确规定。这些法律法规的出台和实施，在保障消费者合法权益的同时，也鼓励和支持跨境进口电商行业的发展，使企业有章可循，从而推动了市场的有序竞争。

第五章

跨境数字服务贸易

　　服务是国际贸易的重要交易标的。伴随世界各国服务经济的发展，国际服务贸易总额相对于国际货物贸易总额的比例在不断提升，服务贸易占据的国际市场份额逐步提高。国际贸易的数字化加强了这一发展趋势，不仅数字经济本身创造了更多的可供交易的服务品种，而且数字技术赋能了多种服务行业，使其实现了在线的跨境交易，壮大了服务贸易的国际市场规模，跨境数字服务贸易由此得以快速发展。

一、数字服务贸易的内涵

（一）数字服务贸易的概念框架

　　数字服务贸易指的是"数字化订购和/或数字化交付的服务"。2019 年，OECD（经济合作与发展组织）联合 WTO（世界贸易组织）与 IMF（国际货币基金组织）推出的《数字贸易测度手册（第一版）》中对数字贸易的概念框架进行了整理，魏景赋和张嘉旭（2022）基于该手册，进一步整理出其中的数字服务贸易部分，如表 5-1 所示。

表 5-1　数字服务贸易的概念框架

范围（Where）	实质（How）	产品（What）	参与者（Who）
纳入常规服务贸易统计的由数据支持的货币交易	数字订购贸易中非实物部分	服务	公司
			政府
	数字交付服务		家庭
			服务于家庭的非营利机构

　　基于上述框架，可将数字服务贸易分为两类：数字订购的服务和数字交付的服务。这两者之间存在交叉，即订购与交付均采用数字化方式的服务；为清晰起见，交叉部分归入"数字交付服务"之列，从而数字订购服务将仅包括数字订购但非数字交付服务部分，比如许多拨号呼叫中心提供的服务，由于在另一端有人机界面，因此无法纳入数字交付的服

务范围。而数字交付的服务既可以是数字订购的，也可以是非数字订购的，如云服务的提供，通常订购和交付都是数字化的，而企业间大规模的服务交易尤其是跨国企业内部的服务交易，可能是数字交付却非数字订购的。值得一提的是，数字中介平台提供的服务也属于数字交付服务之列，且数字交付的服务除包含以模式一提供的服务贸易外，还包含了以模式二提供的服务贸易。

（二）数字服务贸易的统计范围

《数字贸易测度手册（第一版）》中规定的数字服务贸易的统计范围如下：保险和养老金服务；金融服务；知识产权使用费；电信、计算机和信息服务；研发服务；专业和管理咨询服务；建筑、工程、科学和其他技术服务；其他商业服务；视听和相关服务；保健服务；教育服务；文化和娱乐服务。如果按照前述数字服务贸易的概念框架来规划数字服务贸易的统计范围，则具体示例如表5-2所示。

表5-2　数字服务贸易的交易示例

方式（How）			谁 （Who）	描述	交易举例
数字订购	平台使能	数字交付			
Y	N	N	B2B	A国的企业直接在线购买B国供应商提供的服务，但该服务以实物方式提供	A公司通过网站购买另一家公司的运输服务
Y	N	N	B2C	A国的消费者直接在线购买B国供应商提供的服务，但该服务以实物方式提供	一个旅行者通过酒店网站订购酒店房间
Y	Y	N	B2B	A国的企业通过位于A国、B国或C国的在线平台购买B国供应商提供的服务，但该服务以实物方式提供	一个企业购买标准化的保养或维修服务
Y	Y	N	B2C	A国的消费者通过位于A国、B国或C国的在线平台购买B国供应商提供的服务，但该服务以实物方式提供	一个旅行者通过Uber（优步）订购运输服务
Y	Y	N	C2C	A国的消费者通过位于A国、B国或C国的在线平台购买B国另一个消费者提供的服务，但该服务以实物方式提供	一个旅行者通过Airbnb（爱彼迎）订购住宿服务
Y	Y	N	C2C	A国的消费者通过位于B国的在线平台购买A国另一个消费者提供的服务	一个消费者通过Uber向另一个本国居民订购运输服务。此时只有中介平台提供的服务被记入国际贸易

续表

方式（How）			谁（Who）	描述	交易举例
数字订购	平台使能	数字交付			
Y	N	Y	B2B	A国的企业直接在线购买B国供应商提供的服务，且该服务以数字方式交付	一个企业购买标准化的计算机服务
Y	N	Y	B2C	A国的消费者直接在线购买B国供应商提供的服务，且该服务以数字方式交付	一个消费者购买一份人寿保险
Y	Y	Y	B2B	A国的企业通过位于A国、B国或C国的在线平台购买B国供应商提供的服务，且该服务以数字方式交付	一个企业通过一个图文设计类在线平台订购一家图文设计公司提供的标志设计服务
Y	Y	Y	B2C	A国的消费者通过位于A国、B国或C国的在线平台购买B国供应商提供的服务，且该服务以数字方式交付	一个消费者订阅音乐流媒体服务
Y	Y	Y	C2C	A国的消费者通过位于A国、B国或C国的在线平台购买B国消费者提供的服务，且该服务以数字方式交付	一个消费者通过Ravelry（国外知名编织网站）向另一个消费者订购一份编织花样
N	N	Y	B2B	A国的企业直接在线下向B国的供应商订购了某种服务，但该服务以数字方式交付	一个公司购买定制咨询服务或者业务流程外包（BPO）服务
N	N	Y	B2C	A国的消费者直接在线下向B国的供应商订购了某种服务，但该服务以数字方式交付	一个外国学生购买在线课程形式的教育服务

注：摘译自《数字贸易测度手册（第一版）》

二、全球数字服务贸易发展现状与趋势

（一）全球数字服务贸易发展现状

1. 全球数字服务贸易稳步增长，在服务贸易中主导地位逐步显现

在全球数字经济蓬勃发展的大背景下，基于数字技术开展的线上研发、设计、生产、交易等活动日益频繁，促进了数字服务贸易的发展。

即便如此，全球数字服务贸易仍存在严重低估的可能，因为现有统计忽略了"商业存

在"提供模式的数据。在服务贸易统计实践中，通常将跨境交付、境外消费、自然人流动三种模式合并统计和发布，即国际收支统计口径（BOP）下的服务贸易统计；商业存在模式单独统计，即国外分支机构统计口径（FATS）下的服务贸易统计。如果将商业存在的数据纳入考虑，数字服务贸易规模可能是现有数据的 2~3 倍。

2. 全球数字服务贸易增速领先，构筑全球贸易增长新引擎

2008 年全球金融危机爆发以来，经济全球化遭遇逆流，国际经贸事务处理中的保护主义、单边主义行为抬头，全球贸易增长趋于平缓，数字贸易成为驱动贸易增长的关键。

3. 其他商业服务、ICT 服务、金融服务在数字服务贸易中占据主导地位

2015 年，联合国贸易和发展会议在《ICT 服务贸易和 ICT 赋能的服务贸易》中提到，扩大国际收支服务分类（EBOPS）的 12 类细分服务贸易中有 6 类涉及可数字交付的服务贸易即数字服务贸易，分别是保险服务、金融服务、知识产权服务、ICT 服务、其他商业服务、个人文娱服务。

ICT 服务、其他商业服务、知识产权服务是数字服务贸易增长关键动力。细分数字服务贸易发展快慢主要取决于三个因素，一是对应服务产业本身是否处于扩张阶段，二是对应服务产业与数字技术融合的难易程度，三是对应服务产业开展贸易的主要堵点是否可以通过数字交付解决。因此，数字化程度高且正处于扩张期的 ICT 服务、知识和信息高度密集的知识产权服务贸易增长居前。

4. 发达经济体具备突出优势，但发展中经济体、转型经济体增速领先

从贸易规模和市场占有率来看，发达经济体在数字服务贸易领域具有突出优势。发达经济体资本、技术占优，在具有资本、技术密集型特征的数字服务产业的培育上具有非常明显的优势，而且优势一旦建立，马太效应就开始不断发挥作用，发展中经济体和转型经济体很难逾越。

从国别来看，美国数字服务出口排名世界首位。美国数字服务出口继续排名全球第一，得益于其数字技术和产业的绝对优势，拥有苹果、谷歌、亚马逊、微软等超大型企业；英国数字服务出口排名全球第二，得益于伦敦在世界金融体系中的核心地位，及其非常发达的金融、保险服务产业；爱尔兰数字服务出口排名全球第三，虽然只是欧洲小国，但凭借语言、地理和税收政策优势对海外投资具有极强的吸引力，让许多互联网企业将欧洲总部设在爱尔兰；中国数字服务出口排名全球第八，在发展中经济体中仅次于印度。

欧美是全球数字服务供给核心区。美国、英国、爱尔兰、德国、荷兰等 5 国合计数字服务国际市场占有率近五成。

全球数字服务市场"竞争不足"，数字服务出口高度集中于少数国家的少数企业。这表明全球数字服务出口高度集中，可能会抑制市场竞争，后发国家进入难度较大。

从数字服务贸易的服务贸易占比来看，发达经济体出口偏向于数字服务。从不同经济体在国际分工中扮演的角色来看，发达经济体产业比较优势集中在服务业，服务出口比例相对较高；发展中经济体和转型经济体则集中在制造业和农业，货物出口比例相对较高。进一步聚焦到服务贸易分工，发达经济体偏向于资本、技术密集型的高收益数字服务出口，发展中经济体和转型经济体的服务出口则仍依靠于传统的旅游、运输、维修等服务出口。

爱尔兰数字服务出口在服务出口中占比排名世界首位。发达经济体外贸结构呈现"双

高"，一是数字服务出口在服务出口中占比高，二是服务出口在全部出口中的占比较高。

发展中经济体、转型经济体数字服务出口增速领先。通常情况下，由于后发国家产业发展尚不成熟和发展空间巨大，其经济、贸易增速会更快，数字服务出口亦大体如此。

具体到国别来看数字服务贸易的增长，**新加坡、爱尔兰、芬兰等中小型发达经济体在代表性经济体中增速领先。**中小型发达经济体政策灵活、市场开放度高，是互联网企业开展国际业务的理想支点。

发展中经济体数字服务出口增长面临低水平陷阱，国际市场占有率越少的经济体可能越难发展。通过对数字服务贸易、服务贸易和货物贸易三类贸易数据进行分析，发现数字服务贸易有两方面特点：一是落后国家数字服务贸易不仅国际市场占有率有限，而且增速也更低，许多落后国家出现了负增长情况，可能导致严重"数字鸿沟"问题；二是数字服务贸易增长波动更剧烈，部分数字服务贸易发展水平居中的国家有机会实现数字服务出口跨越式发展，但也可能出现大幅倒退。

5. 三类经济体数字服务出口结构相似，但个别数字服务出口占比差异较大

从国别来看，大部分经济体数字服务出口以其他商业服务、ICT 服务为主。横向比较，代表性经济体细分数字服务出口结构大体相似，普遍由其他商业服务、ICT 服务主导；纵向比较，代表性经济体在同一细分数字服务出口占比有较明显差异，各有侧重。

从细分数字服务出口结构变化看，三类经济体的 ICT 服务出口占比均出现最大幅度上升。

从国别来看，大部分经济体 ICT 服务出口在数字服务出口中的占比上升。

6. 发达经济体在知识产权服务、金融服务、个人文娱服务行业优势显著

从细分数字服务国际市场占有率来看，发达经济体在各细分数字服务出口中均具备绝对优势。

从国别来看，以美国为中心的发达经济体主导全球细分数字服务市场。

从细分数字服务行业的国际市场占有率变化看，发展中经济体和转型经济体在大部分细分数字服务行业的影响力均有所提升。

UNCTAD 贸易、服务和发展问题多年期专家组也确认了发展中国家在数字服务出口上对发达国家的追赶。

从国别来看，中国、新加坡、爱尔兰等代表性经济体在多个细分数字服务行业上出口的国际市场占有率有较大提升。

（二）全球数字服务贸易发展趋势

1. 数据要素成为新的贸易商品

数据成为新的关键生产要素。从 20 世纪 90 年代以来，数字化技术飞速发展，人类 95% 以上的信息都以数字格式存储、传输和使用，数据计算处理能力也同时提升了上万倍。由网络所承载的数据、由数据所萃取的信息、由信息所升华的知识，正在成为企业经营决策的新驱动、商品服务贸易的新内容、社会全面治理的新手段，带来了新的价值增值。相比其他生产

中国数字贸易
发展报告 2021

要素，数据资源具有的可复制、可共享、无限增长和供给的禀赋，打破了传统要素有限供给对增长的制约，为持续增长和永续发展提供了基础。全球大数据产业稳步发展。美

国、英国、荷兰、瑞典、韩国、中国等多个国家提出大数据相关战略，通过加大技术研发投资、强化基础数据库、推动数据开放共享等途径促进大数据产业发展。全球数据流通规则博弈加剧。2018 年 3 月，美国通过《澄清域外合法使用数据法》，默认美国政府能够直接从全球各地调取所需数据，达到美国法律全面覆盖到全球运营的美国企业的效果。2018 年 5 月，欧洲联盟出台《通用数据保护条例》，对企业数据使用方式进行了限定，任何收集、传输、保留或处理涉及欧盟所有成员国内的个人信息的机构组织均受该条例的约束。

2. 越来越多的服务变得可以贸易

WTO 预测，到 2040 年，服务贸易在世界贸易中的比例将上升至 1/3，相比现在将增长约 50%。在过去，生产、物流、金融技术的变革降低了跨境有形货物贸易的成本，催生了全球化的制造业。21 世纪，信息通信技术发展应用不断深化，迅速降低了跨境服务贸易的成本，一个高效率的全球服务市场即将到来。虽然出租车、酒店或发廊等服务仍将继续在当地提供和需要实体存在，但是零售、软件开发和商业流程外包正在"去本地化"和"全球化"，线上远程交付使许多曾经不可交易的服务部门（因为它们必须在固定地点面对面交付）变得高度可交易。例如，在医疗领域，以往大多数医疗服务都是由当地医生和医院提供给当地病人，可及性有限，竞争性不足，医疗质量受国家、地区甚至社区的影响较大；现在世界上任何一个有互联网连接的人都可以访问医疗信息，越来越多的医疗程序，如诊断、分析，甚至某些类型的手术都是远程执行的。事实上，服务业全球化的发展速度可能比预期的还要快，因为新技术不仅使现有服务业能够越来越多地进行跨国贸易，而且有助于推动尚未想象到的新服务业的发展和增长以及提供服务的新方式。

3. 数字服务的贸易框架已经改变，跨国数字化治理矛盾凸显

数字化改变了服务的提供方式，这一变化正在使多边贸易框架内的服务贸易规制发生转型。例如，数字平台的使用有助于提高跨境营销和交易的效率、更加节约成本，这导致采用模式 1（跨境供给）的贸易流量显著增加；流媒体技术允许服务从物理实体的交付方式切换到数字交付，导致模式 4（自然人在场）或模式 2（国外消费）向模式 1 转换；位于服务消费国的子公司或通过模式 3（商业存在）在当地提供的服务，现在可以由数字化方式提供，同样导致了国际服务供给向模式 1 的转变。数字化程度的提高可能表明需要根据当前国际贸易环境中服务提供与消费方式的变化来调整现有的贸易规则和制度。

在多边贸易体系之外，区域层面基础广泛的服务自由化正在展开。特别是，新一代区域贸易协定倾向于采用强大的规制体系以塑造更深入、更全面的一体化，尤其是设法采用边境内规制措施来影响区域层面的服务、投资和竞争，这类倡议包括全面与进步跨太平洋伙伴关系协定（CPTPP）和区域全面经济伙伴关系协定（RCEP）。非洲大陆自由贸易区协定（AfCFTA）下的一体化聚焦于五大优先部门，即商业服务、通信服务、金融服务、旅游业和运输业。在此背景下，面对将全球贸易自由化进程切实可行地融入非洲大陆范围内的贸易框架过程中可能面临的诸多挑战，以及在数字化程度快速提升的世界中从事贸易，非洲的服务部门将变得日益重要。此外，非洲各国政府可能希望通过体现式与嵌入式服务来考虑价值链发展问题。

随着数字贸易发展，数字服务跨越国境，数字服务的提供者和消费者可能分别处于不同国境内，数字治理问题变得更为复杂。一是不同国家数字治理法律法规不同。在传统货物贸易中，当一个国家向另一个国家出口商品时，海关等外贸监管部门负责对商品合规性

进行检查，确保出口国的商品符合进口国的法律法规。在数字化的产品和服务贸易中，许多数字服务提供商身处其他国家，难以对企业进行直接监管；其次，贸易过程由线下转移到线上，对商品的检查难度加大。二是不同国家数字治理价值标准不同。在一些数字服务领域，虽然没有直接触犯法律法规，但是因为不同国家价值标准和判断尺度的不同也可能导致争议。例如，在一些社交媒体平台，平台企业依仗自身全球影响力，通过删帖、删账号等方式，公然干预他国内政。三是不同国家数字经济发展水平不同。数字经济发展较快的国家希望通过数字贸易推动本国数字产业发展，主张市场开放、降低壁垒和减少监管；数字经济发展较慢的国家希望数字贸易为本国经济发展服务，而不要过多冲击传统产业，主张适当的贸易保护、完善治理。

在根据正式贸易协定开展国际监管合作的同时，数字服务贸易可通过多种切实可行的方式在双边、区域和全球层面予以推进。比如通过便利信息、数据、技术、自然人和法人的移动，及时地、经济地交付服务；通过减轻监管负担，在日益数字化的贸易环境中赋能服务贸易。

三、数字服务贸易的关键数字技术与服务基础

存在一些关键基础性数字技术与服务，它们在数字服务贸易开展中扮演着重要角色，可以为几乎所有的数字服务、数字服务贸易的开展提供支持。

（一）云存储计算服务构筑数字服务贸易基础

云端存储与计算改变服务创造模式。云计算是分布式计算的一种，使用户可以通过网络灵活调用各种IT资源，按使用量付费和进行大规模计算。云计算由三类数字服务构成，分别是基础设施即服务（IaaS）、平台即服务（PaaS）和软件即服务（SaaS）。其中，基础层IaaS提供了云端的存储和计算服务，通过网络对外提供IT基础设施服务；中间层PaaS进一步提供软件开放平台服务，是把服务器平台作为一种服务提供的商业模式；最高层SaaS则将软件部署在服务器上，并通过网络提供软件服务。IaaS在云计算中起到基础性作用，为其他数字服务的研发、设计和生产创造了有利条件。随着服务的可编程化和软件的云端化，"云端经济"生态逐步形成，催生出了众包、云外包、平台分包等新模式，带动了数字服务贸易的发展。

全球云计算市场保持较快增长态势。Gartner数据显示，2019年，全球云计算市场规模达到1883亿美元，同比增长20.9%。IaaS、PaaS和SaaS三类细分市场的规模分别达到439亿美元、349亿美元和1095亿美元，占比依次为19%、23%和58%。美国云计算服务企业全球领先，以IaaS市场为例，2019年，亚马逊、微软、谷歌三家美国企业均位列全球前五，市场份额分别为45.0%、17.9%、5.3%。从中国看，公有云市场规模首次超过私有云。中国信息通信研究院数据显示，2019年，我国云计算整体市场规模达1334亿元，增速38.6%。其中，公有云市场规模达到689亿元，比2018年增长57.6%，预计到2023年，市场规模将超过2300亿元；私有云市场规模达645亿元，较2018年增长22.8%，预计到2023年，市场规模将接近1500亿元。

（二）数字平台服务串联各方要素与服务

数字平台服务串联数字世界。数字中介平台及其服务是数字经济和数字贸易高效有序运转的重要保障，其提供一种将有关当事人聚集在一起进行在线互动的机制，为数据、商

品和服务的供需对接，以及研发、创新、生产等的分工协同提供支持。UNCTAD 报告中，将数字平台分为交易平台和创新平台，其中交易平台是具有在线基础设施的双边或多边市场，支持多个不同交易方之间的交易，现已成为主要数字企业（如亚马逊、阿里巴巴、Facebook 和 eBay）以及提供数字赋能支持的企业（如 Uber、滴滴和 Airbnb）的核心商业模式；创新平台是为代码和内容生产商创造的开发应用程序和软件的环境（如 Android 或 Linux）或技术标准。

目前，美国企业主导了大部分全球性的数字平台服务市场，在为其他国家提供数字服务的同时也获取了巨额的经济收益。例如，苹果的 App Store，是世界上最安全、最活跃的应用市场之一，拥有近 200 万个应用。有数据显示，苹果有 11 个数据中心来支持 App Store 和其他云服务，而建设和运营一个数据中心所需的投资高达数十亿美元；为覆盖这些运营成本，苹果向开发者收取每年 99 美元的年费，当用户下载付费应用并在应用内购买数字内容、服务和订阅时，苹果每月会从开发者那里收取 15%～30% 的佣金。

（三）人工智能服务推动数字服务智能化

人工智能服务推动数字服务自动化、智能化。随着各行各业应用人工智能进行转型需求的爆发式增长，国内外多家人工智能企业开始对外提供人工智能解决方案服务。中国百度推出 EasyDL，内置百度自研的 AutoDL 技术，向企业用户提供零门槛 AI 开发平台，一站式支持智能数据服务、模型训练、服务部署等全流程功能，包含丰富的预训练模型，支持图像分类、物体检测、图像分割、文本分类、情感倾向分析、音视频分类、表格数据预测等多类模型，最快 10 分钟便可完成模型训练，只需少量数据就能训练出高精度模型，为 AI 应用开发者定制 AI 服务。EasyDL 已与超过数万家企业结合，在工业、零售、制造、互联网、交通等 20 多个行业领域广泛落地 AI 应用。

全球人工智能产业进入加速发展阶段。主要国家纷纷从战略上布局人工智能，加强顶层设计，成立专门机构统筹推进人工智能战略部署，实施重大科技研发项目，鼓励成立相关基金，引导私营企业资金资源投入人工智能领域。从区域分布看，北美、东亚、西欧地区成为人工智能最为活跃的地区。美国、欧盟、英国、日本等经济体很早就开始加大在机器人、脑科学等前沿领域的投入，相继发布国家机器人计划、人脑计划、自动驾驶等自主系统研发计划等。为进一步确保领先地位，发达经济体近年又发布了多项人工智能战略，美国于 2016 年发布国家人工智能研发战略计划；日本、加拿大、阿联酋等紧跟其后，于 2017 年将人工智能上升至国家战略；欧盟、法国、英国、德国、韩国等于 2018 年相继发布了人工智能战略；丹麦、西班牙等于 2019 年发布人工智能战略。

（四）5G 网络服务拓展数字服务贸易全新场景

5G 应用新场景带来新的数字服务贸易机会。5G 网络服务具有高速率、低时延、高可靠、广覆盖等优势，不仅能满足人们在居住、工作、休闲和交通等各种区域的多样化业务需求，为用户提供超高清视频、虚拟现实、增强现实、云桌面、在线游戏等极致业务体验，而且还将渗透到物联网及各种行业领域，与工业、设施、医疗仪器、交通工具等深度融合，有效满足工业、医疗、交通等垂直行业的多样化业务需求，实现真正的"万物互联"。5G 应用新场景将催生出海量数字服务需求，推动新的数字服务产业出现、发展和形成全球产业链，带来新的国际分工机会，激发数字服务贸易潜能。

2019 年，5G 商用序幕拉开，韩国、美国、瑞士、英国、意大利、西班牙、德国、中国的通信运营商纷纷推出 5G 服务。国际研究咨询机构埃信华迈（HIS Markit）分析指出，中国将在 5G 建设中占据主要地位。中兴、华为等国内厂商将在 5G 的主要技术领域中保持领先地位。目前华为已获得了超 90 份来自全球范围的 5G 商用合同订单，中兴通讯也与全球范围内的多个运营商建立了合作关系，此外紫光、联发科等国内企业不断发展，中国 5G 发展按下了"快捷键"。欧洲地区，英国沃达丰公司在英国为个人和企业开通 5G 服务，并率先在英国、德国、意大利和西班牙四个欧洲国家推出了 5G 漫游服务。2019 年，德国柏林、法兰克福、索林根、杜伊斯堡和不来梅等地启用了 5G 移动基站，由运营商沃达丰提供。在商用道路上，多国运营商、设备商本着互惠互利的原则共同推动各国的 5G 发展。

（五）区块链搭建可信数字服务贸易环境

区块链服务重塑数字资产交易生态。区块链具有去中心化、信息不可篡改、公开透明、信息可追溯等技术特点，其在"缺乏信任"的国际贸易中的价值逐步显现。2020 年，WTO 和全球贸易融资组织发布的国际贸易区块链项目分类报告指出，区块链贸易创新项目在全球范围内正日益成熟，区块链可以给国际贸易带来两大好处：一是提高贸易流程的透明度和贸易标的可追溯性，确保产品和服务质量，增强信任；二是简化贸易文件、流程，确保数据的安全交换和监控。相比传统货物贸易，在数据、数字产品和数字服务的贸易中，区块链的作用可能更为基础和关键。例如，数据在国内交易和国际贸易中普遍面临数据确权、数据安全、隐私保护、信任机制等问题。通过将区块链与数据交易系统相结合，利用共识算法对数据进行确权和对交易进行记录，可以加强数据产权保护和提升交易合规性，构建可信任的交易环境，突破数据流动孤岛。

区块链技术与服务正从加密数字货币向更多领域延伸。据有关机构统计，截至 2019 年 8 月，由全球各国政府推动的区块链项目数量达 154 项，全球区块链产业累计投融资规模达 103.69 亿美元，主要涉及金融业、政府档案、数字资产管理、投票、政府采购、土地认证/不动产登记、医疗健康等领域。在大宗商品交易领域，英国石油、壳牌和 Equinox 等大型石油公司与大型银行和贸易公司联合推出一个基于区块链的能源大宗商品交易平台 Vakt，预计将使主要行业参与者的工作从"烦琐"的文书工作转变为智能合约，从而有助于减少运营时间、提高交易效率。在贸易金融服务领域，中国银行业协会联合五大行共建"中国贸易金融跨行交易区块链平台"，将主要发挥四个方面作用：一是实现跨行贸易金融产品交易信息的标准化、电子化和智能化；二是提高贸易融资效率，降低融资成本；三是利用区块链防控贸易金融业务风险；四是强化资源共享和利用。

四、数字服务贸易典型应用场景

（一）制造领域应用：服务型制造

服务型制造是制造与服务融合发展的新型制造模式和产业形态，是先进制造业和现代服务业深度融合的重要方向。工业化进程中产业分工协作不断深化，催生制造业的服务化转型；新一代信息通信技术的深度应用，进一步加速服务型制造的创新发展。制造业企业通过创新优化生产组织形式、运营管理方式和商业发展模式，不断增加服务要素在投入和产出中的比重，进而产生对数字服务贸易的需求。例如，我国制造业广泛使用的许多工业软件来自美欧等发达经济体，从而产生了数字服务进口。从投入角度看，以 ICT 服务为代表的生产性数字服务被广泛应用于制造企业的研发设计、生产制造、经营管理等环节，提高制造企业全要素生产率、产品附加值和市场占有率。例如，工业设计方面，形成了面向制造业设计需求的网络化的设计协同平台，为众创、众包、众设等模式提供支持，提升工业设计服务水平；生产制造方面，企业加快利用5G等新型网络技术开展工业互联网内网改造的速度，利用工业互联网安全监测与态势感知平台提升工业互联网安全监测预警能力；定制服务方面，基于5G、物联网、大数据等新一代信息技术建立的数字化设计与虚拟仿真系统，为个性化设计、用户参与设计、交互设计提供支持。从产出角度看，制造企业将生产过程中积累的专业工业知识转化为各类型数字服务，由提供产品向提供全生命周期管理转变，由提供设备向提供系统解决方案转变。例如，美的成立美云智数，将企业业务实践和管理经验软件产品化，为企业数字化转型提供支持，如信息化咨询规划、智能制造、大数据、数字营销、财务与人力资源管理、移动化、身份管理等产品和解决方案。

（二）商务领域应用：跨境电商

跨境电商不只是货物贸易，还有围绕货物贸易开展而形成的一系列数字服务和数字服务贸易，其中最主要的是跨境电商平台企业提供的跨境贸易数字平台服务，此外还包括跨境电商生态中的市场信息服务、支付结算服务、物流信息服务等。平台中介服务方面，阿里巴巴、亚马逊等超大型跨境电商企业纷纷开拓国际市场，将服务对象从国内企业延伸至国际企业。市场信息服务方面，在跨境电商的发展中，由于市场的国别差异和空间距离等因素影响，数据的作用显得尤为重要，专门提供数据对接、数据分析等大数据服务的企业或平台应运而生。跨境电商大数据既可以帮助企业及时掌握市场信息、提高生产经营效率，又能够帮助企业通过大数据进行高效选品和提升销量，抢占全球市场。例如，2020年9月18日，由人民银行武汉分行、外汇局湖北省分局、湖北省商务厅（省口岸办）、武汉海关等单位共同搭建的湖北跨境电商数据共享平台正式上线。企业仅需提供海关清单编号，银行即可通过平台实现批量自动核验，业务办理耗时不到半小时。在跨境支付服务方面，跨境电商支付服务商可为企业提供收款、换汇、支付、融资等一站式金融服务。

（三）金融领域应用：金融科技

金融行业天生具备较强的数字化发展潜力，与互联网、大数据、区块链、云计算等数字技术和服务的融合渗透程度超过大多数传统服务行业。在国际结算方面，环球银行金融电信协会（SWIFT）是出现最早、影响最大的数字金融服务提供者之一。SWIFT是一个非盈利的国际银行间合作组织，总部设在比利时的布鲁塞尔，在荷兰阿姆斯特丹和美国纽约也分别设立交换中心，运营着世界级的金融电文网络，银行和其他金融机构通过它与同业交换电文来完成金融交易。截至2019年10月，SWIFT服务已经覆盖全球200多个国家和地区，报文传送平台、产品和服务对接了全球超过11000家机构，日处理金融电讯达3360万条，高峰期达3673万笔。SWIFT的收益来源与许多互联网平台类企业相似，主要包括会员机构的入会费、年费、信息传输服务费和其他服务费（如软件、商业智能、法律合规等服务）。在国际支付方面，许多国家尝试发行主权数字货币，可能对国际支付体系带来一定影响。2020年1月，日本银行宣布与英国、加拿大、瑞士、瑞典和欧盟等六大央行及国际清算银行共同组建专门的工作组，共同研究发行央行数字货币问题；同年10月，宣布将力争于2021财年启动央行数字货币实证实验。2020年8月，商务部发布的《全面深化服务贸易创新发展试点总体方案》指出，将在京津冀、长三角、粤港澳大湾区及中西部具备条件的试点地区开展数字人民币试点。在机构金融业务开展方面，跨国金融机构纷纷加大在信息与通信技术方面的投入，拓展金融科技市场。高盛集团开启了科技赋能打造现代全能银行战略，扩大科技、数理相关专业人才在招聘中的占比，持续性对人工智能和区块链等前沿科学进行研究，自营打造互联网直销银行 GS Bank、网贷平台 Marcus 等自营互联网金融机构，以及加大对金融科技初创企业的战略投资。摩根士丹利高度重视现代信息技术对金融业务的变革、引领和融合，在云计算、大数据、人工智能、生物特征等现代科技领域全面铺开，围绕财富管理打造了三大服务系统：一是财富管理业务核心系统（NextBestAction），集投资建议、操作预警、客户日常事务处理三大功能于一身；二是目标计划系统（Goals Planning System），为客户提供从上学、就业、旅行、家庭、购房、退休、遗产继承等方方面面的管理；三是电子化抵押贷款系统，实现抵押贷款全流程线上化操作。

（四）生活娱乐领域应用：在线视频、游戏

视频、影音和游戏等数字内容是数字服务贸易的重要组成部分。在视频服务方面，Netflix 等美国在线视频企业国际化发展方面走在前列。Netflix 是一家会员订阅制的流媒体播放平台，总部位于美国加利福尼亚州洛斯盖图，早期仅在美国、加拿大等地区提供定制 DVD、蓝光光碟在线出租服务。从 2010 年以来，Netflix 进入了国际化快车道，通过实施内容本土化嫁接、本土化内容创作、本土化资本引入的"本土化战略"，在短短几年内将业务迅速扩张到 190 个国家。在此过程中，Netflix 采取了多种措施提升用户体验，一是通过大数据演算完成了对用户数据的实验，能够有效精准地预测用户的偏好和需求，从而制作出当地用户喜爱的题材和内容；二是积极改善用户的移动体验，不断与设备制造商、移动和电视运营商以及互联网服务提供商等建立合作关系。在有些地区，甚至加入了手机及有线电视运营商的行列，允许观众通过现有的视频点播服务访问其内容。在游戏服务方面，游戏类 APP 的跨国交易已经非常常见。腾讯游戏是全球知名的游戏开发与服务运营商，目前已在网络游戏的众多细分市场形成专业布局，打造了涵盖所有品类的产品阵营，为全球玩家提供休闲游戏平台、大型网游、中型休闲游戏、桌游和对战平台。从 2011 年收购 Riot Games 到 2016 年收购 Supercell，再到近年来对海外各大游戏公司的股份收购，腾讯不断引入海外 IP，形成多样化的游戏组合，稳固其国内市场地位。与此同时，腾讯也将自主开发的国产游戏出口至美国及其他海外市场，例如，《全民突击》在韩国和欧美市场的引入和推广。

（五）传统服务领域应用：在线教育、医疗

教育、医疗等传统服务因数字化转型变得可数字交付，跨境贸易可能性大大提升。在远程教育方面，运用互联网等技术，改变传统教育以教师为主导的课堂模式，打破时间、空间、主体等限制，促进教育资源的全球流动与有效分配。例如，我国网龙网络公司在数字教育领域的国际化服务已覆盖 190 多个国家和地区，与俄罗斯、埃及等 20 多个"一带一路"沿线国家建立了深度合作。目前，俄罗斯首都所有中小学的教室都配备了网龙的互动大屏产品，埃及三年内将快速运输、便捷部署 26.5 万间"智慧集装箱教室"。再如，Udacity（优达学城）是 2012 年 2 月上线的编程在线教育服务平台，其课程涵盖计算机科学、数学、物理学、统计学、心理学等。Udacity 有超过 75.3 万学生注册，并开始与业内其他公司合作帮助学生就业。2017 年 8 月，Udacity 与腾讯联手，用来自硅谷的在线课程和创新人才培养模式升级人才布局，帮助腾讯企业工程师"升级"。2018 年 3 月 28 日，

Udacity 在硅谷举办的"国际科技行业大会 Intersect2018"上正式推出与微信合作的微信小程序开发纳米学位项目来帮助开发者尽快掌握小程序的基本开发技能。在智慧医疗方面，在全球医疗行业面临医疗成本居高不下、医疗资源分配不均等问题的背景下，互联网、人工智能等技术打通医疗体系各环节、各链条，推动医疗资源的跨国界共享。例如，MORE-Health（爱医传递）致力于推动医疗行业互联网全球化发展，其云端国际联合会诊平台可供多名、多国医疗专家流畅地沟通、共同为患者用户进行联合会诊。医生可通过平台安全地互发信息、通过内嵌的视频会议软件与用户面对面交流、合理利用间歇时间为用户进行疾病诊断、制定治疗方案并开具处方。用户可以通过平台体验多种医疗相关服务，包括上传并随时查阅个人电子病历、实时追踪医生诊断进程、在翻译协助下与国际专家进行视频问诊等功能。

五、数字服务贸易发展的推进策略

数字服务贸易源于数字经济的国际化，应结合我国数字经济发展所处的特定位置、阶段去考虑数字服务贸易的发展策略，探索构建数字服务贸易国内国际双循环相互促进的新发展格局。

（一）统筹推进国内数字服务市场高质量发展

1. 加快新型基础设施建设

加速推动 5G 网络部署，推动基础电信企业加大投资、加快建网，组织开展异网漫游，不断推进 5G 网络的共建共享，加快出台 5G 跨行业应用指导政策和融合标准，促进 5G 和制造、交通、医疗、教育、农业等垂直行业的融合发展。持续推进工业互联网创新发展，加快工业互联网网络、平台、安全三大体系建设，持续完善工业互联网发展生态；继续实施工业互联网创新发展工程，打造公共服务平台，培育系统解决方案供应商，促进产业供给能力不断提升；聚焦工业互联网内外网络建设改造，加快实施"5G＋工业互联网"512工程，推动 5G 与工业互联网融合发展。深入推动网络基础设施优化升级，做好网络提速降费工作，推进千兆宽带入户示范和移动网络扩容升级，推动宽带精准降费，规范用户套餐设置；深化电信普遍服务，加大对边疆地区、深度贫困地区的支持力度；纵深推进 IPv6规模部署，持续提升 IPv6 网络质量和服务能力，加快形成网络终端全面就绪、应用改造逐步推进、用户流量稳步提升的良好局面。

2. 加速数据要素价值化进程

推进数据采集、标注、存储、传输、管理、应用等全生命周期价值管理，打通不同主体之间的数据壁垒，实现传感、控制、管理、运营等多源数据一体化集成。构建不同主体的数据采集、共享机制，推动落实不同领域数据标注与管理应用。建设国家数据采集标注平台和数据资源平台，实现多源异构数据的融合和存储。建立数据质量管理机制，制订规范的数据质量评估监督、响应问责和流程改善方案，积极应用先进质量管理工具，形成数据质量管理闭环。加快完善数字经济市场体系，推动形成数据要素市场，研究制定数据流通交易规则，引导培育数据要素交易市场，依法合规开展数据交易，支持各类所有制企业参与数据要素交易平台建设。推动数据要素全面深度应用，深化数据驱动的全流程应用，提升基于数据分析的工业、服务业、农业的供给与消费，实现不同产业的生产管理全流程综合应用。组织开展数据标准研制工作，促进各类标准之间的衔接配套。

3. 着力提升产业基础能力

突破核心关键技术，强化基础研究，提升原始创新能力，努力走在理论最前沿、占据创新制高点、取得产业新优势。坚持应用牵引、体系推进，加快突破信息领域核心关键技术，提升数字技术供给能力和工程化水平。补齐产业基础能力短板，聚焦集成电路、基础软件、重大装备等重点领域，加快补齐产业链条上基础零部件、关键基础材料、先进基础工艺、产业技术基础等短板。提升产业链现代化水平，支持产业链上下游企业加强产品协同和技术合作攻关，增强产业链韧性。推进先进制造业集群建设，支持建设共性技术平台和公共服务平台。预防和缓解产业对外转移，留住产业链关键环节与核心企业，推动沿海地区产能有序向中西部和东北地区梯度转移。

4. 推进实体经济数字化转型

加强企业数字化改造，引导实体经济企业加快生产装备的数字化升级，深化生产制造、经营管理、市场服务等环节的数字化应用，加速业务数据集成共享。加快行业数字化升级，面向钢铁、石化、机械、电子信息等重点行业，制订数字化转型路线图，形成一批可复制、可推广的行业数字化转型系统解决方案。打造区域制造业数字化集群，加快重点区域制造业集群基础设施数字化改造，推动智慧物流网络、能源管控系统等新型基础设施共建共享。培育数据驱动的新模式新业态，引导企业依托工业互联网平台打通消费与生产、供应与制造、产品与服务间的数据流和业务流，加快创新资源在线汇聚和共享，培育个性化定制、按需制造、产业链协同制造等新模式，发展平台经济、共享经济、产业链金融等新业态。

5. 优化数字营商环境

打破区域市场分割，实施公平透明的市场准入政策，公平对待区域内、区域外企业，清理有关部门和地方在市场准入方面对企业资质、资金、股比、人员、场所等设置的不合理限制条件。优化数字政务服务能力，推进公共服务事项"一网通办"，实现政务服务就近办、网上办；推广电子证照、电子印章、电子档案的应用，提升电子印章、电子签名在法人、自然人各类政务服务事项中的应用。加强和改进平台经济领域反垄断监管，严禁平台经济领域经营者滥用市场支配地位排除或限制竞争，维护消费者利益和社会公共利益，构建开放、公平、健康、有利竞争的数字市场秩序。强化知识产权创造保护，加快知识产权保护体系建设，加大对侵权假冒行为的惩戒力度，严格规范证据标准，强化案件执行措施，完善新业态新领域保护制度。

（二）积极融入全球数字分工与治理体系建设

1. 推动数字服务出口试点示范

推动国家数字服务出口基地建设，支持基地发展信息技术服务、数字内容服务出口、离岸服务外包以及服务型制造，鼓励传统制造业数字化以及基地内企业开展战略合作。推进数字技术对产业链价值链的协同与整合，推动产业数字化转型，促进制造业服务业深度融合，推动生产性服务业通过服务外包等方式融入全球价值链。打造数字服务出口支撑平台，充分借鉴区域平台的创新性体制机制，构建物联网平台和公共服务平台。培育数字服务出口新主体，积极发展共享、平台、众包、供应链、跨境电商等新兴市场主体，加快培育以研发、设计、营销、品牌等服务环节为引领的综合服务提供商。完善统计界定范围。将运用大数据、人工智能、云计算、物联网等新一代信息技术进行发包的新业态新模式纳入服务外包业务统计。

2. 构建适应开放需求的数字治理体系

健全数据流动风险管控措施，深入贯彻实施网络安全等级保护制度，重点保障关键信息基础设施和数据安全，健全网络安全保障体系，提升网络安全保障能力和水平。开展跨境数据分类分级，建立国际数据跨境交换规则与安全保护及风险控制机制。深入研究开放环境下原有数字经济监管治理逻辑或原则的适用性，是否损害我国消费者、企业或政府的利益，以及是否有重大风险隐患。探索构建对境外数字服务提供商的监管体系，确保相关法律法规能对境外企业形成切实约束。探索构建对境外输入数字产品和服务的监管体系，通过数字技术提升监管治理效率，确保输入的数字产品和服务符合我国法律法规。

3. 支持数字服务领域扩大开放

在上海、海南等自贸区进行试点，有序开放增值电信业务（包括数据中心、云服务的业务），支持外国企业来华投资兴业，进一步推动外资项目和企业复工复产，各项服务政策都同等适用于内外资企业。在确保数据流动安全可控的前提下，积极推动试验区内少量试点企业与国外特定范围内实现数据流动合规，扩大数据领域开放，创新安全制度设计。加快推动公共数据开放，引导社会机构依法开放自有数据，支持在特定领域开展央地数据合作，推动政务数据与社会化数据平台对接。

4. 积极参与全球数字经济治理体系构建

加快构建我国的数字贸易规则方案，制订数字贸易规则设计的工作计划、实现路径和完成时限，建立统筹协调机制，推动各规则模块有序构建。组建跨学科、跨领域的数字贸易专家团队，除了法律和贸易领域专家外，还应整合从事数字经济研究的专家学者，以及技术、产业界的代表。开展数字贸易专项调研，了解我国数字贸易相关企业的发展现状，贸易中遇到的制度性障碍和外部壁垒，以及对规则的诉求。更深程度参与电子商务/数字贸易规则谈判，积极参与传统电子商务议题以外的新兴议题的磋商和对话，也要在区域贸易协定谈判中加入数字贸易议题的讨论，扩大我国各项规则和主张的国际影响力。

第六章

数字贸易跨境网络支付结算与融资

无论是中国用户在网上购买国外商家的商品，还是国外用户在线购买中国商家的商品，由于币种不同，都需要通过一定的结算工具和支付系统来实现两个国家或地区之间的资金转移，最终完成本次商品交易，这个过程就是跨境支付。跨境支付指的是两个或两个以上国家或地区之间因国际贸易、国际投资等原因而产生的国际债权债务，借助一定的结算工具和支付系统实现资金跨国或跨地区转移的行为。跨境支付模式可分为两大类：线下支付和线上支付。目前，跨境大额 B2B 仍以线下支付为主，跨境小额 B2B、跨境零售 B2C 和 C2C 一般采用线上支付模式。安全、便捷的跨境支付结算尤其是跨境网络支付结算，是数字贸易迅速发展的必要配套服务设施。此外，跨境电子商务中供应链金融服务的发展为相关外贸型中小企业的生产经营提供了及时、灵活、相对低成本的融资，有利于充分发挥数字贸易的普惠性，培育更多外贸经营新主体，壮大我国跨境数字贸易的发展队伍与发展规模。

一、数字贸易跨境网络支付发展概况

（一）跨境网络支付相关概念

1. 网络银行

其也称为网上银行或在线银行，是一种以信息技术和互联网技术为依托，通过互联网平台向用户提供开户、销户、查询、对账、行内转账、跨行转账、信贷、网上证券、投资理财等各种金融服务的新型银行机构与服务形式，为用户提供全方位、全天候、便捷、实时的快捷金融服务系统。

2. 电子支付

其是指单位、个人直接或授权他人通过电子终端发出支付指令，实现货币支付与资金转移的行为。电子支付的类型按照电子支付指令发起方式分为网上支付、电话支付、移动支付、销售点终端交易、自动柜员机交易和其他电子支付。

3. 网络支付

其也称互联网支付，是电子支付的一种形式。是指以金融电子化网络为基础，以商用电子化工具和各类交易卡为媒介，以现代计算机技术和通信技术为手段，通过计算机网络系统特别是互联网，以电子信息传递的形式来实现资金的流通与支付。

4. 移动支付

其是指使用移动设备通过无线方式完成支付行为的一种新型的支付方式。

5. 跨境网络支付

其是指为不同国别的交易双方提供基于互联网的在线支付服务。

6. 第三方支付

其是指具备一定实力和信誉保障的独立机构，通过与银联或网联对接而促成交易双方进行交易的网络支付模式。第三方支付牌照的发放单位是中国人民银行。

7. 第三方支付平台

其是指平台提供商通过通信、计算机和信息安全技术，在商家和银行之间建立连接，从而实现消费者、金融机构以及商家之间货币支付、现金流转、资金清算、查询统计的一个平台。

8. 支付业务许可证

其是指国家为了加强对从事支付业务的非金融机构的管理，根据《中华人民共和国中国人民银行法》等法律法规，中国人民银行制定《非金融机构支付服务管理办法》，并由中国人民银行核发的非金融行业从业资格证书。非金融机构提供支付业务，应当依法取得支付业务许可证，成为支付机构。支付机构依法接受中国人民银行的监督管理。

9. 跨境支付牌照

其是指国家外汇局发放给第三方支付机构，允许其进行跨境电子商务外汇支付业务的许可证。我国允许部分拥有支付业务许可证且支付业务为互联网支付的第三方支付公司开展跨境业务。

10. 清算

其是指发生在结算前的支付环节，发起行和接收行对支付指令的发送、接收、核对确认，其结果是全面交换结算工具和支付信息，并建立最终结算头寸。该环节的功能主要是为了提高结算的标准化水平和结算的效率。清算包含了在收付款人、金融机构之间交换支付工具，以及计算金融机构之间待结算的债权。支付工具的交换包括交易撮合、交易清分、数据收集等内容。

11. 清分

其是清算的数据准备阶段，主要是将当日的全部网络交易数据按照各成员行之间本行代理他行、他行代理本行、贷记、借记、笔数、金额、轧差净额等进行汇总、整理、分类。

12. 结算

其是完成债权最终转移的过程，包括收集待结算的债权并进行完整性检验、保证结算资金可用性、结清金融机构之间的债权债务并记录和通知各方。

13. 在岸金融市场

其也称境内金融市场，是传统的国际金融市场。本国居民之间或本国居民和非居民之间以市场所在国发行的货币从事该货币交易的市场。该市场受货币发行国中央银行的管辖与干预。

14. 离岸金融市场

其也称境外金融市场，指以自由兑换货币为交易媒介，主要为非居民提供境外货币借贷、投资、贸易结算、外汇买卖、黄金买卖、保险服务、证券交易以及其他衍生工具交易等金融服务，且不受市场所在国和货币发行国金融法规管制的国际金融市场。

15. 境外收单业务

其是指境内用户通过国际性的电子商务信息平台购买境外商品和服务，支付机构集中代用户购汇结算给境外商户。支付机构为境内用户提供的货款代付服务通常称为境外收单业务。

16. 外卡支付业务

其是指境内商户通过国际性的电子商务信息平台联系境外买家并出售商品，支付机构集中代境内商户收汇，并根据境内商户的结算币种，向其支付外汇或代理结汇并支付人民币，物流则交给国际性快递公司完成。支付机构为境内商户提供的货款代收服务通常称为外卡支付业务。

（二）数字贸易跨境网络支付的发展现状

跨境支付可解决传统支付模式的痛点，其创新性在于凭借技术手段降低金融服务的成本和门槛，提高服务频次，扩大金融服务的受众群体。新型跨境支付主要是指线上的第三方支付，支持银行账户、国际信用卡、电子钱包等多种支付工具，满足小额高频的交易需求，进一步提高支付效率，降低成本。与国内的第三方支付类似，新型跨境支付较传统方式的区别在于切入消费场景，优化 C 端的客户体验，针对不同行业的 B 端商户定制支付综合解决方案。在跨境数字贸易、出国旅游等行业大发展的背景下，新型跨境支付将占据更多的市场份额。

除了传统的银行和汇款公司之外，跨境支付行业的参与者主要有四类公司：国际支付公司、互联网巨头、持牌的第三方支付公司和其他非持牌的支付公司。这四类公司的优劣势及布局重点如表 6-1 所示。

表 6-1 跨境支付行业参与者优劣势及布局重点

类别	优势	劣势	主要布局
国际支付公司	技术能力，境外网络，品牌背书	国内支付牌照，缺乏本地化收单能力，费率较高	国际收单、汇款

续表

类别	优势	劣势	主要布局
互联网巨头	C端用户体量大，外延式扩展的能力强	业务布局分散，重点不明确	C端钱包、外延式并购
持牌的第三方跨境支付公司	跨境支付牌照的结售汇业务资格，国内的市场经验	缺乏境外市场资源和经验	结售汇、人民币跨境支付
非持牌公司	本地化服务的响应能力强，商业模式灵活	缺乏品牌背书	协助互联网巨头海外落地、系统开发及技术输出；汇款，国际收单，人民币跨境支付

1. 国际支付公司具有先发优势

国际支付公司在收单业务上占据主要市场份额。跨境支付涉及不同国家和地区不同的支付方式和货币，监管要求和环境差异大，支付公司需在开展业务地区获得本地相关支付牌照。另外，对于这些已具备一定市场认可度的品牌，更容易获得境外的商家和客户的信任，企业的信用背书具有一定的壁垒。全球主流的跨境支付公司均看好中国市场，早已开始布局，在国内市场开疆拓土，规模较大的跨境电商平台都与这些支付公司建立了合作关系。其中 PayPal 和 Worldpay 具有较强的全球收单能力，能提供综合的跨境支付服务；派安盈（Payoneer）和万里汇（Worldfirst）主要布局在汇款业务。

2. 互联网巨头的国际化、平台化战略持续推进

蚂蚁金服和微信在支付领域的竞争从国内蔓延到了境外。蚂蚁金服的海外战略实施开始时间较早，通过外延式并购和战略合作的方式进入多个国家的支付行业。财付通是基于微信社交功能之上的支付工具，提供在线支付主要服务。

蚂蚁金服通过外延式并购来获取境外本地客户和支付渠道，打造全球化的支付网络和服务体系，丰富产品线，真正实现国际化；在投资并购完成之后，支付宝输出国内经过验证的支付技术和商业模式，在全球推广。

微信的优势是社交属性，其在国际化中专注于对个人消费者的服务，包括线上线下消费场景的拓展、退税服务等。此外，腾讯的外延式并购主要集中在游戏、社交娱乐、数字媒体等优势领域，进一步巩固其社交属性优势。

3. 持牌的第三方支付公司发挥牌照优势

从理论上说，获得跨境支付牌照的公司可以直接对接买卖双方，实现跨境支付，但由于这些公司的主要业务资源都在境内，在打通跨境支付的通道上依然会选择与外部伙伴合作，实现优势互补，快速拓展市场。

业务重点布局在为境内的商家提供全产业链服务以及具有价格优势的结售汇业务。目前，我国已有 30 家公司获得跨境支付牌照，如表6-2所示。

表 6-2　30家获得跨境支付牌照的公司及其业务范围

序号	品牌	业务范围	特色业务	总部所在地
1	汇付天下	货物贸易、留学教育、航空机票、酒店住宿	定制化跨境支付方案	上海
2	通联支付	货物贸易、留学教育、航空机票、酒店住宿	保费跨境支付	上海
3	银联电子支付	货物贸易、留学教育、航空机票、酒店住宿	银联国际卡	上海
4	东方电子支付	货物贸易	跨境人民币结算、跨境外汇结算	上海
5	快钱	货物贸易、留学教育、航空机票、酒店住宿	"海淘"阳光快车道	上海
6	盛付通	货物贸易、留学教育、航空机票、酒店住宿	跨境收单	上海
7	环迅支付	货物贸易、留学教育、航空机票、酒店住宿	国际卡支付、跨境外汇支付	上海
8	富友支付	货物贸易、留学教育、航空机票、酒店住宿	跨境电商收款、结汇	上海
9	财付通	货物贸易、航空机票、酒店住宿	财付通美国运通国际账号、支持10种外币	深圳
10	易极付	货物贸易	国际卡收单	重庆
11	钱宝科技	货物贸易	海外本地支付收款、跨境人民币结算、跨境外汇结算	重庆
12	支付宝	货物贸易、留学教育、航空机票、酒店住宿	境外汇款、境外流量包、扫码退税	杭州
13	贝付科技	货物贸易、留学教育	结汇、购汇以及跨境人民币支付	杭州
14	易宝支付	货物贸易、留学教育、航空机票、酒店住宿、国际运输、旅游服务、国际展览	提供基于跨境支付和海关"三单"合一的服务	北京
15	钱袋宝	货物贸易、留学教育、航空机票、酒店住宿	跨境旅游服务、跨境电商服务	北京
16	银盈通	货物贸易、航空机票、酒店住宿	购付汇/结售汇支付、跨境人民币支付	北京
17	爱农驿站	货物贸易、留学教育、航空机票、酒店住宿、国际运输、旅游服务、国际展览、国际会议、软件服务	跨境支付	北京
18	首信易支付	货物贸易、留学教育、航空机票、酒店住宿、国际展览、国际会议、软件服务	国际信用卡支付	北京
19	北京银联商务	货物贸易、留学教育、酒店住宿	银联国际卡	北京
20	网银在线	货物贸易、留学教育、航空机票、酒店住宿	京东跨境物流	北京

序号	品牌	业务范围	特色业务	总部所在地
21	拉卡拉	货物贸易、留学教育、航空机票、酒店住宿、旅游服务、国际展览	跨境金融服务平台	北京
22	资和信	货物贸易、留学教育、航空机票、酒店住宿	暂未开通跨境或境外收单业务	北京
23	联动优势	货物贸易、留学教育、航空机票、酒店住宿、国际运输、旅游服务、国际展览、软件服务、通信服务	跨境供应链金融、跨境营销服务	北京
24	连连支付	货物贸易、留学教育、航空机票、酒店住宿、旅游服务	是 PayPal 的合作伙伴	杭州
25	网易宝	货物贸易、留学教育、航空机票、酒店住宿	跨境支付	杭州
26	易付宝	货物贸易、留学教育、航空机票、酒店住宿	跨境外汇支付业务	南京
27	智付电子支付	货物和服务贸易	国际信用卡支付、跨境外汇结算、跨境人民币结算、海关支付单服务、报关报检服务、跨境物流、保税仓、海外仓	深圳
28	新生支付	货物贸易、留学教育、航空机票、酒店住宿、国际运输、旅游服务、国际展览、国际会议	外卡收单、跨境人民币支付、收结汇	海口
29	摩宝支付	货物贸易	跨境支付	成都
30	宝付	货物贸易	国际卡业务、跨境人民币结算、跨境外汇结算	上海

4. 非持牌公司的差异化发展路径

①技术服务。为银行、支付宝、财付通以及其他第三方支付公司提供技术支持，包括系统建设、风控技术、反欺诈技术等，或与海外有本地支付牌照的公司合作，开发本地钱包产品。

②与支付宝、财付通合作拓展业务。在海外市场拓展商户资源，对接收单机构，增强支付宝和财付通的收单能力。

③独立拓展跨境支付业务。国际收单业务门槛较高，市场主要被国际支付公司占领，中国公司要努力提升国际收单能力。汇款业务门槛较低，价格竞争激烈，中国公司正在迅速抢占市场。结售汇业务主要布局在人民币跨境支付，同时提供汇率管理服务。

二、数字贸易跨境网络支付与结算方式

在国际贸易中，不同的交易对象、交易内容、交易方式与交易规模等所适用的支付与结算方式差异很大。一般而言，传统贸易、大额 B2B 跨境数字贸易主要采用传统的线下支付方式进行结算，如汇付、托收、信用证、银行保函、国际保付代理等；小额跨境数字贸易主要采用线上支付与结算模式。全球主流的网络支付模式有四种，分别是银行卡组织模式、第三方网关模式、网银支付模式和直接借记模式。直接借记模式仅在澳大利亚等少数国家出现，如表 6-3 所示。网银支付模式由于发卡行直接跨境拓展商户存在一定的难度，故虽在境内网上支付业务中表现不俗，但却未能在跨境支付业务中占据主动。为此，我们仅重点探讨前两种模式。

表 6-3　全球主流互联网支付模式

支付模式	实现方式	清算主体	特点	支付产品举例
银行卡组织模式	传统的"卡不出现"业务	卡组织	利用有效期、CVV2 等账户进行信息验证；安全性较低	VISA；万事达提供的 E-commerce 交易
	3D-Secure 认证的互联网支付业务	卡组织	卡组织提供安全的认证服务；需要事先注册认证信息	VISA 的 VBV；万事达的 SecureCode；JCB 的 J-secure
	辅助发卡行确认	卡组织	卡组织配合发卡行进行认证	中国银联的 CUPSecure
第三方网关模式	直付型	第三方	直接跳转网银，未能解决信用问题	ChinaPay
	虚拟货币型	第三方	利用第三方虚拟账户，以虚拟货币为介质进行担保支付；虚拟货币、资金监管及支付结算经营许可等问题尚待解决	快钱；腾讯 Q 币
	信用担保型	第三方	利用第三方虚拟账户进行担保支付，解决信用问题，需要事先注册认证信息，客户黏着度高；洗钱、套现、赌博、欺诈、在途资金等问题尚待解决	国际支付宝；PayPal
网银支付模式	银行网银直联商户	发卡银行	直接跳转网银或持卡人主动登录网银（仅限本行持卡人）	欧洲的主要银行；中国工商银行网银
直接借记模式	清算组织直接借记持卡人账户	支付清算协会	利用发卡机构提供的直接借记功能支付；需要持卡人、发卡行和商户事先达成协议	澳大利亚支付清算协会为 PayPal 提供的清算服务

（一）银行卡跨境网络支付

1. 银行卡组织支付模式在我国的发展

银行卡作为一种电子化货币形态，天然的为互联网这种电子化支付渠道提供了货币载

体支持。国际银行卡组织从 21 世纪初就一直在致力于银行卡互联网支付业务。传统的"卡不出现"业务，可以视为传统支付方式向互联网渠道的自然延伸，占据早期银行卡互联网支付的主导地位。据相关银行卡组织的统计数据显示，在当时的银行卡互联网交易中，有争议的网上交易中 84% 是由于持卡人否认造成的。为向发卡行及网络商户提供多元化的安全交易认证，也为持卡人创造安心便利的网络购物环境，银行卡组织推出了以信用卡和数字证书为基础的 SET（Secure Electronic Transaction）互联网支付产品，但由于操作烦琐、交易环境复杂，未能在市场上取得成功。2001 年，VISA 总结经验，提出了安全性稍弱的但使用较为方便的银行卡网上支付标准——3D-Secure，并提出自己的互联网支付产品"Verified By VISA"服务（以下简称"VBV"）。2001—2006 年，美国互联网支付盗刷风险损失率由此从 3.2% 下降至 1.4%，3D-Secure 模式的应用为银行卡组织在互联网支付市场上保持强势地位奠定了坚实的基础。万事达、JCB 也相继基于 3D 标准推出了各自互联网支付解决方案 SecureCode 和 J-Secure，银行卡的互联网支付功能迅速发展。

2003 年 7 月，万事达卡率先在中国大陆开展 SecureCode 业务的推广，VISA 也在同期登陆中国正式推广 VBV 服务。中国建设银行、中国银行、招商银行等陆续加入了基于 3D 的安全认证体系，向中国大陆地区的网上商户提供网络支付服务。中国银联在 2006 年年底针对中国发卡行的特点，推出了其互联网支付产品——CUPSecure，该产品根据是否建设网银系统为发卡行提出了两种接入模式，使境内众多发卡银行发行的银行卡均可在互联网上使用。随后，银行卡组织围绕各自产品进行大量的创新和探索。2008 年，VISA 推出了一种带有密码键盘和显示屏的信用卡，万事达也开始向超过 200 万的欧洲信用卡持卡人提供基于芯片和密码的网上交易，这些创新举措有效地加强了对于"卡不出现"交易的欺诈防范。同年 12 月，VISA 联合美国购物网站 OneNow. com 开通针对中国 VISA 持卡人的导购和物流服务，中国消费者可通过该网站在美国 30 万家网上商户购物，并享受跨境物流配送服务。

2. 银行卡跨境网络支付模式

在跨境网络支付的发展过程中，由于受到境内外市场发展的双重影响，消费者主要习惯于两种支付模式，一是依托国际卡组织及境外第三方提供的网上支付服务产品，使用境内发行的双币信用卡进行跨境网购，集中表现在对境外 B2C 商户的外币支付；二是借助境内知名第三方支付工具，使用银联人民币卡进行跨境网购，主要分为境内 C2C 平台人民币代购和境外 B2C 平台的外币购物人民币结算。因为该产品对于银联卡持卡人的覆盖面较广，在跨境交易时提供货币转换服务，并免收持卡人的货币转换费，故一经推出便受到境内外持卡人和网上商户的喜爱。

跨境网上支付必然伴随着资金流动、货币转换及结汇等跨境结算问题。对于境内发行的银行卡，根据卡种类和支付工具的不同，其跨境结算方式也有所不同，如表 6-4 所示。

表 6-4　基于境内发行的银行卡的跨境网购结算方式

卡类别	CUPSecure	VBV 和 SecureCode	参与结算的合作方
人民币卡	支持	不支持	需借助网银和清算代理行
双币信用卡人民币账户	支持	不支持	需借助网银和清算代理行
双币信用卡外币账户	不支持	支持	需借助银行卡组织

作为我国的银行卡联合组织，中国银联处于我国银行卡产业的核心和枢纽地位，对我国银行卡产业发展发挥着基础性作用。现在，借助银联的网上支付产品 CUPSecure，消费者还可以在境外购物网站使用银联卡进行购物消费。境外购物网站所列的商品均以外币标价，支付完成后，将根据银联当日汇率直接从持卡人的银联卡账户扣除相应的人民币，银联负责与境内发卡机构和境外互联网收单机构的资金清算。VISA、万事达卡等国际卡组织提供的互联网支付工具，仅支持使用境内双币信用卡的外币账户支付，银行卡组织负责币种转换和资金清算。

国际信用卡支付与结算主要包括三个过程：一是授权过程（Authorization），二是请款过程（Capture），三是清算和结算过程（Clearing and Settlement）。授权过程和请款过程是一次支付行为的两个阶段。授权过程的核心是要校验支付人信息、卡是否有效、账户剩余消费额度是否充足，并对此次授权金额进行冻结，信用卡不同于借记卡模式，消费的是信用额度，所以先冻结、后入账。请款过程才是真正的扣款入账环节，是对授权阶段冻结资金的实际转移。

国际信用卡支付的授权过程如图 6-1 所示。

①用户在商户端发起国际信用卡线上支付（需要输入卡号、CVV、有效期等卡信息）。

②商户向收单行提交授权交易的请求。

③收单行将交易授权请求发送到银行卡组织，如 VISAnet 系统。

④卡组织解析授权请求中的卡号，然后将授权请求转发至发卡行。

⑤发卡行进行信息校验，包括账户余额是否大于本次交易、卡状态是否正常以及风控规则校验，信息校验无误后返回授权通过信息到卡组织。

⑥卡组织将发卡行返回的同意授权的应答转发给收单行。

⑦收单行将授权应答转发给商户。

⑧商户根据授权应答完成交易。

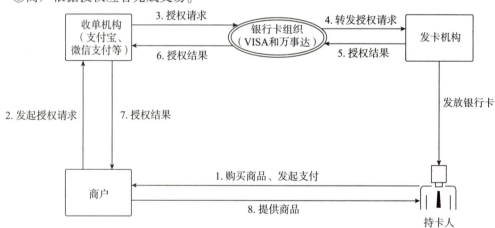

图 6-1　国际信用卡支付的授权过程

国际信用卡支付的请款过程如图 6-2 所示。

①商户把交易单据提交到收单行。

②收单行贷记商户账户，根据交易划拨资金到商户账户，并提交交易结账请求到卡组织。

③卡组织结账，借记发卡行账户，贷记商户银行账户，并提交交易到发卡行。

④发卡行在信用卡持卡人账户增加一笔交易，借记持卡人账户，并将请款通过的信息发送给卡组织。

⑤银行卡组织将发卡行返回的同意请款的应答转发给收单行。

⑥收单行将同意请款的应答转发给商户。在整个处理过程中，银行卡组织要求商户不得存储授权敏感信息，如 cvv2 码等。

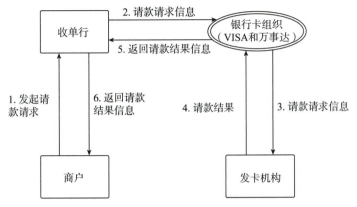

图6-2　国际信用卡支付的请款过程

国际信用卡支付的清算与结算过程如图6-3所示。

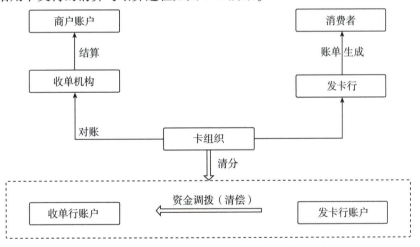

图6-3　国际信用卡支付的清算与结算过程

由于信用卡交易是账单流程，请款其实是在交易支付有关机构各记录了一笔账，货款真正到账尚有待最后的清算与结算过程。清算是银行间的资金清分和清偿过程，主要由银行卡组织负责；结算是收单机构负责的商户的资金清分和清偿行为。

（二）第三方跨境网络支付

在境内网络购物市场繁荣发展的同时，第三方支付企业对境外市场的开拓也在有条不紊地展开。以支付宝为例，2005年4月，支付宝与VISA达成战略合作协议，成为中国首家正式推出"VBV"的网上支付平台。2007年8月，支付宝在中国香港正式宣布联合中国银行全面拓展海外业务。2009年，支付宝与中国银行再次进行深度合作，推出境外收单业务，中国银行作为支付宝境外业务的代理行，为用户提供购汇、换汇等服务。目前，支付宝用户可在 20 多个国家和地区的数百家商铺直接支付人民币购买国外商品，海外购物网站遍及中国港台、日、韩、美国、澳大利亚、意大利和英国等地区和国家。

第三方支付的情况较为复杂，对于 C2C 平台的跨境代购，实质相当于境内业务的延伸，卖家收取人民币，第三方不需要结汇；对于第三方与银联或其他国际卡组织的合作，由卡组织负责货币转换和资金清算，第三方不需要结汇；当第三方自行在境外发展网上商户的情况下，交易后由第三方统一购汇进行跨境结算。在第三种情况下，第三方将外币标价的产品根据实时外汇价格转换成人民币价格，境内个人支付人民币给第三方，第三方再代理购汇支付。在这一支付过程中，第三方只是代理购汇手续的中间人，实际的购汇主体仍是个人买家。

第三方支付具有使用方便、费用低廉、降低诚信风险、代理消费者购汇等多种独特优势，所以能够迅速取得全球用户的认可。国际上比较主流的跨境支付平台是 PayPal，在跨境数字贸易中超过 95% 的卖家和超过 85% 的买家认可并正在使用 PayPal 提供的电子支付业务。从支付模式来看，第三方支付可分为网关型支付和担保型支付两类。

1. 网关型支付

网关型支付是目前第三方线上支付企业普遍支持的模式之一。在该模式中，网关型支付平台只作为支付通道，客户发出的支付指令传递给支付平台，支付平台将此信息通知收付款用户并进行账户结算，如信用卡就是典型的网关型支付模式。

网关型支付的运营流程如图 6-4 所示，主要包含以下业务环节。

①收付款双方达成支付共识，确定支付金额及支付方式，并选择网关型支付平台进行支付。

②收款方向网关型支付平台申请支付，并提交支付信息。

③支付平台验证付款方信息，付款方确认付款信息，并提供付款银行卡或银行账户信息。

④支付平台在确认支付后，将支付信息提交到相关银行，申请收付款，并根据银行返还的支付完成信息返回给收付款双方。

⑤在确认支付完成情况下，收付款双方完成交易。

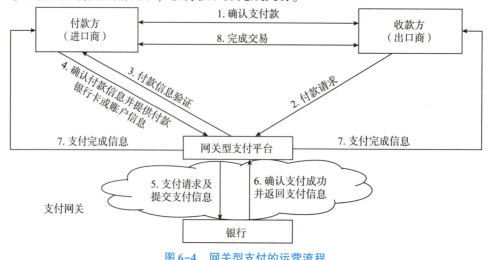

图 6-4　网关型支付的运营流程

2. 担保型支付

担保型支付是指付款人通过支付平台向付款人账户所在的商业银行提交支付指令，担保型支付平台在从商业银行接收到交易款项后，并不需要立即将该笔款项支付给收款方，而是在平台上保留一段时间，直到交易中的付款方确认收到所购商品或享受到相应服务后，再将交易款项支付给收款方。

担保型支付平台利用其自身的电子商务平台和中介担保支付平台吸引商家开展经营业务。买方在平台账户上进行付款后，由第三方平台通知卖家发货，其中需要依靠第三方平台的信誉为买卖双方进行担保。在这类交易付款方式中，交易发生的时间和交易完成的时间通过第三方担保模式被有效分离，同时被分离的还有付款时间和收款时间。

担保型支付的运营流程如图 6-5 所示，主要包含以下业务环节。

①付款方向支付平台提交支付信息，申请支付。

②支付平台验证付款方信息后，将支付信息提交到相关银行，申请支付。

③银行将款项支付给第三方担保型支付平台，返回支付成功信息。

④第三方担保型支付平台收到付款方的支付款后，向收款方发出付款方已付款通知。

⑤付款方收到付款通知后，向付款方发送交易货物或服务，收款方收到货物或享用服务后，向第三方担保型支付平台发出最终支付款项的指令。

⑥第三方担保型支付平台将款项支付给收款方，并向双方发出支付完成信息，最终整个交易完成。

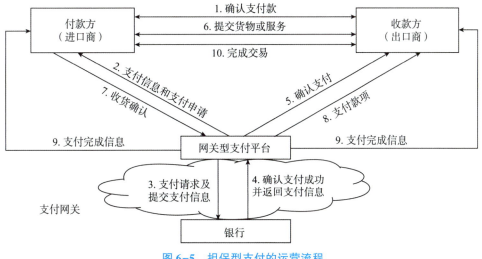

图 6-5　担保型支付的运营流程

三、数字贸易跨境网络支付结算的主要业务活动

跨境网络支付业务发生的外汇资金流动，必然涉及资金结售汇与收付汇。目前，我国跨境网络支付与结算活动主要包括两类内容，即购汇支付（含第三方购汇支付、境外电商接受人民币支付、通过国内银行购汇汇出等）与收汇支付（含第三方收汇结汇，通过国内银行境外分支机构汇款、以结汇或个人名义拆分结汇流入，通过地下钱庄实现资金跨境收汇结汇等）。

与跨境电商进口相对应的跨境支付结算活动是购汇付汇，与跨境电商出口相对应的跨境支付结算活动是收汇结汇。

（一）购汇支付

国内消费者在购物网站购买跨境商品时，需要用当地货币结算，而通过第三方支付工具，消费者用人民币就可以完成支付。第三方支付企业向国内消费者提供的这种用人民币购买、用外汇结算的服务称为购汇支付。

如图6-6所示，第三方支付企业除完成购汇支付外，还需要将支付信息报送给电子口岸，海关通过将支付信息、订单信息和物流信息汇总，"三单"合一后生成清单，对碰"三单"信息无误后才可让商品入境。

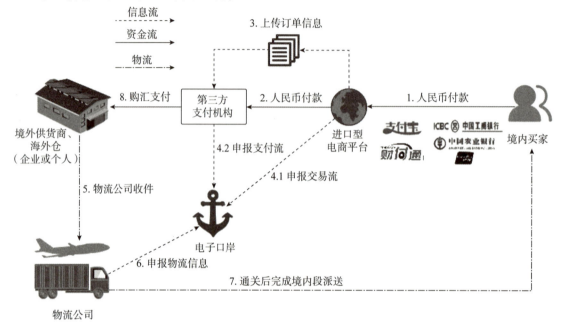

图6-6　跨境进口电商中的购汇支付与信息申报流程

在具体的业务流程方面，主要分为前台的购汇支付和后台的购汇清算流程。以购汇支付为例，境内用户拍下境外商家的货品后，按商家网站所显示的人民币报价支付相应款项到第三方支付平台，随后境外商家向境内用户发货。后台购汇清算流程则主要发生在第三方支付平台与境内合作银行之间，由第三方支付平台向合作银行查询汇率，并根据交易情况批量购汇。买家收到货物后，第三方支付企业向银行发送清算指令，将外币货款打入境外商家的开户银行，从而完成整个交易。

（二）收汇支付

境内企业在开展跨境电商出口业务时，境外消费者用外币支付货款，而资金转到国内商户账户则用人民币结算，第三方支付企业为境内商户提供的这种结算服务称为收汇支付。

跨境出口业务中，跨境支付公司需要与境内的第三方支付公司合作建立货款分发渠道，帮助境外的买家和支付机构完成资金的入境及境内分发。整个收汇结汇过程中，信息流、资金流、物流的流转如图6-7所示。境外买家在跨境电商平台下单，并通过其所在地的支付工具付款，款项流入跨境电商平台境内卖家在与其合作为其提供金融服务的海外第三方支付公司如 PayPal 设立的账户；海外第三方支付公司收到外币货款后，需要与中国境内的第三方支付机构（如 WindPayer）合作，由其负责将外币货款转成人民币来结汇，再支付给境内商户。

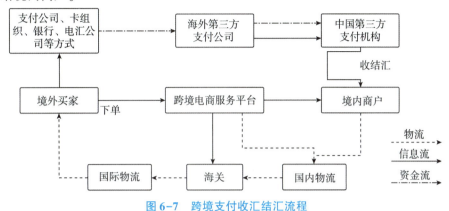

图 6-7　跨境支付收汇结汇流程

 案例 6-1

支付宝进军国际支付领域

21 世纪初，阿里巴巴、8848 等 B2B 电子商务网站相继诞生，但此时的电子商务交易还没有网上支付功能，只能为电子商务提供信息流和物流服务。2004 年，众多第三方企业依托自身的网络支付平台与银行卡组织和网银合作，形成了基于虚拟账户的信用担保交易模式和虚拟电子货币的主流网上支付模式。这种基于虚拟账户的交易方式独立于交易参与方和银行，承担起对交易后续支付过程的监控职能，并承诺对交易受损方提供追索手段和赔偿服务，消除了消费者对网上购物的后顾之忧，大幅促进了网上支付业务的发展。当前，第三方的支付工具和支付模式层出不穷，产业更加注重市场细分，在采购、渠道、物流和广告等增值服务方面已经向综合化物联网概念发展。主流的第三方企业将由网上支付平台，向整个网上购物产业链的各个环节深入，组织电子商务产业各环节的供应商，在管理、采购、品牌、广告、物流、资金、营销等方面，为消费者和大中小卖家提供个性化产品和服务。此外，第三方的网上业务也开始向网下发展，银行卡支付渠道的联系更为紧密，如支付宝与拉卡拉联合推出的便民支付服务等。

支付宝的第三方支付运行流程是：买卖双方在网上达成交易合意之后，买方向支付宝发出的支付命令，支付宝从买方账户中扣除货款并转移到自己的虚拟账户中代为保管，支付宝向卖方发出货款已收妥可以发货的通知，卖家在收到支付宝货款收妥的通知后发出货款。买家收到货物并确认后，向支付宝发出支付指令，此时，支付宝再将该款项划入卖家的支付宝账户。该模式推广到跨境支付领域亦是如此，只是消费者或采购商与卖方处于不同的国家或地区，这种交易模式的实质是第三方支付平台作为买卖双方的中间人，为整个交易提供了信用担保。能否提供一种安全、便捷的支付方式，是跨境交易中商家和消费者最为关心的问题。支付宝作为淘宝网解决网络交易安全所设的一个功能，非常重视用户的支付安全问题。其安全性在国内交易中具体表现在以下几个方面。①"支付宝账户"对用户实行"双重认证"，即身份证认证和银行卡认证。②"支付宝账户"为用户提供两个密码和双重保障服务，即用户在使用支付宝的过程中常会使用到的是两个密码，登录密码及支付密码，且密码只允许两次输错，第三次输错时系统将锁定此账户3小时。③支付宝还为用户提供了短信通知功能，有修改密码、使用支付宝账户余额付款、申请提现、取回密码、更新登记的银行账号、修改E-mail地址等操作的时候，用户会收到短信通知，这进一步加强了用户的账户安全。

基于支付宝的独特优势，支付宝正积极把在国内贸易中的营运模式运用到国际贸易结算中，将触角延伸到跨境电子支付领域。例如2007年8月，支付宝正式推出跨境支付业务，向境内买家和境外买家提供一站式的资金结算解决方案，此项业务支持包括英镑、美元、日元、加拿大元、澳大利亚元、欧元等在内的20种货币。

支付宝的境外收单业务是针对境内个人零星购买国外商家的产品而开通，它的具体购汇支付方法如下：支付宝将这些外币标价的产品根据实时外汇价格转换成人民币价格，境内个人先将人民币支付给支付宝账户，支付宝再代理购汇支付。在这一支付过程中，支付宝只是起到代理购汇手续的中间人，实际的购汇主体仍是个人买家。

2011年9月5日，支付宝收购了安卡国际集团旗下的安卡支付，进入国际航空支付领域的同时奠定了深度拓展跨境业务的基础。随后，支付宝又突破了国际支付的技术障碍，形成了强大的跨境支付的技术实力。

四、跨境电子商务中的供应链融资及其类型

供应链融资（Supply Chain Finance）是指资金借出方借助核心企业的信用，为供应链上的节点企业提供金融支持。供应链融资把供应链上的核心企业及其相关的上下游配套企业作为一个整体，根据供应链中企业的交易关系和行业特点制定基于货权及现金流控制的整体金融解决方案的一种融资模式。供应链融资通过将资金有效注入相对弱势的上下游配套中小企业，解决了配套企业融资难和供应链失衡问题；另一方面，将银行或金融机构信用融入上下游配套企业的购销行为，增强其商业信用，促进配套企业与核心企业建立起长期战略协同关系，从而提升了整个供应链的竞争能力。

金融支持跨境电商发展研究：进展、挑战与推进

在跨境贸易中，导致中小企业融资难的原因很多。首先，跨境贸易的订单回款周期相对较长，通常回款周期为两个月左右，即国内供货商发货两个月之后才能收回货款。其次，跨境物流发货存在运费高、关税高、频次高、物流账期短等问题。最后，一些国外买家要求卖家在采购订单签订后很短的时间内发货，这使得国内的卖家企业不得不占用一定的资金提前进行原材料备货，随时满足不确定环境下的订单交付要求。一方面，跨境贸易中的中小企业迫切需要资金；另一方面，大部分中小企业固定资产存量较少，缺乏银行认可的价值稳定的固定抵押资产，也难以争取到风险水平更低的主体来为其担保，从而很难从传统的融资渠道中获得资金支持。在这样的背景下，一些第三方跨境电商平台以及外贸综合服务型企业开始参与中小企业的贸易融资服务，在为它们提供专业化、低成本的通关、结汇、退税及物流服

务的同时，也基于自身电子商务平台中积累的大量真实历史交易数据以及跨境贸易中的真实订单、应收账款票据及货物质押等资料，还提供基于供应链的融资服务。

在跨境贸易中，外贸型中小企业会在经营生产中的不同环节产生资金需求缺口。因此，具体的融资方式也会随着贸易流程的进行而不断改变。例如，在企业接到国外订单时，因需要提前拿到资金组织生产而产生的订单融资；在交付产品后等待后续应收账款回款过程中，将所拥有的应收账款作为抵押进行应收账款融资；将商品出口后的出口退税作为抵押进行融资，以及贯穿整个跨境贸易链条的基于信用的融资等。相对于传统的融资模式，跨境电商交易平台和外贸综合服务平台为中小外贸企业提供了跨境交易订单撮合和后续订单执行的便利，而这些企业在平台上积累的历史交易数据又可作为评价其交易真实性及企业总体信用的参考依据，使电商平台和外贸综合服务平台为中小外贸企业提供供应链融资服务成为可能。跨境电商实践中常用的供应链融资服务有如下五种模式。

（一）平台担保下的应收账款融资

应收账款融资是指中小企业为了获得周转资金，用自己的应收账款做抵押向银行申请贷款的融资模式。在跨境电商的业务场景中，第三方跨境电商平台在为众多的国内外买家和卖家企业提供跨境交易服务的过程中，掌握了真实的订单及交易过程信息。为了帮助国内中小外贸企业解决由于跨境贸易回款速度慢导致的资金周转问题，跨境电商平台与合作银行一起，为出口型中小外贸企业设计了基于应收账款的融资服务模式，这也是目前跨境电商中最常见的供应链融资服务模式之一。跨境电商平台担保下的应收账款融资，其基本流程如图6-8所示。以跨境电商小额B2B出口为例，国外买方在下订单的同时，首先要完成货款的支付，然后电商平台会通知国内卖方按照订单要求及时备货和发货。

应收账款融资通常发生在国内卖方接受了买方订单并完成了发货以后。卖方可以根据物流发货时长以及自身资金需求选择应收账款融资。跨境电商平台根据卖方的申请信息，将该企业的历史交易数据、信用评价信息以及本次交易订单数据提供给银行，并为卖方提供担保服务，再由银行为该企业提供相应的贷款服务。在物流发货过程中，跨境电商平台协助银行完成货物信息的把控和卖方店铺经营状况的监控，待收到买方的收货确认后，电商平台再将之前收到的付款资金转入卖家在贷款银行开通的还款账户。

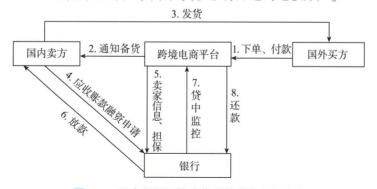

图6-8　平台担保下的应收账款融资业务流程

平台担保下的单笔应收账款融资模式在条件具备时也可以向出口应收账款池融资转化。出口应收账款池融资是指银行受让跨境贸易中出口商向国外进口商销售商品所形成的应收账款，并且在所受让的应收账款能够保持稳定余额的情况下，结合出口商主体资质、经营状况、抗风险能力和应收账款质量等因素，以应收账款的回款为风险保障措施，向出口商提供融资的短期出口融资业务，即出口商将一个或多个不同买方、不同期限和金额的应收账款转让给银行，只要这些应收账款总额不超过银行为其设定的整体授信额度，企业就可以在一段时间内持续循环进行应收账款的融资。

出口应收账款池融资相比单笔应收账款融资，一方面，节约了银行多次进行单笔应收账款融资的业务处理成本；另一方面，加大了企业单次融资的额度，能够更有效地满足企业的融资需求。此外，由于应收账款池融资利用了风险分散原则，有利于保障融资银行的回款安全。

（二）订单融资

订单融资是指卖方企业凭借信用良好的买方产品订单，在技术成熟、生产能力有保障并能提供有效担保的条件下，由银行提供专项贷款供企业购买材料组织生产，企业在收到货款后立即偿还贷款的业务。订单融资常应用于支持国际货物贸易项下出口商和国内货物贸易项下供货商备货出运。平台担保下的订单融资业务流程如图6-9所示。

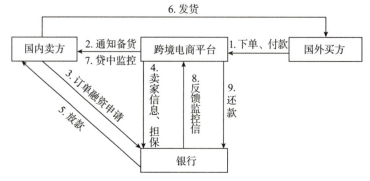

图6-9　平台担保下的订单融资业务流程

订单融资发生在买方付款下单后。卖方在发货前根据买方的下单信息向银行申请订单融资贷款，平台将卖方信息以及订单信息发送给银行，并为卖方提供融资担保服务，卖方收到资金后再开始备货和发货。在此期间，跨境电商交易平台帮助银行对卖方店铺经营状况以及货物运输、送达情况进行监控。买方收到货物后，卖方授权跨境电商平台将货款全部转给银行，并向跨境电商交易平台缴纳一定的融资服务费。该类融资业务有助于解决中小外贸企业出口发货前组织生产的资金缺口。此类融资服务风险管理过程中最重要的就是出口交易订单的真实性和企业的订单交付能力的确认。

（三）出口退税融资

出口退税融资是指出口企业以其享受的符合国家政策规定的出口退税应收款作为质押，向融资服务提供商如外贸综合服务平台或者金融机构，申请的贸易项下短期流动资金贷款服务。该类融资模式有助于解决企业在出口贸易中，因无法提供其他合规担保物而遭遇的融资难问题。

以外贸综合服务平台为核心的出口退税融资业务流程如图6-10所示。符合出口退税的企业在接到订单后，通过外贸综合服务平台完成出口订单执行过程，并与该平台签订代理出口退税协议，这时货权可以转移到外贸综合服务平台，平台提前垫付退税款给出口企业并收取一定服务费，再由平台完成后续的退税流程。国内典型的外贸综合服务平台有阿里巴巴一达通、宁波世贸通等。

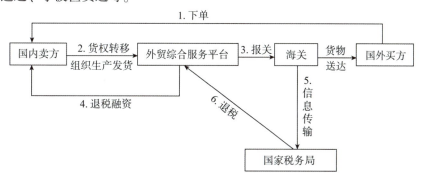

图 6-10　出口退税融资业务流程

（四）信用融资

跨境电商中的信用融资是指跨境电商平台依据客户在平台上的历史交易数据等信息，对客户做出信用评价，并依此为其提供贷款的融资服务。基于信用的融资不需要任何抵押物，因此，对贷款企业的信用评价就成为风险控制中最为重要的工作。跨境电商平台需要根据海量的卖家信息和交易数据，建立一套针对中小企业商户的信用评价体系，以及完善的风险控制、诚信安全保障体制，基于贷前、贷中、贷后三个维度综合把控，保障平台和合作银行的利益，降低贷款风险。

以国内跨境电商平台敦煌网的"电商数据贷"产品的风险控制为例，敦煌网通过分析客户的退款率、纠纷率、好评率等一系列可以体现客户行为的数据，先在综合分析之后对客户做出信用评估，再基于信用评估结果为客户做出不同的信用等级划分。那些在平台上有良好的交易行为和信用等级的中小企业能享受到信用融资服务的可能性更大。

（五）出口信用保险项下融资

出口信用保险项下融资是指银行对已为进口商取得保险公司核准的出口信用保险额度的出口商，在出口货物发出、交纳保费和赔款权益转让后，按照保险公司确认的付款方式办理相关出口结算业务时，凭其提供的出口信用保险单据、出口商业单据及权益转让凭证等给予的与结算方式一致的短期资金融通方式。在跨境贸易中，很多时候出口企业要将产品出口到高风险地区，或者向不熟悉的进口商出口，同时采用赊销方式进行结算。在面对这样的融资客户需求时，银行及与银行合作的跨境电商平台或外贸综合服务平台会要求融资企业购买出口信用保险，在此基础上才提供出口信用保险项下的授信服务。

出口信用保险项下融资业务流程如图 6-11 所示。境内卖方向出口信用保险公司购买出口信用保险，并向银行申请出口信用保险下融资。银行根据客户的资信状况以及信用保险公司核准的保险额度，审批客户的融资额度。境内卖方与银行、信用保险公司签订赔款转让协议，将保单权益转让给银行。境内卖方发货后，凭保险公司确认的出口申报单及商业单据（发票、提单等）向银行申请额度内融资。当出现保险公司责任范围内的损失时，如遭遇买方拒付、破产、倒闭等，保险公司便根据相关规定，按照保险单规定理赔后应付给客户的赔款金额直接全额支付给提供融资服务的银行。

在出口信用保险项下融资服务的风险管理中，需要关注以下几个环节。

①客户出口正常收款的回路是否指向授信银行。

②注意保险免赔条款可能对授信回收带来影响。

③注意赔款转让协议中，应约定保险公司对保单责任范围内发生的赔款直接支付给授信银行。

④以非信用证方式结算的出口信用保险项下融资业务也必须由授信银行审单、寄单。

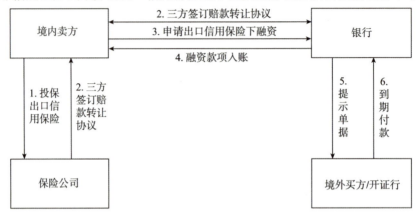

图6-11　出口信用保险项下融资业务流程

五、跨境电子商务中的金融风险及其防控

跨境支付与结算风险和供应链融资风险是跨境电子商务中金融风险的主要来源。

（一）跨境电子商务中的金融风险

1. 跨境支付与结算风险

1）跨境信用保障风险

对于银行来说，在跨境电子支付服务中，由于没有完善的跨境信用协调体系，银行不能充分地了解交易主体的信用及信誉状况，在不同信用状况的主权国家中，实现银行跨境信用保障还存在一定的阻力。对第三方支付平台来说，其在跨境电商交易中充当的是一种中间人的角色，实行代收代付和信用担保，如果买卖双方的诚信度不能有效保证，平台在其中要承担信用认证与保障功能，那么就会因此承担一定风险。

2）内部管理风险

从银行的角度来看，内部控制是商业银行经营管理过程中的一种自律行为，是银行为了防范经营过程中的各种风险的管理行为。作为资金或货币的中转主体，商业银行目前存在内部控制措施缺陷问题，如风险控制意识不足、风险管理意识不强以及风险评估管理体系不健全等。从第三方支付平台的角度看，企业风险管理和控制技术不完善、对风险的应对机制尚不成熟等使得跨境电商支付风险增大，监管难度加大。

3）流动性风险

流动性风险是指商业银行虽然有清偿能力，但无法及时获得充足资金或无法以合理成本及时获得充足资金以应对资产增长或支付到期债务的风险。企业之间的大额资金支付通常是通过网上银行支付服务系统完成的，由于交易金额较大，受商业银行资金流动性限制，或者受网上支付与转账额度限制等，一些网上银行难以按照客户要求的时间和金额完成支付业务。网上银行流动性风险将是跨境电子支付风险管理的重要内容之一。

4）资金沉淀风险

在跨境电商交易中，作为支付环节担保中间人的第三方支付平台的账户中会沉淀购买方的大量交易资金，由于管理资金的能力以及风险监管能力的不成熟，这些资金存储产生的利息归属问题和沉淀资金的安全问题等成为跨境支付风险的组成部分。

5）洗钱及欺诈等风险

由于跨境交易的真实性和资金的合法性难以界定，犯罪分子利用支付机构充当资金流通渠道，实施如洗钱、赌博、欺诈、逃漏税等不法行为，给电子支付机构造成了法律上的连带风险。

6）资金账户安全风险

跨境电子支付企业要承担互联网或银行交易支付网络受到黑客或其他不法分子攻击而遭受损失的风险，这些犯罪团伙往往技术高超，相关监管部门防不胜防。为买卖双方提供支付业务及账户管理的支付企业，需要承担资金账户管理方面的风险。

 案例6-2

> **从洗钱案看跨境电商资金合规问题**
>
> 2020年8月，多家媒体同时报道了一件震惊跨境电商大卖圈的案件——杭州时尚类跨境电商大卖家全之脉电子商务有限公司（以下简称"全之脉"）涉嫌用境外公司洗钱，涉案金额超过5000万元，由公安部挂牌督办。
>
> 目前，主流跨境电商或者外贸超级卖家通常采用如下方式做回款操作：先通过各种平台出售商品，然后国外客户付费、平台放款。一般卖家企业会用连连、PayPal、PingPong、亚马逊收款等第三方收款工具，因为它们在国内有结汇牌照，资金回笼合规，或者卖家企业用海外银行收款，资金通过某种方式回国。而全之脉就是在这一步开始违规操作的。其虚构了一个海外公司给境外不法团伙提供打钱到公账的服务，冒充正常贸易所得，然后组织亲属、朋友、同事等通过POS机套现。
>
> 网上曝光的类似洗钱案件还有很多。例如，2021年7月23日，在湖南省东安县人民检察院起诉的一起案件中，被告人蒋某明知其同学卿某某有非法网络洗钱犯罪行为，仍在2021年2月22日将中国农业银行卡、中国银行卡两张银行卡出借给卿某某（用于洗黑钱）并从中获利。
>
> 上述案件对所有从事跨境电子商务的卖家企业均有很大的警示作用，即跨境电商卖家结汇深受国家重视，跨境电商资金和财务合规必然是行业趋势。

2. 跨境供应链融资风险

在跨境电商的供应链融资活动中，以商业银行、跨境电子商务平台、外贸综合服务平台为代表的资金提供方和风险管理方面临多种风险，这些风险可归纳为信用风险、操作风险和法律风险三大类。

1）信用风险

影响供应链融资的信用风险包括系统风险和非系统风险。系统风险是指由于宏观经济周期或行业发展要素发生变化造成行业内大部分企业亏损的情况。非系统风险是指企业自身的经营策略等方面造成的经营风险，在很多情况下，非系统风险是由债务人的个人行为或个性造成的。

商业银行面临的信用风险由供应链融资的客户群指向决定。一般认为，中小企业的违约风险高于大企业的。从传统授信角度看，银行所服务的中小企业客户信息披露不充分，造成贷款的信用风险度量和信用风险评价出现困难，特别是在跨境电子商务环境下，跨境电商平台上的企业较分散，不利于实地考察和现场监管。此外，中小企业的非系统风险明显高于大企业。

2）操作风险

随着互联网及电子商务技术在实体界和金融业的广泛深入应用，二者在信息、业务流程等领域实现了深度集成，使国内目前的供应链金融服务已具备在线化特征，呈现出金融业与实体产业之间通过信息化协同合作而发展的在线供应链金融新趋势。

在线供应链金融凭借信息技术手段的支撑，实现了商流、物流、资金流的集成化管理。同时，在线供应链金融通过自偿性融资的结构化操作模式设计，构筑了用于隔离中小企业信用风险的防火墙，实质上使在线供应链金融服务中的信用风险向操作风险转移。在线供应链金融的运作模式决定了操作风险已超越信用风险上升为其主要风险，对整体收益起到决定性作用。

在线供应链金融的操作风险是指供应链内部操作控制不完善、人为错误、系统失灵等因素，导致参与供应链金融服务和管理的银行、物流企业、商贸企业损失的可能性。从电子商务交易、在线融资交易、在线支付交易、物流交易四个关键业务环节看，每个环节都存在操作层面的风险因素，如图6-12所示。

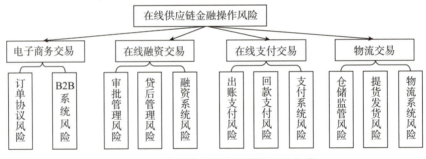

图6-12　在线供应链金融操作风险分类

电子商务交易阶段需要防范：交易订单的真实性；交易订单合同的有效性；防止虚假不正当交易。

在线融资交易阶段需要防范：银行审查人员未按规定审核，故意放宽审批标准使不合格项目通过；不法分子恶意破坏或篡改在线供应链金融系统或黑客攻击或病毒破坏；未能发现信用调查中存在的重大问题；未能发现授信支持性资产的合法性、足值性、有效性中存在的重大问题；审批人员未达到岗位用人要求；买方企业未支付到期应付款且逃避债务；未按规定的检查内容和时间间隔对保证金和资金敞口进行检查；到期日前未能及时通知客户回款，发现客户风险后未及时上报，以及未采取防控措施等。

在线支付交易阶段需要防范：银行出账的支付数据录入出错；融资款项发放未遵循时效；规定账户进行融资款项的发放；按照超过合同约定的预付比率发放融资款项；在企业

回款支付阶段，未经许可，银行信贷管理人员私自延迟客户还款期限；发现客户回款未遵循时效不及时上报；由于流程原因导致客户未按规定账户以及期限归还融资款项；客户回款后，贷款管理人员未及时确认导致客户物流交易受影响等。

物流交易阶段也是供应链金融操作频率以及风险发生率非常高的环节，此阶段最需要重视的就是授信支持性资产是否得到了有效监控。

在线供应链金融的操作风险具有以下显著特点。

①复杂性。对借款人的流动性资产进行控制的过程中，银行、物流企业、电子商务平台等都会增加大量操作控制，复杂程度高于传统融资业务。例如，在线供应链金融全流程是基于互联网的电子化操作，由于不同参与主体的人为因素或者系统安全防范不足，平台上的中小企业信息、交易过程的各类单据等被泄露、篡改和窃取的风险增加，使得在线供应链金融系统在人员素质培养、流程建设以及信息系统建设方面复杂性增加。如果涉及跨境交易，在跨境支付及回款、境外物流、质押物的估值、质押物动态管理等环节的监管操作难度将会显著增加。

②传导性。在线供应链金融是多主体参与的，由电子商务交易、物流交易、在线支付交易、在线融资交易四大交易系统组成的一种交易性融资业务。在跨境电商运作中，一旦银行与跨境电子商务平台的结算、监管、物流和保险等系统对接不通畅，或者任何一个环节的技术或网络安全出现问题，都会影响跨境电子商务供应链金融的整体生态系统。

③可控性。尽管在线供应链金融具有复杂性、传导性的特点，但是银行通过设定专门流程、签订专门商务条款、对借款人的现金进行闭环管理和控制等措施，使得在线供应链金融操作风险能够在一定程度上得以控制。特别是在跨境电商领域，第三方跨境电商平台和海关监管等机构在订单签订、货款支付、进出口报关等环节，都能对相关信息的真实性给予验证和把控，可以在一定程度上降低供应链金融服务中的操作风险。

3）法律风险

在线供应链金融的法律风险，主要是指对借款人的流动性资产进行控制过程中，可能导致的法律风险，包括金融机构及其代理人在法律上的无效行为，法律规定的不确定性，法律制度的无效性等。在线供应链金融依据的主要法律是民法典等，但是这些法律目前都不能完全覆盖在线供应链金融，特别是缺乏对借款人的流动性资产（包括存货、应收账款、应付账款等）进行控制的法律关系。

目前，我国一些地区仍然存在如下问题：法律和行政权力界限模糊；地方政府为保护当地企业利益，干涉法律审判和执行；不同地区的法律执行效率差异较大。此外，涉及国际贸易领域的金融法规更是少之又少。

（二）跨境电子商务中的金融风险防控

1. 跨境支付与结算风险防控

1）完善跨境电子支付服务监管制度与监控体系

随着跨境电子商务发展中新的问题不断出现，法律部门要着眼未来跨境电商涉及的法律风险，严格规范跨境电子支付业务操作流程。此外，还要加强对第三方支付机构和商业银行的监督检查力度，进一步完善监管法律制度，构建起对跨境电子支付的系统性监控体系。

第三方支付机构跨境电商收款业务及监管对策

2）跨境电子支付机构的自我提升

由于自身科技水平和计算机人才的缺乏，跨境电子支付平台往往存在很多漏洞，为此需要加强风险控制团队建设，完善企业的风险控制体系，吸纳专业人才，保护账户持有人的个人隐私信息，防止信息泄露等问题的发生。

3）引入第三方力量管控风险

根据银监会为建立规范统一的商业银行监管评级体系发布的《商业银行监管评级内部指引》，可以将信用评级机构这样的第三方力量引入跨境电子支付风险的监管。通过对跨境支付机构的评级，这样一方面可以督促银行和第三方支付平台加强管理，提高风险管理水平；另一方面可以提高支付服务透明度，使企业和个人消费者减少对跨境电商安全性的担忧，从而促进跨境电商健康、稳定的发展。

4）加强跨境电子商务监管的国际合作

跨境电子商务支付风险具有全球性的特点，在构建统一的跨境电商监管服务体系过程中，国际交流与合作显得愈发重要。举行一系列的跨境电子商务多边谈判，有利于探索针对跨境电商的新型国际合作监管方法，更好地保护交易双方权益，进而推动跨境支付服务体系的健康完善。此外，还可举行国际型的公益推广宣传活动，提高交易所涉主体的风险防范意识。

5）发挥保险的保障功能

保险具有分摊损失和经济补偿功能。在跨境电商支付资金前，可以支付小额保险费购买资金保险。虽然在较为健全的监管下，支付风险也会不可避免地发生，但是在经济遭受损失时，保险公司会按照保险合同对因遭受灾害事故而受损的单位和个人进行经济补偿，这样便降低支付风险。

2. 跨境供应链金融风险防控

由于在线供应链金融通过授信自偿性的结构化操作模式设计，构筑了用于隔离中小企业信用风险的防火墙，在线供应链金融服务中的操作风险防控成为跨境电商供应链金融业务中最为重要的工作之一。在具体的风险管理中，需要从以下四方面着手，建立风险防控体系。

1）借助核心企业的信用评价体系来加强中小企业信用风险防范

金融机构在面向跨境中小企业提供在线供应链金融服务的过程中，为了规避中小企业自身所固有的高信用风险问题，需要与供应链中的核心企业紧密合作。其通过对供应链条中的核心企业及其上下游的客户群状况进行考察和对核心企业的综合授信，将基于信用的金融服务延展到核心企业的上下游。这些核心企业中的一些是具有一定规模的跨境电商平台，另一些是从事外贸服务的综合服务平台，还有些则可能是物流服务企业，它们能够通过相对长期的对完整交易过程的数据的掌握，基于数据分析提出更为可靠的信用评价方法。由于核心企业的介入，以银行为代表的资金提供方能够更为及时和有效地掌控跨境电商交易过程的商流、物流和资金流，从而降低供应链金融服务中的风险损失。

从银行视角看，针对供应链核心企业的选择管理，需要重视以下管理原则。

①考察核心企业的经营实力。如考察其股权结构、主营业务、投资收益、税收政策、已有授信、或有负债、信用记录、行业地位、市场份额、发展前景等因素，按照往年采购成本或销售收入的一定比例，对核心企业设定供应链金融授信限额。

②考察核心企业对上下游客户的管理能力。例如，核心企业对供应商和经销商是否有

准入和退出管理；对供应商和经销商是否提供排他性优惠政策，比如排产优先、订单保障、销售返点、价差补偿、营销支持等；对供应商/经销商是否有激励和约束机制。

③考察核心企业对银行的协助能力。即核心企业能否借助其客户关系管理能力协助银行加大供应链金融的违约成本。

2）建立物流企业的准入管理规范

在跨境电子商务的供应链金融风险管理中，从事跨境运输、海外仓储、进出口报关等业务的物流企业的专业技能、违约赔偿实力以及合作意愿是起着决定性作用的关键指标。其中，专业技能和违约赔偿实力指标分别关系到供应链金融的违约率和违约损失率，可以进一步细化这两项指标，采用打分法的形式对物流企业进行评级和分类。对于合作意愿指标，除考虑物流企业与银行合作的积极性外，还应考虑物流企业具体业务操作的及时性，以及物流企业在出现风险时承担相应责任的积极性。

根据上述三项指标筛选的物流企业应能在促进供应链有序运转的同时，协助银行实现对质押货物的有效监管，在出现风险时发挥现场预警作用，将质押货物及时变现，最大限度地降低银行供应链金融违约损失率。

3）建立中小企业担保物权的认可管理规范

在供应链金融中，中小企业的应收账款、存货、预付账款作为授信的支持性资产，是较为典型的三类广义动产担保物权。在选择适合的动产担保物权时，银行要根据不同种类，设定相应的认可标准。

应收账款管理。对于应收账款，需要具备如下特征：①可转让性。应收账款债权依法可以转让。②特定性。应收账款的有关要素，包括额度、账期、付款方式、应收方单位名称与地址、形成应收账款的基础合同、基础合同的履行状况等必须明确、具体或可预期。③时效性。应收账款债权没有超出诉讼时效或未取得诉讼时效中断的证据；应收账款提供者通常应具备法律规定的保证人资格。

存货管理。对于存货，应满足如下要求：①权属清晰。用于抵质押的商品必须权属清晰。②价格稳定。作为抵质押物的商品价格不宜波动剧烈。③流动性强。抵质押物易于通过拍卖、变卖等方式进行转让。④性质稳定。谨慎接收易燃、易爆、易挥发、易渗潮、易霉变、易氧化等可能导致抵质押物价值减损的货物。

预付账款管理。采用预付账款购买的商品，需具备如下特征：①流动性强。商品专用性不强，容易变现。②价格稳定。商品的市场销售情况良好，商品转让时价格不易折损。③质量品质稳定。参考商品正常的存储时限，确保融资期限内所控货物的质量品质不会发生变化。

4）供应链金融服务过程中人、流程和系统风险的管理

影响在线供应链金融操作风险的因素错综复杂，引发的操作风险事件繁多，某些风险事件的发生有可能引起巨大的操作风险损失。供应链金融在电子商务交易、在线融资交易、在线支付交易、物流交易四个关键业务环节中，都存在诸多由人、流程和系统导致的操作风险因素。

为了能降低上述业务环节的操作风险，需要针对各环节，从人、流程和系统三个方面建立风险管理体系，主要包括以下内容。

①审查是否已建立切实可行的在线供应链金融操作风险目录并加以完善。

②完善各类在线供应链金融产品的业务流程设计，要在可操作的前提下杜绝操作漏

洞。通过信息流透明、货物与单证一致性控制、资金流闭环操作等手段来达到流程控制的目的。

③完善内控体系，实行项目审查与业务操作相分离的机构设置和职能配置，防止内部欺诈、越权等人为因素导致操作风险。

④强化内部培训，提高人员素质和专业化水平。

⑤利用互联网技术，构建在线供应链金融信息系统平台，实现信息化管理和操作，保证所有贷前、贷中和贷后的流程运作的信息透明。信息透明是指在线供应链金融的生产企业、物流企业、商贸企业、金融企业必须将合同（包括订单）、资金结算、货物进出仓库的跟踪信息提供给贷款人和供应链管理者，做到信息的及时、准确、完整，为风险预警、判断、处理提供依据。

 案例6-3

> ### 阿里一达通联手深圳国税，用大数据防范退税风险
>
> 　　2018年6月，国家税务总局深圳市税务局（以下简称"深圳国税"）和深圳市一达通企业服务有限公司（以下简称"一达通"）签订了《出口退税管理遵从协议》。针对外贸综合服务平台上出口企业的违规退税，过去税务局与是向平台追责，这不仅增加了平台运营成本和法律责任，也导致很多不诚信企业敢于"骗了就跑"，诚信企业则要付出更多退税成本。为完善监管，2017年9月，国家税务总局出台新规，采取"谁退税、谁主责"的原则，外贸综合服务平台仅在未履行相关监管职责且出口企业未能按规定将税款补缴入库时，才承担连带责任。
>
> 　　深圳国税和一达通签订协议后，双方将共建一套"从产品出库到海外消费者手中"的退税风控模型。风控模型将结合企业生产经营、诚信、出口商品贸易、物流、海外购买方的诚信等多维度数据，形成出口业务"（供货）端到（外商）端"的全场景"画像"，再通过科学的指标体系和数据模型判断风险概率，实现精准预警评估，有效防范骗税风险。基于该模型的精细化和数据化管理，深圳国税可以简化对诚信出口企业的审批流程，增加了不诚信企业的违法机会成本，让平台上近万家诚信出口中小企业受益。

第七章

跨境数字贸易营销

在跨境数字贸易实践中，跨境数字贸易营销是其核心组成部分之一。跨境数字贸易企业在全球范围内进行网络调研、面向全球在线销售、服务全球顾客、维护全球顾客关系、打造全球网络品牌。跨境数字贸易营销具有传播速度快、范围广、无时间地域限制、无版面约束、内容详尽、多媒体传送、形象生动、反馈迅速等特点，提高了跨境营销信息传播的效率，降低跨境电子商务企业营销信息传播的成本。在跨境数字贸易实践中，有多种多样的营销方式，其中最为重要和实用的有搜索引擎营销、社会化媒体营销、电子邮件营销等。

一、网络消费者行为特征与市场分析

（一）网络消费者的数量与结构

1. 网络消费者的数量

网络消费者是指通过互联网在电子商务市场中进行消费和购物等活动的消费者人群，消费者以互联网络为工具手段而实现其自身需要的满足过程。网民是网络消费者的基础。中国互联网信息中心 2023 年 3 月发布的第 51 次《中国互联网发展状况统计报告》的数据显示，截至 2022 年 12 月，我国网民规模为 10.67 亿，较 2021 年 12 月新增网民 3549 万，互联网普及率达 75.6%，较 2021 年 12 月提升 7 个百分点。

2. 网络消费者的结构

《中国互联网发展状况统计报告》的数据显示，截至 2022 年 6 月，我国网络购物用户规模达 8.41 亿，较 2021 年 12 月下降 153 万，占网民整体的 80.0%。随着电商行业的蓬勃发展，农村市场电商需求不断释放，地域网络消费鸿沟进一步缩小，助力我国经济形成国内国际双循环发展新格局。2021 年上半年，全国农村网络零售额达 9759.3 亿元，同比增长 2.5%。一方面，电商扶贫通过将当地特色农产品嵌入电子商务产业链，提高贫困地区人口的收入；另一方面，电商扶贫通过培养业务人员的电商技能，带动周边人群使用网络购物，助推我国贫困地区共享普惠成果，实现地域消费进一步均等化。

（二）网络消费者的类型与特征

1. 网络消费者的类型

根据消费特点，网络消费者分为简单型、冲浪型、接入型、议价型、定期型和运动型。

1）简单型

简单型网络消费者需要的是方便直接的网上购物。他们每月只用 7 小时上网，但达成的网上交易却占网络交易金额的 50%。

2）冲浪型

冲浪型网络消费者占网络消费者总数的 8%，而他们在网上花费的时间却占了网络消费者上网总时间的 32%，而且访问网页的数量是其他网络消费者的 4 倍。

3）接入型

接入型网络消费者是刚触网的新手，占 36%，他们很少购物，喜欢在网上聊天和发送免费问候卡。

4）议价型

议价型网络消费者占网民的 8% 左右的比例，他们有一种趋向购买便宜商品的本能。eBay 网 50% 以上的网络消费者属于这一类型，他们喜欢讨价还价，并有强烈的愿望在交易中获胜。

5）定期型和运动型

定期型和运动型网络消费者通常都是为网站的内容吸引。定期网民型网络消费者常常访问新闻和商务网站，而运动型网络消费者喜欢运动和浏览娱乐网站。

2. 网络消费者的特征

1）个性消费的回归

消费者的消费行为或者爱好完全不同，每个消费者都可以是一个细分市场。心理的认同感已经成为消费者做出购买品牌和产品决策的先决条件，每个人都希望自己与众不同，不希望被复制，从长尾理论来说，网上经营者不应该仅仅关注那些有大批客户的商品，还应该关注那些只有小众消费者的商品或者服务。

2）消费的主动性增强

网上消费者一般对科技都比较在意，消费主动性在个性化的前提下变得越来越明显。

3）便捷与购物并存

在网上购物的过程中，消费者除了希望能够满足实际的购物需求意外，还希望在购物的同时对比许多产品信息，从中得到各种消费乐趣等。

4）消费行为理性化

消费者在网上消费时，希望大范围地选择比较。在正常情况下，网上销售的低成本将使经营者可以降低商品销售的价格，还能开展各种促销活动，给消费者带来实惠。

5）层次性

消费者的个性化消费使网络消费的需求呈现出层次性。不同的网络消费者因所处的环境、背景不同而产生不同需求，不同的网络消费者在同一需求层次上的需求也会不相同。

6）交叉性

在网络消费中，各个层次的消费不是互相排斥的，而是具有紧密的联系，需求之间广泛存在着交叉的现象。

在网上购物的主要人群是以经济收入较高、对于新奇和超前的商品比较在意的中青年为主的消费者，他们比较注意和容易被新的消费动向与商品介绍所吸引。通过使用网络技术和信息技术，借助网络这个平台进行网络调研，可以在减少人力、物理和时间等成本的同时，能够在相对较短的时间里了解网络市场的整体分布。

二、海外零售市场的调研与分析

（一）海外市场调研的三大要素

1. 新的参数

①如关税、外币及其币值的变化、不同的运输方式和各种国际单证。

②国际化经营的不同模式产生新的参数。如进行进出口业务、实行商品许可经营制度、建立合资企业或者从事外国直接投资等。

2. 新的环境要素

企业一旦进入国际市场，必然面对陌生的环境。必须了解和熟悉当地诸如政治、经济、文化、法律等方面情况，特别要关注商业活动中的各种风险和机遇。

3. 竞争的广泛性

在国际市场上，企业面临着比国内市场上更多的竞争对手、更多的竞争和挑战。因此，企业必须决定竞争的范围和宽度，对竞争性活动进行跟踪，评价这些活动对公司经营的实际和潜在的影响。

（二）海外市场调研的内容

一个企业要想进入某一新市场，往往要求国际市场调研人员提供与此有关的一切信息——该国的政治局势、法律制度、文化属性、地理环境、市场特征、经济水平等。

1. 经济发展信息

这是企业确定国际市场发展方向和目标的重要依据。包括经济环境特征、经济增长速度、通货膨胀率、工商业周期趋势等一般信息和与之相关的价格、税收、外贸等方面政策的资料。

2. 社会或政治气候信息

社会或政治气候信息包括影响企业海外业务经营的种种非经济性环境条件的一般信息，如法律体系、语言文字、政治稳定性、风俗习惯、社会文化、宗教和道德背景等。

3. 市场条件信息

市场条件信息包括有关国家市场结构与容量、交通运输条件等，以及对本部门产品的获利能力分析、主要进出口国的需求总量、某商品进出口量在其国内消费或生产的比重等。

4. 市场竞争者的信息

竞争者包括国内、当地及第三国的竞争者。调查的信息一般包括市场竞争结构和垄断程度；主要竞争对手企业的占有率；当地供货商利用政治影响提高关税和非关税壁垒的可能性等。

5. 科技发展的信息

科学技术的发展对实现企业长期目标有重大的战略意义。应当经常注意和搜集对本企业有用的、别人已经取得的科技成果或发明专利方面的详细信息资料。

(三) 海外市场调研的程序

在国际市场销售活动中,多数企业都是在对众多的市场进行评估的基础上,选择最有获利潜力的市场,采用集中型市场经营策略来经营,而评估则主要依赖于国际市场调研。

1. 在国内进行的案头调研

国际营销市场调研首先要确定调研的任务是什么。因为任务不同调研方法也不同。在国内进行的案头调研工作主要有三项。

1) 进入市场的可行性分析

其是指在进入国际市场可行性分析中,首先列出所有的潜在市场,然后分析研究该国必要的信息情报资料。

2) 获利的可能性分析

其是指对国际市场价格、市场需求量等进行了解,以便和有关竞争者的产品成本做出比较。

3) 市场规模分析

即对市场规模和潜力进行大致估测。

2. 在国外进行实地调研

在国外进行的实地调研是指在国外市场的所在地,向消费者、用户和各种工商企事业进行直接调研,取得第一手的市场和商情资料。

在国外市场调研中,对于出口初创阶段的市场、发展潜力大的市场以及售后服务要求高的市场,企业可派出人员或小组到国外当地市场做实地调查,抓到真实可靠的第一手材料。

在国外进行实地调研的初期阶段只在某些特定市场上对几个关键问题进行调研,然后就需要进入主要实地调研了。这种调研只能在少数几个能提供最大成功机会的市场上进行。

(四) 海外市场调研的主要方法

海外市场调研的主要方法是案头调研法和实地调研法。

1. 案头调研法

案头调研法就是第二手资料调研(别人搜集到的,调查者根据自己的研究需要,将其取来为已所用的)或文献调研,它是以在室内查阅的方式搜集与研究项目有关资料的过程。第二手资料的信息来源渠道很多,如企业内部有关资料、本国或外国政府及研究机构的资料、国际组织出版的国际市场资料、国际商会和行业协会提供的资料等等。

2. 实地调研法

实地调研法是国际市场调研人员采用实际调研的方式直接到国际市场上搜集情报信息的方法。采用这种方法搜集到的资料,就是第一手资料(自己观察、询问、登记得到的),

也称为原始资料。实地调研常用的调研方法有三种：询问法、观察法和实验法。

三、跨境数字贸易中的网络营销策略

（一）跨境电商选品的基本原则

1）平台导向原则

近年来，跨境电商平台数量大大增加，在定位多元化背景下，跨境电商企业的产品选择就应该首先依据其经营的电商平台特征进行选择。因此，在进行产品选择时，应该根据不同网站平台的定位，研究该网站平台的目标市场及客户群体，从而针对性地制定在该销售网站平台上的产品种类、数量、定价等策略。

2）知识产权保护原则

我国的知识产权保护制度还不够完善，知识产权保护强度和执法强度还较弱，因此，对于山寨产品、侵权产品的管理效果还不够明显。但是，这种国内侵权的行为在知识产权保护强度较高的发达国家将会面临着较高数额的赔偿，支付较高侵权成本，甚至会被限制进入市场。因此，从长远发展来看，在产品选择上应该遵从知识产权保护原则，选择销售不侵权的产品。

3）数据决策原则

产品种类、产品数量、产品销售平台的具体选择，仍然应该依靠数据来进行决策，也就是这里所说的数据决策原则，切忌不能不做市场调研就决定产品种类。一是从数据了解电商平台的定位，可通过分析电商平台的销售种类、客户群特征等来选择合适的电商销售平台；二是从行业数据入手，通过分析行业研究报告、会展数据等，确定适合经营的产品种类；三是对客户需求进行区域化分析，主要方法是依据各种数据分析工具对不同种类产品的客户需求区域进行划分。

4）价格适中原则

在跨境电商价格战和成本战的大背景下，很多跨境电商企业在选择销售产品时，过于关注产品价格和产品成本。但是，过于关注价格和成本，会导致销售产品质量的下滑，最终只能陷入价格战和成本战的恶性循环中，当价格和成本不能再低，就只能退出市场。价格适中原则是指在保证质量的情况下，选择适中价格的产品进行销售，而将竞争点放到品牌竞争、信誉促销等方面，以培养电商企业的异质性和竞争优势。

5）渠道原则

尽管价格战和成本战阻碍了跨境电商行业的发展，但是对于跨境电商企业乃至所有企业而言，成本战略和价格战略仍然是重要的竞争优势源泉。但是，价格优势和成本优势并不应该通过认为压低价格或调换生产材料等方式获取，而应该通过挖掘渠道获取。因此，在选择销售同款产品时，选择的渠道不同也会导致成本和售价不同。因此，渠道原则应该是跨境电商在激烈的市场竞争中获取竞争优势的重要原则。

由于跨境电商竞争越来越激烈，渠道原则是产品选择的重要原则之一。在选择产品时，渠道的选择主要包括三大类，一是货源渠道，二是物流渠道，三是销售渠道。货源渠道决定了产品价格优势，因此，多货源渠道综合选择产品是获得价格优势的关键。另外，近几年来，物流价格成为决定电商价格优势的重要方面，因此，选择好的物流渠道是保持价格优势的关键因素之一。最后，销售渠道的创新化选择同样值得重视。近年来，跨境电商通过开设实体店的方式，增加了销售渠道。由于跨境电商平台销售的进口产品，在政策上享受关税免缴纳、消费税和增值税优惠，电商企业只需要支付邮寄费用即可，因此，如奶粉、食品、化妆品或护肤品等产品能够以较低的成本进入市场。这种开设实体店的形式已经成为越来越多跨境电商渠道拓展的新方法。

（二）价格策略

1. 跨境电商定价方法

跨境电商产品的定价要考虑的因素很多，如产品类型（爆款、引流款、利润款）、产品的特质（同质性、异质性、可替代程度）、同行竞品价格水平、店铺本身的市场竞争策略等，可以采用的最基本的定价方法有成本导向定价法与竞争导向定价法。

1）成本导向定价法

成本导向定价法，比较简单易懂，在产品单位成本的基础上，加上预期利润作为产品的销售价格，这种方法就被叫作成本加成定价法。采用成本导向定价方式的关键点，一要准确核算成本；二要确定适当的利润加成率也就是百分比。根据成本价加费用加利润，来定产品的销售价格，确定完产品的销售价格后，决定上架价格，要依据营销计划的安排确定。

2）竞争导向定价法

竞争导向定价法定价的基本依据是市场上同行相互竞争的同类商品的价格，特点是随着同行竞争情况的变化随时来确定和调整其价格水平。如想要了解某商品同行的平均售价，具体做法是：在自己想要进入的跨境电商买家平台搜索产品关键词，按照拟销售产品相关质量属性和销售条件，依照销售量从高到低排行排序，可以获得销量排行前10的卖家价格；如果想获得销量排行前10卖家的平均价格，可以按照销量前10的卖家价格做加权平均，再根据平均售价倒推出上架价格。

采用竞争导向定价法，更多地要依据商品的差异性和市场变化因素。如果企业商品进入一个新的电商平台，可以参照销售商品十分近似企业的售价试水，并不是比竞争对手低的价格才是最好的定价。在与同行的同类产品竞争时，最重要的是不断培育自己产品的新卖点，培育新的顾客群，通过错位竞争和差别性的定价方法，才会找到产品最合理的价格定位。

2. 跨境电商产品的定价技巧

网上卖东西与线下有很大的不同，各个电商平台有自己的特点和适应人群、定价区间和策略。而且网上消费者有订货时间、地点分散，商品种类、时效性不同，订货批量不大等特征，经常使用的定价策略有：免费策略、差别定价策略、动态订货时间不同定价策略以及联盟定价策略等，在具体运用中，跨境电商产品的价格定位有以下几个技巧。

1）依据不同电商平台销售相同产品的定价技巧

许多产品的网络售价已经相当透明，被广大卖家所熟知，因此卖家对自己想经营的产品的价格及价格变化，要保存较高的敏感度，要通过对比不同跨境电商平台销售相同产品的价格来定价，这种方法或技巧很简单易用，但是也容易引起问题，如同样的玩具产品，外形式样相同但材质不同，价格差异就会很大，因此买家购买后在不了解的情况下容易引起纠纷。所以，卖家一定要了解某类不同档次产品的市场价格，具体做法可以通过搜索选项找出该产品价格从高到低的排序，并分析产品质量对应价格的情况。

2）依市场买家不同特点的定价技巧

不同的跨境电商平台所对应的消费群体各有特点，要仔细研究市场买家特点，从而确定不同的产品价格。如对于跨境电商平台买家是经营网点或实体店的中小批发商，其特点是库存量小，产品订购频繁，产品的专业性不强，一般是同时经营几条产品线，比较注重在意的是转售利润空间，注重卖家产品的专业性及售后服务质量的高低。根据这类买家的特点，小巧轻便的产品可以打包销售，设置免运费；跨境电商平台卖家的批发价一般要比国外直售单价至少低30%，低的这部分30%给买家转售留下了利润空间，又包含其转售产品的基本费用成本。如果跨境买家是个人消费者，定价要稍高；如果是个人定制的产品，价格要更高一些。

作为卖方，要重视消费者行为对产品定价的影响，如跨境消费者的上网频率、购买方式、习惯传统及对产品的喜好程度等。

3）依据卖方企业不同的经营目标的定价技巧

卖方企业的经营目标不同，制定出的价格策略也会不同。比如，在进入跨境电商市场初创时期，经营用户规模比较小，可以采用低价甚至是免费定价策略来快速获得用户，提高流量，采用多种营销手段使访问者转化成潜在的购买者和实际购买者。如果实行个性化差别化经营策略，专业化运作的专门出售某类商品的平台或网站，定位明确，有利于吸引大批忠实的消费者，在产品定价方面，可以推出高、中、低三个价位：低档用来引流，从而吸引客户，中档作为赚取利润的主要来源，高档提升总体的品牌质量。比如，推主品牌的同时，推出子品牌或副品牌，彼此不产生品牌形象冲突，可以在大品牌的统领下，推出三个系列，不同系列的产品价格差异很大，用差别定价技巧可以使客户不流失，并能赚取更多的利润。

4）依据物流费用的优惠程度的定价技巧

合理设置运费或跨境物流运费，特别是新手卖家应该给予足够的重视。针对单位价值较低的产品，可以设置免运费，比较容易吸引客户，也便于隐藏高额运费。卖方在上架产品前，应对每个产品进行称重并计算相应的运费，合理设置包装方式，尽量将运费成本降到最低，并让利于买家，会在价格上获得更多的竞争优势，有利于产品的销售。作为卖方，一定要提高物流反应速度，提升消费者满意度，选择高质量的第三方物流或在有足够实力的情况下发展自己的物流体系，注重产品需求与退货为随机条件下的逆向物流定价策略，更有利于企业制定更具实效性且符合产品市场实际情况的价格策略，使成本更低、收益更高。

5）合理运用定价区间的小技巧

进行跨境电商产品定价时，可以合理运用定价小技巧，如同价销售术或分类型同价销售、价格分割法、非整数法和弧形数字法等。同价销售术或分类型同价销售，如设置1元产品区、10元、50元、100元产品区等；价格分割法，可以采用用较小的单位报价或用较小单位商品的价格进行比较两种形式；非整数法，能激发消费者的购买欲望，即把商品零售价格定成带有零头结尾的非整数的做法，如以每件1元的价格销售的产品，价格变成9角8分；弧形数字法，用带有弧形线条的数字定价，如5、8、0、3、6等。

（三）跨境数字贸易平台

跨境电子商务有许多平台可以选择，而对于国内的诸多跨境电商卖家而言，主要选择的有速卖通、亚马逊、eBay 及 Wish 等四大主流跨境电商平台，这些主流的跨境电子商务平台各有特点。

1. 跨境电商平台——亚马逊

亚马逊对有拓展全球业务需求的商家而言，尤其是对美国、英国、德国、意大利、法国、日本和西班牙几个国家市场，亚马逊是一个不错的选择。FBA 是亚马逊提供的一项特色服务，卖家支付一定费用便可以将产品运送至亚马逊仓库，亚马逊将包揽装运到客户服务的所有业务。

2. 跨境电商平台——速卖通

速卖通在 2010 年 4 月正式上线，是阿里巴巴旗下唯一面向全球市场打造的在线交易平台，被广大卖家称为"国际版淘宝"。全球速卖通面向海外买家，通过支付宝国际账户进行担保交易，并使用国际快递发货。是全球第三大英文在线购物网站。

速卖通是阿里巴巴帮助中小企业接触终端批发零售商，特点是小批量、多批次快速销售，拓展利润空间，全力打造融合订单、支付、物流于一体的外贸在线交易平台。

3. 卖家跨境电商平台——eBay

eBay 的商业模式更像是促进第三方和卖家之间销售的拍卖行。对于小型企业来说，这是个创造稳定收入的绝佳平台。其历史有 20 多年，新品，二手货甚至独一无二的产品都能在这里找得到。

4. 跨境电商平台——Wish

拼多多跨境电商平台
Temu 简介

2011 年，Wish 成立于硅谷，是一家高科技独角兽公司，其上 90% 的卖家来自中国，也是北美和欧洲最大的移动电商平台。Wish 使用优化算法大规模获取数据，并快速了解如何为每个客户提供最相关的商品，让消费者在便捷购物的同时，也能享受购物的乐趣，被评为硅谷最佳创新平台和欧美最受欢迎的购物类 App。Wish 是一个基于手机移动端的跨境电子商务平台，主要依靠高质量的产品和低廉的价格吸引消费者，Wish 上面的主要类目包括服装、配饰、手机和礼物。Wish 平台的主要优点是后台操作简单、发货流程比较简单、毛利率高等。

5. 区域性跨境电商平台

1）欧洲市场的电商平台

欧洲是西方发达国家的集聚地，其市场是非常巨大的，如亚马逊这些电商巨头也在欧洲布局，开设站点。但欧洲本地也有一批优质的电商平台；因为欧洲国家众多，语言众多，所以相对来说本土平台比较占优势。欧洲著名的电商平台有：Cdiscount、Fnac、欧洲特别火的电器电商平台 Darty、ePRICE、Factorymarket、乐天德国站、乐天法国站等。

2）美国市场的电商平台

美国是电商的发源地，除诞生了亚马逊、eBay 这些国际巨头外、也存在着一大批优质的电商平台；毕竟美国大多都是州自治、存在着很大的差异化。如果你想做美国市场，你可以了解了解这些美国本土电商平台，美国新蛋 Newegg（华人成立的品牌）网上零售商主营 3C、智能家居、游戏周边、汽配等品类；Opensky 平台上的品类有服饰、家居、电子、珠宝、美妆、首饰以及健身器材，中小型企业更吃香。

3）俄罗斯市场的电商平台

俄罗斯国土面积大，人口也多，目前还没有真正的电商巨头，其中 Yandex 是俄罗斯最大的科技公司，相当于俄罗斯的百度，现在也进军电商行业了。然后就是 Ozon，它绝对是俄罗斯电商中的黑马，发展不错。还有阿里的速卖通在俄罗斯也占有非常大的市场份额。

4）东南亚地区的电商平台

（1）Shopee

Shopee 成立于 2015 年，是东南亚最大的电商平台，覆盖新加坡、马来西亚、菲律宾、印度尼西亚、泰国和越南等地，在中国深圳、上海和香港地区也设立了办公室。

Shopee 为卖家提供自建物流 SLS、小语种客服和支付保障等解决方案，卖家可通过平台触达东南亚各大市场。

Shopee 为买家打造一站式的社交购物平台，营造轻松愉快、高效便捷的购物环境，提供性价比高的海量商品，方便买家随时随地浏览、购买和即时分享。

（2）Lazada（来赞达）

Lazada 成立于 2012 年，总部位于新加坡，是东南亚最大的网上购物和商家入驻平台，目前完全覆盖印度尼西亚、马来西亚、菲律宾、新加坡、泰国和越南等多个东南亚国家。作为东南亚电商生态系统的先驱，Lazada 通过其电商平台为超过 15.5 万家本地和国际卖家以及 3000 个品牌提供服务，也为东南亚的 5.6 亿消费者提供服务。

Lazada 拥有超过 3 亿个 SKU，提供最广泛的产品，从消费电子产品到家居用品、玩具、时尚、运动器材和杂货。Lazada 致力于为客户提供卓越的体验，提供包括货到付款在内的多种支付方式，以及“最后一英里”货物交付的无忧服务。

2018 年，阿里巴巴向 Lazada 追加 20 亿美元的投资，持股比例达 83%，几乎完全控股 Lazada，足以证明 Lazada 的潜力与重要性。

（3）Tokopedia

Tokopedia 成立于 2009 年，是印尼最受欢迎的在线电商平台。目前，平台注册商户高达 400 万（由小型零售商和品牌方组成），物流范围覆盖 93% 的印尼区域。阿里也于 2018 年 12 月完成了对 Tokopedia 的 G 轮领投，继 Lazada 后进一步深化对印尼市场的控制。

四、跨境数字贸易中常用的网络营销方法

跨境数字贸易营销，是通过全球性的互联网进行营销，以达到国际性的销售目的的一种营销方式。跨境数字贸易营销更加强调全球性和国际性，所以跨境数字贸易网络营销同一般的国内网络营销有一些不同。第一，目标客户不同。国内网络营销客户定位于国内市场，而跨境数字贸易网络营销则主要面向境外市场。第二，网络营销的思路不同。由于跨境网络营销的目标客户大多是外国人，其语言、文化、政治、交易习惯等均与中国人不同，所以在营销时要尽可能从客户的角度考虑。比如，在建立外贸网站时，就应该考虑客户使用网络的习惯，尽量将网站设计得符合客户所在地风格。第三，网络营销的方式不同。虽然所有的网络营销方式都可以应用到国内网络营销或是跨境网络营销，但是同一网络营销方式在不同的范围内的效果是不一样的，比如博客营销、论坛营销等在国内营销效果较好的方式反而不太容易在国际网络营销中取得较好的效果。跨境数字贸易常用的网络营销方式主要有搜索引擎营销、社会化媒体营销、电子邮件营销等。

（一）搜索引擎营销

搜索引擎营销（Search Engine Marking，SEM）就是根据用户使用搜索引擎的方式，利用用户检索信息的机会尽可能将营销信息传递给目标用户。搜索引擎营销的基本思想是让用户发现信息，并通过搜索引擎点击进入网站，从而进一步了解所需要的信息。一般认为，在介绍搜索引擎策略时，搜索引擎优化设计主要目标有两个层次：被搜索引擎收录和在搜索结果中排名靠前。SEM 的方法包括搜索引擎关键词广告和搜索引擎优化。

1. 搜索引擎关键词（字）广告

跨境电子商务企业经常使用搜索引擎关键词广告来进行引流。关键词广告也称为"关键字广告"，简单来说即是当用户利用某一关键词在搜索引擎上进行检索时，在检索结果页面会出现与该关键词相关的广告内容。由于关键词广告是在特定关键词检索时才出现在搜索结果页面的显著位置，所以其针对性非常高，是一种性价比较高的网络推广方式。

搜索引擎关键词广告大多使用竞价排名机制，即按照"付费最高者排名最靠前"的原则，在使用同一关键词的广告中，按照广告主自己设定的广告点击价格来决定排名位置，支付每次点击价格最高的广告排列在第一位，然后依出价高低依次往后排。

实际上，现在主流的搜索引擎不仅仅是根据付费高低决定排名位置，他们还会加入其他考量因素，比如质量得分（Quality Score）。Google Ads（谷歌关键词）通过广告评级来确定关键词在搜索结果页的排名，即在同一页面上显示的广告顺序和位置由广告评级决定。广告评级主要取决于质量得分和出价金额。而质量得分则是广告评级的决定性因素。质量得分取决于广告的质量和相关性，Google 衡量的是广告展示时产生的点击量（即点击率）。点击率取决于广告与搜索者意图的匹配程度。设置 Google 广告系列时，应该将大部分精力放在质量得分上。因为质量得分越高，出价成本就越低，还可以获得更好的展示位置。

2. 搜索引擎优化

使网站在搜索引擎排名靠前的另一有效途径是"搜索引擎优化"（也被称为"网站优化"）。实际上，搜索引擎优化是遵循搜索引擎科学而全面的理论机制，对网站结构、网页文字语言和站点间的互动策略等进行合理规划部署来发掘网站的最大潜力，从而使搜索引擎收录更多网页，并在搜索引擎自然检索结果中排名靠前，从而促进企业在线销售和强化网络品牌。

搜索引擎优化不同于搜索引擎关键词广告之处在于，前者主要基于搜索引擎自然检索结果的排名位置而获得用户的注意，后者则通过向搜索引擎付费的方式获得在搜索结果中被用户发现的机会。

影响企业网站搜索引擎优化的因素很多。网站页面结构布局、网站导航及地图设置、关键词、外部链接质量、网站设计的优化、网站文本编辑水平、网站产品信息等制约着搜索引擎的优化策略。然而，随着搜索引擎优化理论日益成熟，优化策略日益完善，针对域名设计、文本信息、关键词、算法、网页结构优化等策略的不断更新，一些优化后的企业网站在主流搜索引擎优先抓取、收录、索引目标页面排名上都有了大幅提升。

一些网站的导航结构和地图设置不合理，网页链接过分复杂，链接不全，存在死链接现象，网页相互关联性差，网页文本信息简单，缺乏动态效应等问题影响到网站内容页面的爬行和抓取。部分网站外部链接数量庞大，返回节点设置不合理，程序设计上存在交叉链接、大宗地址链接交换，以及网站会员自动交换链接、用户点击和浏览付费等搜索广告或者非法广告链接大量植入现象影响链接质量和网站信誉，从而降低网站搜索排名，甚至被搜索系统屏蔽，甚至永久性删除。还有一些网站页面文本信息粗糙，网页结构设置混乱，页面的动、静态效果不规范，存在语法错误，缺乏分层布局的理念，这样也会影响搜索引擎的识别和读取，不利于页面信息的存储，制约网站的推广和排名。

在跨境电子商务领域，跨境电子商务企业经常使用搜索引擎优化技术来推广业务，因为索引擎优化有下的优点。

①价格相对低廉。从长期的网站推广角度考虑，搜索引擎优化的整体效果是远强于竞价排名的，成本上也能比"竞价排名"低不少，搜索引擎优化维持一年排名的费用也许只需要支付做竞价排名几个月的费用，相比竞价要便宜，费用是可控的。

②管理相对。待排名定下后，企业不需要时刻关注，只要不定期观察排名位置是否稳定即可。

③不用担心恶意点击。搜索引擎优化所做的效果是网站自然排名，不会按点击次数收费，不论其他人如何点击，都不会浪费一分钱。

④稳定性强。用正规搜索引擎优化技术手段做好了排名的网站，只要维护得当，排名的稳定性就会非常强。

但是，搜索引擎优化也有以下缺点。

①效率低。通过搜索引擎优化获得排名是无法速成的，竞争力较差的词通常需要2~6个月，一般难度的词通常需要6~12个月，而竞争非常大的词，则需要1年以上。

②排名规则的不确定性。由于搜索引擎在排名方面有不同规则，有可能某天某个搜索引擎对排名规则进行了改变，那时也许原有的排名位置就会发生变动。这个是很正常的现象，届时需要搜索引擎优化公司以最快的速度研究最新的规则，将网站重新恢复排名。

③关键词区分难易程度。竞争过于火爆的关键词，如手机和MP3等，做优化排名难度是很大的，需要非常长的时间，所以难度太大的词不适合做优化。

④关数量有限。做索引擎优化时，每个页面推荐只设置1个关键词，最多不超过3个，其中1~2个是主词，剩余1~2个是分词，无法做到竞价排名那种关键词不限制的效果。

⑤排名位置在竞价排名之后。这是由搜索引擎的排名规则决定的，自然排名所在的位置只能在竞价排名的网站之后。

（二）社交媒体营销

社会化媒体营销是利用社会化网络、在线社区、博客、百科或者其他互联网协作平台媒体来进行营销，公共关系和客户服务维护开拓的一种方式。在网络营销中，社会化媒体主要是指一个具有网络性质的综合站点，而它们的内容都是由用户自愿提供的，而不是直接的雇佣关系。社交媒体主要分为以下几种：专业社交网络、移动聊天、即时消息、在线交易、微博、博客、图片分享、视频分享、知识问答、百科知识、在线音乐、签到、留言板等。相较于一般的社会大众媒体，社交媒体的显著特点是可以让用户享有自己的创作权及言论权，自由进行各种编辑创作工作，并可以进行相互交流、分享。在跨境电子商务中，常利用国外的社交媒体，比较流行的主要包括：拥有约13亿用户的美国社交服务网站"Facebook"；美国社交网络及微博服务的网站"Twitter"；在使用数据流量或连接WiFi

条件下，享受免费通话和免费短信的交流工具"Line"；基于用户分享的照片或视频建立的微社区 App "Instagram"；可以和兴趣不同的好友分享有趣事物的 SNS 社交网站"Google+"等。

1. 社会化媒体营销特点

1）社会化媒体营销具有较高的精准度

门户网站一般追求的是信息的覆盖率，而社会化媒体则更能体现营销精准度。例如，作为全球知名的社会化媒体平台，Facebook 把用户属性分为年龄性别、语言、学历、民族、父母、生活记事、行为、地区、感情、工作、世代、政治以及兴趣爱好等，依托对数据的程序运算分析出不同个体的具偏好，再按照不同维度归类细分，进行个性化的内容推送，实现营销的差异化、精准化、有效化。此外，随着移动互联网的发展，基于地理位置的营特征也将给营销带来极大的变革。

2）社会化媒体营销更能体现"人格化"

社会化媒体的一个很大特点，也是优势，就是人格化的属性。人是有个性的，但又都是社会的，所以人的根本属性是"社会属性"，而社会化媒体最大的优势就是利用了人的这一属性，将信息传播赋予"人格化"的特点。社会化媒体通过互动，使受众对接收的内容进行评论、转发，在再次传播过程中成为主动参与者，而不是被动接受者。每个受众都拥有一个独立的社会化媒体账号，成为网络空间的实体，并形成社交圈子。由于信息传播是双向的，受众可以根据个人偏好，选择感兴趣的内容来接受和传播，这就较好地满足了人的个性需求。也正因为如此，社会化媒体才得以兴旺发达，参与者人人都可成为主人，也就乐此不疲。

3）社会化媒体营销的门槛较低

在社会化媒体营销中，个人的手机、电脑成为信息传播、社会交往的媒介，个人既是信息的接收者，又是信息的发布者、传播者。相对于传统媒体需要采访、编辑、审核、发布的常规流程，社会化媒体的信息发布门槛要低得多，甚至可以说没有门槛。移动终端技术和无线互联网技术的发展，使个人利用社会化媒体账号随时随地发布各类消息成为可能。可以说，社会化媒体改变了信息的传播模式，也颠覆了传统的消息构成元素，不但使信息的传播更为迅速、便捷，也使信息更加广泛，出现海量存储和传播，以及碎片化的海量信息，使受众获取运用信息更为便捷高效。

4）社会化媒体营销具有普遍的受众

美国有相关研究资料显示，72% 的成人每天登录社会化媒体网站，并且每周至少花费23 小时。也就是说，大家平均每天花费 14% 的时间在社会化媒体上。Boost Mobile 公司对500 名 16～25 岁的消费者进行了一项社会化媒体的使用调查，50% 的受访者承认他们对社会化媒体上瘾，68% 的受访者一天至少查阅社会化媒体 10 次上，31% 即使在上厕所时也要使用社会化媒体。

2. 社会化媒体营销在跨境数字贸易中的作用

1）有利于提升跨境数字贸易企业的网络曝光量

跨境电子商务企业应用社会化媒体，可以在世界范围内的、不同国家的社会化网络、微博、博客等拥有海量注册用户的社会化媒体网络上发布相关的服务信息和产品资讯，利用社会化媒体网络上的粉丝关注效用和社群效应可以大大增加企业的产品与服务信息在全球网络上的曝光量。

2）有利于为跨境数字贸易网站带来高质量的销售机会

社会化媒体的应用改变了以往过于依赖搜索引擎的网络营销模式，通过社会化媒体不仅可以直接将社会化媒体上的用户流量转化为跨境电子商务企业官方网站的流量，可以通过在社会化媒体上的信息和服务互动来吸引更多的注册用户。许多跨境电子商务企业已经通过 Facebook 发放消息，发放优惠券，或是发起与产品有关的话题，监控感兴趣的客户行为，结合邮件营销和博客营销，带来了大量的销售机会。

3）有利于为跨境数字贸易企业吸引更多的业务伙伴

在吸引个人用户的同时，社会化媒体也吸引了越来越多的企业用户。据相关统计显示，72%的美国企业在利用社会化媒体提供各种类型的服务，这也给许多跨境电子商务企业提供了寻求合作的机会，通过社会化媒体来找到更多适合的合作伙伴。

4）有利于跨境数字贸易企业与客户建立互动关系

社会化媒体的聚焦效应使跨境电子商务企业能够通过社会化媒体实现与潜在用户之间更为广泛的沟通。社会化媒体还具有平等沟通的特性，更利于企业与潜在客户之间保持亲和的沟通，持续深化关系，从而促成下一次销售。另外，社会化媒体可以在营销的同时获得客户反馈，这样可以大幅提高企业市场的反应能力。

5）有利于跨境数字贸易企业低成本地进行市场营销

社会化媒体有着其他传统媒体和网络媒体不可替代的传播效应，一方面，社会化媒体网络的开放性吸引了大量的注册用户；另一方面，相关产品与服务的信息可以利用社会化媒体网络以更低的成本、更快的速度来进行传播。通过社会化媒体，跨境电子商务企业可以低成本地进行舆论监控，有效降低企业不良信息产生和扩散的可能。同时，通过对社会化媒体大量数据的分析和调研，跨境电子商务企业能够以较低的成本发掘市场需求。

（三）电子邮件营销

电子邮件营销也被称为 EDM（Email Direct Marketing），即企业通过电子邮件建立同目标客户的沟通渠道，向其直接传达相关信息，用来促进销售。不过，由于垃圾邮件已成为互联网世界中的一大毒瘤，为了区分普通邮件与垃圾邮件，一些学者认为，电子邮件营销应该是建立在目标客户"许可"的基础上的，即许可电子邮件营销。基于用户许可的电子邮件营销与滥发邮件（Spam）不同，可以减少广告对用户的滋扰，增加潜在客户定位的准确度、增强与客户的关系、提高品牌忠诚度等。

在跨境电子商务中，电子邮件营销是一种常用的营销方式，主要是因为其具有以下优点。

首先，电子邮件营销的成本较低。一些电子邮件营销商提供的电子邮件广告的价格为向单个邮箱地址发送一次需要 0.1~0.2 元，大量发送的价格甚至可以低至 0.01 元。至于企业自行发送电子邮件，成本则会更低一些。其次，效率高，营销周期短。根据发送邮件数量的多少，需要几秒钟到几小时完成发送，同样，无法送达的邮件也可以立即退回或者在几天之内全部退回，一个营销周期可以在几天内全部完成。再次，营销信息丰富全面。在邮件中，不仅可以使用简单的文本，图片动画、音频、视频、超级链接都可以得到体现，传递给客户的信息丰富多样，能够充分吸引客户的注意力，加深其对企业或产品的认识。另外，邮件营销针对性强。有针对性地向潜在客户发送电子邮件属于"精准营销"，可以大大降低营销费用。最后，便于营销效果监测。电子邮件营销可以根据需要监测若干评价营销效果的数据，如送达率、点击率、回应率等。

但是，跨境电子商务中的电子邮件营销还存在许多问题，尤其是出于过滤垃圾邮件等原因，一些邮件会被屏蔽，垃圾邮件也影响客户对于电子邮件信息的信任度，使电子邮件营销的回复率逐年降低，而客户经常更换邮件地址也会使信息无法有效送达，造成退信率上升。

第八章

跨境数字贸易物流与供应链管理

物流服务作为供应链的重要组成部分，是对商品、服务以及相关信息从产地到消费地的高效、低成本流动和储存进行的规划、实施与控制的过程。跨境数字贸易物流是指在跨境数字贸易交易下，利用国际化的物流网络、设施和技术，实现货物与服务在不同关境间的流动、交换以及物流信息管理的过程。

跨境物流是数字贸易行业中与所有利益主体息息相关的重要一环。对于以实体商品作为交易标的的跨境数字贸易而言，交易磋商、合同签订、国际支付和结算均可通过电子商务平台在线完成，唯有商品从卖方到买方的送达，必须通过实体国际物流来完成。然而，在跨境数字贸易迅猛发展的同时，跨境物流成本过高、配送速度慢、服务水平低、国际协调度不够等问题已日益暴露出来，成为阻碍跨境数字贸易深入发展而迫切需要解决的重要问题。

跨境物流研究现状热点
和趋势的可视化研究
——基于 CiteSpace 的
知识图谱分析

一、跨境数字贸易物流概述

（一）跨境数字贸易与物流的关系

物流是跨境数字贸易运营体系的重要组成部分，既关系到跨境数字贸易能否顺利开展，也关系到跨境数字贸易的效率优势能否充分发挥，还关系到跨境数字贸易的运营效率与效益能否提升。

1. 物流是跨境数字贸易的重要环节

数字商务的过程由网上信息传递、网上交易、网上结算和物流配送四个部分组成，其顺利运行必须依托信息流、商流、资金流、物流之间的有机配合。不同于传统商务活动，数字商务的特殊性就在于，信息流、商流、资金流都是可以在虚拟环境下通过互联网实现的，唯独物流不能完全通过网络实现，尤其是跨境物流受国界阻碍。只有"四流"均畅通无阻，才能共同促使跨境数字贸易发展。

2. 物流是跨境数字贸易优势发挥的基础

跨境数字贸易的开展能够有效缩短供货时间和生产周期，简化订单程序，降低库存水平，还要使客户关系管理更加有成效。物流包括仓储、分拣、包装、配送等环节，物流的高效和畅通将会使跨境数字贸易得到更好的发展，更易得到客户的青睐与好评。

3. 物流系统不断升级与发展直接关系到跨境数字贸易效率与效益的提高

跨境数字贸易大幅度降低了中小企业参与国际贸易的门槛，但高昂的海外仓储与跨境物流费用却给中小企业带来了巨大压力。跨境数字贸易参与企业的物流选择一旦失误，将会造成巨额的成本支出，大幅减少企业利润、降低企业效益。先进技术在物流运行系统中被采用，物流技术的不断发展，物流系统的不断升级，促进了物流业的迅速发展，其直接效果就是跨境数字贸易企业能更快、更好地满足客户的需求、大幅度提升产品交易量，提高数字商务的效率，增加企业效益。

综合来看，跨境数字贸易与物流的关系可以归纳如下。

①跨境数字贸易与物流相互依存。对跨境数字贸易经营企业而言，物流是其跨境商品服务供应链的重要环节，是保障其业务正常运作的重要基础。跨境商品的实体流动过程必须通过物流来完成，不同的跨境物流模式适用于不同的跨境数字贸易交易方式、交易规模与交易对象。多元化的跨境数字贸易物流体系为降低物流成本、有效支撑跨境电子商务发展发挥了重要的作用。

②跨境数字贸易与物流相互促进。一方面，物流服务的全球化发展极大地拓展了跨境数字贸易的市场范围；另一方面，跨境数字贸易要求物流具备全球范围内高效服务的性能，对物流的全球化、多元化渠道整合，以及物流作业的标准化、信息化和智能化等提出了更高的要求。高效的跨境数字贸易物流会带来更低的物流成本和更好的物流体验。

从跨境数字贸易与物流之间相互依存、相互促进的关系中可以看出，跨境物流的发展水平会影响数字贸易的发展，而跨境物流的发展对数字贸易有着极其重要的意义。

（二）跨境数字贸易物流与传统外贸物流的区别

跨境数字贸易物流的运作流程一般包括境内物流、出境清关、国际物流、目的国清关与商检、目的国物流、目的国配送等。从物流作业环节的细化来看，其包括接单、收货、仓储、分类、编码、理货、分拣、转运、包装、贴标、装卸等，还会涉及支付、报关、纳税、售后服务、退换货物流等。跨境数字贸易物流的运作流程会涉及多个国家、多个物流企业，其复杂性要远超国内物流。并且，不同于传统外贸"少品种、少批次、大批量、长周期"的商业特点，跨境数字贸易运营的"多品种、小批量、多批次、短周期"，对跨境数字贸易物流提出了不同的要求。为适应跨境数字贸易发展需求，商业快递、邮政快递、专线物流、海外仓等跨境数字贸易物流模式不断衍生出来。

跨境数字贸易物流与传统外贸物流的差异性主要体现在以下几个方面。

①对物流服务特性的要求不同。传统外贸的大批量、少批次等特点决定了传统物流模式的规模性、固定性与单一性。跨境数字贸易的小批量、多批次、个性化等特点对其物流的响应性与柔性提出了更高的要求。

②**物流附加值的体现不同**。传统贸易物流服务的增加值主要体现在运输环节，其他功能的附加值体现并不明显。跨境数字贸易物流服务则不同，其附加值通常体现在终端客户的时效体验、售后体验，以及总物流成本的相对优势上。

③**物流服务的层次不同**。传统外贸物流强调的是"门到门""点对点"的服务，而跨境数字贸易物流则强调物流各业务环节间的整合型、物流服务的综合性以及全球性。

④**对信息化、智能化的要求不同**。传统外贸的物流作业流程相对固定，对 IT 技术的使用与智能化程度显著低于跨境数字贸易物流。跨境数字贸易物流更关注以 IT 技术为核心对物流的全过程进行优化，不仅便于为客户提供整合的高效率的物流服务，还便于物流业务相关各方及时追踪物流进程，对物流实施全程监控。

（三）跨境数字贸易物流的特征

基于跨境数字贸易对物流服务提出的新要求，以及数字技术的发展与其社会经济应用态势，需求与供给两方面的因素致使跨境数字贸易物流呈现出以下发展特征：

物流地域的分散化。跨境数字贸易降低了企业和个人参与国际贸易的门槛，使参与国际贸易的主体急剧扩大，无论是供给方还是需求方都出现了分散化趋势，广泛分布于全球各国。与外贸形态的发展相适应，跨境数字贸易物流也呈现出分散化趋势，邮政小包和快递配送业务量迅速上涨。

物流反应的快速化。以客户需求与体验为中心，跨境数字贸易要求跨境物流上下游的物流配送需求反应速度更加迅速。跨境数字贸易对物流时效性提出的要求具体体现在：提前期和配送间隔越来越短，商品周转率和物流配送时效越来越快。

物流功能的集成化。跨境数字贸易通过物流来集成供应链的不同环节，包括物流渠道与产品渠道的集成、不同物流渠道之间的集成、物流环节与物流功能的集成等。尤其是电子商务环境下的物流系统，在物流基础设施、信息基础设施、商品包装的标准化和物流运作模式等各个方面都日益社会化和一体化，在数据与功能、技术与设备、人员和组织等各个层次上都在向集成化方向发展。

物流作业的规范化。物流作业的规范化、标准化是提升物流操作效率的重要手段。面对来自全球的海量订单，跨境数字贸易物流尤其强调作业流程的标准化，包括物流订单处理标准化、物流渠道管理标准化等，以提高物流服务效率，降低物流服务成本。物流作业流程的规范化、标准化使复杂的跨境数字贸易物流作业流程转变成相对简单的、可量化的、可考核的物流操作方式。

物流服务的信息化。物流服务的信息化是国际贸易数字化的必然要求，表现为物流信息的商品化、物流信息收集的数据库化和代码化、物流信息处理的电子化和计算机化、物流信息传递的标准化和实时化、物流信息存储的数字化等。另外，物流服务的信息化也是物流操作自动化、物流决策智能化发展的基础。

物流管理的全球化。跨境数字贸易具有跨越时空的特点，因而其整个物流服务系统需要整合来自不同国家的信息与服务资源，不断地进行资源的对接与协同，以充分利用各种当地化资源，以最低的成本、最高的效率服务于目的地客户，实现物流管理的全球化。

（四）我国跨境数字贸易物流存在的问题

跨境数字贸易的迅速发展对跨境物流提出了越来越高的要求，但目前我国物流的基础设施和管理水平还存在以下问题。

①成本高昂。由于跨境数字贸易所售小件商品通过国际快递和国际小包运送，如国际e邮宝、DHL、联邦快递、UPS、TNT等，虽然能够保证时效，但运费居高不下。如果卖家提高产品售价，在与国外产品竞争时则会丧失价格优势。

②时效不高。跨境数字贸易物流配送的速度是影响境外买家购买的重要因素。一些国家的客户对时效性的要求比较高，如配送时间超出预期，往往会退货可或投诉。以中国邮政小包为例，送至亚洲邻国需5~10天，至欧美主要国家需7~15天，至其他国家和地区需15~30天。

③大型电商的海外仓封闭运营，较少与中小电商企业共享资源。随着跨境数字贸易的品类逐渐增多和升级，以家居产品为代表的大货、重货越来越多且难以通过空运配送。原来多用传统海运，由于运送时间过长，很多电商卖家采用海外仓进行配送，以缩短产品送达时间，吸引更多买家。eBay、亚马逊、新蛋网等电商平台开始要求或鼓励中国卖家更多地采用海外仓的方式发货，以保证用户体验。目前，我国跨境电商在北美、欧洲等成熟市场的海外仓数量居多，如大龙网（FBDD）与俄速递（XRU）在俄罗斯联合建立海外仓。但海外仓的建设及运营成本较高，主要适用于货价较高、对物流成本承担能力较强且市场销量较高的商品，由资金实力雄厚的卖家封闭性运营，与中小电商企业小额产品的资源共享度较低。

④供应链高端服务和增值服务的能力较弱。目前，中国跨境物流主要还集中在传统的物流运输、配送、货代报关、订舱等层面，而一些供应链高端服务（如集成性供应链最优解决方案的提供、云计算信息平台、跨境金融、海外即时送）能力不足，而且物流的可视化和信息透明度较低。虽然国内出现了第三方国际物流仓储集运和B2C外贸平台仓储集运，主要由巨无霸型电商企业发起运营，如阿里巴巴的全球速卖通、敦煌网的全价值链服务平台、深圳递四方等跨境供应链综合服务商，都是先将货物集中起来，再按其目的地、品类、数量等进行统一分拣配送，对于订单数量多、订货频率高的产品而言，可以使集、发货时间缩短，配送成本得以分摊，这是电子商务平台服务向产业链高端发展的开始，但由于前期仓储物流投入较大，内外部的资源整合、协调机制不完善，操作过程复杂，行业渗透度和服务集成度均不高。

任何物流企业想要在全球范围内建立自己的物流网络都需要投入大量的人力、物力和财力，这是绝大多数企业力所不及的。因此，迫切需要研发出一种能整合各方内外部资源，优势互补，形成覆盖全球的物流网络，提高跨境数字贸易物流整体运作效率的新型组织运作模式。现有的第三方物流服务商可能在某个环节或主要环节做得比较出色，但在全球范围内整合资源、跨供应链运作的能力有限，不能满足跨境数字贸易物流综合性、敏捷性、柔性化、低成本、高效益的要求。

二、跨境数字贸易出口物流模式

对于实体货物而言，无论是否处于数字贸易时代，其跨境物流运输方式均有海运、空运、陆运、国际多式联运等多种选择，只不过在数字贸易时代，其独特的交易特点导致与其配套的跨境物流服务更加强调小包化、便利化、高时效等要求。为此，数字贸易时代的出口物流服务经历了一系列的创新与发展，当前已形成了几种有效的服务模式。

（一）数字交付

在数字贸易时代，数字化商品与服务、数据等成为重要的交易对象，此类交易对象没有实体，能够以数字化的方式通过互联网来完成交付，即数字化交付。比如，腾讯制作了一款游戏，在日本发售，日本的游戏用户只需在其智能手机的应用商店里直接付费下载该游戏 App 即可。理论上，这款游戏的跨国售卖过程就是完整地开展了一次国际贸易的订购及订单执行过程，严格来讲，就是一次国际服务贸易交易。此次贸易无需集装箱等实体运输工具来执行物流交付过程，只需在互联网上进行几百兆的数据传输，即完成了交易标的的交付。与网络游戏这种数字服务的交付相似，电子书这类数字化产品的交付也同样完全是借助互联网来完成的。

在数字经济时代，数据已成为一种重要的生产要素。作为一种要素，数据自然要在市场中，包括国际市场中进行流动以实现其价值，这使得数据本身成为国际贸易中一类重要的交易对象。值得注意的是，数据贸易的发生形式与一般商品或服务贸易存在着很大的不同。现实中，商品大都是在一个显性的市场上以一定的价格进行交易；数据则不同，除极少部分已经实现了产品化的数据外，大部分数据都采用一种隐形的方式进行交易，而这种交易通常不会被视为国际贸易。比如，一个人在英国使用 Facebook 获取信息服务，在这个过程中，他未支付任何费用，因而该活动一般不会被视为国际贸易。但是，当我们把这个活动拆解后就会发现，其实这个人和 Facebook 之间已经进行了复杂的贸易活动：他先是把自己的信息要素提供给了 Facebook，Facebook 把这些信息作为其自身掌握的资源，用于其广告服务。Facebook 为用户提供信息服务，其实是对用户所提供的个人信息要素的一种回馈，但这个回馈的成本却是由广告商来承担的。换言之，这个过程其实包含了用户、广告商和 Facebook 这三个主体之间的多重交易。一般而言，如果广告商和 Facebook 不在同一个国家，那么 Facebook 为广告商提供的广告服务会被视为是一种国际服务贸易，但 Facebook 和用户之间关于信息或数据的交易却很少被认定为是一种贸易，然而如果没有用户与 Facebook 之间发生的这一底层的隐含的数据交易，脸书与广告商之间显性的国际服务贸易则根本无法进行，这也是跨境数字贸易的复杂之处，值得进一步深入研究。

（二）国际邮包物流

国际邮包物流是指借助"万国邮政联盟"的庞大网络，依据各国邮政部门之间订立的协定和公约，通过各国邮政服务公司之间的合作，完成国际邮政包裹运输的物流模式。国际邮包物流是一种"门到门"的运输方式，具有广泛的国际性，其对包裹的重量和体积均有限制，适用于精密仪器、机器零件、金银首饰、药品以及各种样品和零星物品等。国际邮包运输是跨境数字贸易交易规模小型化、零售化时代，跨境电商卖家常用的国际物流模式。据不完全统计，中国跨境电商零售出口业务中70%的包裹是通过邮政系统投递的，其中50%左右使用的是中国邮政提供的物流服务。

中国邮政拥有着几乎覆盖全球的网络，其网络覆盖程度比其他任何物流渠道都要广，这一优势应当归功于两个组织：一个是万国邮政联盟，另一个是卡哈拉邮政组织。万国邮政联盟是商定国际邮政事务的政府间国际组织，其主要通过制订一些公约法规来改善国际邮政业务的发展状况，并同时发展国际合作。卡哈拉邮政组织则是在万国邮政联盟的基础上发展起来的，由邮政系统相对发达的 6 个国家和地区组建，后来西班牙和英国也加入了该组织。卡哈拉邮政组织对成员的投递时限提出了严格的要求，假如货物没有在指定的日期投递给收件人，那么负责投递的运营商需要以货物价格对客户进行 100% 的赔付，这些要求提升了其成员的服务水平，也使得其各成员之间的合作更为紧密。

国际邮包物流按照运输服务时效可分为两类：邮政快速服务和邮政普通服务。以中国邮政为例，为适应跨境数字贸易的蓬勃发展对跨境物流服务提出的新要求，其整合邮政速递物流网络优势资源，与主要跨境电商平台合作，根据其服务的客户、寄送产品的价值、体积重量以及寄送区域等设计不同的物流产品。目前，中国邮政与全球速卖通平台合作提供的跨境电子商务物流服务产品有六种，分别是 EMS、e 邮宝、e 特快、中国邮政平常小包+、中国邮政挂号小包和中国邮政大包，如表 8-1 所示。

表 8-1　中国邮政速递物流在全球速卖通平台提供的国际物流服务

时效类型	产品名称	通达国家或地区	适用对象	重量限制	尺寸限制	参考时效	特点
快速	EMS	全球 102 个国家和地区	货值较高的物品	30kg	五个标准。其中使用最多的是标准1：任何一边的尺寸都不得超过 1.5m，长度和长度以外的最大横周合计不得超过 3.0m	3～10 天	时效快，物流服务体验好，运价较高，可全程跟踪，清关便捷
	e 邮宝	全球 38 个国家和地区	轻小件物品	2kg，但俄罗斯限重 3kg，英国、以色列限重 5kg	单件最大体积：长、宽、高合计不超过 90cm，最长一边不超过 60cm。圆卷邮件直径的 2 倍和长度合计不超过 104cm，长度不得超过 90cm。单件最小尺寸：长度不小于 14cm，宽度不小于 11cm。圆卷邮件直径的两倍和长度合计不小于 17cm，长度不小于 11cm	7～15 天	时效较快，资费较低，全程跟踪
	e 特快	全球 103 个国家和地区	较高价值物品	30kg	同国际 EMS	3～10 天	50 克起续重计费，性价比高，全程可跟踪

续表

时效类型	产品名称	通达国家或地区	适用对象	重量限制	尺寸限制	参考时效	特点
普通	中国邮政平常小包+	全球233个国家和地区	客单价低于5美元的商品	2kg	方形包裹：最大规格为长+宽+高≤90cm，单边长度≤60cm；最小规格为至少有一面的长度≥14cm，宽度≥9cm。圆柱形包裹：最大规格为2倍直径+长度≤104cm，单边长度≤90cm；最小规格为2倍直径+长度≥17cm，单边长度≥10cm	15～30天	时效稳定，无挂号费，性价比高，物流无法跟踪，丢包率比较高，且丢失将不能获得赔偿
	中国邮政挂号小包	全球215个国际和地区	客单价高于5美元的商品	2kg	同中国邮政平常小包+	15～30天	时效稳定，挂号服务费用稍高，丢包率较低，且丢损可赔付，全程可控
	中国邮政大包	全球195个国家和地区	重量稍大的包裹	10kg～30kg，因目的国而异	根据目的国不同，限三类尺寸。第一类体积：2m×2m×2m，或者长度和长度以外最大横周合计不超过3m。第二类体积：1.5m×1.5m×1.5m，或者长度和长度以外最大横周合计不超过3m。第三类体积：1.05m×1.05m×1.05m，或者长度和长度以外最大横周合计不超过2m	7～30天	时效性不强，运费低廉，包裹可跟踪至妥投，市场上为数不多的电池液体物流渠道，丢损可赔付

除中国邮政小包外，其他国家和地区的邮政公司也都提供国际小包物流服务。以全球速卖通为例，其常用的邮政小包还有以下几种。

①（中国）香港邮政小包。时效中等、价格适中、处理速度快。

②新加坡邮政小包。服务质量高，是全球速卖通上手机、平板电脑等含锂电池商品的主要物流方式。

③瑞士邮政小包。价格较高，但在欧洲国家的通关能力强，在欧洲申根国家免报关。

④瑞典邮政小包。在俄罗斯通关时投递速度快，是向俄罗斯寄送物品的首选物流方式。

⑤荷兰邮政小包。清关、派送快，可寄电池件。

需要注意的是，不同国家和地区的邮政公司所提供的物流服务在价格、时效、承运物品限制、优势线路等方面会有一定的区别。跨境电商卖家在选用其服务时，应结合商品特性、客户所在地等认真查询比对各邮政公司的服务内容及服务要求，逐渐摸索出适合自身需求的物流运费模板，以兼顾客户满意度和自身盈利需求。

（三）国际商业快递

国际商业快递由国际商业快递公司利用自建的全球网络为世界各地的客户提供本地化服务。全球著名的国际商业快递公司有4家，分别是DHL、TNT、FedEx和UPS，其国际快递模式具有共同的特点：覆盖全球的自建网络、强大的IT系统、遍布全球的本地化服务。以UPS为例，截至2022年10月，其拥有超过250架自营飞机和290多架租赁飞机，每日有1180个国际航段在400多个国际机场间提供服务，在全球拥有超过123000辆包括货车和摩托车在内的运输车辆，1800多个运营设施，30000多个快递取寄件服务点和800多个全场现场库存点保证货物顺利送达，UPS还有500多个供应链设施遍及超过125个国家和地区；UPS凭借其全球布局的物流基础设施，构建了高度整合的全球物流网络，形成了支持多种不同运输方式的立体综合交流网络体系，可实现海、陆、空多式联运之间的"无缝连接"运作，日均有2190万件包裹通过UPS全球智慧物流网络在全世界220多个国家和地区流转。相比国际邮包物流，国际商业快递具有货物投递时效性很强、顾客物流体验好等优势。例如，用UPS寄送包裹到美国，最快可在48小时内到达。然而，这样优质的服务往往是建立在昂贵的价格基础上的。一般来说，商户只有在客户提出非常强的时效性要求的情况下，才会选择采用国际商业快递来进行商品的派送。国际商业快递公司也在不断开发新的物流产品以满足客户的不同运输要求。比如在全球速卖通平台，跨境电商卖家可在线对接的UPS国际快递服务有两种，一是UPS全球速快（Worldwide Saver，俗称红单），一是UPS全球快捷（Worldwide Expedited，俗称蓝单）。UPS全球速快的寄递时效为1~3个工作日，UPS全球快捷寄递的时效为2~5个工作日，是UPS国际快递服务中价格最便宜的一种，对于时间要求不太紧迫的货件是最为经济的选择。两类快递服务均可通达全球超过200个国家和地区。

四大国际商业快递巨头各自拥有其独特的特点，特别是不同重量的快递发往各大洲的时候有着较为明显的区别，如发往西欧国家时，TNT的通关速度最快，而UPS发往美国的速度极快。具体如表8-2所示。

表8-2　四大国际商业快递的比较

公司名称	DHL	TNT	FedEx	UPS
总部所在地	德国	荷兰	美国	美国
特点	5.5kg以下物品发往美洲、英国有价格优势，21kg以上物品有单独的大货价格	西欧国家通关速度快，发送欧洲一般3个工作日可到	整体而言价格偏贵，21kg以上物品发往东南亚国家速度快，有价格优势	发往美国速度极快，6~21kg物品发往美洲、英国有价格优势

随着跨境数字贸易在全球的兴起，主要的跨境电商出口国产生了巨大的物流服务需求，孕育了各类国际物流公司，其中就有一些公司在提供国际商业快递服务，如表8-3所示。以全球速卖通为例，平台除在线对接四大国际商业快递巨头提供的国际物流服务外，还在线提供DPEX、GATI、SF Express（顺丰速运）、AliExpress（优先物流）等国际快递服务。

表8-3　其他国际商业快递公司

公司名称	DPEX	GATI	SF Express	AliExpress
总部所在地	澳大利亚	印度	中国	中国
特点	发往澳大利亚、泰国、越南等国家有价格优势	发往印度、澳大利亚、巴西等国家有价格优势	具有高效揽收优势，可承运符合航空运输安全标准的内置锂离子电池，但开通的国际线路少	在重点城市提供免费上门揽收服务，平台负责售后，赔付无忧，渠道稳定时效快，运送范围遍及全球176个国家和地区

（四）国际专线物流

国际专线物流是当前跨境电商国际物流中较常使用的一种运作模式，一般是由国内物流公司先将货物在国内仓库集货，然后通过包舱的方式直接批量空运或者陆运发往目的国家或地区，再通过其在目的国的派送网络或目的国第三方合作物流服务商来完成目的国的国内派送。国际专线物流是一种经过专门设计的国际运输线路，具有时效性强，方便快捷，区域针对性强等特点，还能够借助集包集货的规模效应来降低成本，具有比一般快递更优化的计重方式。

国际专线物流模式一般来说针对的是需求量大、热门的线路，能够积累一定的货量来分摊成本，因此，相对于国际快递在价格方面具有一定优势，也因此专线物流的送达区域有限制，仅适用于一些特定的物流线路。目前，国内大部分物流公司选择开通美国专线、欧洲专线、澳大利亚专线、俄罗斯专线等，也有一些物流公司推出了中东专线、南美专线等。国内较为知名的国际专线快递公司有递四方、俄速通、三态速递、Aramex中国等，如表8-4所示。

表8-4　国内知名的国际专线快递公司比较

公司名称	递四方	俄速通	三态速递	Aramex 中国
总部所在地	深圳	哈尔滨	深圳	上海

续表

公司名称	递四方	俄速通	三态速递	Aramex 中国
特点	递四方全球专线服务整合全球的速递资源，将货物在境内集中分拣，配载直飞航班，由境外代理在当地完成清关和本地派送任务。递四方全球专线服务覆盖范围广，时效快，操作灵活，适合运送高价值、对时效要求高的物品，且在大部分地区不收取偏远地区附加费	服务中国本土制造商、品牌商进入并占领俄罗斯市场。对俄航空小包针对2kg以下小件包裹，采用全包机方式，从哈尔滨直飞叶卡捷琳堡或新西伯利亚，具有时效高、渠道稳定、经济实惠等特点。B2B商业大包是对俄大包产品递送服务，可递送产品范围广、种类多，采用水、陆结合的特殊运输方式，具有价格低廉、安全稳定的特点，递送范围覆盖俄罗斯全境	自成立以来始终聚焦电商件，专注满足跨境电商卖家多样化物流需求。三态速递的国际专线快递服务覆盖范围广，已形成通达15个国家的专线物流，包括墨西哥、巴西、哥伦比亚、智利专线；韩国、日本专线；还有美国专线、澳洲专线、加拿大专线、欧洲专线、瑞邮全球专线、英国普货经济专线、中东特惠专线、以色列自提专线和南非专线	其是向中东地区递送货物的首选，其精选发货地优势航班运力，将货物运抵其在迪拜的转运中心，再由迪拜清关转运派送至中东、南亚和非洲部分地区。其具有三大优势：运费较低，发往中东、北非、南亚等地区的价格非常具有优势，且偏远地区不用支付附加费，价格是DHL的60%左右；时效有保障，包裹寄出后2～5天即可妥投；可全程在线跟踪包裹动态

中欧班列也属于专线物流中的一种。目前，中国到欧洲的集装箱班列已经开通57条线路，以出口产成品为主，从新疆的阿拉山口或霍尔果斯、内蒙古的满洲里或二连浩特、广西的凭祥，以及黑龙江的绥芬河出关。中欧班列目前的典型线路有以下几条。

①重庆—德国杜伊斯堡（渝新欧）：全程11000km，途经5国，运行时间约15天。

②成都—波兰罗兹（成新欧）：全程9965km，途经4国，运行时间约14天。

③西安—波兰华沙（西新欧）：全程9048km，途经4国，运行时间约12天。

④郑州—德国汉堡（郑新欧）：全程10245km，途经5国，运行时间约15天。

⑤义乌—西班牙马德里（义新欧）：全程13052km，途经7国，运行时间约21天。

此外，哈尔滨、苏州、长沙、兰州、保定、西宁、广州、青岛、长春、南昌、唐山、武汉、乌鲁木齐、景德镇、连云港、合肥、上海、呼和浩特、泉州、泸州、新乡、九江、石家庄、贵阳、永州、沈阳、深圳、金华、柳州、鄂尔多斯、银川、厦门、福州、南宁、黄石、赣州等城市也开通了直通欧洲的班列。

铁路专线物流相比海运更安全，可大幅度缩短中欧距离和运输时间（比铁海联运节约20天左右）。随着中国与"一带一路"沿线国家签署更多的便捷通关协议，铁路运输效率有望进一步提高。例如，中国、俄罗斯、哈萨克斯坦三国联合签署了两项海关便捷通关协议，协议确定：三国海关对从重庆发出，通过新疆阿拉山口，途经哈萨克斯坦、俄罗斯的货物，只进行一次海关检查就可以运往荷兰、德国等地。与海运相比，目前铁路专线物流还存在通道少、经营垄断性强、市场化程度低、承运和转运手续繁杂、运费高等问题。

 **案例 8-1**

中欧班列助力高质量共建"一带一路"

截至 2022 年 7 月，作为中国首条中欧班列线路，中欧班列（重庆）日前迎来新的里程碑——中欧班列（重庆）开行突破 1 万列。中欧班列（重庆）开行列车破万标志着亚欧大陆互联互通、共同发展的一个新起点，也昭示着中国对外经贸及更广阔领域合作的光明前景。

2011 年 3 月，首列重庆至德国杜伊斯堡的国际联运列车探索开行，开启了中国"钢铁驼队"跨越亚欧大陆的不间断旅程，搭建了开放合作的友谊桥梁。目前，横跨亚欧大陆的中欧班列"连点成线""织线成网"，通达欧洲 23 个国家的 180 个城市，运输货品达 5 万余种。

自 2022 年以来，中欧班列不断拓展新线路——中欧班列成渝号（绵阳）首次开行，中欧班列（长沙）开辟拉脱维亚新线路，中欧班列长安号开通跨里海、黑海班列……已有各线路捷报频传——合肥中欧班列从 2014 年开行，已经实现进出口贸易额超百亿美元；成渝两地中欧班列开行量突破 2 万列大关。

作为共建"一带一路"重要合作纽带，中欧班列的蓬勃发展为高质量共建"一带一路"注入了新动力。"钢铁巨龙"将共商共建共享的中国理念带到亚欧大陆各地，助推"一带一路"合作踏上新台阶，造福当地民众。一座座"连心桥"、一道道"发展带"、一个个"繁荣港"、一条条"幸福路"接连诞生。相关数据显示，2021 年，中国与"一带一路"沿线国家货物贸易额达 11.6 万亿元，对沿线国家直接投资 1384.5 亿元，一批民生领域援助项目落地见效。意大利洛伦佐·梅迪奇国际关系研究所专家法比奥·马西莫·帕伦蒂撰文指出，自共建"一带一路"倡议提出以来，相关国家和地区在经济发展、民生改善等方面硕果累累，向世界证明了共建"一带一路"的价值和意义。

不论是中欧班列"奔流不息"，还是"一带一路""开花结果"，都是中国对外经贸合作蓬勃发展的生动体现。近年来，中国积极开展对外经贸合作，持续扩大高水平对外开放，为稳定全球供应链、缓解全球通胀压力做出重要贡献，惠及众多合作伙伴。2022 年上半年，中国外贸规模达 19.8 万亿元，连续 8 个季度实现同比正增长；中国对东盟、欧盟、美国进出口分别增长了 10.6%、7.5% 和 11.7%；中国对"一带一路"沿线国家、区域全面经济伙伴关系协定（RCEP）贸易伙伴进出口分别增长 17.8% 和 5.6%。未来，中国将有望与各国在清洁能源、智慧城市、5G、人工智能等领域打造更多新的合作亮点，为世界经济走出低迷创造机遇。

（五）海外仓模式

海外仓是设置于海外国家的物流仓库。海外仓模式即卖家为了提升跨境订单的交付能力而在接近境外买家的地区设立仓储物流节点，其首先将大批量商品按照一般贸易方式出口至境外，并存储在设立于目标市场国家或其邻近国家的海外仓中，跨境电商平台完成在线销售后，再根据订单从就近的海外仓库中分拣出商品，并包装、配送至消费者手中。海外仓通常具有货物存储、流通加工、本地配送、售后服务等功能；海外仓有助于出口企业直面海外终端市场，在帮助外贸企业降本增效、培育品牌等方面发挥了重要作用。

为贯彻落实党中央国务院关于加快跨境电子商务新业态发展的部署要求，充分发挥跨境电商稳外贸保就业等积极作用，进一步促进跨境电商健康快速发展，2020 年 6 月 12 日，海关总署在 2020 年第 75 号公告《关于开展跨境电子商务企业对企业出口监管试点的公告》（即"跨境电商 B2B 出口"）中增列了海关监管方式（代码"9810"，全称"跨境电子商务出口海外仓"），适用于跨境电商出口海外仓的货物，标志着跨境电商出口海外仓业务已经正式成为跨境电商 B2B 出口业务中的一种，从而纳入海关监管范围。海外仓在跨境电商 B2B 出口业务发展中的作用日趋受到重视，对其监管方式也逐步规范。

在政府与市场的双轮推动下，中国海外仓的数量和规模在持续增长。据商务部公布的数据显示，截至 2022 年 6 月，我国海外仓的数量已经超过 2000 个，总面积已经超过 1600 万平方米，其中 90% 分布在北美、欧洲和亚洲市场。海外仓建设步伐快速推进，中国海外仓业务范围已经可以辐射全球。

 案例 8-2

> ### 深圳海关创新监管模式　海外仓企业备案创新高
>
> 《深圳特区报》2022 年 7 月 21 日讯，得益于中国制造业高质量发展，国货出海潮带动跨境电商出口稳步增长。深圳海关昨日透露，该关跨境电商 B2B 出口业务，即境内企业通过跨境物流将电商货物运至境外企业或海外仓货物货值同比增长超 1 倍，日均验放跨境电商出口包裹超过 500 万件。
>
> 通过"海外仓"模式，深圳跨境电商企业可以将货物出口至海外自己的仓库，先行仓储，待有订单后再及时进行分拨发运，极大提升企业的竞争力。自 2022 年以来，深圳海关新增海外仓备案企业数同比增长 2.7 倍，在 10 多个海外国家（地区）设立了出口海外仓，海量"中国制造""深圳制造"商品通过 B2B 出口模式远销海外。
>
> 跨境电商对通关效率提出更高要求，深圳海关推进寄递渠道审单业务集约化改革，实现跨境电商企业申报、海外仓企业备案等"一站式"办理，缩短办理时限 30%；实施全天候通关服务，设立专人专岗对企业注册登记、现场申报查验和系统运行保障进行全程指导；落地"一次登记、一点对接、便利通关、简化申报、允许转关、优先查验"等一系列配套政策；支持电商企业享受 B2B 批量化、规模化出口便利，发挥海外仓物流成本低、送达时效高等优势，助力企业出口业务的换挡升级。
>
> 深圳海关创新监管模式、畅通物流通道、加强政策引导，推动了跨境电商 B2B 业务快速增长，支持越来越多的深圳制造电商货物出口海外，抢占全球市场。

1. 海外仓运作的基本内容

海外仓的整个运作流程包括头程运输、仓储管理和本地配送三个环节。

1）头程运输

跨境电商卖家通过海运、陆运、空运或邮政小包等方式将商品运送至目的国或其邻近国家的海外仓。

2）仓储管理

卖家通过海外仓信息管理系统，远程操作海外仓的仓储货物，实时管理库存；卖家接到订单后，向海外仓仓储中心发出货物操作指令。

3）本地配送（也称尾程运输）

海外仓仓储中心根据卖家指令对货物进行分拣、包装等操作，并将货物配送至客户手中；发货完成后，海外仓信息管理系统会及时更新信息，让卖家及时了解海外仓的库存状况。

海外仓的费用主要包括头程费用、处理费、仓储费、尾程运费和关税、增值税等费用。其中，头程费用主要包括空运、海运散货、海运整柜、当地拖车等费用；处理费主要是出入库费用；仓储费需要考虑淡旺季的需求；尾程运费取决于配送的方式。

1）头程费用

头程费用是指从中国把货物运送至海外仓库过程中所产生的费用。采用航空运输方式产生的费用包括运费、清关费、报关费、文档费、拖车费和送货费等。

采用海运货轮运输的方式，有集装箱拼箱和集装箱整箱两种。装箱拼箱方式以实际体积计算运费，集装箱整箱方式以箱为交接单位并计算运费。

2）税金

税金指货物出口到某国，按照该国进口货物政策而征收的一系列费用。关税主要是指进口关税，是一个国家海关对进口货物和物品征收的税。进口关税的征收会增加进口货物的成本，从而提高进口货物的市场价格，从而影响货物的进口数量。世界各国都把征收关税作为限制货物进口的一种手段。适当使用进口关税可以保护本国工农业生产，也可以将其作为经济杠杆调节本国的生产和经济的发展。有些国家不仅仅有进口关税，还有一些特定的费用，如增值税和消费税。

3）仓储管理服务费

仓储管理服务费主要包含仓储费和订单处理费两大部分。仓储费是货物储存在仓库中而产生的费用。如果租用第三方物流公司的仓库，第三方物流公司通常按周收取费用，以提高产品的周转率。订单处理费是买家下单后，相关人员完成订单拣货打包而产生的费用。通常订单处理费会根据处理的订单数量、体积及重量划分不同的价目表。

4）当地派送费用

当地派送费用也称为二程派送费用，是买家下单后，仓库将货物打包配送至买家地址所产生的费用。由于各国物流公司的操作不尽相同，该费用以具体国家具体物流公司的派送价格和规则为准。

现阶段，大部分海外仓主要是为跨境电商卖家在销售目的国进行清关、入库质检、存储、接收订单、商品分拣、包装、派送等服务。随着物流服务市场竞争的加剧，海外仓运营成本不断增长及利润空间不断被稀释，单一功能的物流服务很容易被取代。因此，很多海外仓也开始从原有的仓储模式向跨境电商供应链的上下游延伸，即向上提供头程运输服务，向下提供传统的仓储和代发货的基本物流服务功能，以及如下增值服务。

①代收货款服务。针对一些国家和地区存在跨境支付与结算不便和不及时的问题，在合同规定的时限和佣金费率下，海外仓可以为客户提供代收货款的增值服务。

②退换货、换标等服务。海外仓可以为客户提供海外销售商品的退换货、调拨、重打或代贴标签、分箱等服务。此外，海外电商卖家一般都难免会遭遇账号被关、产品无法上架、贴错 SKU 标签等问题，那么海外仓就可以提供退换货、换标处理、重新打包、FBA 代发货服务，从而最大限度地减少货物的损失。

③保税功能。当海外仓经海关批准成为保税仓库时，其功能和用途将更为广泛，可简化海关通关流程和相关手续。同时，在保税仓库可以进行转口贸易，以海外仓所在地为第三国，连接卖方国家和买方国家，这种方式能够有效躲避贸易制裁。另外，还可以在保税海外仓内进行简单加工等相应的增值服务，这样可以有效丰富仓库功能，提升竞争力。

④亚马逊 FBA 中转。卖家在使用亚马逊 FBA 时，先将货物通过空运或海运等发运至目的国海外仓，然后在库存允许的情况下，要求海外仓贴好 FBA 标签，用本地快递发到 FBA 仓库，就近补货，以此来降低部分环节的延误风险。除 FBA 中转外，有些海外仓还为卖家提供入库质检、货物上架、库存管理、接收订单、订单分拣、订单复核、多渠道发货等服务。

⑤运输资源整合。由于国际贸易 B2C 具有订单数量小、订单金额小、下单频率较高的特点，因此，海外仓可以整合运输资源降低配送成本。

⑥拆包拼装。由于跨境 B2C 订单具有长距离、小批量、多批次的特点，为实现运输规模效应，可对零担货物实行整箱拼装业务运输。当货物抵达海外仓之后，仓库将整箱货物进行拆箱操作，再根据客户订单要求为地域环境集中的客户提供拼装业务，进行整车运输。

除上述服务功能外，一些海外仓还可以为用户提供线下产品展示、海外分销、网店代运营、海外售后维修等服务。

海外仓物流模式的实现需要投入较高的建设成本和营运成本。但是海外仓的优势也是巨大的，海外仓仓储地点在国外，对国外市场价格的调配极其有利，而且由于其流转环节少，大幅降低了物流成本。客户下单后可以直接从所在国的海外仓发货，大大缩短了订单周期，物流运输速度加快，提升了客户的购买体验，增加了客户购买黏性。同时，海外仓还有效降低了跨境包裹的破损和丢失率，能够把货物安全、准确、及时地送达终端客户手中，如表 8-5 所示。海外仓凭借其自身特有的优势，已成为我国 B2C 跨境电商企业物流发展的重点，也逐渐成为企业在跨境电商方面解决物流问题的最佳选择。

表 8-5　海外仓模式与其他跨境物流服务模式的比较

项目	海外仓模式	其他跨境物流服务模式
电商企业发货时间	提前批量进/出口	客户下单后进/出口
货运规模	批量	单件
清关手续	货物抵达海外仓前提早完成	伴随跨境运输完成
存储、分拣、包装	货物抵达海外仓后实施	进/出口国境内中间商仓库实施
配送时长（以欧美为例）	2～3 天	10～20 天
单件运输成本	较低	较高
自主定价权	较高	较低
自主品牌推广权	较高	较低
售前体验	线上浏览与线下体验店结合	跨境电商平台线上浏览
售后服务	提供退换货服务	退换货难度大
电商企业经营模式发展	向跨国经营拓展	仍维持单一进/出口销售模式

2. 海外仓的主要运营模式

当前市场中存在的海外仓模式可以归纳为三类，即跨境电商平台提供的海外仓服务模式、跨境电商出口企业自建的海外仓模式和第三方海外仓模式。

1）跨境电商平台提供的海外仓服务模式

跨境电商平台企业为了应对不断增加的业务量，改善平台上用户的购物体验，可以选择在货物销售地所在国家自行建仓。此种方式适合资金充足，信息化水平、管理水平较高的大型平台企业。全球速卖通和亚马逊即是其中的典型代表。

菜鸟海外仓是全球速卖通和菜鸟网络联合境外优势仓储资源及本地配送资源，同时整合国际头程物流商和出口退税服务商共同推出的物流服务。菜鸟海外仓能够为全球速卖通平台上的卖家提供境内揽收、境内验货、出口清关退税、国际空海干线运输、进口清关、送仓、海外仓储管理、海外仓储发货、本地配送、物流纠纷处理、售后服务等一站式服务。全球速卖通平台于 2015 年开始正式招募海外仓卖家，并承诺为其提供一系列扶持措施来推进海外仓模式的发展。加入全球速卖通菜鸟海外仓的会员卖家在享有专属频道的推广及专属标识的同时，还能享有卖家服务评级中物流分免责权益，且卖家的运营数据表现越好，所能享受的权益就越多，这一系列措施大大提高了全球速卖通平台卖家使用菜鸟海外仓的积极性。

全球最大的跨境电商平台亚马逊的物流执行系统 FBA 也属于平台自建海外仓模式。亚马逊物流是亚马逊为平台上的卖家提供的包括仓储、拣货、打包、派送、收款、客服与退货处理等各项服务在内的一站式物流服务。出口企业在把自己的产品放到亚马逊的跨境电商平台上销售的同时，也将产品存储在亚马逊在销售目的地国家当地的仓库中，当买家在亚马逊电商平台上确认购买订单后，即由亚马逊的物流执行系统 FBA 自动完成后续的发货、送货等具体物流操作。如果出现退货问题，FBA 也能帮助卖家进行处理。

2）跨境电商出口企业自建的海外仓模式

跨境电商出口企业自建海外仓指的是跨境电商卖家在海外自行建立仓储，仅为自身销售的商品提供仓储、配送等物流服务，并由卖家负责头程运输、通关、报关、海外仓管理、拣货、终端配送等一系列的工作。如果第三方的海外仓服务水平达不到跨境电商出口企业的要求，这些企业可以选择自己建立并运营海外仓。自营海外仓的运营成本较高，通常，大体量的跨境电商出口企业才会自建海外仓。

一些传统的外贸企业经过多年海外市场运作经验的积累，逐步具备了海外仓运营与管理的经验，从自建海外仓为自己企业的外贸出口提供物流服务，逐步拓展成为既为自身服务，也为其他外贸企业服务的公共海外仓模式。

3）第三方海外仓模式

此种方式主要是出口企业与跨境电商平台之外的目的地第三方海外仓储企业合作，完成整个海外仓物流运作过程的模式。第三方海外仓是由除跨境电商出口企业、跨境电商平台以外的第三方物流服务商建立并运营的海外仓储，它可以为卖家提供清关、报检、仓储管理、商品分拣、终端配送等服务。卖家通常以租赁的方式获得第三方海外仓提供的服务。

这种方式主要适合于出口企业资金或经验不足，不能自建或自己运营海外仓，或者电商平台的海外仓服务在服务能力或成本方面不能满足其需求。这种模式的最大特点是，可以通过择优选择在一定程度上减少海外仓储成本，有利于进行本土化管理，避免了出口企业异地管理经营的一些麻烦。

3. 海外仓模式的选择

第三方海外仓模式下跨境电商企业物流成本的控制

对于跨境电商卖家来说，只有选择适合自己的海外仓模式，才能充分发挥海外仓的优势，借助海外仓提升自身竞争力，因为不恰当的海外仓模式只会增加卖家的运营成本，加大其经营风险。一般来讲，卖家在选择海外仓模式时，需要考虑以下几方面因素。

1）适合使用海外仓的产品特征

①体积大、重量重的产品。体积大、重量重的产品如果用邮政小包或专线物流邮递，规格会受到限制，而且使用国际快递费用又很昂贵，会降低销售利润，而使用海外仓则会突破产品的规格限制和降低物流费用，从而增加销售利润。例如，那些重物流产品（如五金类、家具类、户外类产品等）特别适合使用海外仓；如果是轻物流产品，SKU还很多，无法预估热销产品，可能就不适合选择海外仓了。

②单价和毛利润高的产品。高质量的海外仓服务商可将破损率、丢件率等控制在较低水平，为销售高价值商品的卖家降低风险，从而提高经营利润，这样的产品也适合使用海外仓。

③周转率高的产品。周转率高的商品其实就是畅销品，对于畅销品来说，卖家可以通过海外仓更快速地处理订单，回笼资金；对于滞销品来说，如果使用海外仓，则在占用资金的同时，还会产生相应的仓储费用。因此，相比之下，周转率高的产品会更适合使用海外仓。

④敏感类产品、有物流限制的产品。液体膏状、粉末状等形态的美妆产品走直邮渠道限制多，但凭借海外仓能快速打开市场局面。

一些跨境电商平台会定期发布海外仓销售统计数据，可以帮助商户判断海外仓畅销产品品类，辅助企业的海外仓储及营销策略的制定。

⑤亚马逊物流、第三方海外仓均对产品的种类、体积、重量有所限制。尤其是FBA，对产品的限制较为严格，如果商品的种类、体积、重量不符合要求，则无法使用FBA。而自建海外仓在入库产品的选择上更具灵活性，买家可以根据商品的特点建立与其相符的海外仓。因此，卖家在选择海外仓模式之前，要详细了解自己商品的特征，以及各类海外仓对商品体积、重量的要求，然后选择合适的海外仓模式。

2）海外仓服务能力

在海外仓的头程运输中，FBA不为卖家提供清关服务；部分第三方海外仓可以为卖家提供清关服务，有的还可以提供头程运输、退税服务。在商品入库阶段，亚马逊物流不为卖家提供商品整理和贴标签服务，需要卖家在前期自行做好这些工作；而第三方海外仓则可以为卖家提供产品整理和贴标签服务。

自建海外仓则需要卖家自力更生，全权负责头程运输、清关、产品入库前整理、贴标签等一系列工作。卖家在选择海外仓模式时，要考虑自身是否对这些服务有需求，并审慎权衡这些服务的成本效益。

3）卖家的物流运营战略

不同的卖家所采取的物流运营战略不同，如果卖家选择海外仓只是为了提高产品在境外市场的销量，提升经营效益，并不打算将海外仓物流体系纳入自身经营范围，就可以选择使用跨境电子商务平台的海外仓或者第三方海外仓。

如果卖家选择海外仓是为了提高品牌知名度和渗透率，以更好地实施本土化运营战略，或者计划构建属于自己的海外仓物流体系，则可以选择自建海外仓。

4）卖家的规模和实力

对于卖家来说，无论是自建海外仓还是租用第三方海外仓，或使用跨境电子商务平台的海外仓，都需要承担相应的风险。卖家在选择海外仓模式时，要充分考虑自身的发展规模、实力及风险承担能力。

一般来说，自建海外仓的成太较高，且对卖家的经营管理能力要求较高，所以选择自建海外仓的卖家需要具备较强的资金实力和经营管理能力。

与自建海外仓相比，跨境电子商务平台海外仓、第三方海外仓的使用成本较低，且卖家无须具备海外仓管理方面的人才和经验。此外，海外仓不仅能为卖家提供产品存储、终端配送等服务，还能为卖家提供专业的客户服务，帮助卖家优化买家购物体验。卖家使用海外仓，还能享受跨境电子商务平台的流量倾斜，从而提高产品的曝光率。对于刚开始涉足跨境电子商务的卖家来说，使用跨境电子商务平台海外仓是一种不错的选择。

4. 中国优秀海外仓企业实践经验总结

2020年12月29日，《商务部办公厅关于印发首批优秀海外仓实践案例好经验好做法的函》（商办贸函〔2020〕433号）发布，总结了七家优秀的海外仓企业在实践中的好经验好做法，希望能为更多相关企业提供借鉴和参考。这七家企业可归为三类：一是为跨境电商卖家提供第三方服务的海外仓，如福建纵腾网络有限公司、万邑通（上海）信息科技有限公司；二是拥有跨境电商平台、主要为平台客户提供服务的平台型海外仓，如宁波豪雅进出口集团有限公司、浙江执御信息技术有限公司；三是成长性好、发展潜力较大、且具有一定特色的成长型海外仓，如艾姆勒海外仓储（深圳）有限责任公司、北京数码港电子商务有限公司、黑龙江俄速通国际物流有限公司。

这份函将七家海外仓企业在信息化建设、智能化发展、多元化服务、本地化经营等方面的好经验好做法进行了总结。

①建设信息管理平台。通过提升信息管理水平，有效加强仓储运营管理，提高操作准确性和履约时效性，增强服务能力和客户满意度。一是组建专业技术团队。组建专业素质高、梯次全的专业技术团队，开展自主软件研发，对系统进行维护和完善。有的海外仓自主研发团队超200人，软件著作权近100项。二是建设先进的信息管理系统。建设订单管理系统、仓储管理系统等先进的信息管理系统，实时对接客户、商品、仓储、配送等信息，实现海外仓物流、订单流、信息流、资金流"四流合一"。有的海外仓对上百万件商品进行智能管控，实现线上线下库存共享，数据准确率达99%。

②提升智能化水平。智能化是优秀海外仓有别于传统仓储设施的重要标志，也是海外仓提高服务能效的重要措施。一是运用智能设备。积极装配智能机器人、自动化立体库堆垛机、自动轻型物件分拣机等智能设备，提升仓配效率、降低人工成本。有些海外仓中的智能机器人超过100台，承担了70%的出库拣选任务。二是打造自动化传输、分拣线。在仓内集成各类自动化设施，设计自动化仓管方案，实现全自动流水作业。有的海外仓智能分拣速度高达每小时3600件。三是进行智能分仓。设计解决方案，为卖家评估最优分仓比例，测算全程物流成本，最多可降低尾程派送成本30%。

③**助力提升外贸企业数字化水平**。通过高效精准匹配产销，助力外贸企业提升数字化营销、生产能力。一是拓展在线营销。外贸企业上线后，积极布局海外仓，减少中间环节，让产品直达消费者手中，实现销售渠道扁平化，有效提高利润率。二是建立柔性供应链。将产品款式、性能以及消费者满意度等第一手资料及时反馈给工厂，便利产品的个性化、定制化生产，促进贸易与产业的深度融合。三是协助推广品牌。根据当地市场特点，制订专属营销策略，协助开展品牌宣传、形象维护等活动，扩大品牌影响力。

④**与跨境电商平台联动发展**。通过与跨境电商平台合作，实现营销、接单和仓储、配送的良性互动，有效提高订单转化率和仓内商品的周转率，提升海外备货的精准度。一是在当地自建电商平台，即借助自有平台，将海外仓业务延伸至整个供应链，实现仓配、认证、推广、运营等相互协同，形成业务闭环。二是与当地电商平台合作，即开设海外线上自主品牌集成店、代运营头部品牌线上旗舰店和线下渠道拓展等，为卖家提供 B2B 与 B2C 相结合、线上线下联动的多场景营销推广。

⑤**建立"门到门"物流体系**。以海外仓为支点，提供从国内揽收、国际货运、海外上架到终端配送的一站式跨境物流服务，有效提升综合物流效率，降低物流成本。一是自建头程专线物流。与国际主流航空公司等合作，开发价格低于国际快件巨头、效率高于传统海运的头程物流线路。二是优化尾程配送。与所在国主流快递公司签订战略合作协议，个别有条件的海外仓自建当地物流团队，实现尾程配送"次日达"或"两日达"。

⑥**提供一站式通关服务**。在跨境电商商品完成终端销售前清关入境，是开展海外仓业务的前提条件，已成为优秀海外仓重要的服务内容。一是获取所在国海关高级认证资质。组建专业关务团队，或与当地优质清关公司合作，提高清关效率。二是提供一站式通关服务。除报关报检外，还提供缴税、提货、转运等全流程服务，并可代办产品质量认证等。三是提供保税服务。部分海外仓被所在国海关认定为电商保税仓，可提供保税仓储及转运服务。

⑦**创新供应链金融服务**。供应链金融服务创新能够有效降低跨境电商卖家运营成本，提高风险防控水平，提升卖家交易能力。一是提供第三方担保服务。根据掌握的货物、物流数据信息，以第三方身份为融资双方提供"担保品管理服务"，并以"团购"形式降低融资成本，降低坏账率。二是创新商业保理服务。以受让应收款方式，直接为卖家提供贸易融资、应收账款收付结算、账户管理与催收、客户资信调查与评估等商业保理服务，降低贸易风险，加快资金周转效率。三是创新信保产品。与大型电商平台、中信保合作，为卖家提供信保融资授信等金融服务，助力开拓国际市场。

⑧**提供合规咨询服务**。高质量合规咨询服务能够助力企业更好地开拓国际市场，避免违规风险，维护中国企业形象。一是提供商品合规咨询。记录所在国进口商品所需的合规性资料，并以信息化、平台化方式向客户开放，助力商品合规入境。二是提供运营合规咨询。与所在国相关会计师事务所合作，梳理当地注册、运营企业所需合规性资料，为客户提供推介、咨询等服务。三是提供法务合规咨询。打造境外法务、财务、税务团队，熟悉所在国法律法规，帮助客户避免知识产权侵权等违规行为，规避各类税收风险。

⑨**拓展数据资源效用**。凭借大数据、人工智能等技术对海量数据进行及时、有效分析，助力企业提升运营效率，提高生产水平。一是开展运营分析。为客户提供库存周转、库存账龄等方面的数据支持服务，帮助客户降低经营成本、提升运营效率。二是助力生产提质升级。通过整合数据资源，梳理客户反馈、商品故障率等重要数据，缩短生产端反应

周期，提高生产效率，助力商品升级换代。

⑩提供高质量售后服务。完善的售后服务能够减少商品回国返修和销毁成本，有效提高消费者的消费体验，提升商品和企业形象。一是提供集货式退换货服务。依托信息化平台，收集不同客户的退换货商品，汇总后以成本较低的海运方式发回国内，有效降低物流成本。二是优化售后维修。研发有关系统，检测分析商品故障，制订维修方案，在当地开展维修工作。三是延伸售后服务。定期开展消费者回访，挖掘售后数据资源，实时向卖家反馈故障原因、零部件耗材使用等情况，助力商品质量提升。

⑪定制个性化服务。针对不同企业的需求，提供个性化、定制化服务，提升终端客户的消费体验。一是开展仓内加工。根据不同国家销售平台和卖家的订单需求，提供商品组货、包装、换标、返工商品贴标等服务，更好地满足买卖双方的需求，提高商品复购率。二是划定仓中仓。设立单独的仓储区域并与客户实现信息化对接，实现无缝订单流转及仓储管理。为客户预留空间，方便客户派驻技术管理人员到海外仓现场操作。三是建设恒温仓。为满足化妆品、食品等特殊商品的长期存储需求，建设不同温度的恒温仓。

⑫坚持本土化运营。将海外仓有机融入所在国的经济和社会体系，实现共同发展，互利共赢。一是尊重不同国家人文风俗。二是提高当地员工占比。三是加强与所在国有关部门和机构合作。通过合资、签订战略合作协议等方式，与当地商业合作伙伴、商协会保持良好关系。同时，还要加强与所在国相关政府部门沟通，积极融入当地社会，履行企业社会责任。

三、跨境数字贸易进口物流模式

跨境电商进口物流伴随中国大陆网民海淘的发展而产生。根据海淘流程参与主体的不同，跨境进口电商的物流模式主要有三种：国际直邮模式、集货模式和保税进口模式，如图8-1所示。

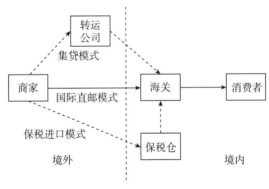

图8-1　跨境数字贸易进口物流模式

（一）直邮进口物流模式

国际直邮模式是指客户在线上下单后，商家直接通过国际物流方式发货，由物流公司代理清关，并配送至客户手中，常见于直邮平台类公司和海外代购。在跨境电商受到普遍重视之前，多数跨境电商领域售卖的商品都是通过此种物流模式进口的。

跨境电商进口商品以个人物品形式完成进口通关，因此也应以个人物品形式缴纳进口行邮税。行邮税是行李和邮递物品进口税的简称。按照《海关法》的有关规定，行邮税是海关对入境旅客行李物品和个人邮递物品征收的进口税。由于其中包含了进口环节的增值税和消费税，故也为对个人非贸易性入境物品征收的进口关税和进口工商税收的总称。此前，我国对个人自用、合理数量的跨境电子商务零售进口商品按行邮税征税，大部分商品税率为10%，总体上低于国内销售的同类一般贸易进口货物和国产货物的税负。自跨境电子商务零售进口税收新政实施后（从2016年开始），进口商品将不再按邮递物品征收行邮税，而是按货物征收关税和进口环节增值税、消费税，还取消了进口环节增值税、消费税的50元免征税额。

新政对跨境电子商务零售进口商品的交易限额也进行了规定，个人单次交易限额为2000元，个人年度交易限值为20000元。在限值以内进口的跨境电子商务零售进口商品，关税税率暂设为0%，进口环节增值税、消费税取消免征税额，暂按法定应纳税额的70%征收。超过单次限值、累加后超过个人年度限值的单次交易，以及完税价格超过2000元限值的单个不可分割商品，均按照一般贸易方式全额征税。根据海关总署的规定：进境居民旅客携带超出5000元的个人自用进境物品，经海关审核确属自用的，海关仅对超出部分的个人自用进境物品征税；对于不可分割的单件物品全额征税。

（二）集货进口物流模式

集货进口物流模式，即买家在进口跨境电商网站下订单后，由专业物流公司将货物在海外集中处理，然后再以一般国际贸易海运或者空运进口至境内，报关后再拆分包裹发送给客户。由于以邮政运输和快递物流为主的直邮进口模式物流成本较高，所以专业物流公司利用其在海外货源地建立的仓库，将分散采购的跨境电商商品集中，并采用集装箱运输至国内，以降低物流成本。

在物流企业方面，继顺丰、申通推出海淘转运服务后，韵达也于2014年9月初切入中美海淘转运市场，还上线了海淘代购网站"易购达"。部分跨境电商专线物流供应商也利用自己的海外仓开通了海淘转运业务，如跨境电商专线物流供应商递四方就开通了"转运四方"平台。通过建立海外仓，物流企业可增强跨境电商平台的海外采购能力，提高集货进口模式下的需求响应能力。进口平台海外仓库通常为2000~3000平方米的面积较小的仓库。

（三）保税进口物流模式

保税进口物流模式是指跨境进口电商企业将货物提前从国外以一般国际贸易进口海运或空运方式运送至国内的保税仓，待国内的客户下单后，直接从境内办理清关、发货等流程。保税仓是指由海关批准设立的供进口货物储存而不受关税法和进口管制条例管理的仓库，储存于保税仓库内的进口货物如再出口，则免缴关税，如进入国内市场则应缴纳关税。

集货进口模式虽然降低了运输成本，但是运输时间依然较长。通常转运时间需要10~15天，较长的运输时间大大降低了客户的消费体验。因此，部分跨境电商进口商将商品预先运至保税区仓库，待到客户下单后再从保税区发货，这样就使国内海淘用户具有了同国内网购一样的购物体验。但是由保税区内向保税区外个人发货突破了保税区原有管理规定，为此海关增列了"保税跨境贸易电子商务"（1210）监管模式，目前该模式仅适用于上海、宁波、杭州、郑州、重庆、广州、深圳这7个城市的指定保税园区。

宁波是最早实施保税备货进口试点的城市，2013 年 11 月就开始了此类试点，也是目前试点得最为成功的口岸。目前，国内各大电商纷纷涉足跨境电商进口业务，如阿里巴巴的天猫国际、京东商城的京东全球购等；各大独立进口跨境电商企业也纷纷崛起，例如洋码头、蜜芽宝贝等。这些企业均纷纷在上述 7 个城市的保税场所设立了保税进口仓库，如表 8-6 所示。

整体来看，保税进口由于运费低、用时短，客户的消费体验最佳，但是仅局限于这 7 个城市的保税场所，而且需要跨境电商进口商运用大数据预测商品的销量，有可能产生库存积压。直邮进口和集货进口虽不会产生库存积压，但是高昂的运费和较长的运输期限对跨境电商消费者的用户体验影响较大。未来，跨境电商进口物流将会进行持续整合。

表 8-6　国内主要跨境电商进口平台物流模式及保税仓、海外仓布局

平台	物流模式	保税仓布局	海外仓布局
天猫国际	保税进口为主，海外直邮为辅	入驻上海、广州、郑州、杭州、宁波五个保税区	与菜鸟物流合作，仅在美国就设有 2 个海外仓
京东海外购	保税进口+海外直邮	在杭州、广州、宁波建立保税仓	在美国、韩国、日本、澳大利亚、加拿大等国设有海外仓
唯品会全球特卖	海外直邮为主，保税进口为辅	在郑州设有保税仓	在全球 11 个国家和地区设有 12 个海外仓
蜜芽	保税进口+海外直邮	入驻重庆、郑州、宁波三个保税区	在德国、荷兰、澳大利亚设有 3 个海外仓
洋码头	保税进口+海外直邮，自建跨境物流体系贝海国际	在国内 6 个试点城市建立保税仓	在洛杉矶、东京、悉尼、法兰克福设有超过 10 个海外仓

 案例 8-3

斑马物联网的跨境物流进化之路

2009 年，在美国加利福尼亚州，经过一番激烈的讨论，汤姆决定了企业的名称：斑马物联网。他所带领的团队摩拳擦掌，谋划着要在"代收转寄"这块鲜有人登陆过的新土地上插上自己的旗帜。然而，自斑马物联网团队开始做代收转寄业务之后，不少公司纷纷效仿，转瞬间，行业里满是硝烟的味道。企业间的价格战以及客户争夺战愈演愈烈，稍有不慎就可能会被挤出市场。同样，当斑马计划向全世界进军时，其他同行也凭借各种方式争夺斑马开辟的国际市场。然而，斑马一次又一次地成为"首先吃螃蟹的人"。每当公司遇到危机，企业总裁汤姆都会在公司内部会议上重申斑马的原则："不忘初心，方得始终"。企业副总裁乔纳森则总会在旁用手中的笔在纸上通过写写画画来整理思绪，苦心探索破除困局的具体方法。

1）企业背景

跨境电子商务自"物联网"这一概念诞生起就得到了极大的关注。总体来看，传

统出口贸易不断线上化、信息化，越来越多的外贸企业依托互联网获得商机。同时，随着跨境电商各类服务的不断发展，其中作为中流砥柱且前景广阔的，就是联系起卖家和买家的物流行业。当前物流行业关注的最主要问题便是如何提高商品物流的效率，以及降低物流成本。跨境物流行业因服务内容特殊，在解决这些关键问题时会遇到比一般物流企业更多的困难。

斑马物联网是跨境电商物流行业的领军企业之一，是最早开展代收转寄业务的国际物流公司，也是一家专为跨境电子商务提供物流解决方案的集团性企业。2009年2月，汤姆和他的团队在美国俄勒冈州和新泽西州建立了物流中心，次月便开展起了代收转寄业务，9月在加州正式成立斑马美国公司，由此踏出了新征程的第一步。2010年，斑马在中国投资成立了中国运营中心，为的是抓住中美线蕴藏着的巨大市场潜力。自2011年以来，从代收转寄业务开始，斑马深耕市场，积累了丰富的跨境物流业务经验，不断提升企业实力，也逐渐将业务范围扩大到涵盖海外仓储、集货转运、跨境干线运输、落地配送、供应商管理库存等所有跨境电商进出口物流及其相关服务。依托现代化物流中心，斑马为跨境电商、电商平台、外贸进出口商家和庞大的海淘客户群体提供一系列量身定制的多元化整体物流解决方案。经过十余年的发展和经营，在美国、英国、德国、澳大利亚、日本、韩国、中国、加拿大、马来西亚等多个国家建立物流中心的基础上，斑马整合了各类渠道资源形成了强大的全球仓配一体化服务能力，向进一步成为全球供应链云服务平台的目标不断前行。

2）代收转寄——斑马初辟市场

随着跨境电商的不断发展，目前已经有无数海内外消费者通过各大电商平台，以海外代购的形式买到了自己心仪的国外商品，享受着互联网以及跨境电商带来的便利。海外代购这一行为在物流领域的体现就是代收转寄业务。现今，代收转寄已经成为许多跨境物流企业提供的基础服务之一，而斑马则是这一领域的开拓者。

2008年，物流仓配一体化这一过程尚在强棉之中，哪怕是现在最常见的代收转寄业务也远远没有达到规模化的程度，中国的海淘消费者一直在苦苦寻觅"人肉"以及海外直邮之外其他更经济且有保障的运输途径。汤姆的朋友鲍勃，之前在美国从事金融行业的工作。2008年，由于金融危机的影响，鲍勃失去了工作，也使他的家庭失去了主要的收入来源。鲍勃想寻找一份工作来维持家庭的日常开支，但是由于经济低迷，屡屡碰壁。一个偶然的机会，他了解到不少中国消费者希望购买美国商品却苦于没有相关的途径，因为在网上购买美国商品必须填写美国地址。鲍勃抓住了这商机，他与买家联系，让买家在美国电商网站买下需要的商品，先寄到自己家中，自己随后再联系快递公司，通过跨国物流将物品邮往中国。除物流费用外，鲍勃还向每位买家收取每单2~5美元不等的服务费。经过一段时间的经营，鲍勃抓住中国买家的需求，不断更新商品，吸引了越来越多的买家光顾，他一天要处理的订单数也越来越多，从最开始的10单左右增长到40~50单，一个月之后，每日订单量甚至超过了150单，而大件商品的数量也在不断增加，鲍勃的仓库时常因为快递公司收件员某天因故未能收件而爆满。一个月过去了，不断增长的订单数量让鲍勃手忙脚乱，虽然妻子和两个儿子都过来帮忙，还是难以满足不断增长的订单数量。由于夜以继日地工作，鲍勃渐渐感到难以支撑，订单数量的爆炸式增长也使服务质量与发货速度远不如刚开店的时候，不少买家均表示了不满。鲍勃出于无奈，只能控制每天的接单数量，以此来勉强维持收入、服务和业余生活的平衡，每月获得的 5000～6000 美元的收入也使家庭生活基本恢复到他失业前的水平。过了一段时间，经济出现好转的趋势，鲍勃又开始寻找金融行业的工作，一心只想摆脱代购商品的劳累生活。鲍勃与汤姆聚会闲聊时候说出了自己的这段经历，给汤姆的大脑中点亮了一盏灯。

乔纳森后来表示，每个有单独车库的家庭都可以开展这类代收转寄业务并以此获得足够的收入，不过一旦订单量超过一定规模，就很难单纯依靠个体商户的力量继续扩大了。当时并没有大公司在乎这个市场，汤姆便抓住这个契机，一举成立了斑马物联网，建立跨境电商物流平台为海淘买家提供转运业务，开启了主营海淘转运的第三方物流公司的征程。由于业务实质上并不需要很高的门槛，斑马作为首家海淘转运企业，在刚进入这个行业之后就遇到了很多跟随而来的竞争者。斑马依靠自建的仓库，以及初步规划的系统化运作方案，很快做到了每天 1000 余件的订单量。由此可见，汤姆和他的团队发现了代收转寄市场的巨大前景。

企业经营代收转寄业务一段时间以后，规模不断增大，但是增速却有所放缓。之前规划的系统化运行方案逐渐难以应付日益增加的订单量，处理效率似乎已经到了极限。汤姆考察了行业内从事类似业务的公司，发现他们似乎也都存在同样的问题，不断扩张之后达到了现有系统运行的极限效率似乎再也无法提升了。由于每家公司开展的服务性质高度同质化，很难通过其他方式来提高利润并扩大企业规模，不少公司开始降价，试图以此吸引客户、扩大规模进而提升企业收入。汤姆的团队对行业的情况以及斑马自身的情况再度进行了分析，最终决定为保证每单的服务质量和利润而不加入价格战，坚持处理好业务的每个细节。

但是，不少老客户开始对斑马稍高的价格表示不满，汤姆心里显得有些不安，他回想起当初创立斑马时自己对团队说过的那些话，"不忘初心，方得始终"和"我们一直被模仿，从未被超越"……如果加入价格战大军，哪里还谈得上"一直被模仿，从未被超越"呢？斑马真的不能维持原有的风格，终于要"泯然众人矣"了吗？

3）独辟蹊径——斑马的解决方案

2010 年 3 月，斑马物联网运营团队开始筹划研发"e 仓储"产品，在进口代收转寄业务竞争日益激烈的大环境下试图率先开拓跨境电商出口物流业务，而海外仓就是其中一种模式，而顺利开展海外仓业务的前提则是能够高效率地进行仓储管理。汤姆认为，要想跳出进口代收转寄业务的价格战，依托新开辟的出口业务提高企业收入，实现企业发展的话，一套成熟的物流系统显然是必不可少的。汤姆和负责物流系统研发设计的副总裁卡尔坚持初心，试图做出斑马自主的、独一无二的物流管理系统。

物流管理的环节很多，其中仓储管理是中心，起着连接采购、运输和配送这三者中转站的作用，其管理的核心目标是提高仓库的运作效率，建立一整套有效的仓储管理系统（Warehouse Management System，WMS）有助于提高物流企业的工作效率，降低物流成本。在物流仓储成本约占跨境电商交易额 20% 的当下，一套成熟的仓储管理系统的重要性不言而喻。同时，对于一家第三方物流企业而言，包含配送方案设计与决策制定、配送执行、结果跟踪反馈以及应急处理预案的运输管理系统（Transportation Management System，TMS）也显得尤为重要。

之前为某国际快递公司研发过物流解决方案的卡尔和他的团队接下了让斑马继续领跑行业的重任，他将 WMS 与 TMS 进行了有机整合，提升了整套系统的运作效率。斑马作为一家专门为跨境电子商务提供物流解决方案的企业，深知整合 WMS 与 TMS 的目的便是提供电商 B2C 仓的管理工作，符合这一职能的系统主要侧重于仓库管理和配送管理的一体化，而卡尔的团队研发出的这套系统高效地完成了此项任务。

仅仅花费数月，斑马的物流管理系统就研发完成了，"e 仓储"业务也因此得以顺利开展。2010 年 5 月，斑马"e 仓储"业务在洛杉矶物流中心启动。依托"e 仓储"业务，卖家只需将商品批量运输到斑马物联网海外仓存储起来，由斑马根据卖家在系统平台下达的指令完成分拣、包装、贴单出库。在"e 仓储"推广过程中，斑马的物流系统也在不断完善，为海外仓的发展打下了坚实的基础。2010 年 6 月，斑马美国纽约分拨中心也启动了"e 仓储"业务，同年 7~8 月，斑马先后对"e 仓储"的其他服务进行了完善，分别开通了便于多级商家之间转移货物的库内交易功能以及库内件拍照等增值服务，有效满足了商家多元化的仓储需求。同时，斑马也开始进军美国其他州与其他欧美国家，在美国特拉华州、俄勒冈州，以及英国伦敦启动了"e 仓储"业务。俄勒冈州的仓库建立之初，每日的订单量不足 100 单，但汤姆特别青睐俄勒冈州的免税优势坚持在该州继续开展海外仓业务。正是俄勒冈州的免税优势加上斑马成熟的物流系统，帮助斑马从阿里巴巴选择北美物流合作伙伴的过程中脱颖而出。

汤姆和卡尔的战略远不止于此，斑马又将订单管理系统（Order Management System, OMS）与 WMS、TMS 一同整合为全球物流管理系统（Global Logistics Solution, GLS），为合作电商提供一套标准的应用程序编程接口接入方案，实现了合作伙伴信息系统和斑马信息系统的无缝对接，为斑马物流业务的进一步扩张提供了软件上的支持。并且，由于美国极高的人力成本，许多其他开展海外仓业务的物流公司都面临高昂的仓储和配送成本的问题。2014 年，斑马再次抓住了市场契机，在洛杉矶物流中心建立了自动化流水线，与 GLS 解决方案相配合，在物流管理层面独辟蹊径匹配了国内外不断发展壮大的电商平台的相关需求。

乔纳森与其他同事每次讨论企业的战略抉择与策略制定之时，就会想起汤姆对斑马"一直被模仿，从未被超越"的坚持。正是因为对企业自身技术和管理的坚持，以及对市场契机的准确把握，斑马物联网才获得了今日的发展，一直走在跨境电子商务第三方物流行业的前端。

4）不忘初心——斑马一直在进化

"一路走来，当别人还专注于国内电商物流的时候，我们则在开拓跨境电商物流；当别人模仿我们争相开展进口代收转寄业务的时候，我们已经着手研发平台合作产品、垂直电商物流产品并在全球建立了物流中心；当别人争相跻身美国市场的时候，我们将海外物流中心建到了世界各地；当别人在扩充仓库，增加人手，靠蛮力提高业务量时，我们已经利用 WMS 和 TMS 以及自动化流水线实现了物流中心的现代化。人无我有，人有我优，不断超越自己。"汤姆简单回顾了一下斑马的发展历程，便不再多说。

乔纳森回想起，从开拓代收转寄业务直到现在，斑马便一直走在行业的前头，从未回头关注过其他企业采取什么样的策略来应对开拓跨境电商物流市场的过程中的行业困局，只专注于做好自己业务和产品的发展。乔纳森发现，斑马如此坚持自我，是对"不忘初心，方得始终"理念下的高度自信。物流企业的客户最在乎的并不是稍高的清关费用和稍长的时间，而是自己托付给企业的商品能否顺利、安全高效地送至收货人手中。斑马坚持不通过"灰色清关"手段解决通关问题，避免暴露在随时可能增大的出入境监管政策风险下，才能保证货物运输的顺利进行以及企业自身的合法性。同时，斑马的合作对象主要是各国的电商平台，为他们提供全面的跨境物流服务，如果斑马自己建立平台，势必会对客户的利益产生威胁，反而会造成更严重的客户流失。此外，斑马当前的另一大优势在于拥有完全自主知识产权的物流系统以及丰富的报关通关经验，能够在物流运输和仓储管理这一块做到业内最优，保证客户的体验。"斑马自身拥有核心技术，全面考虑客户对于第三方物流行业的需求，似乎全球布局中面临的这一困局也不难破解。"乔纳森此前的困惑已经迎刃而解。

不忘初心，斑马在美国代收转寄市场先行立足并站稳脚跟，解决了传统国际贸易形式存在的供应品种单调、客户体验差等问题；不忘初心，斑马在完善进口物流业务的同时，也把握住跨境电商发展趋势，率先开拓跨境电商出口物流业务，已经与多个出口电商平台相对接。不忘初心，斑马整合 GLS 系统与自动化流水线，为全球跨境电商的物流服务提供了成熟的解决方案，破解了国内外电商平台物流和仓储成本较高、不能专注于产品销售的困局；不忘初心，斑马坚持以纯粹的第三方物流企业的身份将自己的业务做到极致，树立了跨境电商物流企业的标杆。

从 2010 年下半年到 2011 年，斑马的代收转寄和海外仓业务不断向全球扩张。除中国分公司之外，斑马还先后在悉尼和首尔建立了物流中心，把中美线的业务扩大到了亚洲和大洋洲。2011 年 7 月，斑马通过整合其他国际快递运输公司的运力开通了近20 条专线和全球线路的代收转寄业务。2013 年，斑马在原有的代收转寄和"e 仓储"业务的基础上推出了整合集货、检验、出口报关、空海运输、进口清关和当地配送的"e 联运"服务，将物流服务一体化做到极致，全面发挥全球物流管理系统的优势，不断开发诸如配送管道定制、信息批量导入等增值服务。此外，斑马还凭借岗位标准化作业程序（Standard Operation Procedures，SOP）超精细化管理在海外扩仓中取得先天的优势，能够比其他企业更快速地占领市场。2014 年，因为斑马拥有自主研发、完善的 GLS 以及自动化流水线，加上俄勒冈州仓库带来的免税优势，试图在美国寻找转运公司伙伴开展海外购业务的阿里巴巴从 40 余家同类企业中选择了斑马作为合作伙伴；同年"双十一"，斑马与阿里合作开展业务，完成了 10 万单的成绩，包裹无一破损；2015 年的"双十一"，斑马更是做到了 80 万单的巨量规模。当满载货物的飞机在中国降落的时候，汤姆一直以来秉承的企业理念得到了最好的实证。

斑马依靠对物流系统的专注不断发展，一直站在跨境电商物流行业的潮头。斑马通过与更多电商平台合作，以完善的物流系统为基础，将物流效率最大化，物流成本最小化，将成熟的自动化系统复制到全球各物流中心，提高了生产力。依靠自己的互联网基金，斑马试图建立一个以自身产品为核心的生态链，为 B2B 和 B2C 两端的客户做好对接和引流工作，立足最基本的物流服务，建立了一套以科技和大数据为基础的相关产业链延伸服务体系，为品牌商提供全球供应链服务，最终打造一个以大数据为核心的全球化跨境电商供应链云平台。

四、跨境数字贸易物流风险及其防控

（一）跨境数字贸易物流风险

1. 突发事件或自然灾害造成的风险

跨境数字贸易物流由于涉及跨境的运输、仓储与派送，因此，这一过程中发生的突发事件或自然灾害等对跨境物流的影响颇深。例如 2022 年 6 月德国 5 大港口码头工人罢工，导致码头疏运业务延误，不仅影响到数字贸易进口商和出口商的货物收发，还影响到物流供应商和船公司的正常运营。

2. 市场风险

由于跨境数字贸易是发生在国与国之间的交易，所以无论是收汇、结汇，还是出口信用保险和保理都很可能使用的是不同种类的货币，加之跨境物流运输通常经历较长的时间间隔，因此，交易企业随时面临汇率波动的风险。在物流资金链结算方面，各国的宏观经济波动也会在一定程度上影响物流成本。

在境外市场方面，跨境数字贸易企业一方面面临来自竞争对手的影响；另一方面面临市场需求波动造成的需求量预测错误，导致企业在仓储、运输环节增加了物流成本。另外，海外客户的购物习惯也可能造成物流风险，信用程度低的用户群体可能通过纠纷、退换货等形式给企业物流方面带来压力。在海外仓管理方面，产品的退换货率升高、产品的生命周期波动以及由产品属性或仓储条件导致的库存风险都会给海外仓的运营带来风险。

3. 运输风险

跨境商品运输往往涉及多种运输方式和多个跨境物流节点，其运输对接、转运过程中的不确定性因素如人工分拣出错、多语言操作误区，以及货物破损、丢失和延迟投递等问题较境内运输高得多。另外，跨境数字贸易的运输风险还来自物流信息传递。首先，其在运输地址上存在着根源性的风险，不少境外消费者填错配送地址，给跨境电商卖家造成物流损失。其次，目的国物流未能提供物流信息追踪，可能造成客户在收取货物前进行取消订单等操作，不仅影响用户体验，还会造成因退货导致的物流成本增加。最后，不少国家物流基础条件较差，物流工作无法高效进行，这也是跨境数字贸易物流面临的风险因素之一。

4. 通关风险

在海关通关流程中，需要重点关注各国海关清关效率、商检水平、产品通关率、产品特性影响程度，不同国家的海关政策制度将会造成过境物流风险。通过一般贸易流程出口的货物，其通关流程规范、查验严格。通过邮递和快递渠道进境的一般货物，受到海关行邮处人力资源紧缺的影响，可能会使企业面临通关效率降低带来的风险。

5. 退货风险

根据海关的调研，跨境数字贸易出口包裹退货比例约为 5%，其中纺织、服装部分品类商品退货比例超过 10%，海外仓也出现一定程度的商品滞销问题。统计显示，跨境数字贸易出口订单平均客单价为 15～25 美元，正向出口发货物流成本一般是交易金额的 30%，逆向退货回国内的物流成本是正向发货成本的 3 倍左右。高昂的物流退回成本使跨境数字贸易出口企业在综合考虑商品价值、退运物流成本、入境税收成本等因素后，往往选择使用境外打折处理、弃货等方式处理出口滞销或退货商品，这无疑会增加企业的运营成本。

（二）跨境数字贸易物流风险的防控

1. 完善跨境物流基础设施体系的建设

这是防范跨境数字贸易中物流风险的长远策略，例如海外仓或者海外分拨中心的建设等。但是，目前中国企业自建海外仓、公共海外仓的建设规模严重不足，制约了跨境数字贸易出口业务的发展。随着中国跨境数字贸易出口规模的稳步增长，一些跨境数字贸易平台企业开始通过建立海外仓的方式来为平台上的企业提供服务，这将有助于降低跨境出口企业运输、清关的频次，减少运输过程中的环节和成本，提高货物送达的安全性和时效性。

2. 建立完备的物流控制体系

物流控制是指物流企业在海洋运输、港口装卸、公路运输、国内和国外仓储的每个环节，控制单证、接货、出货、交付等过程，保证实际货物与单证信息一致。物流控制体系的建设包括建立物流合作伙伴选择管理体系、完整的制度体系、规范的操作流程体系、专门的物流信息系统及风险防控体系等。

3. 完善通关服务

跨境数字贸易企业和物流企业需要严格遵照海关相关规定进行备货和申报。同时，通过建设与海关系统集成的通关服务平台来提高货物通关的质量和效率，从而避免产生额外的物流费用。

4. 开发面向跨境物流的商业保险

在物流基础设施不甚完善的背景下，引入由跨境数字贸易平台、物流企业等联合保险公司提供的针对跨境物流的保险产品，有助于帮助跨境出口企业降低物流风险。

五、跨境数字贸易供应链管理

（一）实施供应链管理的必要性

供应链管理（Supply Chain Management，SCM）是在满足一定的客户服务水平的条件下，为了使整个供应链系统成本达到最小而把供应商、制造商、仓库、配送中心和渠道商等有效地组织在一起来进行的产品制造、转运、分销及销售的管理方法。供应链管理包括计划、采购、制造、配送、退货五大基本内容。快速发展的跨境数字贸易给企业带来了巨大的压力，企业不能只是销售产品，还要为客户和消费者提供满意的服务，提高客户的满意度和幸福感。为此，企业的一切计划都必须围绕挽留客户和满足客户进行。要在跨境数字贸易业务中赢得客户、获得发展，企业要能快速、敏捷、灵活和协作地响应客户的需求。面对发展迅猛的跨境数字贸易环境，整合供应链成为现代跨境数字贸易企业的物流服务发展趋势。

供应链管理与传统的物流管理在存货管理方式、供货物流、成本、信息流、风险、计划、组织间关系等方面存在显著区别，这些区别使供应链管理比传统的物流管理更具优势。

①从存货管理及供货物流的角度来看。在供应链管理中，存货管理是在供应链成员中进行协调，以使存货投资与成本最小；而传统的物流管理则是把存货向前推或向后延，具体情况则根据供应链成员中谁最有主动权而定。事实上，传统的物流管理把存货推向了供应商并降低了渠道中的存货投资，仅仅转移了存货。解决这个问题的方法是通过提供有关生产计划的信息，如共享有关预期需求、订单、生产计划等信息，减少不确定性，并可以使安全存货降低。

②从成本方面来看。供应链管理通过注重产品最终成本来优化供应链。这里提到的最终成本是指实际发生的货物到达客户时的总成本，包括采购时的价格，以及送货成本和存货成本等。而传统的物流管理在成本的控制方面依然仅限于公司内部达到最小。

③风险与计划是供应链管理区别于传统物流管理的另两个重要方面。在供应链管理中，风险与计划都是通过供应链成员共同分担、共同沟通来实现的，而传统的物流管理却仅仅停留在公司内部。在组织间关系方面，供应链管理中各成员是基于对最终成本的控制达成合作，而传统的物流管理则是基于在公司内部降低成本。

实施供应链管理是因为供应链管理比传统的物流管理更具活力，更能给供应链成员带来实质性的好处。不过，要成功实施供应链管理，各供应链成员之间必须实现信息的共享高度；而对于目标不同的企业来说，这并不是一件容易的事情，尤其当一家企业与众多的竞争对手均有合作的情况下，要实现信息共享更加困难。因此，成功的供应链整合，首先需要各节点企业在如下方面达成一致：第一，共同认识到最终客户的服务需求水平；第二，共同确定在供应链中存货的位置及每个存货点的存货量；第三，共同制订把供应链作为一个实体来管理的政策和程序等。

（二）供应链管理方法

1. 供应链管理中常见的问题

①"牛鞭效应"。其是指供应链上的一种需求变异放大现象，当最终客户的需求信息向原始供应商端逐级传递时，由于缺少信息共享和协调，导致需求信息的扭曲越来越严重。导致这种情况发生的原因有需求预测不准、批量订货、价格变动、短缺博弈等，其中，需求预测不准是最主要的原因。"牛鞭效应"常导致两方面的后果：一方面是因超量库存降低供应链的敏捷性；另一方面是因库存不足无法满足市场需求，导致供应延迟，引起客户不满或使客户转移到竞争者那里而失去市场份额。

②质量问题。当上下游企业间信息沟通不畅时，将引起信息传递的不准确，也会使交易成本增加，在此情况下供应商就可能提供不符合规格的原料或产品，也可能以次充好，使成本降低，使下游企业无法及时供应高质量满足客户需求的商品，降低了整个供应链的竞争力。

③供应链的复杂性、动态性和交叉性问题。结构复杂是指供应链成员企业组成的跨度、层次不同。供应链成员往往由多个类型，甚至多国企业构成，而信息流和物流在多个组织间相互流动，使供应链结构可能非常复杂，从而导致业务处理效率低下，容易出现差错。动态性和交叉性是指由于企业战略和适应市场需求变化的需要，供应链中的某些成员企业可能需要动态更新，甚至一些成员企业参与多个供应链，而众多的供应链又形成了交叉结构等。动态性、交叉性使得整个供应链协调困难。

为此，要使整个供应链具有市场竞争优势，必须进行有效的供应链管理，即借助信息技术和电子商务的支持，实现供应链成员之间的信息共享，提高整个供应链的协同能力，形成电子化供应链。

2. 供应链管理方法

①供应商管理库存（Vendor Management Inventory，VMI）。其是指供应商根据需求方的库存水平、周转率、需求信息，以及交易成本产生自己的生产订单并及时将产品或物料送达到需求方指定的库存位置，它采用的是一种连续补货策略，即由供应商决定什么时候补货、补多少货。需求方与供应商共享需求预测、库存、销售报告等信息是供应商管理库存成功的关键。供应商管理库存是体现供应链集成化思想的一种库存管理方式。

②快速反应（Quick Response，QR）。其是指跨境数字贸易企业面对多品种、小批量的买方市场，不是储备了"产品"，而是准备了各种"要素"，在用户提出要求时，能以最快速度抽取"要素"，及时"组装"，提供所需服务或产品。QR 是美国纺织服装业发展起来的一种供应链管理方法。

③有效客户反应（Efficient Consumer Response，ECR）。其是 1992 年从美国的食品杂货业发展起来的一种供应链管理策略，是一个由生产厂家、批发商和零售商等供应链成员组成的，各方相互协调和合作，更好、更快并以更低的成本满足消费者需要为目的的供应链管理解决方案。ECR 是以满足客户要求和最大限度降低物流过程费用为原则，能及时做出准确反应，使提供的物品供应或服务流程最佳化的一种供应链管理战略。

（三）数字技术条件下全球供应链的发展趋势

全球供应链要求在世界范围内组合供应链，将供应链系统延伸至全球，根据企业的需要在世界各地选取最有竞争力的合作伙伴。这一管理理念受到广泛关注，被认为是面向 21 世纪的先进管理思想。

驱动全球供应链发展的主要因素有以下几个方面。

①市场的全球化。随着跨境数字贸易的发展，"买全球、卖全球"已成趋势，电商卖家在迎来全球客户带来的商机的同时，也面临着来自全球卖家的竞争。在此情况下，企业有必要在全球范围内整合各类资源，形成全球供应链，以更具创新性的产品和更短的服务时效来满足全球客户的需求，取得市场竞争优势。

②全球资源禀赋差异。之所以需要在全球布置供应链，很大程度上是因为世界各国各地区在劳动力、人力资本、技术、资源、市场等方面存在较大差异，只有构建全球供应链才能充分利用国内国外两种资源和国内国外两种市场。

③区域政治经济状况。当前，全球经济一体化逐渐向区域经济一体化方向发展，各类区域性贸易组织兴起，区域贸易协定对区内区外采取不同的关税与投资政策，国家间、区域间贸易投资等政策差异也是影响企业国际化行为的重要因素，将对其全球供应链布局产生重要影响。

在跨境数字贸易带来的压力和机遇的驱动下，全球供应链向纵深化发展，而在这一发展进程中，数字技术应用将起到关键作用，全球供应链未来的发展将呈现敏捷性、柔性化、集成性和绿色化等趋势。

1. 敏捷供应

针对制造业的衰退，早在 20 世纪 90 年代，一些学者就提出了敏捷性战略思想，目标是提高制造系统对外部环境变化的应变能力。敏捷供应，是指以核心企业为中心，控制资金流、物流、信息流，将供应商、制造商、分销商、零售商及最终消费者用户整合到一个统一的、无缝化程度较高的功能网络链条中，以形成一个极具竞争力的战略联盟。它以动态联盟的快速重构为先导，致力于支持供应链的迅速结盟、优化联盟运行和联盟平稳解体。它强调从整个供应链的角度考虑、决策和绩效评价，使企业与合作者共同降低产品价格，并追求快速反应市场需求，提高供应链各环节的边际效益，实现利益共享的双赢目标。

敏捷供应链管理，要求企业应用互联网、大数据等现代信息与数字技术，从响应速度、客户资源扩展、个性化产品制造以及降低成本等方面提升企业的竞争优势，提高企业对市场需求的适应能力。首先，企业按敏捷供应组织生产，订单驱动生产方式在敏捷制造技术支持下，可以最快速度响应客户需求。其次，企业运用电子商务网络平台，向客户开放个性化订购服务，客户的需求信息直接反映到产品设计、规划阶段，成为企业最直接也最有价值的信息资源。通过尽量迅速、准确地满足客户的个性化、多样化的需求，不断培养并提高客户的忠诚度，从而拥有较为稳定的客户资源。最后，依靠敏捷制造技术、动态组织结构和柔性管理技术的结合，旨在实现多产品、少批量的个性化生产。在追求产品个性化生产的同时，企业可以结合电子商务数据解析技术，以实现零库存成本和零交易成本，从而获得成本优势。

2. 柔性供应

市场需求的不确定性，反映在企业供应链管理中则是无法预测性。供应链管理可以采取措施并设计相应的管理模式加以规避，这就要求供应链管理灵活、开放、有效、动态和敏捷，而建立柔性供应链是重要的解决方案之一。所谓柔性，是指企业快速响应环境变化的能力。柔性供应以柔性理论为基础，通过提高企业各种资源的柔性实现灵活、敏捷的经营机制。在供应链管理的环境下，柔性策略的运用将使企业更容易适应快速变化的市场需求。

供应链的柔性包括技术和产品柔性、时间柔性和运营柔性。其中，技术和产品柔性是指供应链在一定时间内修改产品设计以及开发引进新产品的能力；时间柔性是指供应链响应客户需求的速度；运营柔性是指供应链对客户需求变化的反应能力。企业借助柔性的组织管理和生产系统以提高企业的市场竞争能力。

构建柔性供应链，首先，从供应链链条上的各个节点企业内部抓起，通过建立以需求为导向的企业战略和与之相适应的组织结构，采用先进的生产和管理技术，加强企业内部各个部门的信息共享和沟通，不断提高企业自身的实力和柔性。其次，加强供应链各个节点企业之间的连接，运用电子商务技术建立可靠的信息共享平台，优化竞争优势，避免供应链连接环节出现问题。最后，供应链中的企业都应有供应链整体观，用共赢、多赢的思想来共同促进有效信息共享，加快物流配送速度，使供应链高效运转。

3. 集成供应

集成是人们按照某种目的把若干个单元集合在一起，使之成为具有某种功能的一种系统。供应链是以核心企业为中心，包括上游企业和下游企业在内的多个企业组成的一种系统，该系统具有集合性和相关性特征。

集成供应需要转变企业管理的主导思想，即从功能管理向过程管理转变；从产品管理向顾客管理转变；从企业内部管理向客户关系管理转变；从库存管理向信息管理转变。集成供应旨在促进供应链节点企业间的有效合作与支持，提高整个供应链中物流、工作流、信息流和资金流的通畅性和快速响应性，使所有与企业经营活动相关的资源有效集成，从而形成整体竞争优势。在市场竞争中，各成员凸显自身的核心竞争能力，实现强强联合的目的。因此，集成供应管理是一种基于核心能力集成的竞争手段。

4. 绿色供应

近年来生态环境日益恶化，人类社会提出了可持续发展战略——经济发展要考虑到自然生态环境的长期承载能力，使环境和资源既能满足经济发展的需要，也能满足人类长远生存的需要。

绿色供应链管理（Green Supply Chain Management，GSCM）的概念，最早由密歇根州立大学的制造研究协会提出。1996 年，国际标准化组织开始推出 ISO14000 系列标准，强调整个供应链资源消耗和对环境的负面影响应降到最小，将环境友好理念融入供应链管理过程。绿色供应链是对从原材料购买、生产、消费，直到废物回收再利用的整个供应链进行生态设计，使链中的企业之间可以紧密合作，让整条供应链在环境管理方面协调统一，达到系统环境最优化。

实施绿色供应链管理，有利于从源头上解决生产制造对环境的影响，提高资源的合理高效配置，还可以规避绿色技术贸易壁垒，在经营战略方面加强企业的竞争优势。

第九章
跨境数字贸易的安全体系

互联网的产生是源于计算机资源共享需求的开放性，但正是由于这种开放性，它面临着更复杂、更严重的安全问题。例如，计算机病毒的破坏、黑客的入侵、交易主体的身份识别、交易过程的商业秘密、网络通信的安全、交易记录的保存和管理、交易双方的信用保证等，这使许多商家和消费者对跨境数字贸易的应用仍然心存疑虑。目前，安全问题已成为制约跨境数字贸易快速发展的主要问题。

一、跨境数字贸易的安全问题

（一）跨境数字贸易面临的安全问题

当前，跨境数字贸易所面临的安全性问题有很多，但归纳起来主要有以下几个方面。

1. 信息安全问题

网络安全典型案例

互联网和计算机技术的普及，使应用信息突破了时间和空间上的障碍，信息的价值在不断提高。但与此同时，计算机病毒、系统非法入侵、网页篡改、数据泄密、网站欺骗、服务器瘫痪、漏洞扫描等信息安全事件时有发生。目前，信息已经成为企事业单位中的重要资源，也是一种重要的"无形资产"，而且许多企事业单位的业务开展都依赖于信息系统的安全运行，这就使信息安全的重要性日益凸显。信息安全已成为跨境数字贸易安全的一个主要问题。

1）信息窃取

由于在信息传输过程中未采取加密措施或加密措施不严密，使得攻击者在数据包途经的网关或路由器上截获目标对象传送的信息，通过多次截取和分析，就可以发现其信息传送的规律和格式，进而破译信息的内容，造成目标对象机密信息的泄露。

2）信息篡改

攻击者破译了信息的内容，并掌握了信息传送的格式和规律后，就可以通过各种技术手段对网络中传输的信息进行随意的替换、篡改、删除，或者先插入新的信息，再发往目的地，从而达到其非法目的。

3）恶意破坏

由于攻击者可以截取信息，甚至直接进入目标对象的内部网络，从而可以对目标对象所送的信息或者其网页、甚至内部数据库中的信息随意进行窃取或破坏，这种行为有的只是单纯的恶作剧，有的则是以牟利为目的的犯罪行为。

4）信息假冒

由于攻击者掌握了信息的格式和规律，因此可以篡改所截取的信息，冒充合法用户向目标对象发送假冒信息，或诱使目标对象与自己进行恶意信息交换，以牟取非法利益或造成目标对象系统瘫痪。

5）信息丢失

由于网络服务质量不可靠，通信质量较差，不同操作系统平台的数据转换、安全措施不严密，或者安全机制缺乏协同，都可能导致信息在传输过程中丢失，从而给跨境数字贸易参与者带来不可估量的损失。

2. 计算机病毒问题

计算机用户一旦感染计算机病毒，轻则只是跟用户开个玩笑，例如在屏幕上显示一些文字或图片，或者播放一段音乐，重则破坏用户的操作系统、硬盘数据，甚至擦除主板BIOS（Basic Input Output System，基本输入输出系统）芯片的内容。据调查，目前计算机病毒已成为威胁计算机安全的首要问题。

按照《计算机信息系统安全保护条例》的定义，计算机病毒是"编制者在计算机程序中插入的破坏计算机功能或者数据的代码，能影响计算机使用，能自我复制的一组计算机指令或者程序代码"。也就是说，病毒也是一种程序，但与其他程序的显著区别在于它具有高度的传染性。如同生物病毒可以从一个生物体传播至另一个生物体一样，计算机病毒可以借助各种渠道从已感染的计算机系统扩散到其他计算机系统。它们能把自身附着在各种类型的文件上，当文件被复制或从一个用户的计算机中传送到另一个用户的计算机中时，它们就随同文件一起蔓延开来。

1983年，美国计算机专家弗雷德·科恩博士研制出一种在运行过程中可以自我复制的、具有破坏性的程序，并在同年11月召开的国际计算机安全学术研讨会上首次将病毒程序在VAX/750型计算机上进行了实验。这是世界上有记录的第一个计算机病毒。

1988年，美国康奈尔大学23岁的学生罗伯特·莫里斯将其编写的蠕虫病毒送入互联网，一夜之间感染了互联网上6000余台VAX系列小型机和工作站，导致美国300多所大学、研究中心，甚至国会、国家航天局和几个军事基地的计算机系统都停止运行，造成近1亿美元的经济损失。这是世界上首例公开披露的病毒攻击案。

典型的计算机病毒主要有以下几种特征：一是传染性，即具有把自身复制到其他程序的能力；二是非授权性，即其传播是未经用户许可的；三是隐蔽性，即通常附在正常程序中或磁盘较隐蔽的地方，甚至以隐含文件的形式存在；四是破坏性，绝大多数病毒一旦侵入系统都会对整个系统造成不同程度的影响；五是潜伏性，大多数病毒都可以长期隐藏在系统中，只有在满足特定条件时才发作；六是不可预见性，不同种类的病毒，其代码也千差万别。

3. 黑客问题

近几年，黑客的破坏活动日益猖獗，对正常的社会经济秩序和信息安全构成了严重威胁。

黑客一词源自美国麻省理工学院，原指水平较高的计算机程序员，而现在则专指那些利用计算机和计算机网络，非法调阅、盗窃、截获或篡改他人机密数据资料，或从事其他破坏性活动的人。

黑客问题在发达国家尤为严重。据调查，美国每年因网络安全问题损失 75 亿美元，超过 60% 的企业均曾遭到过攻击。

然而，在一些西方国家，甚至还有完全合法的黑客组织存在。这些黑客组织通常拥有庞大的组织和雄厚的资金，经常召开黑客交流会，还在互联网上公开介绍黑客的技术手段、提供各种黑客工具软件、发行各种黑客书刊，导致越来越多的人加入这个行列。有些国家的政府机构和情报部门甚至招募黑客攻击其他国家或政党，有的企业则高薪雇佣黑客从事商业间谍活动。

（二）跨境数字贸易的安全隐患

1. 开放性

任何事物都具有两面性。互联网也不例外，它在给人们带来便利的同时，也留下了严重的安全隐患。开放性和资源共享是互联网最大的特点，也是最大的优点，但是这个开放的、缺乏有效控制机制的网络却相当脆弱，很容易遭到黑客攻击。

2. 传输协议

互联网采用 TCP/IP 协议来传输数据，但在其发展的早期阶段，安全问题并不突出，因此 TCP/IP 协议本身在开发时并未充分考虑数据的保密问题，也就没有采取任何安全措施来保护信息，因此不可避免地存在许多漏洞。

3. 操作系统

目前人们经常使用的操作系统主要有 Windows、Unix、Linux 等，但是没有一种操作系统是绝对安全的。据 Security Focus 公司的漏洞统计数据表明，绝大部分操作系统都存在或多或少的安全漏洞，即使号称软件开发史上最成功的 Windows 系列操作系统，也不断出现一些重大的安全隐患，攻击者可以利用这些漏洞入侵系统，窃取信息。

4. 信息电子化

电子信息无法像传统信件那样进行签字盖章和信封保护，因此在存储、处理和传输过程中，如果遭到计算机病毒的侵袭、黑客的攻击、线路窃听以及各种物理性干扰（如线路质量、信号干扰以及暴风雨、地震等自然灾害），都可能影响到信息的完整性和可靠性。

5. 管理安全漏洞

完善的管理制度是降低数字贸易风险的重要保证，良好的管理有时能够弥补系统本身的不足。常见的管理制度漏洞包括：

1）人员管理

近年来，我国的信息犯罪案件有不少都是内部人员作案，这说明企业平时缺乏安全意识，管理松懈，道德修养较差的职工就有可能铤而走险。有的企业则收买对方的网络管理人员，甚至趁竞争对手招聘员工的时候派人混入对方企业内部，伺机窃取各种商业信息。

2）密码设置

这个问题似乎并不重要，所以很多人在设置登录密码时比较随意，相当多的人都采用生日、姓名、电话号码等，而没有设置一个较为复杂的密码，而且绝大多数人设置一个密码后长期不变。很多用户都需要记忆多个密码，据估算，用户平均至少需要四个密码。特别是系统管理员，需要记住的密码就更多，如开机密码、系统进入密码、数据库密码、邮件密码、路由器密码、交换机密码等。因此，不少用户选择使用简单、重复使用的密码，以便于保管，但这样一来就极有可能出现密码泄露事件。曾有人专门做过一个实验，在互联网上选择几个网站，针对既定的用户名，采用穷举式攻击，70%的密码只需要30分钟左右就可以破解，最长也不超过1小时。

3）网络管理

大多数网络管理人员对网络安全不甚了解，很多企事业单位都没有设立专职的安全管理员，也很少进行安全测试和检查，更缺少安全监控，这就存在着管理漏洞。据调查，在我国现有的企业网站中，绝大部分没有建立完善的安全防范机制，而且90%的网站存在安全隐患，其中40%问题严重，甚至不少企业的信息系统在使用多年之后，系统管理员和用户的注册信息甚至仍处于缺省状态。

4）法律安全漏洞

数字贸易是一种先进的、超前的商务运作模式，因而很难用现有的法律条文来有效地防范信息犯罪。而且信息犯罪属于跨国界的高技术犯罪，现有的科技手段也难以完全杜绝黑客的攻击，他们只需要一台计算机，一条电话线、一个调制解调器就可以实现远距离作案。

6. 信息产品的安全隐患

信息产品包括操作系统、数据库平台、应用系统等。不同类型的信息产品（特别是不同厂商的产品）之间的安全管理数据无法共享，而且产品缺乏统一的服务接口，从而使信息安全工程建设困难，安全产品也难以管理，还给信息系统管理留下了安全隐患。

此外，一些国内信息系统使用的是国外厂商的 CPU、芯片等核心硬件，以及操作系统、数据库、中间件、办公文字处理软件、浏览器等基础性软件。一方面，这些软件或多或少均存在一些安全漏洞，恶意攻击者有机可乘；另一方面，一旦出现特殊情况，这些信息系统极易被进口产品的生产国攻击和控制。

（三）跨境数字贸易安全的基本要素

一般说来，跨境数字贸易安全的基本要素主要有以下几个方面。

1. 信息的保密性

信息的保密性是指交易各方在网络上传送信息时不会泄露，即使泄露，信息也不会被非法获得的人所识别。交易中的商务信息均有保密的要求，例如信用卡账号和密码、交易合同的细节等。如果信用卡的账号和用户名被他人知悉，就可能被盗用；价格和付款信息被竞争对手获悉，就可能丧失商机。因此，在跨境数字贸易交易中一般均有对信息进行加密处理的要求。

2. 信息的完整性

信息的完整性也称不可修改性，是指信息在传输和存储过程中不会受到有意或无意的修改和破坏，确保信息内容和顺序的一致性和完整性。保证各种信息数据的完整性是跨境数字贸易应用的基础，因为如果信息数据的完整性被破坏，可能导致交易双方所拥有的信息出现差异，从而影响贸易各方交易的顺利完成，甚至引发纠纷。

3. 信息的可靠性

信息的可靠性是指数字商务系统的可靠性，即在计算机硬件故障、系统软件故障、程序错误、传输故障、网络故障、计算机病毒、自然灾害等潜在威胁的情况下，仍能确保数字贸易系统的安全与可靠，还能在发生故障时能够恢复原有信息。保障计算机系统的安全是确保数字贸易系统数据存储、处理与传输的可靠性的根基。

4. 信息的可认证性

信息的可认证性是指交易双方在进行交易前能够确认发出信息者的身份，只允许合法的交易方参与交易，以防止假冒和伪造信息。跨境数字贸易交易的双方很可能自始至终都不会见面，通过手写签名和印章来鉴别交易伙伴的真实性是不可能的，要使跨境数字贸易交易成功，首先要能确认对方的身份。对商家而言，要考虑客户会不会是骗子，有没有可能发出货物后无法收回货款；对客户而言，要考虑会不会遭到网上商店的欺诈，货款汇出后收不到货物。因此，能够方便而可靠地确认对方身份是跨境数字贸易交易顺利进行的前提。对于开展网上业务的商家、银行、信用卡公司等，为了安全、保密、可靠地开展网上业务活动，都必须对交易各方进行身份认证的工作，以确认交易各方身份的合法性、订货信息的真实性和准确性等。

5. 信息的不可抵赖性

信息的不可抵赖性也称不可否认性，是指要求信息的发送方对已发出的信息无法抵赖，接收方对已收到的信息也无法抵赖，以防止一方在交易发生后却矢口否认。由于市场行情千变万化，交易一旦达成是不能被否认的；否则必然会损害另一方的利益。例如，订购某种原材料，订货时价格较低，但收到订单后，价格上涨了，如果卖方能够否认收到订单的实际时间，甚至否认收到订单的事实，则买方就会蒙受损失。因此，跨境数字贸易过程中各个环节所产生的信息都必须是不可否认的。

二、跨境数字贸易安全技术概述

(一) 加密技术

加密技术是对信息进行保密的一种重要手段。顾名思义，所谓加密就是采用数学原理，利用计算机软件或硬件方法对原始信息（称为"明文"）进行重新组织，形成加密信息（称为"密文"），再通过网络把密文发送出去。合法的接收者由于掌握正确的密钥，可以通过解密得到明文，而非法的接收者则无法轻而易举地破译密文。在互联网上，应用加密技术来保证信息交换的可靠性得到了人们的普遍认可，并已进入了应用阶段。目前的加密技术主要有两大类：一类是基于对称密钥加密的算法，另一类是基于非对称密钥加密的算法。它们都已经达到了很高的水平；同时，加密算法在理论上也已经相当成熟，形成了一门独立的学科。

1. 对称加密算法

对称加密算法（Symmetric Algorithm），也称为私钥或专用加密算法，即对信息的加密与解密使用相同的密钥，即一把钥匙开一把锁，其工作原理如图9-1所示。

图 9-1 对称加密算法工作原理

数据发送方将明文（原始数据）和加密密钥一起经过特殊加密算法处理后，使其变成复杂的加密密文发送出去。接收方收到密文后，若想解读原文，则需要使用加密时用过的密钥及相同算法的逆算法对密文进行解密，才能使其恢复成可读明文。在对称加密算法中，使用的密钥只有一个，收发双方都使用这个密钥对数据进行加密和解密，这就要求发送方和接收方在安全通信之前商定一个密钥。加密密钥能够从解密密钥中推算出来，同样，解密密钥也可以从加密密钥中推算出来。

对称加密算法是应用较早的加密算法，技术已经比较成熟。根据对明文加密方式的不同，对称加密算法又可以分成两类：一类为流算法（Stream Algorithm），在这类算法中，明文按字符（或字节）逐次进行加密或解密运算；另一类为分组算法（Block Algorithm），即首先将明文进行分组，每组中含有多个字符，通常为 8 或 16 个字节，然后再逐组进行加密或解密运算。

最古老也是最简单的流算法是旋转加密算法，也称为凯撒（Caesar）加密算法。这种算法是这样加密消息的：将每个字母替换为其后的第 n 个字母。例如，如果 n（密钥值）为 3，那么就用字母 D 代替字母 A，字母 E 代替字母 B，字母 F 代替字母 C，依次类推。对于字母表末尾的字母，则绕回到开头，用字母 Z 代替字母 W，字母 A 代替字母 X 等。因此，当使用密钥值为 3 的凯撒加密算法来加密明文消息"INTERNET"时，密文就为"LQWHUQHW"。这种加密算法是比较容易破解的，即使没有计算机协助，攻击者也能轻易破解，因为只需尝试所有可能的密钥值（只有 26 种），便能破解密文。因此，虽然流算法的运算速度比分组算法快，但分组算法更为常用。

最具代表性的分组算法是 DES（Data Encryption Standard）算法，该算法是 IBM 公司于 1972 年研制成功的。DES 算法对 64 位二进制数据加密，产生 64 位密文数据，其密钥为 64 位，实际密钥长度为 56 位，另外 8 位则用于奇偶校验。国际标准化组织也已采用 DES 作为数据加密标准。

此后，在 DES 算法的基础上，又衍生出三重 DES（Triple DES，TDES）算法，它使用 3 个不同的 56 位密钥将文本加密三次。另外，其他比较常用的算法还有密码学家 James Massey 和中国学者朱学嘉博士于 1990 年提出的 IDEA 算法（International Data Encryption Algorithm）、比利时密码学家 Joan Daemen 和 Vincent Rijmen 于 1997 年提出的 AES（Advanced Encryption Standard）算法等。其中，AES 算法已取代 DES 算法成为美国政府认可的对称加密算法标准。

对称加密算法的特点是算法公开、计算量小、加密速度快、加密效率高。但不足之处也很明显。

（1）如何通过安全的渠道协商和传递密钥。直接的面对面协商可能是不现实而且难以实施的，所以双方可能需要借助于电子邮件、电话等相对不安全的手段来进行协商。而且加密方在将密钥传递给解密方时，无论是采用电子邮件、电话、传真还是挂号信等方式，密钥都可能会泄露，因此，安全性得不到充分保证。

（2）密钥管理过于复杂。每对用户每次使用对称加密算法时，都需要使用其他人不知道的唯一钥匙，这会使得收发双方所拥有的钥匙数量成几何级数增长，密钥管理也就成为用户的负担。例如，假设有 N 个用户需要进行对称加密通信，如果每一对发送方和接收方都有各自商定的密钥的话，就需要产生 $N + (N-1) + \cdots + 1 = N \times (N-1)/2$ 把密钥，也就是说，每个用户都要记住或保留 $N-1$ 把密钥。如果用户不是很多，对称加密算法是有效的，但是对于大型网络，用户很多，分布也很广，要所有用户记住所有密钥是不可能的，但若保存起来又会增加密钥泄漏的可能性。

对称加密算法之所以在分布式网络系统上使用起来较为困难，主要就是因为密钥管理困难，使用成本较高。

2. 非对称加密算法

对称加密算法用相同的密钥加密和解密密文，即密钥要保密才能保证加密文本的保密。攻击者只要知道密钥，就能解密所有的加密消息，从而造成了一个两难问题，因为需要有交换密钥的安全方法，才能用这个密钥生成交换信息的安全方法。为克服对称加密算法的缺点，解决信息的公开传送和密钥管理问题，1976 年美国斯坦福大学教授 E. Hellman 与其研究助理 W. Diffie、博士生 R. C. Merkle 提出了公用/专用密钥的思想。

非对称加密算法（Dissymmetrical Algorithm）也称为公钥或公用加密算法（Publie Key Algorithm），即对信息的加密采用不同的密钥，一个用于加密，另一个用于解密。每个用户都有一对密钥，一个公共密钥（Public Key，公钥）和一个私有密钥（Private Key，私钥）。这两个密钥值在同一个过程中生成，称为密钥对。加密方用公钥对数据进行加密后，即可将公钥公开，任何人都可以看到，但只有私钥的拥有者才能解密，私钥则须严加管理，不能泄露。虽然公钥和私钥是成对出现的，但却不能根据私钥推算出公钥。其工作原理如图 9-2 所示。

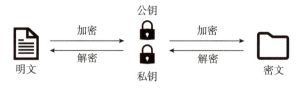

图 9-2　非对称加密的工作原理

以一个简单的例子来说明如何使用非对称加密算法来交换信息。假设甲方需要通过电子邮件给乙方发送一个机密文档。首先，乙方通过电子邮件将自己的公钥发送给甲方，然后甲方用乙方的公钥对文档加密，并通过电子邮件将加密文档发送给乙方。由于任何用乙方公钥加密的消息只能用乙方的私钥解密，因此即使他人获得了乙方的公钥，文档也是安全的。乙方在收到加密消息后，用自己的私钥解密，恢复原始文档即可。如果乙方需要将修改后的文档发回给甲方，他可以让甲方先将其公钥发送给他，然后再用该公钥对编辑后的文档加密，并通过电子邮件将加密文档发回给甲方，由于只有甲方的私钥才能解密该文档，因此，文档仍是安全的，不会被他人破译。

最具代表性的非对称加密算法是 RSA 算法，其密码的长度可以不断加长。该算法是美国麻省理工学院的 R. L. Rivest、A. Shamir 和 L. M. Adleman 三人合作，于 1978 年研制成功的。破译 512 位密码的 RSA 需要 10^4 年，破译 1024 位密码需要 10^{11} 年，破译 2048 位密码则需要 10^{20} 年。而且，RSA 算法的密钥管理比较简单，n 个用户只需生成 n 对密钥。但是，由于 RSA 过分追求安全，使得加密算法非常复杂，如果加密信息量大的话，加密速度就会非常慢，大约比 DES 慢数千倍，令人难以忍受，并且密钥越长，运行的速度就越慢。因此，RSA 算法通常不适合对文件加密，而只适用于对少量数据进行加密。此外，Taher Elgamal 提出的 Elgamal 算法和 Neal Koblit、Victor Miller 提出的 ECC（Elliptic Curves Cryptography，椭圆曲线加密）算法也是比较常用的非对称加密算法。特别是 ECC，相对于 RSA，它能使用更小的密钥长度却能提供与 RSA 相当甚至更强的抗攻击性能，例如它的 160 位密钥所提供的抗攻击性与 1024 位密钥的 RSA 相当，224 位密钥提供的抗攻击性与 2048 位密钥的 RSA 相当。这对于非常重视数据传输安全的行业是十分重要的，如银行、保险、证券业等。另外，ECC 总的运算速度比 RSA 快得多。ECC 的这些特点都使其必将取代 RSA，成为通用的非对称加密算法。

为了充分利用对称加密算法和非对称加密算法的优点，克服其缺点，人们又提出将二者结合起来使用，即混合密码系统，也就是所谓的电子信封技术。这样就集成了二者的优点：既实现了对称加密算法加密速度快的优点，克服了其安全性较差的缺点；又实现了非对称加密算法密钥管理安全方便的优点，克服了其加密速度太慢的缺点。

仍以上例来说明。当甲方要通过电子邮件给乙方发送机密文档时，可以生成一个临时密钥，先用该密钥对文档加密，再用乙方的公钥加密该临时密钥，然后将经过加密的文档和临时密钥发送给乙方。收到这两条信息后，乙方首先用自己的私钥对临时密钥进行解密，再用临时密钥来解密加密文档，从而恢复原始文档，如图 9-3 所示。

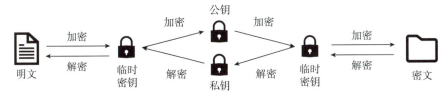

图 9-3　对称加密与非对称加密的结合

表 9-1 中对比了几种常用算法的性能。

表 9-1　几种算法的性能对比

算法	类型	密钥长度/位	明文分组长度/位
DES	对称式	56	64
TDES	对称式	112、168	64
IDEA	对称式	128	64
AES	对称式	128、192、256	128
RSA	非对称式	视安全性而定，一般为 1024	1024
Elgamal	非对称式	视安全性而定，一般为 512 以上	512 以上
ECC	非对称式	视安全性而定，一般为 160	160

然而，密码学界有一个共识：加密技术本身都很优秀，但实现起来却往往很不理想。加密技术的多样化为人们提供了更多的选择余地，同时也产生了兼容性问题，即不同的商家可能会采用不同的标准。而且，加密算法历来是由掌握其核心技术的国家所控制的。例

如，美国国家安全局（NSA）只允许 40 位以下密钥的算法出口，其安全系数显然要差得多。

需要指出的是，世界上不存在永远不能破译的加密算法。例如，历史上曾经出现过三次影响较大的对 DES 的攻击实验：1997 年，美国科罗拉多州的程序员 Rocke Verser 在全球数万名志愿者的协同工作下，历时 96 天，成功破解了 56 位密钥的 DES；1998 年，美国一个致力于保护公民隐私权的组织——电子边境基金会（Electronic Frontier Foundation，EFF）利用一台耗资 25 万美元专门制造的计算机，历时 56 小时，破解了 56 位密钥的 DES；1999 年，EFF 只用 22 小时 15 分钟就完成了同样的破解工作。在 2004 年国际密码学会议上，我国山东大学女教师王小云发表了破译 MD4、MD5、HAVAL-128 和 RIPEMD 算法的报告，令在场的国际顶尖密码学家为之震惊，因为这意味着这些算法将被淘汰。随后，SHA-1 算法也宣告被破解。

这说明，随着计算方法的改进、计算机运行速度的加快和网络的不断发展，越来越多的算法将会被破解，人们将不得不使用更长的密钥或更加先进的算法，才能保证数据的安全，因此，加密算法也需要不断发展和完善，提供更高的加密安全强度和运算速度。但实际上，只要破译时间超过了保密期，加密的目的也就达到了，即只要加密算法能在一定时期、一定条件下确保数据的安全，也就实现了其目的。

（二）防火墙技术

所谓防火墙，是一种将企业内部网和互联网分开，以阻挡外部入侵的软件和硬件设备的组合。它既可以限制外部用户对内部网络的访问，也可以限制内部用户对一些非法或不健康网站的访问，还可以对所有的访问进行跟踪和记录。不设置防火墙就相当于把门关紧了却不关窗户。目前，防火墙技术已成为保护网络安全的一种最为有效的工具之一，并已得到了广泛应用，其结构示意如图 9-4 所示。

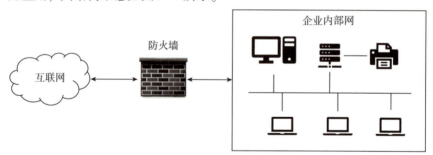

图 9-4　防火墙结构示意

1. 防火墙的设置策略

防火墙的设置通常按照两种策略进行。

① "凡是未被允许的就是禁止的"。在这种策略下，防火墙先是封锁所有通过的信息流，然后逐个审查要求通过的信息，符合条件的可以通过，不符合条件的则予以封锁。这种略的出发点是安全性高于一切，而牺牲了网络的方便性、应用范围和效率，因为许多安全的信息和用户往往也会被拒之门外。

② "凡是未被禁止的就是允许的"。这种策略与前者刚好相反，防火墙先是转发所有的信息，起初防火墙几乎形同虚设，然后再逐项剔除有害信息，被禁止的内容越多，防火

墙的作用就越大。这种策略的出发点是灵活性高于一切，但如果漏网之鱼太多，就会增大安全风险。

2. 防火墙的类型

目前，防火墙系统的实现技术有很多，但主要可以分为两大类：包过滤（Packet Filter）技术和代理服务（Proxy Service）技术。

①包过滤型防火墙。

包过滤型防火墙是一种最简单的防火墙。在互联网上，所有信息都是以数据包的形式传输的，数据包中包含发送方和接收方的 IP 地址。包过滤防火墙将所有通过的数据包中发送方 IP 地址、接收方 IP 地址、端口号等信息读出，并按照预先设定的过滤原则对这些数据包进行校验和过滤，只有满足过滤条件的数据包才能通过并到达目的地，其余数据包则被丢弃，从而保证了网络系统的安全。

包过滤防火墙是一种通用、廉价和方便的安全手段。通用，是因为它不是针对各个网络服务分别采取不同的处理方式，而是适用于所有网络服务；廉价，是因为路由器价格比较便宜，大多数路由器都提供包过滤功能，而这类防火墙也大都集成在路由器中；方便，是因为它实施简单，便于维护，而且对用户透明，不需要密码便可登录。

②代理服务型防火墙。

代理服务型防火墙采取的是一种代理机制，即由一个高层的应用网关作为代理服务器，接收外来的连接请求，在进行安全检查后，再与内部网络应用服务器连接，使外部服务用户可以在受控制的前提下使用内部网络的服务。也就是说，内外部网络之间的通信不是直接的，而是先经过代理服务器的审核，通过后再由代理服务器代为连接，内、外部网络的计算机之间不能直接会话，从而避免了入侵者使用数据驱动类型的攻击方式入侵内部网。

代理服务型防火墙最突出的优点就是安全。由于它工作于最高层——应用层，因此可以对网络中任何一层数据通信进行筛选保护，而不是像包过滤型防火墙那样只对网络层和传输层的数据进行过滤。另外，它还可以对所有通过防火墙的连接进行日志记录和审计，以便收集相关信息，检查安全漏洞。

③复合型防火墙。

包过滤型防火墙虽有较好的透明性，但无法有效区分使用同一 IP 地址的不同用户；代理服务型防火墙虽可以提供详细的日志及身份验证，但又缺少透明性。因此，在实际应用中，人们往往将这两种防火墙技术结合起来，以发挥二者的优势，克服各自的缺点，从而形成复合型防火墙。

（三）病毒与黑客防范技术

如同治病不如防病一样，对病毒和黑客也应采取以预防为主的做法，这样就可以掌握工作的主动权，尽可能避免因病毒和黑客可能造成的重大损失。对于普通计算机用户来说，通常可以采取以下几种防范方法。

1. 安装防病毒软件

为防范病毒和恶意代码对计算机的侵犯，用户务必安装防病毒软件，并注意及时更新病毒库、打开病毒实时监控。如果安装了防病毒软件，却从不进行病毒库升级，也从不进行病毒实时监控，就等于没安装防病毒软件。用户可以根据自身的需要选购适合自己的产品。没有购买和安装防病毒软件的用户还可以登录一些防病毒软件公司的网站，使用其提供的在线杀毒功能来清除病毒。

光盘和 U 盘等移动存储设备都要先进行查毒才可使用。对于硬盘来说，最好将硬盘分成多个逻辑盘，如 C、D、E、F 等。把 C 盘仅用于系统盘，最好是 FAT32 格式，这样有利于提高系统运行速度，而且即使 C 盘被破坏了，只要它是 FAT32 格式，通常用一般的杀毒软件就可以将 C 盘数据恢复 98% 左右。

对于电子邮件病毒和木马的防范方法主要有：不要轻易打开陌生人来信中的附件，特别是含有 ".exe"".com"".bat" 等可执行文件的附件；对附件中的文件一般不要打开，可以先保存在特定目录中，用杀毒软件检查确认无害后再打开；收到一些有趣的邮件时，也不要随意转发，因为如果其中包含病毒，就会帮助病毒传播；对于通过脚本传染的病毒，可以采用在浏览器中禁止 Java 或 Active X 运行的方法来阻止它的发作。

2. 定期下载并安装系统补丁

所谓系统补丁，就是操作系统的不定期错误漏洞修复程序，有微软的，有 Unix 的，有 Linux 的，也有 Solaris 的。因为我们使用的操作系统中都会有一些不安全的漏洞，也正是这些不安全因素给病毒和恶意代码提供了入侵机会。而操作系统公司一旦发现有漏洞，会尽快发布补丁。据报道，一名因犯罪而被捕的黑客在接受媒体采访时就提到了网上银行用户必须注意的两点："一是经常给系统打补丁，微软的系统几乎每天都在出现漏洞；二是不要上非法网站，因为很多病毒都潜伏在那儿。"因此，为了防范病毒和恶意代码的攻击，用户应该定期到操作系统公司的官方网站上下载系统补丁并安装。

3. 加强网络管理

虽然现阶段尚无法根除黑客攻击现象，但通过加强网络管理，建立起可靠的"技术屏障"，可以有效地降低被黑客攻击的风险。

1）加强密码管理

检查所有用户密码，特别是系统管理员的超级权限密码，尽量做到让密码中同时含有数字、字母和各种符号等的组合，密码不能显示在显示屏上，密码长度最少不小于 8 位，要经常更换，而且对不同的网站和程序，要使用不同密码，还可为用户分配一次性密码。此外，用户密码最好经过加密，因为经过加密的密码，即使是系统管理员也难以得到。这些做法都会大大提高黑客破解密码的难度，促使其"知难而退"。

2）加强网站管理

网站是黑客攻击的首要渠道，因此必须加强对网站的日常管理，尽可能避免让黑客找到可乘之机。为此，必须做到以下两点：一是对于特别重要的网站，要保证网络管理员可以 24 小时值班，还要采取技术措施循环检查系统日志以及动态 IP 的变化；二是网站在无人值守时，要关闭一切连接在互联网上的供工作人员使用的电脑终端设备，因为绝大多数黑客攻击时往往都是从这些防范薄弱的电脑终端侵入，从中找到网站或系统的弱点，进而取得管理员或用户密码，并夺取网站管理的超级权限，借此转攻网站系统内的其他机器。

3）加强网络权限控制

加强网络的权限控制是对付黑客的关键手段，也是保证网络安全最重要的核心策略之一。网络的权限控制是针对网络非法操作所提出的一种安全保护措施。不同的用户被赋予了不同的权限，这种权限决定着该用户可以访问哪些目录、子目录、文件和其他资源，并可以对这些文件、目录、设备和资源执行哪些操作。

对目录和文件的访问权限一般有 8 种：系统管理员权限、读权限、写权限、创建权限、删除权限、修改权限、文件查找权限、存取控制权限。这 8 种权限的有效组合既可以保证用户有效地完成工作，同时又能有效地控制用户对服务器资源的访问，从而加强了网络和服务器的安全性。网络管理员的主要职责之一就是赋予不同用户不同的权限，一旦发现某个用户出现越权行为或非法的网络访问，马上就要进行跟踪和分析，判断其意图，如果认定这是黑客的攻击行为，就要迅速采取相应措施。

三、跨境数字贸易的安全机制

（一）数据安全管理机制

信息数据是开展跨境数字贸易活动的基础，保护信息数据安全就是保护跨境数字贸易的顺利进行。信息数据的安全管理包括两个方面：一是信息数据的使用范围安全管理；二是信息数据的备份管理。

1. 使用范围安全管理

严格管理信息数据的使用范围与使用方式，就是对信息数据进行严格的保密级别划分，并同时严格规定了每一级别数据的使用方式。一般说来，保密级别可按如下方式划分。

1）绝密级

例如公司的发明专利、发展规划、进/出货价格、成本价格、经营状况报告等，这类信息属于企业的最高商业机密，只有公司高层管理人员或核心技术人员可以掌握，不仅不能私自复印或携带出去，更是绝对不能在互联网上公布。

2）机密级

例如公司的内部文件、日常管理情况、会议记录等，这类信息通常只有公司的中层管理人员和相关人员可以接触，一般也不允许携带出公司，当然也不能在互联网上公布。

3）秘密级

例如新产品研发情况、供应商情况、生产计划、采购计划等，这类信息可以在互联网上发布，但必须有访问权限的限制，通常只有相关的供应商及合作伙伴可以访问，不允许无关人员随意浏览。

4）普通级

例如公司简介、组织结构、业务概况、主要产品、企业精神等，这类信息可以放在互联网上供人们随意浏览。

对于不同密级的信息，企业必须严加管理，将不同密级的信息保存在不同位置或不同的存储介质上，禁止使用涉密计算机上网或在非涉密计算机上处理涉密信息，禁止将涉密存储介质接入或安装在非涉密计算机上，真正实现信息安全的"五不"原则，即"进不来、拿不走、读不懂、改不了、走不掉"。"进不来"，是指无关人员无法接触涉密信息；"拿不走"是指内部涉密信息拿出去也不能用；"读不懂"是指只有授权的人才能解密阅读，任何未经授权的人都打不开；"改不了"是指信息篡改不了；"走不掉"是指系统具有事后审计功能。另外，对可疑行为和事件可以跟踪审计。

2. 备份管理

所谓数据备份就是针对数据进行的备份，或者将所要存储的数据直接复制到光盘、U盘、移动硬盘等移动存储设备中，或者利用备份软件，先将数据转换为镜像，再复制到移动存储设备中。

计算机行业有一句名言叫作"硬件有价，数据无价"。硬件的损坏是可以修复或者更换的，通常不会造成太大损失，但重要数据的丢失却会带来重大而无法弥补的损失。因此，重要信息和数据的备份非常重要，如同给数据买保险，一定要定期备份，并将备份所用的存储设备单独放置，而不能连接在互联网上，这样即使遭到病毒或黑客袭击也不怕，不会导致重要文件丢失，这是遭到恶意攻击后最好的解救方法。另外，还应特别注意，要把重要文件备份到移动硬盘或刻录到光盘中，不能将备份文件直接保存在计算机中，因为这样一旦感染病毒，备份文件也将不保。此外，在计算机安装时就应对硬盘进行分区，C盘专门用来安装系统程序，用户的文件夹和文件则放在 D 盘、E 盘或 F 盘等。

数据备份通常有以下几种类型：

1）完全备份

完全备份（Full Backup）就是备份所有文件，而不管其是否发生过变化。这种方法比较安全，但却非常费时，而且会占据许多备份空间。如果某日只有少量数据发生了变化，但却仍要花费很长时间对所有数据重新进行备份。

2）增量备份

增量备份（Incremental Backups）就是只备份上一次备份后增加或改动的部分数据。增量备份可分为多级，每一次增量都源自上一次备份后的改动部分。

3）差异备份

差异备份（Differential Backup）就是只备份在上一次完全备份后有变化的部分数据。差异备份与增量备份的差别在于：前者考虑的是自完全备份以来哪些文件改变了，而后者考虑的则是自上次增量备份以来哪些文件改变了。例如，如果星期一进行了完全备份，到星期二，差异备份与增量备份方法都备份在 24 小时内发生了改变的文件；到星期三，前者备份 72 小时内发生了改变的文件，而后者则只备份 24 小时内发生了的，即上次增量备份以来改变了的文件。如果只存在两次备份，则二者是完全一样的。

用户可以组合使用不同的备份方法，例如，完全备份和差异备份相结合，即星期一进行完全备份，星期二至星期四进行差异备份，如果到星期五数据丢失了，只需要还原星期一的完全备份和星期四的差异备份。又如，完全备份和增量备份相结合，即星期一进行完全备份，星期二至星期四进行增量备份，如果到星期五数据丢失了，则需要还原星期一的完全备份和星期二至星期四的所有增量备份。

（二）人员管理机制

任何商务活动实际上都是人的活动，跨境数字贸易活动也不例外，因此，对跨境数字贸易从业人员的要求与管理就显得尤其重要。特别是跨境数字贸易在技术上的高度复杂性、信息上的高度集成性以及从业人员的高度流动性，使得对数字贸易从业人员的管理有着更高的要求。

1. 高素质原则

从事跨境数字贸易的人员，除了必须具备传统经营管理和市场营销的知识与技能外，还必须具有相应的计算机网络知识和操作技能。因此，企业在引进人才时要严格把关的同时，还要加强对现有从业人员的培训，将责任心强、讲原则、守纪律、了解市场、懂得营销、具有基本网络知识的人员选派到这种岗位上。

2. 责任制原则

不仅要求网络营销人员完成规定的营销任务，还要求他们严格遵守企业的网络营销安全制度，特别是在人员流动率较高的情况下，更要明确网络营销人员的责任，对违反网络交易安全规定的行为应坚决制止，要对有关人员进行及时处理。

3. 最小权限原则

明确规定只有系统管理员才能进行物理访问和软件安装工作，而其他人员都只能在系统管理员所授予的权限下进行工作。同时，系统管理员要根据企业内部人员的岗位变动情况及时调整其所拥有的权限，做到"在岗有权、离岗失权"。此外，在信息系统部门工作的人员不得随意打听、了解或参与职责以外的任何与安全管理和系统管理有关的事情，除非领导批准。

4. 多人负责原则

每一项涉及系统和网络安全的活动或业务，都必须有两人或多人在场，以相互制约。这些人应是主管领导指派的，确信他们忠诚可靠，能够胜任此项工作。另外，还应做好工作记录，以备查询。

5. 任期有限原则

任何人都不得长期担任与安全有关的职务，以免使其产生该职务是专有或永久性的错误认识。为此，相关人员应不定期循环任职，并进行轮流培训，以使该制度切实可行。

（三）跟踪审计机制

跟踪审计是对系统软硬件的运行状况进行实时和跟踪记录，以便在发生特殊情况时能够随时查询，并通过对记录的分析，对系统运行情况进行评估，以防范可能发生的风险或者找出攻击的来源和途径。

跟踪制度要求企业建立网络交易系统日志机制，用来记录系统运行的全过程。系统日志文件是自动生成的，内容包括操作日期、操作方式、登录次数、运行时间、交易内容等。

审计制度包括经常对系统日志进行检查、审核，及时发现故意入侵系统行为的记录和违反系统安全功能的记录，监控和捕捉各种安全事件，保存、维护和管理系统日志。

（四）应急机制

即便采取了以上种种严格的管理制度，100%的安全也是不可能实现的，企业信息系统随时可能因为某种意外因素而发生灾难，这种灾难本身具有不可预测的特点，并可能造成极大的损失。相关统计数字表明，美国在2000年以前10年间发生过灾难的公司中，有55%当时就倒闭了，在剩下的45%中，有29%在2年之内倒闭，生存下来的仅占16%。美国著名的市场调查公司高德纳的数据也表明，在经历大型灾难而导致系统停运的公司中，有2/5再也没有恢复运营，剩下的公司中也有1/3在2年内破产。

因此，企业还必须采取相应的应急措施，以便在信息系统发生故障或紧急事件时，利用应急计划辅助软件和应急设施，排除灾难和故障，保障信息系统继续运行或紧急恢复。应急恢复包括硬件的恢复，就是使计算机系统重新运转起来，还包括数据的恢复。一般说来，数据的恢复更为重要，也更为困难。

1. 磁盘阵列技术

磁盘阵列技术也称为瞬时复制技术。所谓磁盘阵列是由多台磁盘存储器组成的一个快速、大容量、高可靠的外存子系统。常见的磁盘阵列称为廉价冗余磁盘阵列（Redundant Arrays of Inexpensive Disks，RAID）。RAID 技术一般是在数据写入时，自动将用于恢复的数据拷贝至冗余硬盘上，这样，当某一硬盘发生故障时，就可以利用这些数据自动恢复失去的信息。这种技术的优点是可靠性高、能实现数据同步、速度快，而且存储容量大。但其缺陷也很明显，即一旦发生天灾人祸导致设备损坏或丢失，极有可能导致所有数据全部丢失或损坏。

2. 远程磁盘镜像技术

远程磁盘镜像技术（Remote Disk Mirroring）是在远程备份中心提供主数据中心的磁盘镜像。它利用物理位置上分离的存储设备所具备的远程数据连接功能，在远程的磁带库或光盘库中保存一套数据镜像，一旦发生灾难，分布在异地存储器上的数据备份并不会受到波及。系统管理员仅仅需要确定哪些磁盘需要备份到远程备份中心，存储在这些磁盘上的数据会被自动备份到远程备份中心，这对应用系统的安全是非常有利的。这种技术的最主要的优点是将因灾难引发的数据损耗风险降低到最低甚至为零。当主站点出现故障时，用户的应用程序切换到备份的替代站点后，被镜像的远程副本可以保证业务继续执行而不会发生数据的丢失。

3. 数据库恢复技术

数据库恢复技术是指产生和维护一份或多份数据库数据的复制，从而为用户提供了更大的灵活性。数据库管理员可以准确地选择哪些数据可以被复制到哪些地方。对于那些在日常应用中使用大量联机数据的用户，可以选择少量最为关键的数据复制到远程，用来减少对远程接待存储系统的占用和对网络带宽的影响。

四、跨境数字贸易的认证技术

加密技术和防火墙技术只是解决了数据的加密和网络的安全问题，但仍未解决交易的真实性、完整性和不可否认性等问题，我们还必须认证信息的发送者是真正的而非冒充的，而且信息在传送过程中没有被篡改、泄露或窃取。本节介绍有关认证的实用技术。

（一）数字签名

加密技术虽然可以保证在互联网上传递信息的保密和安全，但仍不能防止交易的一方否认、篡改或假冒信息的内容，如合同、票据、书信等重要文件。

数字签名（Digital Signature）也称为电子签名，是非对称加密技术的典型应用。安全标准 ISO 7498-2 中对数字签名的定义为："附加在数据单元上的一些数据，或是对数据单元所做的密码变换，这种数据和变换允许数据单元的接收者用以确认数据单元来源和数据单元的完整性，并保护数据，防止被人（如接收者）伪造。"美国电子签名标准（Digital Signature Standard，DSS）对数字签名的定义为："利用一套规则和一个参数对数据计算所得的结果，用此结果能够确认签名者的身份和数据的完整性。"《电子签名法》对数字签名的定义为："电子签名是指数据电文中以电子形式所含、所附用于识别签名人身份并表明签名人认可其中内容的数据。"同时，其还规定一个可靠的电子签名必须符合四个条件：一是电子签名制作数据用于电子签名时，属于电子签名人专有；二是签署时电子签名制作数据仅由电子签名人控制；三是签署后对电子签名的任何改动能够被发现；四是签署后对数据电文内容和形式的任何改动能够被发现。

数字签名是相对于手书签名而言的，类似于手书签名，但数字签名和手书签名也存在不同之处：手书签名是模拟的，因人而异，并且无论用哪种文字签名，都可以模仿；而数字签名是一串由 0 或 1 组成的字符串，因消息而异，不可以模仿。同时，数字签名还应满足以下要求：一是接收方能够确认或证实发送方的签字，但不能伪造该签字；二是发送方把经过签字的消息发送给接收方后，就不能否认他所签发的消息；三是一旦收发双方就消息内容和来源发生争执时，应能给仲裁者提供发送方对所发消息已经签字的证据。因此，数字签名技术是在网络虚拟环境中确认身份的重要技术，完全可以代替现实过程中的"亲笔签字"，在技术和法律上具有充分的保证。数字签名的工作原理如图 9-5 所示。

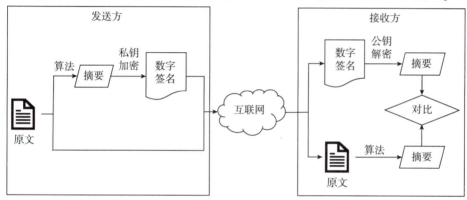

图 9-5　数字签名的工作原理

其主要步骤如下。

①发送方利用数字签名算法从信息原文中生成一串 0、1 字符（通常是 128 位），即所谓信息摘要（Message Digest），不同的信息生成的信息摘要是不同的。

②发送方用私钥对这个字符串加密后，形成数字签名。

③发送方将原文和数字签名同时发送给接收方。

④接收方用公钥对收到的数字签名进行解密。

⑤接收方用数字签名算法对收到的原文再次生成信息摘要。

⑥接收方将解密后的数字签名与重新生成的信息摘要进行比较，如两者一致则说明传送过程中信息没有被破坏或修改，否则就说明信息曾被修改或者不是发送方发送的。

其中，第（1）～（3）步是数字签名的制作过程，第（4）～（6）步是数字签名的核实过程。由此我们发现，数字签名不仅与签名者的私钥有关，而且与报文信息的内容有关，因此不能将签名者对一份报文的签名复制到另一份报文上，同时也能防止篡改报文的内容。因此，数字签名可以证实信息发送方身份的真实性和唯一性以及所发送信息的真实性和完整性。

应用比较广泛的数字签名算法主要有 Hash 函数、DSS 和 RSA。

Hash 函数是最主要的数字签名算法，应用得非常广泛，也称为杂凑函数（Hash Function）、数字摘要法（Digital Digest）或数字指纹法（Digital Finger Print）。它是由 RSA 算法的第一发明者——美国麻省理工学院的 R. L. Rivest 教授设计的。在该算法中，原始信息即使只更改一个字母，对应的压缩信息也会变为截然不同的"指纹"，这就保证了信息的唯一性。目前常用的 Hash 函数算法有 MD5、SHA-1 等。很多网上支付系统都在使用 Hash 签名。

DSS 是由美国国家标准与技术研究院（NIST）和美国国家安全局共同开发的，它采用的是 DSA 算法（Digital Signature Algorithm），而 DSA 算法是 Elgamal 算法的改进，该算法只能用于数字签名而不能用于加密。NIST 在发布 DSS 时就明确提出："此标准适用于联邦政府的所有部门，以保护未加保密的信息……它同样适用于电子邮件、电子金融信息传输、电子数据交换、软件发布、数据存储及其他需要数据完整性和原始真实性的应用。"但由于它是由美国政府颁布实施的，主要由那些与美国政府有商业往来的公司使用，其他公司较少使用。

RSA 算法不仅可用于信息加密，还可用于数字签名，其理论基础是大数分解和素数检测原理。用 RSA 加密和用 RSA 签名的相同之处在于它们都使用一对密钥，即公钥和私钥；不同之处在于前者用公钥加密，用私钥解密，而后者用私钥签名，用公钥验证。

（二）数字时间戳

在跨境数字贸易中，文件签署的时间和签名一样，也是十分重要的信息，是证明跨境数字贸易文件有效性、防止伪造和篡改的关键性要素，可以帮助跨境数字贸易各方解决一系列潜在的法律和实际问题。数字时间戳（Digital Time-Stamp，DTS）就是在电子文档上加盖一个时间标记，以证明某个交易或文档在某个特定时间确实存在，并可确定多个文档在时间上的逻辑关系。由于用户计算机所提供的时间并不一定准确，很容易被篡改，而且由该时间所产生的时间标记很可能不会被其他交易方接受，需要由一个权威的专门机构来提供可信赖的且不可抵赖的时间戳服务，而这类机构通常使用全球卫星定位系统上的卫星天线所接收的同步卫星原子钟的精确时间信号来确定时间。

数字时间戳主要包括三个部分：一是需要加盖时间戳的文件的摘要；二是 DTS 机构收到文件的日期与时间；三是 DTS 机构的数字签名。书面签署文件的时间是由签署人自己填写的，而数字时间戳则是由 DTS 机构来添加的，以 DTS 机构收到文件的时间为依据，其工作原理如图 9-6 所示。

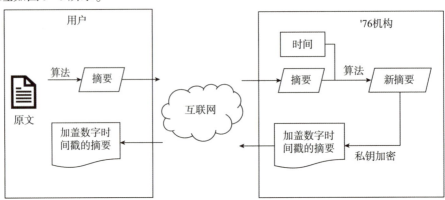

图 9-6　数字时间戳的工作原理

主要步骤如下：

①用户首先将需要加盖时间戳的文件用 Hash 函数等算法形成摘要。

②用户将该摘要发送给 DTS 机构。

③DTS 机构在文件摘要中加入收到该摘要的日期和时间信息。

④DTS 机构用 Hash 函数等算法从已加入时间信息的摘要中形成新摘要。

⑤DTS 机构用自己的私钥对摘要加密，生成加盖数字时间戳的摘要，然后将其发送给用户。

⑥用户在收到加盖数字时间戳的摘要后，就可将其发送给合作伙伴，以证明该文件产生时间的有效性。

由此可见，数字时间戳技术是数字签名技术的一种变相应用，加盖数字时间戳实际上就是将一个可信赖的日期和时间与数据绑定在一起的过程。数字时间戳的特点表现在三个方面：一是数据文件加盖的时间戳与存储数据的物理媒体无关；二是对已加盖数字时间戳的文件不能做丝毫改动；三是要想对某个文件加盖与当前日期和时间不同的时间戳是不可能的。

DTS 的使用对保证信息的时效性非常重要，如对于商业情报信息、专利发明等对时间非常敏感的信息，通过申请数字时间戳，可以证明用户在某一时刻拥有这一信息的可信性。而且，DTS 还可以保证操作的时效性，如对于网上竞标、竞拍等对时间敏感的活动，通过申请数字时间戳，可以证明你在某一时刻确已完成了这项活动。此外，DTS 对信息的安全性也没有任何影响，由于用户发送给 DTS 机构的信息摘要并不显示任何有关文档内容的信息，即使 DTS 机构也无从知晓文档的具体内容。

（三）数字证书与认证中心

跨境数字贸易双方在进行交易之前，都要鉴别对方身份的真实性。虽然可以用数字签名技术签发交易文件，但数字签名是基于非对称加密技术的，存在一个明显的问题，即如何保证公钥的持有者是真实的？例如，甲方收到乙方发出的带有数字签名的一份文件，用属于乙方的公钥解密，但甲方必须首先确定公钥的确是属于乙方的，而不是其他人在冒充乙方。因此，现在便需要一个双方都信任的第三方来证明公钥的确属于乙方。这种第三方机构就是认证机构，可以通过数字证书来证实交易双方的身份。

1. 数字证书

1）数字证书的概念

数字证书（Digital Certificate，DC）也称为数字凭证，是用电子手段来证实用户的身份和对网络资源的访问权限，其作用类似于现实生活中的身份证和护照。

《电子签名法》中规定，电子签名认证证书是指"可证实电子签名人与电子签名制作数据有联系的数据电文或者其他电子记录"。

数字证书采用基于公共密钥基础设施（Public Key Infrastructure，PKI）思想的非对称加密体制，即利用一对互相匹配的公钥和私钥进行加密和解密。每个用户拥有一把仅为本人所掌握的私钥，用来进行解密和签名；同时，该用户也拥有一把公钥，并可对外公开，用来加密和验证签名。当发送方发送一份文件时，使用接收方的公钥对数据加密，而接收方则使用自己的私钥解密，这样，信息就可以安全无误地送达目的地，即使被第三方截获，由于没有相应的私钥，也无法解密。整个加密过程是一个不可逆过程，即只有用私钥才能解密。

2）数字证书的内容

数字证书的内容和格式一般采用 X.509 国际标准。该标准是由国际电信联盟（ITU）制订的。为提供公用网络用户目录服务，ITU 在 1988 年发布了 ITU-T X.500 系列标准，已成为 ISO 所接受的目录服务系统标准。X.500 标准的作用是唯一标识一个实体（机构、组织、个人或一台服务器），以及如何在全球范围内共享其名字和与之相关的对象。在 X.500 确保用户名称唯一性的基础上，X.509 为 X.500 用户名称提供了通信实体的鉴别机制，X.509 称之为证书，并规定了相应的证书语法和数据接口。

X.509 最初版本颁布于 1988 年，而 1993 年颁布的第 2 版在灵活性方面进行了一些调整，增加了两个可选字段，但这两个字段并未发挥太多的作用。于是在 1997 年又颁布了第 3 版。X.509 V3 弥补了前两版的不足，增加了扩展信息字段，在扩展支持方面进行了大幅改进，以提供更多的灵活性和特殊应用环境下所需的信息传送。一个标准的 X.509 数字证书所包含的内容如图 9-7 所示。

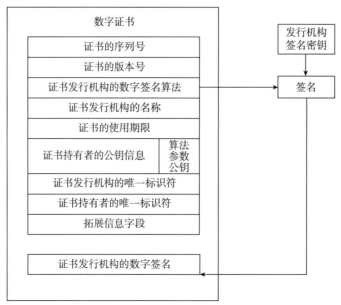

图 9-7　一个标准的 X.509 数字证书所包含的内容

只有下列条件全部符合时，数字证书才是有效的。

①证书只有一个序列号。每个证书只有一个唯一的证书序列号。

②证书没有过期。所有的证书都有一个有效期，只有在有效期限以内证书才有效。证书的有效期一般都采用统一的通用协调时间（Universal Time Coordinated，UTC），计时范围是 1950～2049。

③密钥没有修改。如果密钥被修改，就不应该再使用。密钥对应的证书就应当收回。

④命名格式必须符合规范。证书持有人名称和发行机构名称的命名格式通常遵循 X.500 或 X.501 规范。

⑤认证中心的签名必须是可验证的。任何用户在收到证书后都能使用签名算法来验证证书是否是由该认证中心的签名密钥签发的。

在 IE 浏览器中就可以查看数字证书的内容：打开 IE 浏览器，单击菜单中的"工具"，依次选择"Internet 选项""内容""证书",然后选择一种证书类别,再从证书列表中选择一个证书,单击"查看",即可查阅该证书的目的、发行者、持有者、有效期等信息。

3）数字证书的类型

①个人证书。个人证书包含个人身份信息和个人的公钥,用户可以此向对方表明个人身份,同时应用系统也可以通过证书获得用户的其他信息,以便能够在网上进行安全电子交易,可应用于文档签名、网上消费、网上炒股等领域。个人证书通常安装在浏览器内,当前主流的浏览器产品（如 IE）和电子邮件客户端软件（如 Microsoft Outlook）都支持这种功能。

②单位证书。单位证书颁发给独立的单位或组织,包含单位信息和单位的公钥,在互联网上证明该单位或组织的身份,可应用于文档签名、网上工商、网上招投标、网上签约、公文传送、网上缴费、网上缴税、网上订货和网上报关等领域。根据各个单位的不同需要,单位证书可以分为单位证书和单位员工证书。其中,单位证书对外代表整个单位,单位员工证书对外代表单位中具体的某一位员工。

③设备证书。设备证书颁发给企业或组织所拥有的 Web 服务器,以证明服务器的身份信息,其中包含了服务器和服务器所属单位的信息以及服务器的公钥,可以让用户认证服务器的合法性,还能创建客户端和服务器之间的安全连接,可应用于实现安全站点、配合客户端证书实现安全购物站点、电子业务综合服务平台、公文报送系统等领域。服务器证书可以和网站的 IP 地址、域名绑定,并支持主流的 Web 服务器。

④代码签名证书。代码签名证书主要颁发给软件开发商,代表软件开发商的身份。用于对其开发的软件代码进行数字签名,证明软件代码的来源、完整性等信息。代码签名证书不仅可以有效防止软件代码被篡改,保护软件开发商的版权利益,还可以让用户知道该软件代码是安全的,没有被篡改过,可以放心下载并使用。

⑤安全电子邮件证书。结合使用数字证书和安全多媒体互联网邮件扩展（S/MIME）技术,对电子邮件及其附件做加密和数字签名处理,以确保电子邮件内容的安全性、机密性、发件人身份的确认性和不可抵赖性。

⑥VPN 证书。VPN 证书用于 VPN（Virtual Private Net,虚拟专用网）,满足了远程接入、分支机构和广域网的连接等应用对身份认证、信息完整性、私密性的安全需求。通过配置 VPN,企业的远端用户、分支机构、合作伙伴以及用户就可以通过互联网透明、安全地接到公司网络。

目前,数字证书在公众中的普及性较差,原因之一就是其通用性较差,如不同的银行往往要求用户安装不同的数字证书,给用户造成了麻烦。

2. 认证中心

数字证书的发放不是依靠交易双方自己能完成的,还需要有一个具有权威性和公正性的第三方来完成。

认证中心（Certificate Authority,CA）是 PKI 体系的核心,是提供网上安全电子交易认证服务、签发数字证书、确认用户身份的服务性机构,其主要任务就是受理数字证书的申请、签发及管理。认证中心类似于现实生活中公证人的角色,具有权威性,是一个普遍可信的第三方,有以下几个功能。

①证书的审批。接受用户的数字证书申请,对申请者的信用度、申请证书的目的、身

份的真实可靠性等问题进行审查，确保证书与身份绑定的正确性。

②证书的发放。向申请者颁发或拒绝颁发数字证书。

③证书的更新。接收、处理用户的数字证书更新请求。证书的有效期是有限的，因此证书和密钥必须定期更新，更新过程与证书发放过程是一样的。

④证书的撤销。证书的撤销可以有许多理由，如证书有效期已到、私钥被破解或泄露、身份信息的更新或终止使用等。

⑤证书的管理。证书的管理包括数字证书真实性与状态信息查询、密钥备份与恢复、发布证书撤销列表（Certificate Revocation List，CRL）以及数字证书、历史数据的归档等。

认证中心主要由以下三部分组成。

①注册机构（Registration Authority，RA）。注册机构负责用户证书的申请、审批和证书管理部分工作，面向证书用户。

②注册服务器。通过 Web Server 建立的站点，可为客户提供全天候不间断的服务。客户在网上提出证书申请和填写相应的证书申请表。

③认证中心服务器。认证中心服务器是数字证书生成、发放的运行实体，同时提供发放证书的管理、CRL 的生成和处理等服务。

在具体实施时，认证中心必须做到以下几点。

①自身密钥的管理。认证中心必须确保其高度机密性，防止他人伪造证书。认证中心的数字签名保证了证书（实质是持有者的公钥）的合法性和权威性。

②用户密的备份与恢复。当用户证书生成时，加密密钥即被认证中心备份存储；当需要恢复时，用户只需向认证中心提出申请，认证中心就会为用户自动进行恢复。

③证书和密钥使用记录的建档。这一点是非常重要的，因为经过一段时间后，每个用户都会形成多个旧证书和至少一个当前新证书，这一系列旧证书和相应的私钥就组成了用户密钥和证书的历史档案，如某用户几年前用其公钥加密的数据无法用其现在的私钥解密，必须从其密钥历史档案中查找到当时的私钥来解密数据。

需要指出的是，为确保认证中心本身的真实可靠，对认证中心本身也有一个认证的环节。对认证中心的认证是通过层层认证的方式进行的，依次向上类推，直到公认的权威认证中心处，通常称为根认证中心（Root CA），即可确信证书的合法性与有效性，如图 9-8 所示。广东省数字证书认证中心、广州市数字证书管理中心等的数字证书是由广东省电子商务认证中心发放的，而广东省电子商务认证中心、山东省电子商务认证中心等的数字证书又是由我国的根认证中心——中国信息安全产品测评认证中心发放的。

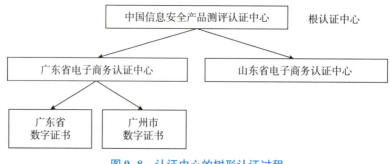

图 9-8　认证中心的树形认证过程

最早的认证中心采用的是以 SET 协议为基础的 SET CA 体系，这种体系只能服务于 B2C 模式中的支付应用。由于 B2B 模式的发展，要求 CA 的支付接口能够兼容支持 B2B 与 B2C 模式，即同时支持网上购物、网上银行、网上交易与供应链管理等职能，要求安全认证协议透明、简单、成熟（即标准化），这样就产生了以 PKI 技术为基础的 non-SET CA 体系，即通用 PKI CA 体系。

世界上较早的数字证书认证中心是成立于 1995 年，位于美国加利福尼亚州山景城的威瑞信公司，为全世界数千家企业提供数字证书与网络安全服务。有 75 万余台 Web 服务器使用威瑞信公司的服务器数字证书，其中包括 93% 的财富 500 强企业，使用它提供的个人数字证书的人数已经超过 200 万人。

在我国，自 1998 年第一家认证中心证书机构 CTCA 出现以来，已有很多不同规模的认证中心证书机构建成并运行，它们在数字贸易和电子政务安全应用中发挥着重要的作用。目前，我国认证中心证书机构按照应用环境和范围大致可分为区域类、行业类和商业类。

①区域类认证中心证书机构大多以地方政府为背景、以公司机制来运作，主要为本地行政区域内数字贸易业务与面向公众服务的电子政务业务发放证书，如北京数字证书认证中心、上海市数字证书认证中心、广东省电子商务认证中心等。

②行业类认证中心证书机构以部委或行业主管部门为背景，以非公司机制或公司机制运作，在本部委系统或行业内为电子政务业务和数字贸易业务发放证书，如由中国人民银行牵头，组织国内 12 家商业银行共同组建的中国金融认证中心，以及中国联通成立的中网威信电子安全服务有限公司等。

③商业类认证中心证书机构以公司机制运作，面向全国范围为数字贸易业务发放证书，如北京天威诚信数字认证中心、北京泰康认证中心、北京颐信数字证书认证中心、吉林安信数字证书认证中心等。

根据工业和信息化部 2009 年 2 月 18 日颁布的《电子认证服务管理办法》，电子认证服务（即为电子签名相关各方提供真实性、可靠性验证的活动）实行行政许可制度，取得电子认证服务行政许可的机构可以给符合条件的机构、个人以及设备颁发电子认证证书。这些认证中心为个人、企业、服务器、公共服务、政府机构等多种对象提供了认证服务，所发放的一系列数字证书已广泛应用于网上购物、网上订票、证券交易、网上缴费、安全电子邮件、社会保障、政府采购、工商年检、税务申报等很多领域。

对于用户来说，面对众多认证中心，在选择时除了考虑该机构的收费标准，还要考虑该机构的系统和设施是否安全，是否具备较强的管理能力，责任和义务是否很明确，能否保证安全、可靠、运转有效，是否有足够的财力支持，没有数千万元乃至上亿元的投入，是无法面向社会提供可信赖的认证服务的。只有全方位考虑认证机构的运作情况，才能选到合适的认证。

五、跨境数字贸易的安全协议

要实现安全的跨境数字贸易，交易双方还必须遵守统一的安全标准协议。目前，数字贸易的安全机制正逐步走向成熟，金融界与 IT 业共同推出了多种有效的安全协议，如 SLL、SET、S-HTTP、STT、Netbill、iKP 等。其中，SSL 和 SET 是国际上最为通行的两种安全协议。

（一）安全套接层协议

安全套接层（Secure Sockets Layer，SSL）协议是 Netscape 公司于 1994 年推出的一种互联网安全通信协议。1996 年，Netscape 又发布了 SSL3.0，该版本除支持 RSA 算法之外，还增加了对其他算法的支持和一些新的安全特性，而且修改了前一个版本中存在的一些安全缺陷。作为互联网的通信安全国际标准，SSL 协议已成为事实上的工业标准，被广泛应用于浏览器与 Web 服务器之间的身份认证和加密数据传输。目前，IT 业的一些主要企业所提供的很多互联网、内联网的服务器产品和客户端产品都支持该协议（如微软、IBM、SUN 等），而世界上大多数网上商店也都在使用 SSL 协议。

1. SSL 协议提供的服务

SSL 协议对基于 TCP/IP 协议的客户机/服务器主要提供以下三方面服务。

1）认证用户和服务器

支持客户机对服务器的和服务器对客户机的双向认证，即用服务器证书认证 Web 服务器的合法性，用客户端证书认证用户身份，以便用户与服务器都能够确信数据将被发送到正确的客户机和服务器上。

2）用加密的方式隐藏被传输的数据

SSL 协议采用的加密技术既有对称加密技术，也有非对称加密技术。例如，以 RSA 等算法作为密钥算法，而以 DES、IDEA 等算法作为数据加密算法。客户机在和服务器交换数据之前，需要先交换 SSL 初始握手信息，这一过程采用了各种加密技术，从而保证了数据的机密性和完整性。

3）维护数据的完整性

采用数字签名和数字证书（X.509 V3）的方法来提供完整的信息服务，建立客户机与服务器之间的安全通道，使所有经过 SSL 协议处理的数据都能准确无误地到达目的地。

2. SSL 协议的工作流程

SSL 协议的工作流程如图 9-9 所示。

图 9-9　SSL 协议工作流程

1）信息发送

消费者登录商家网站浏览商品，如决定购买，则可在验证商家身份后将订购信息和支付信息通过 SSL 发送给商家。

2）信息验证

商家用密钥加密支付信息之后发送给银行，请求确认并支付。

3）确认并支付

银行解密商家传来的支付信息，验证其有效后，即时划账并通知商家付款成功。

4）信息反馈与商品交付

商家告知消费者购买成功，并将商品送至消费者手中，从而完成交易。

3. SSL 协议的通信过程

SSL 协议的通信过程主要分为六个阶段。

1）接通阶段

客户机向服务器发送 Client-Hello 消息，将本机可处理的加密类型、支持的安全模块等信息传送给服务器。接下来，服务器向客户机发送 Server-Hello 消息，将服务器证书传送至客户机，这样就可以在客户机和服务器之间建立并保持安全通信状态。

2）密钥交换阶段

客户机与服务器之间交换彼此认可的主密钥，通常采用 RSA 等算法。

3）会话密钥阶段

客户机与服务器之间根据前面联络的情况，产生专门用于本次会话的密钥，用于加密和消息认证。

4）检验阶段

当且仅当采用 RSA 算法时才执行此步骤，用于证实主密钥和会话密钥。

5）客户机认证阶段

当要求认证客户机时，服务器向客户机提出要求，认证客户机证书，以确认客户机的可信度。

6）结束阶段

客户机传送会话 ID 给服务器表示认证完成，服务器发送 Server-Finished 消息给客户机，其中包括以主密钥加密的会话 ID。

此时，客户机和服务器之间就建立了一个安全连接，发送方就可以通过加密的方式传送信息，接收方收到信息后再将信息还原即可。

4. SSL 协议的优势与缺陷

SSL 协议最大的优势就是使用起来相对简单，而且被大部分 Web 服务器和浏览器内置，实现起来非常方便，因此得到了广泛的应用，很多网上商店、网上银行的 B2C 网上支付构建在 SSL 协议之上，如亚马逊、招商银行等。

然而，SSL 协议的缺陷也非常明显：

①消费者处于弱势地位。虽然 SSL 可以用于双方互相确认身份，但实际上通常只有商家对消费者的认证，而没有消费者对商家的认证，即单方面认证。这就使得 SSL 不能防止不法商家的欺诈或者利用消费者的信息进行非法牟利，因为商家掌握着消费者的信用卡账号、密码等机密信息。因而，商家欺诈是 SSL 协议所面临的最严重问题之一。

②系统安全性较差。SSL 协议只能保证传输过程的安全，无法保证信息不被黑客所窃听和破译。据报道，一位瑞典安全专家就曾演示了在几分钟内如何攻破瑞典三家银行所采用的 SSL 协议，以及如何隐藏而难以被发现。黑客通过商家服务器窃取顾客信用卡资料的案例也屡见不鲜。此外，SSL 协议的数据安全性是建立在 RSA 等算法的安全性之上的，攻破 RSA 等算法就等同于攻破了 SSL 协议。但是，由于加密算法受到美国政府的严格限制，浏览器和服务器都存在所谓的"512/40"问题，即美国政府只允许出口 512 位密钥以下的 RSA 算法和 40 位密钥以下的 DES 算法，而美国的商家一般都可以使用加密强度更高的 128 位密钥的 SSL，致使美国以外的国家很难在数字贸易中充分利用 SSL。加密强度偏低就使能够在 B2C 中广泛应用的 SSL 协议难以被推广到有更高要求的 B2B 领域。

（二）安全电子交易协议

安全电子交易（Secure Electronic Transaction，SET）协议是一个通过开放网络（包括互联网）进行安全资金支付的技术标准，由 Visa 和 Master Card 两大信用卡公司以及 IBM、Verisign、Netscape、Microsoft、GTE、SAIC、Terisa 等 IT 业主流厂商于 1996 年联合制订。SET 使用了多种先进的加密方法，并提供了消费者、商家和银行间的认证，确保了交易数据的安全性、完整性、可靠性和交易的不可否认性，特别是保证不会将消费者信用卡号暴露给商家等优点。因此，其成为目前公认的信用卡网上支付的国际安全标准，涵盖了信用卡在数字贸易中的交易协定、信息保密、资料完整等方面。

1. SET 协议的功能

SET 协议主要实现了以下几个功能。

1）信息的相互隔离

保证数字贸易参与者信息的相互隔离。例如，商家只能看到消费者的订单信息，而不能看到消费者的信用卡信息；再如，银行只能获得消费者信用卡的支付信息，而不能看到消费者的订单信息。双方各取所需，互不干扰，这是 SET 协议的主要特色。

2）信息的安全传输

保证信息在互联网上加密安全传输，防止数据被窃取。

3）提供多方认证

不仅对消费者进行认证，同时还提供消费者、商家和银行之间通过第三方权威机构进行身份的相互认证，确保各方的身份真实可靠。

4）实现交易的实时性

所有支付过程都是通过互联网进行的，从而确保数字贸易的实时性。

5）统一协议和报文的格式

对协议和报文的格式进行规范化管理，使不同厂家开发的软件具有兼容性与交互操作功能，并可运行在不同的硬件和操作系统平台上。

2. SET 协议的参与对象

1）消费者

消费者包括个人消费者和团体消费者，按照网上商店的要求填写订货单，通过发卡银行发行的信用卡付款。

2）网上商店

网上商店是指在网上构建符合 SET 协议的商店，提供商品或服务，并与某个收单银行建立特约商户关系。

3）收单银行

收单银行是指网上商店的开户银行，处理消费者与网上商店之间的交易付款业务，向发卡银行请求查验和清算。

4）发卡银行

发卡银行向消费者发行信用卡，并在数字贸易中负责查验消费者的网上支付信息。

5）认证中心

第三方权威机构，负责确认消费者、商家和银行的身份确认。

3．SET 协议的工作流程

SET 协议的工作流程如图 9-10 所示。

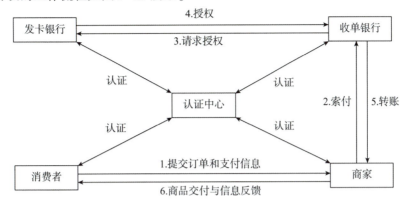

图 9-10　SET 协议工作流程

1）信息发送

消费者浏览商家网站，选择要购买的商品，填写订单，选择付款方式，然后签发付款指令（此时 SET 开始介入）。接下来，消费者通过网络把订单和支付信息发送给商家。在 SET 协议中，订单和付款指令由消费者利用双重签名技术分别进行数字签名。商家只能对订单信息解密，看不到支付信息中的信用卡账号和密码；银行则只能对支付信息解密，无法看到订单信息。

2）信息验证

商家把消费者的支付指令发送给收单银行，请求确认并支付。

3）请求授权

收单银行向消费者的发卡银行请求验证并授权。

4）授权

发卡银行对消费者的支付信息进行验证并确认其有效后，向收单银行发出授权信息。

5）转账

收单银行将钱从消费者账户中划转至商家账户，并向商家发送确认信息。

6）商品交付与信息反馈

商家向消费者发送其订购的商品或提供服务。至此，一个完整的购买过程已经完成。此后，收单银行与发卡银行之间通过现行的支付系统完成最后的行间清算，而发卡银行则会定期向消费者寄去信用卡消费账单。

在整个交易过程中，关于通信协议、信息格式、数据类型等方面，SET 都有明确的规定。在操作的每一步，消费者、商家、银行都通过认证中心来认证通信主体的身份，确保对方不是冒名顶替。因此，SET 协议充分发挥了认证中心的作用，以维护数字贸易交易者所提供信息的真实性和保密性。

4．SET 协议的安全性

1）信息的机密性

在 SET 协议中，敏感信息（如持卡人的账户和支付信息）是加密传送的，不会被未经许可的其他方访问。

2）数据的完整性

使用数字签名可以保证信息的内容在传送时不会被修改。

3）身份的验证

使用数字证书和数字签名可以为数字贸易各方提供认证对方身份的依据，从而保证了信息的真实性。

4）交易的不可否认性

使用数字签名可以防止数字贸易中的一方抵赖已发生的交易。

5）互操作性

SET 协议通过使用特定的协议和信息格式，可以提供在不同的操作系统、软硬件平台上操作的同等能力。

5. SET 协议的优势与缺陷

SET 协议的优势主要体现在：一是安全程度更高；二是可以对商家和消费者同时进行认证。因此，对消费者而言，SET 保证了商家的合法性，而消费者的信用卡号也不会被泄露和窃取。

但是，SET 协议也并非没有缺陷。虽然 SET 协议提供了多层次的安全保障，但却显著提高了复杂程度，因此处理速度比较慢，实施比较困难。另外，SET 协议还必须安装特定的电子钱包，因而使用成本也比较高。据统计，在一个典型的 SET 交易过程中，需验证数字证书 9 次，传递证书 7 次，还要进行 5 次数字签名、6 次验证签名、4 次对称加密和 4 次非对称加密。相比之下，SSL 协议虽然存在一些安全上的弱点，但其运行速度快、成本低、实施容易，而且处于不断改进的过程中。因此，在未来的一段时期内，SET 协议将与 SSL 协议并存。表 9-2 对 SSL 协议和 SET 协议进行了比较。

表 9-2　SSL 与 SET 的比较

项目	SSL	SET
安全性	较低	较高
运算速度	较快	较慢
认证机制	只有客户端需要认证，缺少对商家的认证	交易各方都需要认证
使用成本	较低。大部分浏览器均内置 SSL，不用安装其他软件	较高。须安装符合 SET 规范的电子钱包软件，并申请数字证书
实施过程	较易	较难

需要说明的是，所谓的安全是相对的，某种数字贸易协议现在看来可能是足够安全的，但随着计算机网络和信息技术的不断发展，以后可能就会变得不安全了，因此需要不断改进，以适应跨境数字贸易安全保障的需要。

第十章
跨境数字贸易的监管制度

近年来，跨境数字贸易的发展势头强劲，已成为我国外贸经济增长的重要中坚力量。跨境数字贸易满足贸易主体实现了"买全球、卖全球"，顺应了现代社会经济发展需要，成为各国外贸竞争的重要领域。但跨境数字贸易在促进经济发展的同时也给监管带来了巨大压力。当前我国现有的税收征管方式无法适应新兴的电商模式，跨境数字贸易下"物品"和"货物"区分更加模糊，导致"实质"走私现象普遍，税款流失严重。此外，在海淘、海购等跨境数字贸易模式下多采用小额批发零售方式，入境包裹呈现批量大、包裹小、价值量低等特点，因此大多未进行产地报检，入境商品的质量和安全性无法得到保障。对于以上问题，大部分学者普遍从完善制度建设、加强监管措施、优化通关流程等角度提出建议。本章主要从通关类型和通关流程、海关监管、税收征管和金融监管等方面详细阐述。

一、跨境数字贸易的通关类型和通关流程

（一）跨境数字贸易的通关类型

1. 快件清关：不用提前备货

收到平台订单后，国外供应商通过国际物流的方式，将商品直接从境外邮寄至国内消费者手中，其中不需要海关单据。

优点：对于国外供应商来说更加自主灵活，收到平台订单时才需要发货，不需要提前备货，没有库存积压烦恼和仓储费用压力。

缺点：由于在长途跨境物流运输过程中，快递公司不给货物进行分类，将它们与大量其他邮件混在一起运输，导致通关效率很低，而且当货物量大时，物流成本会迅速上升。另外，由于快递的运送时间长，买家对物流的服务满意度低。

适用：平时订单量较少，没有大数额订单的跨境数字贸易卖家。

2. 集货清关：先有订单再发货

卖家将多个已售出商品统一打包，通过国际快递公司配送至国内保税仓库，需要为每

件商品办理好海关的通关手续，经过海关查验放行后，再委托国内物流公司将产品派送到买家手中。每个订单都要附有海关单据。

优点：集货清关相对其他通关类型来说比较灵活，卖家不需要提前备货，只需要将订单积累到一定量，再将货物批量捆绑打包。相对于快件清关模式而言，物流通关效率较高，整体物流成本有所降低。

缺点：需要在海外打包，因此人工成本高；需要从海外发货，中途的物流时间较长。

适用：业务量迅速增长且每周有多笔订单的卖家。

3. 备货清关：先备货再有订单

卖家将境外商品批量备好货，然后送至海关监管下的保税仓库，境内买家下单后，卖家根据订单要求为每件商品办理好海关的通关手续，然后在保税仓库完成商品打包、贴面单等工作，再经海关查验放行后，由卖家委托国内物流公司，将商品派送至买家手中。每个订单都要附上海关单据。

优点：卖家可通过提前大批量订货来降低采购成本，逐步从空运过渡到海运以降低国际快递成本，等确认买家订单后，再立刻从保税仓库安排人手发货，通关效率最高，可及时响应买家的换货、退货等服务要求，物流时间短，买家的购物体验满意度高。

缺点：由于需要提前备货，因此要占用保税仓库，支付仓储费用，而且备货模式要占用卖家的流动资金，在商品销售量不稳定的情况下，风险较高。

适用：处在订单量大且稳定阶段的电商卖家。

（二）跨境数字贸易的通关流程

1. 一般通关流程

1）申报

①企业或个人应在货物出口申报前，分别向海关提交订单、支付、物流等信息。订单信息应包括订单号、运单号、商品名称、数量、金额等信息，支付信息应包括支付类型、支付人、支付金额等信息，物流信息应包括运单号、承运货物的订单号、收件人、启运国、运抵国等。

②以 B2B 模式进行跨境数字贸易的双方，应向海关提交《中华人民共和国海关进/出口货物报关单》（以下简称《进/出口货物报关单》）或《中华人民共和国海关进/出境货物备案清单》（以下简称《进/出境备案清单》），办理出口货物通关手续，单据中相应增加"电子商务"字段，以区分跨境电子商务进出口货物。

③以 B2C 模式进行跨境数字贸易的双方，应向海关提交《中华人民共和国海关跨境贸易电子商务进出境货物申报清单》（以下简称《货物清单》）。对不涉及出口征税、出口退税、许可证件管理且金额在 5000 元以内的跨境进出口货物，企业可以按照《进出口税则》4 位品目申报；其余情况则按现行通关管理规定办理通关手续。

2）查验

海关按照现行风险管理和查验管理规定的要求，使用信息技术等手段对进出口货物进行布控和查验，还要实施不限时间、不限频率的机动查验。这项工作的目的主要有两个，一是对申报单证进行复核，判断与查证单货是不是相同；二是保证关税依率计征，维护海关征税庄严。海关查验又分为两种，第一种是彻底查验，第二种是抽查；又或者是分为人工查验、设备查验两种。在海关实施查验时，电商企业、海关监管场所经营人应按照有关规定提供便利，配合查验，当发现涉嫌违规或走私行为时，应主动报告海关。

3）征税

以 B2B、B2C 模式出口的货物，出口关税及出口环节代征税按照现行规定征收；以 B2B 模式进口的货物，进口关税及进口环节代征税按照现行规定征收；以 B2C 模式进口的货物，以实际成交价格作为完税价格，按照行邮税计征税款。海关凭数字贸易企业或其代理人出具的保证金或保函按月集中征税。

4）放行

①数字贸易进出口货物的查验、放行手续应在海关监管场所内实施。

②数字贸易进出口货物放行后，数字贸易企业应按照规定接受海关后续管理。

③以 B2B 模式进出口的货物发生退换货等情况，按照海关现有规定办理；以 B2C 模式进出口的货物发生退换货等情况，退运货物应通过原进出口的海关监管场所退回，并接受海关监管。

2. 特殊监管区域或保税物流中心的通关流程

①跨境数字贸易的货物在特殊监管区域或报税物流中心辅助管理系统上备案商品料号级账册，实施料号级管理。

②B2B 模式通过特殊监管区域或保税物流中心进出口的数字贸易货物，按照《跨境电子商务综合试验区海关监管方案》规定的进出口通关作业流程办理申报、查验、征税和放行手续。

③以 B2C 模式电子商务进口的货物，一线进特殊监管区域或保税物流中心，申报、查验和放行手续按现有规定办理，二线出特殊监管区域或保税物流中心，按照《跨境电子商务综合试验区海关监管方案》规定的进口通关作业流程办理申报、查验、征税和放行手续。

④以 B2C 模式电子商务出口的货物，二线进特殊监管区域或保税物流中心，申报、查验征税和放行手续按现有规定办理，一线出特殊监管区域或保税物流中心，按照《跨境电子商务综合试验区海关监管方案》规定的出口通关作业流程办理申报、查验和放行手续。

二、跨境数字贸易的海关监管

当前，跨境数字贸易迅猛发展，给海关传统监管带来了严峻的挑战。据统计，2022 年跨境电商进出口规模达到了 2.1 万亿元，同比增长 9.8%。为适应跨境数字贸易的发展，海关主动适应进出口新型业态的变化发展，提出一般出口、特殊区域出口、网购保税和直购进口四种新型通关监管模式，逐步形成了"集中监管、清单核放、汇总申报、平台管理"的海关基本监管模式，实现便捷通关和有效监督，提高通关效率，降低企业成本。

（一）通关管理

1. 申报阶段

数字贸易企业或其代理人、支付企业、物流企业应当分别通过国际贸易"单一窗口"或跨境电子商务通关服务平台如实向海关传输交易、支付、物流等电子信息，并对数据真实性承担相应的法律责任。

2. 通关阶段

跨境数字贸易零售商品出口时，企业或其代理人应提交《中华人民共和国海关跨境电子商务零售进出口商品申报清单》，采取"清单核放、汇总申报"方式办理报关手续；跨境电子商务综合试验区内符合条件的跨境电子商务零售商品出口，可采取"清单核放、汇总统计"等方式办理报关手续。

跨境数字贸易零售商品进口时，企业境内代理人或其委托的报关企业应提交《中华人民共和国海关跨境电子商务零售进出口商品申报清单》，采取"清单核放"方式办理报关手续。

3. 放行后阶段

跨境数字贸易零售商品出口后，企业或其代理人应当于每月15日前，将上月结关的《中华人民共和国海关跨境电子商务零售进出口商品申报清单》依据清单表头同一收发货人、同一运输方式、同一生产销售单位、同一运抵国、同一出境关别，以及清单表体同一最终目的国、同一10位海关商品编码、同一币制的规则进行归并，汇总形成《中华人民共和国海关出口货物报关单》向海关申报。

（二）税收征管

对跨境数字贸易零售进口商品，海关按照国家关于跨境电商零售进口税收政策征收关税和进口环节增值税、消费税，完税价格为实际交易价格，包括商品零售价格、运费和保险费。进口商品消费者（订购人）为纳税义务人，在海关注册登记的跨境数字贸易平台企业、物流企业或申报企业作为税款的代收代缴义务人代为履行纳税义务，并承担相应的补税义务及相关法律责任。代收代缴义务人应当如实、准确向海关申报跨境电子商务零售进口商品的商品名称、规格型号、税则号列、实际交易价格及相关费用等税收征管要素。海关对符合监管规定的跨境数字贸易零售进口商品按时段汇总计征税款，代收代缴义务人应当依法向海关提交足额有效的税款担保。

（三）监管场所

跨境数字贸易零售进出口商品监管作业场所必须符合海关相关规定。跨境数字贸易监管作业场所经营人、仓储企业应当建立符合海关监管要求的计算机管理系统，并按照海关要求交换电子数据。其中，开展跨境数字贸易直购进口或一般出口业务的监管作业场所应按照快递类或者邮递类海关监管作业场所规范设置，网购保税进口业务应当在海关特殊监管区域或保税物流中心内开展。

（四）退货管理

在跨境数字贸易零售进口模式下，跨境数字贸易企业境内代理人或其委托的报关企业可以申请退货，退回的商品应当符合二次销售要求，并在海关放行之日起30日内以原状运抵原监管作业场所，相应税款不予征收，并调整个人年度交易累计金额。

对超过保质期或有效期、商品或包装损毁、不符合我国有关监管政策等不适合境内销售的跨境数字贸易零售进口商品，以及海关责令退运的跨境数字贸易零售进口商品，按照有关规定退运出境或销毁。

（五）其他事项

1. 提供真实数据

从事跨境数字贸易零售进出口业务的企业应向海关实时传输真实的业务相关电子数据和电子信息，并开放物流实时跟踪等信息共享接口，加强对海关风险防控方面的信息和数据支持，配合海关进行有效管理。

2. 重视安全问题

跨境数字贸易企业、平台及其代理人应建立商品质量安全等风险防控机制，加强对商品质量安全以及虚假交易、二次销售等非正常交易行为的监控，并采取相应处置措施。发现涉嫌违规或走私行为的，及时主动告知海关，并配合海关调查，开放交易生产数据或原始记录数据。

企业不得进出口涉及危害口岸公共卫生安全、生物安全、进出口食品和商品安全、侵犯知识产权的商品以及其他禁限商品，还应当建立健全商品溯源机制并承担质量安全主体责任。鼓励跨境数字贸易平台企业建立并完善进出口商品安全自律监管体系。

三、跨境数字贸易的税收征管

（一）跨境数字贸易的征税依据

从税收征管的角度看，对跨境数字贸易的税收监管涉及不同的税收管辖权主体，对其征税的税种除了应征收国内电子商务的税种外，还要征收进出口环节的关税和其他相关税收。由于我国当前还没有针对电子商务的税收法律法规，有不少学者认为我国对电子商务征税存在"税收真空"。其实，跨境数字贸易属于商业活动中的销售行为，按照我国税收制度的规定，对此类销售行为应该依法征收增值税和消费税。

其次，跨境数字贸易也属于国际贸易，对于传统贸易中进出口商品征税的基本制度同样适用于跨境数字贸易。对海关征税而言，进出口商品的价格审定、商品归类、原产地规则、关税税率适用、进口货物保税等方面的基本规定与传统方式下的进出口商品并无二致。例如，根据财政部、海关总署、国家税务总局《关于跨境电子商务零售进口税收政策的通知》，跨境数字贸易零售进口商品的单次交易限制为5000元，个人年度交易限值为26000元，在限值以内进口的跨境电子商务零售进口商品，关税税率暂设为0%；进口环节增值税、消费税取消免征税额，暂按法定应纳税额的70%征收。超过单次限值、累加后超过个人年度限值的单次交易，以及完税价格超过5000元限值的单个不可分割商品，均按照一般贸易方式全额征税。

（二）跨境数字贸易对海关征税的影响

1. 对确定税收要素的影响

在传统贸易中，从事商品生产销售或提供劳务的单位和个人拥有固定的经营场所，向征税机关进行税务登记，便于征税机关进行税款的征收、管理和稽查。而跨境数字贸易存在以下状况。

首先，交易在网上进行，交易双方的身份都可以虚拟化，也不需要固定的场所，作为征税机关的海关很难查实纳税人的真实信息，无法确定纳税人的真实身份，也无从进行后续的管理和稽查，对纳税人档案归集、纳税风险评估、纳税指导和其他属地化管理措施都很难开展。

其次，征税对象难以确定。目前，对有形商品的进境由海关征收关税、增值税和消费税，而服务和数字化产品进口不属于海关征税的范围。但问题是，在信息技术高度发达的今天，传统的有形商品大多可以转化为服务和数字化产品，有形商品、服务、数字化产品的界限经变得十分模糊。在此情况下，进口服务或数字化产品是否属于海关税收的征税对象就变得很难确定。

最后，税率适用也难确定。在关税中，税率的确定取决于商品的归类、原产地等因素但从原产地看，传统贸易中进出口货物的原产地比较容易确定，而在数字贸易条件下，由于互联网没有清晰明确的国境界限，且因为数字贸易所独有的虚拟性和无形性，海关难以准确判断货物或者服务的提供地和消费地（特别是对于数字化产品），即使海关发现了进口行为，也难以准确判断其来源地及适用税率。

2. 对海关审价的影响

审价是指由海关对进出口商品的完税价格进行审定，海关审价的主要依据是进出口合同、发票、箱单、提货单、运费单据、保险费单据、企业会计凭证、账簿、财务报表等资料，依据这些资料，海关审核纳税人申报的进出口货物价格的真实性和合理性，并确定完税价格。在传统贸易中，海关审价所依据的这些资料都以纸质形态存在，经过贸易双方签字确认，法律事实清楚，而且纸质单证有明确的保在期限，便于通关后期对企业开展核查与稽查。但在跨境数字贸易中，纸质文件和单证资料都已被电子文件取代，由于电子资料很容易被修改或删除，海关在进行审价稽查作业时有可能遭遇资料失实甚至消失的困境，还面临如何将电子化资料作为证据，以备后期检查稽核等问题。

3. 对海关监管的影响

跨境数字贸易通过网络平台实现，商业洽谈、下单、合同签订、支付结算都在网上完成，而网络安全正越来越得到重视，为此催生了越来越复杂严格的信息安全和保密技术。跨境数字贸易在网络谈判、合同签订、货款支付等环节一般都会采用身份认证等措施。这些技术在保证安全的同时，却造成了海关征税和监管的困难。除此之外，随着网上支付和电子支付的方式和渠道的日益增加，一些网上支付平台和银行（尤其是国外的银行和支付平台）对客户信息加密，使我国海关难以获得所需要的信息，也不利于其对相关企业和个人的资金流实施监控，从而进一步削弱了海关的监管能力。

（三）跨境数字贸易零售进口税收征管

1. 行邮税

我国海关对于进口商品有两种征税规则：一种是企业购买国外商品，使其进入中国并在商店销售，海关对其征收关税和进口环节增值税；另一种则是由个人带人或者邮寄的物品，要征收行邮税。

行邮税是行李和邮递物品进口税的简称，是海关对入境旅客行李物品和个人邮递物品征收的进口税。由于其中包含了进口环节的增值税和消费税，故也为对个人非贸易性入境物品征收的进口关税和进口工商税收的总称。课税对象包括入境旅客、运输工具，服务人员携带的应税行李物品、个人邮递物品、馈赠物品以及以其他方式入境的个人物品等。海关对应税个人自用物品按"进境物品进口税税率表"和"中华人民共和国进境物品归类表"进行归类，从而确定税率。行邮税税率非常低，而一般贸易进口税率比行邮税要高30%左右。

《中华人民共和国进出口关税条例》第五十六条规定："进境物品的关税以及进口环节海关代征税合并为进口税，由海关依法征收。"行邮税的征管工作是海关征税工作的重要组成部分，也是海关贯彻国家税收政策的一个重要方面。国家通过征收行邮税对一些国内外差价较大的重点商品根据不同的监管对象予以必要和适当的调控，既能有效地发挥关税的杠杆作用，又能增加财政收入。

2. 跨境数字贸易零售进口税收

随着跨境数字贸易的发展规模越来越大，两个问题便产生了。一是对购买者来讲，税负轻了成本低了，但是对国家而言，形成了税收收入的流失。二是如果未来跨境数字贸易发展趋势很快的话，会冲击一般贸易。因为跨境数字贸易的税务成本低，一般贸易的商业模式竞争不过跨境数字贸易。行邮税不仅会造成跨境数字贸易和一般贸易之间的税负不公平，也会因为进口商品和国内商品税负不同对国内企业产生影响，造成了不公平贸易。

2016年，财政部、海关总署、国家税务总局联合发布《关于跨境电子商务零售进口税收政策的通知》，宣布中国将实施跨境电子商务零售进口税收政策，具体如下。

①跨境数字贸易零售进口商品按照货物征收关税和进口环节增值税、消费税，购买跨境电子商务零售进口商品的个人作为纳税义务人，实际交易价格（包括货物零售价格、运费和保险费）作为完税价格，数字贸易企业、交易平台企业或物流企业可作为代收代缴义务人。

②跨境数字贸易零售进口税收政策适用于从其他国家或地区进口的、《跨境电子商务零售进口商品清单》范围内的以下商品：所有通过与海关联网的数字贸易平台交易，能够实现交易、支付、物流电子信息"三单"比对的跨境数字贸易零售进口商品；未通过与海关联网的数字贸易平台交易，但快递、邮政企业能够统一提供交易、支付、物流等电子信息，并承诺承担相应法律责任进境的跨境数字贸易零售进口商品。

不属于跨境数字贸易零售进口的个人物品，以及无法提供交易、支付、物流等电子信息的跨境数字贸易零售进口商品，按现行规定执行。

③跨境数字贸易零售进口商品的单次交易限值为2000元，个人年度交易限值为20000元。在限值以内进口的跨境数字贸易零售进口商品，关税税率暂设为零；进口环节增值税、消费税取消免征税额，暂按法定应纳税额的70%征收。超过单次限值、累加后超过个人年度限值的单次交易，以及完税价格超过2000元限值的单个不可分割商品，均按照一般贸易方式全额征税。

④跨境数字贸易零售进口商品自海关放行之日起30日内退货的，可申请退税，并相应调整个人年度交易总额。

⑤跨境数字贸易进口商品购买人（订购人）的身份信息应进行认证；未进行认证的，购买人（订购人）身份信息应与付款人一致。

（四）跨境数字贸易零售进口税收新政

1. 采用正面清单方式规定跨境数字贸易零售进口商品种类

财政部、商务部等部门共同公布了《跨境电子商务零售进口商品清单》。该清单自

2016 年出台以来先后经过多次调整，商品税目数量不断增加，类别逐渐丰富，国内居民消费"购物车"在调整中扩容提质，有力促进了跨境电商的蓬勃发展。2016 年，《跨境电子商务零售进口商品清单》发布的 1240 项商品中，涵盖了食品饮料、服装鞋帽、家用电器以及部分化妆品、儿童玩具、生鲜、保健品等国内热销商品；2018 年增加了健身器材等商品，清单税目数达到 1321 个；2019 年新增了冷冻水产品、酒类、电器等商品，清单税目数达到 1413 个。自 2022 年 3 月 1 日起，《跨境电子商务零售进口商品清单》进一步优化调整，增加了滑雪用具、家用洗碗机、高尔夫球用具、番茄汁等 29 项近年来消费需求旺盛的商品，涉及食品、家用电器、运动用品等多类别，清单商品数达到 1476 个。《跨境电子商务零售进口商品清单》内容的调整与丰富，有利于促进跨境电子商务业态发展，丰富国内市场供给，更好满足人民美好生活需要，同世界共享市场机遇。

2. 征税方式及行邮税调整

过去我国将进出境商品区分为货物和物品，执行不同的税制。其中，对进境货物征收进口关税和进口环节增值税、消费税；而针对非贸易属性的进境行李、邮递物品等，将关税和进口环节增值税、消费税三税合一，合并征收进境物品进口税，俗称行邮税。此前，我国对个人自用、合理数量的跨境数字贸易零售进口商品按行邮税征税，大部分商品税率为 10%，总体上低于国内销售的同类一般贸易进口货物和国产货物的税负。现在，《关于跨境电子商务零售进口税收政策的通知》对于跨境数字贸易产品税收进行调整，行邮税的 50 元免税取消了，改为按一般贸易中的增值税和消费税率的 70% 征收。

2019 年 4 月 3 日，国务院关税税则委员会决定下调对进境物品征收的行邮税税率，促进扩大进口和消费，即从 2019 年 4 月 9 日起，调降对个人携带进境的行李和邮递物品征收的行邮税税率，其中食品、药品等商品的税率由 15% 降至 13%；纺织品、电器等的税率则由 25% 降为 20%。

根据调整，税目 1、2 的税率将分别由原来 15%、25% 调降为 13%、20%。调整后，行邮税税率分别为 13%、20%、50% 三档。适用于 13% 一档的物品包括书报、食品、金银、家具、玩具和药品。适用于 20% 一档的物品包括运动用品（不含高尔夫球及球具）、钓鱼用品、纺织品及其制成品。适用于 50% 一档的物品包括烟、酒、贵重首饰及珠宝玉石、高档手表、高档化妆品。

2020 年 8 月 5 日，财政部、海关总署、税务总局联合发布《关于不再执行 20 种商品停止减免税规定的公告》，这表明了自该日起，进境旅客携带 20 种商品范围内的物品进境，也可以在规定的限值内予以免税了。

此外，2018 年，财政部、海关总署、税务总局《关于完善跨境电子商务零售进口税收政策的通知》对 2016 年颁布的《关于跨境电子商务零售进口税收政策的通知》做出了调整，将跨境数字贸易零售进口商品的单次交易限值由 2000 元提高至 5000 元，年度交易限值由 20000 元提高至 26000 元。完税价格超过 5000 元单次交易限值但低于 26000 元年度交易限值，且订单下仅一件商品时，可以自跨境电商零售渠道进口，按照货物税率全额征收关税和进口环节增值税、消费税，交易额计入年度交易总额，但年度交易总额超过年度交易限值的，应按一般贸易管理。已经购买的跨境数字贸易进口商品属于消费者个人使用的最终商品，不得进入国内市场再次销售。此次调整有利于促进跨境数字贸易零售进口

关于完善跨境电子商务零售进口税收政策的通知

行业的健康发展，也有助于营造公平竞争的市场环境。

 案例 10-1

跨境进口税收的相关计算

【政策回顾】

自 2019 年 1 月 1 日起，财政部、海关总署、税务总局发布的《关于完善跨境电子商务零售进口税收政策的通知》正式生效。其中提到，跨境数字贸易零售进口商品的单次交易限值由 2000 元提高至 5000 元，年度交易限值由 20000 元提高至 26000 元。限额以内的商品，关税税率为 0%。

行邮税即海关对入境旅客行李物品和个人邮递物品征收的进口税。2019 年 4 月 9 日起，海关实行新的行邮税率，婴儿奶粉、保健品、药品、手机、电脑等商品税率由 15% 降为 13%；纺织品、箱包、鞋靴、电视摄像机等商品税率由 25% 降为 20%。

【案例介绍】

2019 年 4 月 20 日，消费者 A 在海关联网跨境数字贸易平台进行身份信息认证后，购买跨境数字贸易零售进口化妆品 800 元（完税价格，下同）。

2019 年 3 月 20 日，消费者 B 从国外旅游邮寄进口化妆品 800 元。

2019 年 4 月 24 日，消费者 C 未进行身份信息认证，并以其他人的名义付款，购买跨境数字贸易零售进口化妆品 800 元。

已知化妆品消费税税率为 30%，增值税为 17%，关税为 0%，现行行邮税化妆品税率为 20%。

【问题思考】

请计算消费者 A、B、C 分别需要缴纳进口税款各多少？

【分析提示】

①消费者 A 在 4 月 20 日购买跨境数字贸易零售进口化妆品，应按照相关规定以实际交易价格（包括货物零售价格、运费和保险费）作为完税价格，分别计算并缴纳对关税、增值税与消费税进口环节税款，也可由电子商务企业、电子商务交易平台企业或物流企业代收代缴；

应纳消费税税额＝（完税价格＋实征关税税额）÷（1－消费税税率）×消费税税率×70%＝（800＋0）÷（1－30%）×30%×70%≈240(元)；

应纳增值税税额＝（完税价格＋实征关税税额＋实征消费税税额）×增值税税率×70%＝（800＋0＋240）×17%×70%≈124(元)；

合计进口税收应纳税额＝实征关税税额＋实征消费税税额＋实征增值税税额≈0＋124＋240＝364(元)。

②消费者 B：应纳进口税＝完税价格×进口税税率＝800×20%＝160(元)。

③消费者 C 虽然购买跨境数字贸易零售进口化妆品，但未通过海关联网的数字贸易平台进行身份信息认证，且非本人支付物品的货款，也未超过单次购买 2000 元，故适用现行行邮税政策，应纳进口税＝完税价格×进口税税率＝800×20%＝160(元)。

四、跨境数字贸易的金融监管

（一）我国跨境数字贸易金融监管的发展历程

1. 引入起步阶段（1998—2007年）

20世纪90年代末，我国政府、企业开始将阿里巴巴、卓越网等国内电子商务网站与外贸相结合，外经贸部在其官网开通"中国商品市场"，用于我国企业展示、推销商品，引起国内外客商关注并促成多宗对外贸易。2000年，阿里巴巴推出"中国供应商"服务，帮助中国企业拓展出口贸易。2001年，中国化工网与德国Chemical Week Buyers' Guide平台合作，组建了跨境交易平台，开启了我国跨境数字贸易时代，此阶段跨境支付是通过与国外银行合作共享账号的方式解决。

在这个阶段，各银行陆续推出网上银行，用户借助互联网办理支付、汇款等业务，由中国人民银行主导的大额实时支付系统基本在国内普及，成为国内清算行和代理行开展跨境及离岸人民币清算服务的主渠道。2005年，国内第三方支付平台诞生，与eBay电子支付平台贝宝（中国网站）对接；2007年，支付宝开始办理境外收单业务，为境内个人消费者在境外网站购买商品提供代理购付汇服务。

在这个阶段，金融服务监管主要是针对银行类支付。2001年，中国人民银行印发《网上银行业务管理暂行办法》（于2007年废止）来加强网上银行管理；2005年，中国人民银行印发《电子支付指引》，其中规定"银行通过互联网为个人客户办理电子支付业务，除采用数字证书、电子签名等安全认证方式外，单笔金额不应超过1000元，每日累计金额不应超过5000元"，满足当时网上交易额度不大的实际；2006年，银监会印发《电子银行业务管理办法》《电子银行业务安全评估指引》等来规范电子银行。

2. 快速成长阶段（2008—2014年）

2008年，金融危机后贸易保护主义抬头。据统计，从2008年11月至2013年5月，全球共实施了3334个贸易保护措施。与此同时，TPP（跨太平洋伙伴关系协定）、BIT（双边投资协定）等区域经济合作谈判不断升温。在这种局面下，2012年3月，商务部印发《关于利用电子商务平台开展对外贸易的若干意见》，鼓励企业开展跨境数字贸易。2013年3月，中国外汇管理局下发《支付机构跨境电子商务外汇支付业务试点指导意见》，决定在上海、北京、重庆、浙江、深圳等地开展试点，允许参加试点的支付机构集中为电子商务客户办理跨境收付汇和结售汇业务。

在这个阶段，第三方支付机构着力解决跨境支付问题，2010年，阿里巴巴斥资1亿美元在当时最大的外贸小单在线交易市场速卖通营业，并将美国的PayPal作为其支付合作伙伴，2013年，外汇局批准17家第三方支付机构成为跨境支付试点企业。同时，第三方支付与银行支付处于合作竞争并存的状态，2010年，中国银行和支付宝合作首推银行卡快捷支付；2014年，四大国有银行下调快捷支付额度，在一定程度上对第三方支付形成限制。金融监管力度进一步加强，2010年，中国人民银行出台《非金融机构支付服务管理办法》及其实施细则，正式将非金融机构纳入监管范畴，对其实施业务许可，明确不能开展银行结算业务。外管局推行试点来解决原跨境支付问题，允许试点开展跨境代收业务和跨境代付业务，范围扩大至货物贸易和服务贸易，交易金额原则上分别不超过等值1万美元和 5 万美元，解决了国内第三方支付机构只能与国外银行或支付机构合作实现跨境支付的问题。

3. 高速发展阶段（自 2015 年以来）

自 2015 年以来，我国经济进入新常态，政府对跨境数字贸易重视程度越来越高，先后出台《关于大力发展电子商务加快培育经济新动力的意见》《关于促进跨境电子商务健康快速发展的指导意见》等，特别是 2016 年国务院召开会议，决定积极稳妥扩大跨境数字贸易综合试点，在新设跨境数字贸易综合试验区复制推广构建六大体系，建设线上"单一窗口"和线下"综合园区"两个平台等经验。外汇局 2019 年出台的《关于进一步促进跨境贸易投资便利化的通知》和 2020 年出台的《关于优化外汇管理支持涉外业务发展的通知》，提出扩大贸易外汇收支便利化试点，简化小微跨境电商企业货物贸易收支手续，优化银行跨境电商外汇结算，支持银行创新金融服务。

国家外汇管理局关于优化外汇管理支持涉外业务发展的通知

在这个阶段，第三方支付推进线下布局，百度、腾讯等企业开始发展云支付技术，第三方支付服务进一步向融资、授信，以及网络贷款多元化转变。银行支付的便捷性和竞争力进一步提升，通过进一步提升无线支付技术，推出跨境支付结算产品，实现融支付、收单、国际收支申报等多种功能于一体。金融服务监管不仅鼓励创新，而且更强调金融系统的安全。中国人民银行印发的《非银行支付机构网络支付业务管理办法》和《关于改进个人银行账户服务加强账户管理的通知》中要求支付账户实名制，这样可以保护消费者核心权益，鼓励金融机构对通过网上银行、手机银行办理的一定金额以下的转账汇款免收手续费。

（二）第三方支付跨境交易的主要模式

第三方支付是指有一定实力和信誉保障的机构，通过互联网技术在商家和银行之间建立有效连接，从而促成交易双方进行交易日的网络支付模式。提供第三方支付业务的机构必须满足一定的条件，该机构必须拥有足够的实力和良好的信誉，作为业务开展的重要保障，同时需要与境内外各大银行签约，以此增强交易双方的信用。第三方支付跨境交易较传统国际贸易有明显优势，通过第三方支付平台进行跨境交易不仅可免去兑换外币的困扰，节省货币转换费和购汇点差等换汇成本，而且交易快捷、方便，支付成功率较高，安全性也得到了保障，能大幅提升跨境数字贸易用户的体验感。其主要模式包括以下几个。

1. 境内买家向境外购付汇模式

①境内第三支付平台以境内买家名义代理购付汇。境内买家与境外卖家达成买卖协议后，境内买家将等值人民币支付给境内第三方支付平台，第三方支付平台向境外卖家发出买家已付款信息并通知卖家发货，买家收到货后通知第三方支付平台付款，第三方支付平台以买家名义向外汇指定银行等申请购汇，再以第三方支付平台的名义向卖家付汇。使用此类模式的机构主要有支付宝等。

②境内第三方支付平台以平台名义统一购付汇。境内买家与境外卖家达成买卖协议后，境内买家将等值人民币支付给境内第三方支付平台，第三方支付平台向境外卖家发出买家已付款信息并通知卖家发货，买家收到货后通知第三方支付平台付款，第三方支付平台以平台名义向外汇指定银行等申请购汇并向卖家付汇。使用此类模式的机构主要有广银联等。

③境内买家自行购汇通过境外第三方支付平台付汇。境内买家与境外卖家达成买卖协议后，境内买家自行购汇后向境外第三方支付平台直接支付外汇，第三方支付平台向境外卖家发出买家已付款信息并通知卖家发货，买家收到货后通知第三方支付平台付款给卖家。使用此类模式的机构主要有 PayPal、Moneybookers 等。

2. 境内卖家从境外收结汇模式

①境内第三支付平台统一结汇。境内卖家与境外买家达成买卖协议后，境外买家将外汇支付给境内第三方支付平台，第三方支付平台向境内卖家发出买家已付款信息并通知卖家发货，境外买家收到货后通知第三方支付平台付款，第三方支付平台以平台名义申请结汇后向境内卖家支付人民币。实施此类模式的机构主要有快钱、收汇宝等。

②境内卖家自行结汇。境内卖家与境外买家达成买卖协议后，境外买家将外汇支付给境外第三方支付平台，境外第三方支付平台向境内卖家发出买家已付款信息并通知卖家发货，买家收到货后通知境外第三方支付平台付款，而收到外汇的境内卖家以自己的名义申请结汇。使用此类模式的机构主要有 PayPal、Moneybookers 等。

（三）跨境数字贸易的外汇支付管理

1. 用户实名制管理要求

支付机构的跨境数字贸易外汇支付业务用户仅限境内个人和境内机构，采取实名认证制，严格审核用户身份信息的真实性，并核验用户银行支付账户开户人信息与客户身份信息的一致性。此外，支付机构可自主发展境外特约商户，但应保证境外特约商户的真实性、合法性，并对境外商户引发的交易风险承担责任。

2. 真实交易背景要求

支付机构只能对真实的跨境数字贸易提供跨境外汇支付业务，不得开展无交易背景的跨境外汇支付业务和结售汇业务。其中，货物贸易单笔金额不得超过等值 1 万美元；服务贸易仅限留学教育、酒店住宿和航空机票，单笔金额不得超过等值 5 万美元。

3. 外汇备付金账户管理要求

支付机构必须在境内合作银行开立外汇备付金账户，并通过该账户办理跨境代收/代付业务，且应对外汇备付金账户资金与支付机构自有外汇资金进行严格区分，不得混用。

4. 逐笔还原申报要求

在跨境收付和结售汇环节，支付机构必须向合作银行提供逐笔交易信息，银行则应据此以交易主体名义进行跨境收支和结售汇信息的逐笔还原申报。

5. 银行汇率标价要求

支付机构为客户集中办理结汇及购汇业务时，必须按照银行汇率直接向客户标价，不得自行变动汇率价格；对支付过程中的手续费、交易退款涉及的汇兑损益分担等，应事先与客户达成协议。

6. 风险控制要求

支付机构需要按照交易性质，审核客户身份以及每笔交易的真实性，并留存明细材料备查；同时，按月向所在地外汇局提交总量报告，并对每月累计交易额超过等值 20 万美元的客户的交易情况提交累计高额支付报告。

（四）第三方支付跨境业务外汇监管存在的问题

1. 第三方支付跨境交易监管手段有限

交易双方所提供的客户信息难辨真伪。由于第三方支付机构不能像银行等金融机构那样获得身份认证识别系统，也没有要求注册用户提交相关证明材料，因此无法审核注册用户的身份是否真实。

交易的无纸化和虚拟性带来的单证审核困难。第三方支付跨境交易信息均以电子形式进行传递，而电子单证可被轻易地修改而不留任何线索和痕迹，导致传统的单证审核失去基础。此外，虚拟游戏物品等交易产品具有虚拟特性，交易的真实性更加难以把握。

缺乏与资金流相匹配的报关信息。货物贸易外汇改革后，将通过贸易外汇监测系统，全面采集企业货物进出口和贸易外汇收支逐笔数据，定期比对、评估货物流与资金总体匹配情况。与传统货物贸易相比，跨境数字贸易的物流方式以快递为主，无法取得海关报关单等合法凭证，缺乏与资金流相匹配的货物流数据，增加了外汇监管工作的难度。

难以确认跨境交易资金来源及用途。通过第三方支付平台发生的资金收付存在着笔数多、金额小的特点，要完成对数万笔涉外收付资金进行来源及用途的逐笔确认相当困难。

2. 缺乏对沉淀外汇资金的有效监管

通过第三方支付机构进行资金划转，第三方支付机构一般都会规定相应的结算周期，支付资金不可避免地会在第三方支付机构作一定时间的停留而成为沉淀资金。在跨境支付交易中，由于物流环节多、时间长，国际结算账户的结算周期加长，资金沉淀风险更为显著。通过第三方机构完成的资金收付过程中，由于银行仅依据第三方支付机构的指令即可完成对资金的实际支付，如果交易客户和沉淀资金达到一定规模，在目前国内缺乏相关监管法律的情况下，可能产生支付风险和信用风险。另外，对于大量外汇沉淀资金每日产生的巨额孳息的归属，以及结汇等一系列问题，都需加以明确。

3. 跨境资金流动监测难

第三方支付是以网络平台为基础，适用主体多数是数字贸易的买家和卖家，第三方支付机构仅提供代付、代收业务，不对网上交易双方货物和价格的真实性进行核实。由于目前国内对电子支付业务缺乏明确的制度规范和风险控制机制，交易双方通过制造虚假交易，便能在第三方支付平台完成资金分散转移，达到规避外汇监管的目的，这样就存在很多风险。一是部分个人经营性收付汇资金可能逃过外汇监管。货物贸易或服务贸易外汇资金可能通过第三方支付平台混入工资汇款等资金中，通过个人非经营性收付汇途径进行跨境转移。二是通过第三方支付平台多次向多人汇入小额资金。居民个人限额以下涉外收入免于申报，个人年度总额以内资金仅凭身份证即可直接结汇，而超过部分可通过在直系亲属账户间境内划转后再行结汇，从而实现异常资金流入。

（五）国际监管经验

1. 美国

美国强调功能性监管，重点监管交易过程。美国对第三方支付业务实行多层级的功能性监管，主要分为联邦和州两个层级。监管重点是支付交易过程，而非从事第三方支付的机构。从监管法律来看，《统一货币服务法》《货币汇兑法》等联邦政府法律明确了第三方支付服务商的性质，并建立起准入和许可登记制度。同时，美国有 45 个州制定了有关第三方支付监管法规。

从资金监管来看，美国联邦存款保险公司作为主要监管机构，要求沉淀资金必须存放在第三方支付服务商在银行开设的无息账户中，每个账户上限为 10 万美元；沉淀资金所产生的利息抵扣保险费用，在存款银行倒闭时生效，而在第三方支付服务商倒闭时不生效。此外，美国各州均要求沉淀资金应以高度安全的方式持有，确保资金在最终使用前"确实存在"。

从反洗钱等跨境交易监管来看，美国要求支付机构必须在成立之日起 180 日内到美国财政部金融犯罪执法网络局（FinCEN）登记备案，此后必须每两年重新登记一次；要建立严格的客户身份识别程序、制定有效的反洗钱遵循方案，对超过一定额度的现金交易必须要进行详细的记录和申报。同时，第三方支付公司作为货币服务企业，需要在美国财政部的金融犯罪执行网络注册，接受联邦和州两级的反洗钱监管，还要及时汇报可疑交易，记录并保存所有交易。此外，美国对第三方支付机构实施综合评级和单项评级。

2. 欧盟

欧盟强调机构监管，通过电子货币强化监管。欧盟对第三方支付业务实行的是机构监管，规定第三方支付公司必须取得银行业执照或电子货币公司执照才能开展业务。基于这种定位，欧盟对第三方支付公司的监管主要是通过对电子货币的监管实现的，如表 10-1 所示。

从监管法律来看，欧盟针对电子货币监管出台了相应法律，主要包括三个垂直指引：《电子签名共同框架指引》明确电子签名的法律有效性和适用范围；《电子货币指引》和《电子货币机构指引》要求非银行的电子支付服务商必须取得相关营业执照，在中央银行的账户留存足额资金，并将电子货币的发行权限定在传统的信用机构和受监管的新型电子货币机构。

从资金监管来看，欧盟指定欧洲央行为金融管监实务主体。为保证沉淀资金的安全，《电子货币指引》要求第三方支付机构妥善保管备付金，与自有资金严格隔离，单独存放在银行账户中。

从反洗钱等跨境交易监管来看，欧盟倾向于将第三方支付机构视为一类新的机构专门立法监管。例如，欧洲监管局联合委员会要求第三方支付机构和电子货币经销商若业务量或交易额突破 300 万欧元，须指定一个机构作为其合作方；英国要求支付机构必须采取合理措施组织和侦查洗钱与恐怖融资等金融犯罪行为，制定反洗钱内部控制制度、客户身份识别制度、大额交易和可疑交易报告制度、客户身份资料和交易记录保存制度等洗钱预防措施。

表 10-1　其他国家对第三方支付机构的监管要求

项目	美国	欧盟	新加坡	日本
法律地位	货币服务机构	电子货币机构	储值工具控制人	资金转移机构
市场准入	许可证制度	许可证制度、豁免制度	许可证制度豁免制度	登记制度
资本要求	资本净值特别保证金	初始资本金、持续自有资金	—	—

续表

项目	美国	欧盟	新加坡	日本
备付金要求	禁止擅自动用特别保证金	使用备付金数量不得超过自有资金的20倍	备付金可用于投资高流动性和低风险资产	禁止擅自挪用风险准备金和发行保证金
客户权益保护要求	交易安全、知情权和隐私权	交易安全、知情权和隐私权	信息披露	交易安全、隐私权
反洗钱要求	客户识别制度、可疑交易报告制度和记录保持制度	客户识别制度、可疑交易报告制度、大额交易和可疑交易报告制度、客户身份资料和交易记录保持制度	客户识别制度、可疑交易报告制度和交易记录保存制度	客户识别制度、可疑交易报告制度
退出机制	撤销、暂停、终止和禁制令	撤销	撤销、取消	—

3. 亚洲模式

亚洲部分国家对第三方支付业务实行的是业务许可制，主要发挥行业自律作用，但监管机构仍对第三方支付机构的跨境交易作出了一些规定。

从监管法律来看，新加坡分别在1998年和2006年颁布了《电子签名法》和《支付体系监督法》，而新加坡金融管理局作为监管主体，对被指定为重要支付系统的支付机构实施准入制监管。韩国在亚洲金融危机后成立了新的金融监管委员会，并于1999年颁布了《电子签名法》。

从资金管理来看，新加坡、韩国、日本等亚洲国家采取的监管原则同美国、欧盟基本一致，主要通过以下措施防控第三方支付机构的跨境交易风险：一是限制客户资金的可交易范围；二是自有资金和客户资金的账户分离；三是采取境外支付机构准入登记制度；四是要求境外支付机构必须是在其母国注册的同类外国公司、财务状况良好、具备跨境支付业务处理能力和符合监管要求的组织结构。

 案例 10-2

> **PayPal 的监管实践**
>
> 　PayPal 最初是1998在美国加利福尼亚州成立的一家非银行第三方支付公司。其能够在包括美国在内的全球100多个国家和地区进行支付，只不过在有些国家和地区明确被视为银行，而不是单纯的第三方支付公司。
>
> 　为满足纽约州的监管要求，PayPal 提出了五种开展业务的替代方案。
>
> 　第一种，买家将资金直接放入卖家可以进入的物理账户或虚贷记卡账户。
>
> 　第二种，由富国银行代替 PayPal 进行电子转账，将资金划入卖家在其他银行的账户。

第三种，通过富国银行以支票支付。

第四种，将汇集到的客户资金，以客户名义购买货币基金份额，收益归客户，这些资金不属于PayPal，因而也不会体现在PayPal自己的账户上。

第五种，用委托方式将客户资金存入无息账户，以此来表明PayPal本身并未从这些滞留资金中为自己牟利。

在前三种方案中，资金都没有在PayPal账户中沉淀，因此，纽约州金融服务局表示认可。但若按照第四种和第五种方案，由于资金仍然在PayPal账户中发生了沉淀，纽约州金融服务局明确表示其仍然属于银行业务范围。在按照监管要求对业务模式进行艰难的调整之后，PayPal一直拖到2013年10月才在纽约州取得了支付牌照。

综合以上梳理，我们不难看到，虽然美国并没有专门针对互联网金融立新规，但得益于习惯法的传统，早已将业态纷呈的各类互联网金融置于能够适用的监管规则之下。

第十一章

跨境数字贸易法律问题

近年来，消费者网购的海外商品呈爆炸式增长，跨境数字贸易作为未来国际贸易的主要形式之一，已经成为我国企业扩大海外营销渠道、实现我国外贸转型升级的重要途径。但随着跨境数字贸易的快速发展，有关法律法规和政策的缺失和不匹配已日益成为困扰行业发展重大问题，主要体现在用以规范传统贸易方式的法律法规已无法满足跨境数字贸易的需要。本章主要从跨境数字贸易中的消费者权益保护、知识产权保护、争议解决机制等方面详细阐述。

一、跨境数字贸易中的消费者权益保护

（一）网络消费者具有的权利

网络消费者所具有的权利主要包括以下几个方面。

1. 知情权

《消费者权益保护法》第八条规定："消费者享有知悉其购买、使用的商品或者接受的服务的真实情况的权利。消费者有权根据商品或服务的不同情况，要求经营者提供商品的价格、产地、生产者、用途、性能、规格登记、主要成分、生产日期、有效日期、检验合格证明、使用方法说明、售后服务的内容、规格、费用等有关情况。"在传统的交易方式中，消费者可以直接面对经营者，充分了解经营者的服务和商品的功用；而在数字贸易领域，消费者通过网络了解商品信息、与经营者联系、订货付款，再由配送机构送货上门。消费者看不到商品，完全依据经营者提供的信息进行选择和判断，无法掌握真实可靠的商品信息。因此，消费者的知情权显得更加重要，而在数字贸易领域，经营者负有提供信息使消费者知情的义务。

2. 人身安全权

消费者的人身安全权，指消费者在网上购买的商品不会对自己的生命和健康构成威胁。传统商务模式对消费者安全权的定义是"经营者必须保证所提供的商品或服务不存在危及人身及财产安全的缺陷，对可能危及人身、财产安全的商品和服务应当向消费者做出

真实的说明和明确警告，并标明正确使用产品或接受服务的方法及防止危害产生的方法"。现在，网络商店所提供的商品种类越来越多样化，消费者的选购范围也越来越广，这就要求网络商品的提供者对商品的安全性有足够的保障。质量不合格的产品会给消费者的人身健康带来损害，如从网上购买的过期或变质食品，就很可能伤害消费者的生命与健康，侵犯了消费者的人身安全权，违反了《消费者权益保护法》的相关规定，会令消费者失去对网上购物的信心。

3. 财产安全权

消费者的财产安全权是指消费者的财产不受侵害的权利。使用网络银行支付货款对消费者的财产安全权构成了一定的威胁。由于国际互联网本身是个开放的系统，而网络银行的经营实际上是变资金流动为网上信息的传递，这些在开放系统上传递的信息很容易成为众多网络"黑客"的攻击目标。目前，有些消费者不敢通过网络上传自己的信用卡账号等关键信息，担心自己的财产受到侵害，这同时也严重制约了网络银行的业务发展。交易安全问题也是数字贸易中的基础问题。由于传统商务方法已经无法保障交易安全，以法律来保障消费者在电子支付过程中的财产权还存在一定的困难。因此，目前只能从技术上来保证消费者信用卡的信息不会泄露。

4. 网上隐私权

网上隐私权是指公民在网上享有的私人生活安宁与私人信息依法受到保护，不被他人非法侵犯、知悉、搜集、利用和公开的一种人格权，也指禁止在网上泄露某些个人信息，包括事实、图像等。在网络环境下，消费者在经营者预先设置的表格中填上个人信息是申请电子邮件、购买商品、访问专业网站等许多网络活动的前提条件。追求商业利益最大化的网上经营者往往利用大数据分析的技术，对消费者的个人信息资料进行收集整理并应用于以营利为目的的经营活动中，从而使消费者在不知情的情况下将身份、家庭情况、兴趣爱好、信用状况、医疗记录、职业记录、上网习惯、网络活动踪迹等个人信息暴露在外人眼前，使消费者失去了隐瞒、支配、维护和利用权。

5. 公平交易权

《消费者权益保护法》第十条规定了消费者的公平交易，即获得质量、价格、计量等公平交易条件。从消费活动的全过程看，消费者购买商品或者接受服务，往往由于多种因素的影响而处于弱者地位，因此更需要突出强调其公平交易权，以便从法律上给予特别保护。在市场交易中，经营者如果违背自愿、平等、公平、诚实信用的原则进行交易，则侵犯了消费者的公平交易权。在进行网络购物时，不能因购物空间的改变和特殊而随意采用欺诈性价格或隐瞒商品及服务的真实品质。在数字贸易中，消费者仅能根据网上的商品信息自行判断性价比是否适当，但由于信息不对称等容易导致消费者受虚假信息蒙蔽而发生不公平交易。

6. 索赔权

当消费者享有的法定权利被侵犯时，就会在此基础上派生出索赔权。索赔权，又称为损害赔偿权或求偿权，即法律赋予消费者在利益受损时享有的一种救济权。由于网络媒体不受时间和地域限制，其传输信息的速度非常快，涉及面非常广，有关部门要对其进行有效监管难度非常大。当侵权行为发生后，消费者往往因为无法得知经营者的真实身份，或经营者处于异地导致过高的诉讼成本，以及举证困难、法律适用不确定等原因，而放弃索赔权。因此，当网上消费纠纷产生后，有关部门在处理时要坚持举证责任倒置的原则，即由经营者承担举证责任。当消费者因自己的合法权益遭到侵犯时，可通过网络，快速向主管部门投诉。主管部门在接到投诉后，应及时进行调查取证，并在适当的期限内处理，再将处理的结果反馈给消费者，从而达到维护消费者合法权益的目的。

7. 退换货的权利

消费者能否退换货涉及其与经营者之间权利义务的平衡问题。一方面，让消费者享有在一定期限内的商品退换货保证，既是经营者的一种销售手段，也是消费者应有的权利。然而。在数字贸易环境下，由于网络交易的特殊性，消费者没有机会检验商品，从而做出错误购买决定的可能性较大；另一方面，经营者的权益也可能受到消费者退换货的影响。《消费者权益保护法》及相关法律法规所规定的消费者退换货的权利在数字化商品面前就遭遇了尴尬。数字化商品一般包括 CD、DVD、软件等都是通过线上传递方式交易的，而且消费者在购买这些数字化商品前，大多有浏览其内容或使用试用版本的机会。但是，若根据传统的消费者保护原则，消费者在通过线上传递的方式购买了数字化商品之后，又提出退货的要求，则很可能产生对商家不公平的情形。因为商家无法判断消费者在退还商品之前，是否已经保留了复制品。此外，数字贸易中消费者退换货的权利相关的问题还很多。例如，在商品被送货上门之后，相应的配送费用应由谁来承担；如果是因为网上的商品信息不够充分，致使消费者在收到货物后发现与所宣传的不完全符合，能否视为欺诈或假冒伪劣等而适用 3 倍返还价款的处罚；如果由于商品本身的特性导致无法达成共同的网络认识，消费者购买或使用后才发现，双方又无退换货的约定和法律法规依据，消费者能否提出退货的要求，是否会被视为违约等。因此，《消费者权益保护法》中关于退换货的规定在数字贸易中需要被重新审视。

8. 消费者选择权

网上购物过程中，网站一般都订有格式条款，其内容由商家事先确定，给消费者提供的只是"同意"或"不同意"的按钮。常见的对消费者不公平的格式条款主要有以下几种类型：经营者减轻或免除自己的责任；加重消费者的责任；规定消费者在所购买的商品存在瑕疵时，只能要求更换，不得解除合同或减少价款，也不得要求赔偿损失；规定因系统故障、第三人行为（如黑客）等因素产生的风险由消费者负担；经营者约定有利于自己的纠纷解决方式等。

（二）网上消费者权益保护的基本原则

1. 同等水平保护原则

数字贸易与传统贸易模式在很多方面存在差别，通过网络这种特殊介质进行交易的消费者应当遵循同等水平保护原则，即消费者在数字贸易中获得的保护应不低于在传统贸易领域获得的保护。从理论上讲，所有消费者是平等的，那么国家对数字贸易中消费者权利遭受侵害时所提供的保护水平也应该是一致的。在数字贸易领域，同等水平保护原则可归纳为两种含义：一是对于既有立法和规则可以调整的网络消费问题，应当在既有立法和规则的框架下予以适用；二是对于网络消费者权益保护中出现的新问题，应当明确同等水平保护并非适用同一规则，应当针对这一领域构建新的法律规则。

2. 特别保护原则

消费者的特别保护原则是消费者权益保护法的一项重要原则，是指国家给予经济上处于弱者地位的消费者特别保护的原则。对于消费者来说，有关商品和服务的交易条件是由生产经营者事先规定的，消费者只能处于接受合同内容的被动地位，而无讨价还价、参与合同内容形成的权利，合同双方当事人的平等地位缺乏实质性保障。同时，由于数字贸易交易主体的多样性，不仅有买卖双方，而且还包括网络交易平台提供者、金融机构以及快递物流公司等，使网购主体在复杂化的同时，也产生了更加复杂的网购纠纷。消费者难以依靠自己的力量寻找和追究侵害消费者权利的具体责任者，一般民事诉讼费用高昂、消耗时间，也使受害的消费者只能默认亏损，无法采用诉讼的救济手段。因此，网络消费者的弱势地位也要求对其予以特别保护。

3. 综合辅助保护原则

网络经济的特殊性决定了对跨境数字贸易中消费者权益的保护不能局限于单一的模式，纯粹的法律保护不能充分保护消费者的权益。对网络交易中消费者权益的保护，需要在法律保护之外采取综合的辅助保护模式，强化消费者组织及社会公益团体的作用，形成政府监管、行业自律与消费者自我保护相结合的保护体系。消费者自我保护意识的提升是其维护自身利益的前提，具体而言，应当包含自我控制和自我选择两方面内容。自我控制是指消费者应当加强网络技术知识的积累，适当运用网络软件和技术手段对网络交易环境进行清扫，确保个人信息及账户的安全。自我选择是要求消费者知悉经营者的营策略及营销陷阱，使自己不被蒙蔽或受到欺诈，能够实现自主选择。另外，在发生纠纷时，消费者应当采取理性维权的方式，在不激化矛盾的前提下妥善处理纠纷，从而达到预定目标。综合辅助保护原则构建了行业自律、政府管理和消费者自我保护三位一体的保护模式，将会大幅促进电子商务的发展，并使网络消费者的权益得到充分保护。

（三）跨境数字贸易中消费者权益保护存在的问题

相对于传统交易，跨境数字贸易具有交易主体虚拟化、交易过程无纸化、支付手段电子化、交易空间国际化等特点，而这些特点使经营者与消费者之间的力量对比更加悬殊，网络消费者的知情权、自主选择权、公平交易权、安全权等更容易遭到网络经营者的侵犯。我国现阶段跨境数字贸易中对消费者权益保护面临的问题主要表现在以下几个方面。

1. 网络消费欺诈

网络消费欺诈是指经营者以非法占有为目的，在网络上实施的、利用虚构的商品和服务信息或者其他不正当手段骗取消费者财物的行为。需要强调的一点是，该概念中的经营者包含了真实的经营者和假冒经营者身份的欺诈行为人。因为在网络环境下，若销售者对其身份信息披露不全或虚构身份信息，购买者便很难辨认或无法判断销售者的真实身份。

2. 网络虚假广告

网络虚假广告是指经营者为达到引诱消费者购买商品或接受服务的目的而发布的关于商品或服务的不真实信息，如夸大商品性能和功效、虚假价格、虚假服务承诺等。网上广告因其特殊性，给相关部门的监管和审查带来了一定难度。而网络广告是网络消费者购物的重要依据，消费者的购物决定在很大程度上需要根据广告文字和图像判断而做出。由于消费者很难判别广告信息的真实性、可靠性，其知情权和公平交易权难以得到保障。

3. 网络支付安全

网络交易是一种非即时清结交易，消费者支付货款和收到货物之间存在一定的时间差，这区别于生活中即时清结的消费交易。网络的开放性增加了消费者财产遭受侵害的风险，消费者在使用电子货币支付货款时可能承担以下风险：网上支付信息被厂商或银行收集后无意或有意泄露给第三者，甚至冒用；不法分子盗窃或非法破解账号密码导致电子货币被盗、丢失；消费者未经授权使用信用卡造成损失；信用卡欺诈支付系统被非法入侵或病毒攻击等。

4. 消费者损害赔偿权难以实现

损害赔偿权实际是法律赋予消费者在利益受损时享有的一种救济权。网络的特性和相关法律的缺失使网络经营者和消费者之间产生大量的纠纷。当消费者得知自己的权益受到侵害后，由于不能得知经营者的具体信息和网上商店经营者容易变动等原因，造成消费者不便寻求救济。而电子交易取证举证困难、诉讼成本过高、法院管辖权不确定，也容易使消费者放弃主张损害赔偿权。数字贸易的发展速度越来越快，如何更好地保障网络交易的发展，保护网络消费者的合法权益，保证网络消费者在遭受侵权后迅速、方便地寻求救济，成为立法面临的新问题。

5. 消费者的知情权难以保障

在传统交易过程中，消费者通过实地看货、了解情况、验货试用、讨价还价、进行交易、实地收货等方式获得商品或服务的具体信息，以此来保障自己的知情权。而数字贸易过程则使消费者了解商品或服务的过程虚拟化，往往使消费者不能真实感触商品的实际情况，而只能通过经营者的描述来了解商品信息，这就容易导致经营者故意夸大商品性能和功效、提供虚假价格、实施虚假服务承诺。这种方式容易使消费者遭受经营者的欺骗而不知情，无法保障知情权。

6. 买卖双方地位不平等

在数字贸易过程中，经营者往往为了节约时间和流程，为消费者提供格式合同，这些格式合同中的大多数交易条款或服务条款都是经营者事先拟定好的，往往是经营者利用优越的经济地位制订的，有利于自己而不利于消费者的霸王条款，诸如免责条款、失权条款、法院管辖条款等，都是将合同上的风险、费用的负担等尽可能地转移到消费者身上。这些条款没有给消费者讨价还价的余地，消费者只有选择"同意"按钮后才能继续下一步。当消费者点击"同意"后，如果在交易后产生了纠纷，经营者就会以此来对抗消费者的投诉，使消费者处于很不利的地位。

7. 消费者的隐私权保护问题

在传统交易中，消费者的隐私权受到侵害的情况并不常见。但在数字贸易当中，消费者往往要填写个人资料，如姓名、性别、年龄、住址、电话号码，身份证号等。另外，某些网站服务方并未遵守其承诺保护消费者的隐私，可能存在泄露消费者个人信息的情况。通过数字贸易得知消费者邮箱地址的经营者往往向消费者的邮箱发送大量广告信息，产生了很多垃圾邮件，甚至使消费者的邮箱遭到病毒侵袭，影响消费者的正常生活，同时也侵害了消费者网络通信权的体现。

（四）加强跨境数字贸易消费者权益保护的对策建议

1. 完善我国现有的消费者权益保护法律制度

①明确消费者的权利和经营者的义务。首先，应当完善数字贸易领域的消费者权利：a. 知情权的完善；b. 公平交易权的完善；c. 求偿权的完善；d. 隐私权的确立。其次，应完善数字贸易中网络服务经营者的义务：a. 一般义务。网络服务经营者首先要履行的法律义务就是遵从国家的各项规定；b. 特别义务。包括提供详细的商品信息的义务，商品质量保障及售后服务的义务，保护数字贸易消费者个人数据的义务。

②确定跨境数字贸易运行模式和规范。这样可以使整个交易流程规范化、简易化。减少不必要的中间环节，让消费者能清晰明了地掌握物品和资金的流向。

③建立市场的准入机制。在鼓励数字贸易发展的前提下，以立法的形式规范数字贸易行为，明确数字贸易网站的市场准入资格、市场经营行为、组成方式等，使数字贸易网站具备"经营主体资格"，符合《消费者权益保护法》中的被投诉对象的条件。

④明确电子支付细则。在跨境电子支付方面的立法，还存在很大的空白地带。通过细化电子支付立法，保障消费者电子支付的合法性和安全性。

⑤提高互联网信息披露的真实性和完整性。充分借鉴发达国家对互联网信息管理的先进立法经验，禁止虚假网络广告，对数字贸易信息披露的范围、披露方式、责任人做出明确的要求，确保提供给消费者的是对称的、清晰的、全面的交易条件。

⑥限制不公平的格式合同、霸王条款，给消费者创造公平的交易环境。

2. 加强对消费者隐私权的保护

网络技术的出现使得对个人隐私侵犯变得容易且后果严重。在网络隐私权的法律保护上，应规定经营者在使用消费者的个人信息时，应取得消费者的许可或法定授权，并对法定授权使用的目的、范围，使用的机关、程序和内容等做出明确而可操作的规范。例如，欧盟部长会议曾提出的《信息高速公路上个人数据收集、处理过程中个人权利保护指南》中规定：要采取适当的步骤和技术保护消费者的个人隐私权，特别要保证数据的统一性和保密性，以及网络和基于网络提供的服务在物理和逻辑层面上的安全；要告知消费者使用其服务可能会带来对个人隐私权的危害；仅为必要的准确、特定和合法的目的收集、处理和存储消费者的个人数据；对适当的使用数据负有责任，必须向消费者明确个人权利保护措施；在消费者开始使用服务或访问网络服务经营者的各个站点时，告知其所采集、处理、存储的信息内容、方式、目的及使用期限等。

3. 建立消费者保护组织和行业自律组织

与现实交易相比，网上交易更具有难以用行政手段控制的特点，因此更需要社会力量的参与。目前，主要有行业自律和消费者自律两种组织力量。行业自律要求提供网上交易服务的商家和从事网上交易的经营者，采取切实可行的行为，从消费者的利益出发，制订交易规则，自觉平衡商家与消费者之间的利益，惩处坑害消费者利益的行为；消费者自律组织在我国即消费者协会，它既可以接受消费者的投诉，也可以代表消费者与商家谈判或者交涉，参与制订某些格式条款，维护合同内容的公平合理。

4. 完善安全保护措施和机制

网上交易安全是消费者普遍关心的一个热点问题。消费者往往希望能简单快捷地完成交易，但又担心自己的经济利益因操作不当或黑客入侵而遭受损失。因此，我们必须采取措施来发现系统隐患，防范黑客的侵入；还要逐步建立健全以信息网络安全为目标，加密技术、认证技术为核心，安全电子交易制度为基础的，具有自主知识产权的电子商务安全保障体系；要建立一个专门、全国性的认证体系，权威、公正地开展电子商务认证工作，确认从事电子商务活动的企业身份的合法性、真实性和准确性。在电子商务中，采用一定的加密技术和措施来确认交易用户的身份和授权可以保证数据传输的真实性和保密性。考虑到跨境数字贸易已经打破传统的地域限制，成为国际性的贸易手段，我们必须注意建立的核心密码技术标准应与国际标准兼容，并必须经国家密码管理机关审核和批准方可使用。

5. 拓宽纠纷解决渠道

通过数字贸易，消费者可以更方便，更快捷地购物，因此，效率、成本和便利性应成为数字贸易中争议解决方式的首要价值因素。应在自治、行政、司法等多种解决纠纷的途径中开拓工作新思路，创建网上在线解决纠纷的机制。互联网是争议产生的源头，也应让其成为争议解决的地方。

（五）争议较多的一些问题

1. 电子商务平台的责任

电子商务平台对经营者的经营行为承担什么责任？这本身不应该通过《消费者权益保护法》来规定，而应该通过电子商务的专门性法律法规来规范。如果确定要承担经营者的补充赔偿责任，电子商务平台企业就会像其经营者收取押金来控制自己的风险，结果会导致电子商务中小从业者的成本有所提高。

2. 个人信息与隐私保护

随着智能手机的普及，基于地理位置的网络应用层出不穷，移动电子商务、物联网、大数据应用逐渐成为现实。位置服务一下子变得很普遍，而很多用户对此不以为然，也没有关注到自己的风险。所以，提示位置可能存在的风险，并在每次收集位置信息时要求用户确认是非常必要的，也可以减少风险的发生。今后个人信息的商用与隐私保护将是一项长期的难题，如何收集信息，如何允许合理进行数据挖掘，如何通过法律责任的设定迫使企业或者他人不敢乱搜集和滥用信息，需要进一步探讨。

3. 跨境数字贸易消费者举证困难

由于数字贸易消费领域中的信息严重不对称，加之处于弱势地位，而且维权意识、证据意识缺失，消费者的实际举证能力十分有限，维权困难。如何增强当事人的举证能力，进一步扩大举证责任倒置的范围，保护消费者的合法权益，促进数字贸易的良性循环发展，是需要深入讨论的问题。

4. 欺诈的惩罚力度

我国的侵权责任法之前已经规定了对欺诈进行惩罚性赔偿，但并没有限制为两倍。考虑到美国等国家的惩罚性赔偿的相关做法，如何合理设定欺诈的惩罚力度，既能够补偿消费者诉讼的成本和损失，又可以起到良好的惩戒作用，对立法工作提出了挑战。

5. 国际维权歧视

由于信息化时代全球商品和服务差异日益缩小，中国消费者购买的商品和服务与其他国家消费者常常是相同的。但近年来多次发生过这样的情况：对于同样的商品，中国消费者花费的钱更多、享受的服务很少，出现质量问题后，获得的赔偿又很低，这种歧视引起了广大消费者的不满。我国的数字贸易目前正处于起步阶段，消费者权益保护的法律并不完善。要想从根本上解决这一问题，政府部门除了需要提高监督和管理力度外，还需要制订更加完善的相关法律法规进行约束。

二、跨境数字贸易中的知识产权保护

（一）知识产权在跨境数字贸易中的作用

跨境数字贸易作为利用电子数据处理技术进行贸易活动的电子化商务运作模式，其核心是数据信息，而这些数据信息的内容大多是一连串的文字、图形、声音、影响、计算机程序等作品，这些客体都涉及商标、作品等不同种类的知识产权。

在跨境数字贸易活动中，知识产权已成为传递品牌信赖的标志，买家既通过专利、商标、版权等识别消费产品的信息，对商品可靠度进行比较，也通过第三方服务商（ISP）搭建的交易平台辨别远在万里之外的商家的信誉和商品的品质。因此，知识产权（特别是商标）在跨境数字贸易中就显得特别重要。跨境数字贸易知识产权问题仍然是电子商务知识产权问题，具有电子商务知识产权问题的共同属性，但在"跨境"的经营环境下，它又具有显著的独特性，这对跨境数字贸易平台和卖家的知识产权能力和风险防控建设提出了更高的要求。换言之，如果知识产权做得不够完善，很可能影响平台商和卖家在国际市场中的信誉和形象，还会成为跨境电子商务可持续发展的重要障碍。

（二）跨境数字贸易知识产权侵权的表现形式

1. 商标权侵权

跨境数字贸易中，商标权保护的问题最为突出。商标权遭遇侵权主要有以下几种情形：网络销售侵犯注册商标专用权的商品，在相同或类似商品上使用与他人注册商标相同或者近似的商标，商标被注册为域名，商标被使用于企业名称等。而且这几种情形并不是单独的，有时候会同时发生。随着数字贸易向纵深的不断发展，商标侵权行为将越来越多地以综合化和新类型化的形式出现。这将给商标保护带来一定的困难。数字贸易平台上既有网络店家销售假货的问题，也有使用侵权商标、标志、图案的问题，还有使用侵权网店名称、网店标志等问题。

2. 著作权侵权

跨境数字贸易过程中，通常要将享有著作权的作品进行数字化，如将文字、图像、音乐等通过计算机转换成为计算机可读的数字信息，以进行网络信息传输。将数字化的作品上传到网络后，由于网络的无国界性，任何人都可以在任何地点、任何时间通过网络下载该作品。除了自己下载以外，侵权行为人还可以通过电子公告板、电子邮件等传播、交换、转载有著作权的作品，并利用享有著作权的作品在网上盈利，这显然侵犯了著作权人的网络传播权，损害了著作权人的利益。其具体表现为：网络店家在"第三方电子商务平台"中销售未经授权的出版物；在网店中使用未经授权的广告描述、广告语与原创性广告图片、产品图片等。

3. 专利权侵权

在跨境数字贸易中，涉及专利侵权的主要行为类型是为销售专利产品或者使用其专利方法。与版权和商标侵权的易判断性不同，专利权保护缺乏如著作权中的信息网络传播权那样详细而清晰的规范，再加上专利权权属的判定是非常专业的问题，而第三方电子商务平台仅仅掌握产品的信息，无法掌握产品的实物。因此，交易平台与第三方平台很难对相关权属做出判断，也无法清晰界定自己的责任范围。

（三）国内外跨境数字贸易知识产权保护现状

1. 国内跨境数字贸易知识产权保护现状

中国国际贸易促进委员会
跨境电子商务知识产权
保护（征求意见稿）

互联网、大数据、云计算飞速发展，人们的国际购买力不断增强，跨境数字贸易的发展也因此更加快速，人们也高度重视跨境数字贸易领域中的知识产权保护。2020 年，国家市场监管总局、工业和信息化部等十四部门联合开展 "2020 网剑行动"，旨在落实电商平台责任、重拳打击不正当竞争行为、集中治理网上销售侵权假冒伪劣商品行为，海关总署更是严厉打击跨境数字贸易领域中侵犯知识产权的行为。2021 年，全国海关采取知识产权保护措施 8.4 万次，扣留进出口侵权嫌疑货物 7.92 万批、7180.28 万件，其中共查扣跨境数字贸易侵权嫌疑货物近 200 万件。

改革开放 40 多年来，我国经济大大发展，为跨境电商的发展创造了良好条件。我国通过建设开放透明规范的营商环境和进行严格的知识产权保护来吸引越来越多外资，知识产权布局水平的上升也推动着越来越多的中国企业走出去。知识产权保护工作对维护市场公平有序竞争起到了重要作用，中共中央办公厅、国务院办公厅印发的《关于强化知识产权保护的意见》中明确提出，要研究建立跨境数字贸易知识产权保护规则。2021 年 7 月，国务院办公厅印发的《国务院办公厅关于加快发展外贸新业态新模式的意见》中再次明确提出，要研究制订跨境数字贸易知识产权保护指南，引导跨境电商平台防范知识产权风险；在执法上，坚持对国内外企业知识产权同等保护，营造良好营商环境。但是，仍然应当进一步与通行的国际规则对接，优化技术和行政手段，通过共商、共建、共享，推动知识产权的发展，促进中国产品和服务高质量方面不断提升，构建一个稳定公平透明的营商环境。

2. 国外跨境数字贸易知识产权保护现状

美国凭借其在国际市场的领导地位和强大的科技实力，在知识产权保护问题上提倡 "美国优先" 原则，一方面强调数字贸易自由主义；另一方面又通过提高知识产权相关的保护标准，造成贸易壁垒进而遏制其他国家科技的发展。比如，美国在 2011 年的《知识产权保护法》、2018 年的《国家网络战略》和《外商投资风险审查法案》中都强调了知识产权的重要性，并赋予政府管理部门强制性权利，使其能直接切断有侵权嫌疑的商务网站的接入，用以保护国家核心技术和知识产权。与此同时，美国还运用 "301 条款" 阻碍他国高新技术产业的发展，如对我国的中兴和华为等企业的审查。

作为欧盟经济发展的重要推动力，知识产权密集型企业在欧盟企业中的比例高达 25%。欧盟也相当重视对知识产权的保护，但与美国相比，其在规则制订上更加侧重于对侵权行为的规范。在 2011 年的新知识产权战略中，强调数字贸易时代要加大对于盗版和伪造商品等行为的惩罚力度。新的知识产权保护计划还主张强化司法体系，建立统一的专利法院，推进单一专利体系的建设。在知识产权的执法上，欧盟认为，当知识产权争端发生时，网络服务提供者也应该承担相应的责任，并以此来增加网络平台对侵权行为的审查力度。

（四）跨境数字贸易知识产权保护面临的问题

1. 对各方侵权的认识不足

一是消费者辨别能力低，国人对国外产品信任度高，对国外高品质商品需求量大，但由于国外商品也存在侵犯知识产权问题，也有假冒伪劣商品，而消费者普遍对这些方面的认识不足；二是商家知识产权保护观念淡薄，尊重他人知识产权、维护自身合法权益的意识和能力普遍缺乏，跨境数字贸易多为邮件小包，价值较低，海关即使查获侵权商品，也只能收缴，但无法使用罚款等其他制裁措施。

2. 海关对侵权行为的认定困难

跨境数字贸易这种新型业务形态有别于传统的进口货物，呈现出境内、境外两头复杂的特点，即商品境外来源复杂，进货渠道多，而有些来源于国外品牌工厂，有些来源于国外打折店，有些来源于国外买手等。此外，境内收货渠道复杂，且多为个人消费，无规律可言；而商品入境时品牌众多，与其他进口渠道比较，其涉及的商品品牌将大幅增加，且商品种类较丰富，而海关执法人员对相关品牌认识不足，难以确认是否存在侵权行为。这些特点都会给开展知识产权确权带来一定困难，需要确权的数量、难度也会大大增加。

3. 侵权责任划分困难

跨境数字贸易是指交易主体（企业或个人）以数据电文形式，通过互联网等电子技术，开展跨境交易的一种国际商业活动。涉及境内外电商平台、商家以及支付、报关、仓储、物流等环节，而电商平台又可分为自营型电子商务平台、第三方电子商务平台，主体多元、形式多样、结构复杂。在所有类型的平台中，第三方电子商务平台涵盖的知识产权客体极为广泛，成为知识产权侵权纠纷的重灾区。而在第三方电子商务平台纠纷案件中，争议最大、最缺乏法律规范规制的就是第三方电子商务平台的责任问题，诸如审查义务、归责原则等。

4. 国际争端解决困难

一是司法管辖权认定困难。跨境数字贸易的支撑载体是国际互联网，就网络空间中的活动者来说，由于分处于不同的国家和管辖区域之内，跨境数字贸易的随机性和全球性使任何一次网上活动都是跨国的，很难判断侵权行为发生的具体地点和确切范围，使司法管辖区域的界限变得模糊和难以确定。二是国与国之间立法差异较大。在跨境数字贸易中，还没有国际组织统一的立法指导，各国根据自己国家的实际需要，制定不同的立法标准，而我国更是缺少相关的法律法规，有关的立法在知识产权的保护方面还存在很多分歧。三是国际维权困难。跨境数字贸易涉及大量的中小电商企业，由于缺少对国外法律的认知，加上跨国诉讼费用高昂，在出现涉及侵权问题时，进行国际维权十分困难。例如，国际第三方支付平台 PayPal 被爆出其上的大量中国跨境数字贸易商家的账户因为侵权诉讼而被冻结，由于不了解相关法律，且在境外打官司费用高昂，大部分商户没有选择积极应诉，随之而来的便是他们的 PayPal 账户被冻结，甚至资金被清零。

（五）跨境数字贸易中的知识产权保护建议

1. 完善我国现有跨境数字贸易知识产权法律体系

将跨境数字贸易活动纳入法律管制的范畴，制订专门性的数字贸易操作规范性法制，强调数字贸易过程中对知识产权的法律保护，明确界定合法与非法行为，从而减少新形势下出现的新种类知识产权的权利不稳定及"游离"状态。

2. 建立健全跨境数字贸易行业自律机制和信用体系

在跨境数字贸易知识产权保护相关法律法规不健全的情况下，海关、工商等政府机关可以帮助建立起适应时代要求的跨境数字贸易行业协会，制订跨境数字贸易知识产权保护自律规范和内部监督机制。同时，还可以依托海关监管和行业协会自律，通过建立认证中心、社会信用评价体系等，建立和健全跨境数字贸易信用体系和信用管理机制。

3. 完善海关监管体系

一是尽快出台海关跨境数字贸易知识产权保护监管制度和标准作业程序，尽量减少需要一线关员主观认定结果的操作程序，降低执法难度和执法风险。二是探索跨境数字贸易知识产权保护监管的风险分析和后续稽查制度。一方面，要加强前期信息收集工作，将跨境数字贸易平台上的商品种类、品牌、价格等纳入情报搜集范围。针对重点商品的来源地、商标、包装图案进行风险分析比对，确认监管重点。另一方面，将后续稽查制度纳入监管工作，尽快出台跨境数字贸易的稽查办法，加强对跨境网购商品的后续流向监管，弥补查验放行阶段的监管漏洞。

4. 借助电商平台进行数据监控和管理

一是海关执法单位加强与电商平台沟通和数据对接，对商品信息流进行合理监控管理，要求跨境数字贸易运营者提供相关授权证明或采购单据等内容，切实加强货物来源渠道的管理，保留必要的货物来源证明材料。二是发挥跨境数字贸易平台的管理责任，强化事前查、事中监控、事后处理等一系列控制制度。

5. 加强国际合作

一是我国商务、海关等部门积极与相关国家推进跨境数字贸易知识产权保护规则、条约的研究和制定，包括跨境数字贸易侵犯知识产权行为的认定、产生纠纷的解决办法、产品的监管和溯源机制等，建立跨境数字贸易国际合作机制，为国内企业开展跨境数字贸易创造必要条件。二是积极利用世界贸易组织等相关国际组织的标准和协商体系，帮助国内企业处理跨境数字贸易产生的纠纷。

6. 强化人才培养

知识产权保护问题涉及贸易、法律等方面的专业问题，特别是涉外知识产权纠纷和诉讼都有很强的专业性。国家和企业应共同努力，大力培养知识产权专业人才，并给他们提供充足的发展空间与资源，促使他们发挥在知识产权战略中的核心作用，造就一支包括各类专业人才和管理人才在内的知识产权队伍。

三、跨境数字贸易中的争议解决机制

(一) 跨境数字贸易网上争议解决概述

1. 跨境数字贸易网上争议解决概念

跨境数字贸易网上争议解决（以下简称"跨境网上解决"），是指借助电子通信以及其他信息和通信技术来进行争议解决程序的一种跨境争议解决办法。这是国际贸易法委员会给出的定义，在理解跨境网上解决的概念时需要明确通信和电子通信的概念，通信一词源自联合国国际贸易法委员会通过的《联合国国际合同使用电子通信公约》，其中第四条第一款对通信的定义是：系指当事人在一项合同的订立或履行中被要求做出或选择做出的包括要约和对要约的承诺在内的任何陈述、声明、要求、通知或请求。电子通信是指当事人以数据电文方式发出的任何通信。跨境网上解决依托现代先进通信技术，用于解决跨境数字贸易中发生的多种争议。

2. 跨境数字贸易网上争议的特性

跨境数字贸易条件下的消费者争议类型比较单一，一般以合同争议为主，主要包括以下几种类型：卖方不交货的争议；卖方交货迟延的争议；卖方所交付产品的质量问题争议；卖方所述产品信息虚假的争议。由于跨境数字贸易的特殊性，相关的消费者争议便存在如下特点：①争议数额较小。据统计，最典型的跨境数字贸易是在网上购买 DVD、书籍、衣服等，平均每笔交易额仅为 100～150 美元。②争议数量巨大。随着跨境数字贸易数量的急剧上升，与此相关的争议也日益大量涌现。③争议主体具有跨国性。消费者借助网络可以在全球自由选择商家，买卖双方往往相距甚远且缺乏足够的了解。④消费者作为争议主体。这一特殊身份要求争议解决机制对其有特殊的考虑或者保护。

3. 跨境数字贸易争议解决的必要性

电子商务交易发展得十分迅速，其主要原因是，在整个世界上，互联网空前普及、宽带接入迅速加快和移动商务的兴起。推动电子商务发展的一个主要动力是上网人数不断增加，而且人们正越来越愿意将互联网作为交易平台。随着跨地区、跨国界交易的日益频繁大量的网上纠纷也就产生了，跨境数字贸易争议解决机制迫切需要出台。

传统争议解决机制包括通过法院提起诉讼、网上调解、网上仲裁等，不适合用来处理小额量大的跨境数字贸易争议，不能直接用来切合实际地处理许多低值交易，包括企业与企业交易和企业与消费者交易所产生的争议。因为这类争议解决机制与交易价值相比成本过高，耗时过多。例如，中国国际贸易促进委员会和中国商会采用了《中国国际经济贸易委员会网上仲裁规则》，但该规则大多适用于企业与企业之间较大宗的数字贸易争议，而且程序较为复杂，周期较长，费用高，不适宜解决小额量大的交易。

跨境网上解决机制适用于企业与企业之间，以及企业和消费者之间交易时发生的争议。跨境网上解决机制在处理小额量大交易时尤为重要，因为这种交易需要高效且担负得起的争议解决程序。对跨境网上解决机制应当采用特定的法律标准，而不仅仅是调整现行的仲裁规则和电子通信规则。

（二）传统争议解决方式

1. 诉讼方式

消费者跨境数字贸易争议在本质上属于跨国商事纠纷，传统的跨国诉讼是解决跨国商事纠纷的主要方式。消费者可根据国际私法规则选择某国法院启动诉讼，法院按照涉外民事诉讼程序做出判决。如果消费者胜诉，可以通过经营者自愿执行判决或者申请某国法院承认和执行判决的方式来维护自身利益。

然而，鉴于消费者跨境数字贸易争议的相关特点，跨国诉讼机制并不适合用来解决这类争议。首先，判决的域外执行非常困难。即使买方得以在本国法院解决争议，但判决往往需要到卖方所在国或者卖方财产所在国去跨国执行。其次，跨国诉讼程序复杂且会导致高额法律费用，以跨国诉讼解决争议的成本超过争议金额本身。最后，诉讼管辖权的确定非常困难。一笔跨境数字贸易往往涉及多国因素，如买卖双方所在地、网络服务器所在地都在不同国家，导致管辖权很难确定，目前尚未形成普遍的规则。

2. 非诉讼方式

除跨国诉讼之外，国际商事仲裁、调解等方式也被应用于消费者跨境数字贸易争议的解决上。这些方式或许能在一个或几个方面弥补跨国诉讼的缺陷，但是并非解决消费者跨境数字贸易争议的理想方式。

首先，国际商事仲裁作为另一种被广泛用于解决跨国商事争议的方式，与跨国诉讼相比，在自治性、民间性、专业性、保密性、一审终局性上都具有独特优势。尤其是跨国执行性上，根据联合国国际贸易法委员会颁布的《关于承认和执行外国仲裁裁决的纽约公约》，国际商事仲裁裁决可以在100多个国家得到承认和执行，这在很大程度上弥补了诉讼判决在跨国执行方面存在的缺陷。然而，即便如此，仲裁裁决的跨国执行依然涉及复杂的跨国司法程序，消费者需要为此支付高额的法律成本。另外，适用国际商事仲裁解决争议的成本本身也比较高昂。因此，对于跨境数字贸易的当事人而言，与跨国诉讼类似，国际商事仲裁更似一种理论上的可能性，而非一项切实可行的选择。其次，调解作为一种无拘束力的争议解决方式，与诉讼和仲裁相比，具有气氛友好、程序便捷、成本低廉、结果可控、可实现双赢等优点。但是，跨境交易的当事人分处不同国家的事实使传统调解的面谈等环节较难实施。而且，调解完全取决于当事人的调解意愿。即使达成之后，和解协议不具备任何强制执行力。另外，各国通常设有消费者协会、工商协会、公共行政管理机关等，可以受理消费者对经营者的投诉，为消费者提供解决问题的方案。但是，这些机构主要针对一国国内的消费者与经营者纠纷，权限一般仅局限于本国，因此在解决跨境数字贸易争议时面临很大的局限性。最后，也有一些电子商务企业设有内部申诉机制，受理消费者对交易的投诉，但争议能否顺利解决完全取决于该企业自律性的强弱。

如果只能依靠传统手段解决争议，消费者的交易信心很难建立，经营者也会倾向于仅将其货物或服务限制在某一地理范围内，这最终将导致跨境数字贸易发展的迟滞。因此，建立公平有效的争议解决机制已经刻不容缓。目前，国际社会普遍认为，网上争议解决机制是解决消费者跨境数字贸易争议的最佳方式。

（三）网上争议解决机制的现有模式

1. 网上调解

调解是指当事人请求一名或多名第三人（调解人）协助当事人友好解决由于合同引起的或与合同或其他法律有关的争议的过程，网上调解则是依托现代互联网技术和信息技术来实现这一过程。一方当事人向另一方当事人发送（网上）邀请或向网上仲裁机构请求与另一方当事人联系时，网上调解即告启动。提出这种请求之前可以先向网上解决机构提交投诉，也可以不提交。调解邀请书的内容必须是确定的，即当事人必须填写表格并提交给网上解决机构，被邀请的当事人向提出邀请的当事人告知同意调解时，网上调解即告开始。

网上调解使用的工具主要有：电子邮件等电子通信，如网上调解实验；或者通过网上解决平台进行；或者两者兼用。当事方可用移动电话拨打一个特殊号码启动程序，争议各方可将自己的案件记录下来。小组将通过电话会议审理每个案件，随后便可做出决定。网上调解一般通过技术手段提供两种通信途径，一种用于当事方和调解人进行私下对话，而另一种用于与所有参与者（包括调解人）进行公开对话。

2. 网上仲裁

仲裁一般是指交易双方在订立合同时或者在争议发生后约定，当发生争议时将有关争议交给双方同意的仲裁机构进行裁决的方式。仲裁通常为行业性的民间活动，是一种私人裁判行为，而非国家裁判行为，它与和解、调解、诉讼并列为解决民（商）事争议的方式。《联合国国际贸易法委员会仲裁规则》虽然提供了一套全面的仲裁规则，但是并未对仲裁给出一个确切的定义。

网上仲裁又称为在线仲裁，是指仲裁程序的全部环节或者主要环节，如向仲裁庭提出仲裁申请（包括仲裁协议的订立），以及其他仲裁程序（如仲裁案件的立案、答辩或者反请求、仲裁员的指定和仲裁庭的组成、仲裁审理和仲裁裁决的做出），依托现代信息技术在互联网上进行。网上仲裁庭可利用现代信息技术（如电子邮件、网上聊天室、视频会议系统等），将位于不同国家的当事人和仲裁员联系在一起，让当事各方陈述其各自的观点，而且仲裁员也可向各方当事人就争议的事实问题和法律问题提问。仲裁庭的合议和仲裁裁决的做出和传递，也在网上进行。

网上仲裁一般使用的是电子文档管理。电子文档管理是一种封闭式的系统，仅限于当事方和仲裁员或仅供仲裁机构使用。电子文档管理的范例包括美国仲裁协会，以及设在国际商会的国际仲裁法院。美国仲裁协会是一种网上解决平台，用于提交投诉、上传和下载文件、审查案件进展情况，并通过信息中心与国际争议解决中心联系。除了在网上提交申请之外，客户还可以付款、进行网上管理、查阅规则和程序、以电子方式传送文件、选择中立方、使用为案件专门设立的信息栏，以及查看案件的状况。通过系统，仲裁员和当事方均可通过一个安全的网站以电子方式进行联系和管理其仲裁案件，在国际商会安全的网上解决平台储存和组织文件，并随时查阅其仲裁信息。除此之外，它还提供一些论坛，使某些经授权进入各论坛的参与者能够彼此联系。

3. 投诉处理模式与信誉标记模式

投诉处理机制和信誉标记属于常用正规解决办法之外的模式。投诉处理是一种没有第三方干预的便于对消费者投诉进行谈判的程序。欧洲消费者中心网协助消费者提出投诉并与商家达成友好解决，也协助消费者通过适当机制（第三方）达成解决。国际消费者咨询网是亚洲区域的一种区域投诉处理机制，其功能包括：接收国内消费者提出跨国界投诉；向其提供相关信息或建议；将投诉一事通知设在争议相关企业所在的另一国的消费者咨询联络处；以及促进该企业通过该消费者咨询联络处解决争议。该机制圆满地解决了许多企业对消费者的低值交易争端。

电子商务中的信誉标记通常是指网站上显示的一种形象、标识或印章，用来表示网上商家的可信度。信誉标识证明网上商家是一个专业组织或网络的成员，且设有赔偿机制。

4. 其他专业化网上解决系统

专业化网上解决系统还包括互联网名称和数字地址分配机构的《统一域名争议解决政策》和世界知识产权组织的域名争议解决办法。互联网名称和数字地址分配机构在网上解决域名争议方面的解决办法是公认的。域名争议按照互联网名称和数字地址分配机构的《统一域名争议解决政策》解决。该政策出台的目的是为域名在所有权方面的争议提供有效的解决办法。这些系统在适用法、管辖权和强制执行等方面已经有了相关的强制性规则。

（四）跨境数字贸易的主要纠纷类型

1. 知识产权侵权

目前，跨境数字贸易中的知识产权侵权主要包括图片展示的盗图现象、产品专利侵权等。由于跨境数字贸易的准入门槛较低，所以很多刚起步的生产型和出口型企业都会选择通过跨境数字贸易的途径拓展对外贸易。但基于网络技术的发展是一把"双刃剑"，一方面，让潜在客户无法直接通过网络检验产品，给了卖方伪造产品外形图片、夸大虚拟陈述产品质量的机会；另一方面，由于网络是一个完全开放和透明的环境，如果出口的产品有任何侵犯他人知识产权的行为，很容易就会被权利人发现并可能面对巨额索赔。

2. 运输纠纷

跨境数字贸易虽然缩短了买卖双方的空间距离，简化了交易成交流程，加快了整个交易周期，但商品从一个关税区通过运输到另一个关税区（现在我国的跨境数字贸易仍以实物交易为主，纯数字交易数量较小），仍然需要一个比较漫长的过程。因此，在实践中，卖方和买方之间往往会因为发货时间、运输的长短问题或者运输过程中造成的损害发生纠纷。这一纠纷的比例，在部分企业中大约占所有纠纷类型的60%。

3. 退换货纠纷

不同于实体商店也不同于传统大宗贸易，跨境数字贸易的买家只能通过文字与图片来了解商品，为保障消费者权利，一般跨境数字贸易平台会允许买方在收到商品后的一段时间内退换货。而在退换货过程中，双方往往就商品是否已经被使用、是否为人为破坏，以及退换货的费用承担等问题产生纠纷。

4. 购买评价纠纷

"购买评价"是电子商务平台为了让买卖双方更加了解对方，并让其他还未购买商品的潜在买家能够更加了解商品与描述是否相符、商品质量是否存在问题的一种机制。这种评价方式借助网络技术成为买家决定是否购买网上商品的重要因素。正因为购买评价有着如此重要的作用，买卖双方往往会因为购买评价产生纠纷。例如，卖方认为买方的购买评价存在诽谤、故意打差评等行为，所以产生纠纷。

（五）跨境数字贸易争议解决机制构建

随着跨境数字贸易交易量的逐步增多，有关的贸易纠纷必然会随之而来。因为跨境数字贸易既不同于以往的国际贸易，又不同于普通的国内消费者买卖，对于买卖双方而言是一种更为新颖的买卖模式。如何建立完善的跨境数字贸易争议解决机制，更快捷、更经济、更公正地解决跨境数字贸易纠纷，成为一个迫切需要解决的问题。

西方经济发达国家的跨境数字贸易发展较早，其对构建跨境数字贸易网络争议解决体系的尝试也较早，这对当前我国构建该体系的整体框架设计有一定的借鉴意义。该体系的建立需要考虑很多全球性问题，单凭一个国家或地区是无法完成这一任务的，因此更适合由全球性国际组织来具体负责相关创设工作。目前，该体系的整体框架模式的设计构象均基于联合国国际贸易法委员会制定的相关法律标准。争议解决机制是否有效、是否能够解决全球性问题，需要十分严密的组织框架，能够通过集中管理来满足各国家的多元需求，全球性网上争议解决体系应采用设计中心结构和分支结构的模式，在此问题上，世界各国（地区）基本达成了共识，即由参与国委派代表组成专门的管理委员会完成中心管理结构的创设，再由该机构制定相关规则，让秘书处负责执行，各参与国应分别设立分支机构，辅助秘书处完成上述工作。但其中不少细节还存在很大争议，如网上争议解决平台，是设立全球统一的网上争议解决平台，还是设立在多个平台上同时运行。前者的优点是便于管理，所提供的服务水平相同；后者能够为争议方提供多种选择，有利于提供服务水平。在初创阶段，建议将现有争议解决结构纳入争议解决体系中，以便尽快完成该体系的构建。

1. 目标设定

跨境数字贸易纠纷解决机制与物流服务、支付服务等一样，都是跨境数字贸易的衍生服务。因此，建立跨境数字贸易争议解决机制的主要目的在于优化跨境数字贸易的经营环境，充分保障消费者的权利，完善跨境数字贸易的服务网络和服务体系，预防和减少由互联网跨境交易引发的纠纷。该纠纷解决机制整合了协商、调解、仲裁等多元化的纠纷解决方式和途径，为企业、平台以及消费者提供全方位的纠纷解决服务。

2. 构成要素

在争议解决机制中引入网络技术不仅涉及技术问题，更涉及实质性的法律问题。建立网上争议解决机制的要素包括争议解决平台建设、执行机制、实体法的适用性、仲裁协议有效性等方面。

1）平台建设

跨境数字贸易纠纷解决机制从本质上仍然是法律体系下的纠纷解决机制，应当需要遵循法律的一般原则，即正当程序原则，因而跨境数字贸易平台与纠纷解决平台二者的关系成为跨境数字贸易纠纷解决机制设立的一个重要问题。国际上目前有两种模式。一种是跨境数字贸易平台与纠纷解决平台合二为一的模式。最有名的就是 eBay 模式。eBay 拥有自己的内部纠纷解决系统，其处理方式是为买卖双方提供在线谈判程序，通过互相交流沟通解决分歧。但 eBay 内部纠纷解决系统并不可完全复制，因为对于中小型的跨境数字贸易平台而言，其困难在于要建立起完善的内部纠纷解决制度，以及拥有专业的纠纷解决调查小组和办案人员。另一种是跨境数字贸易平台与纠纷解决平台相互独立的模式，如著名的SquareTrade 公司模式。SquareTrade 是一家专门从事解决网上交易纠纷的公司，早期与eBay 合作，帮助其解决电子商务的纠纷问题，是美国最大的第三方质保服务提供商。

因此，跨境数字贸易争议解决平台可以构建内部争议解决平台，通过内部争议解决平台提供买卖双方友好协商的环境，为快速解决争议提供便利。当协商、谈判无法达成有效协议时，则可以通过与独立第三方解决平台的合作，由买卖双方选定中立人进行网上调解或仲裁。

2）执行机制

网上争议解决平台做出争议解决结果时，需要对这一结果进行有效执行，这也是争议解决机制得以持续存在的重要基础，而在当事人缺乏履行争议解决结果的自觉性，加之外界强制执行并不到位，整个争议解决就不具有存在的价值。因此，有必要将争议解决结果机制与执行机制结合起来，并以此来满足跨境数字贸易争议解决的需求。例如，可以构建与之相适应的全球信誉标记机制，切实保障争议解决结果的执行。再如，可以通过建立跨境数字贸易平台信用等级制度、网络评价制度、互相评分制度等私人执行方式，鼓励当事人服从争议解决结果，自觉履行仲裁裁决或调解协议。

3）法律适用性

争议解决过程中的法律适用问题既是决定当事人权利义务关系的关键，也是买卖双方非常关注的问题。但鉴于各国法律有关电子贸易以及消费者立法的不同，适用一方当事人所在国的法律往往不被双方所接受。在国际法律实践中，进行网上仲裁、网上调解的双方当事人可以就争议应当适用的法律做出约定。网上争议解决机制采用公平原则、统一通用规则等商人习惯法规则作为实体法，从而避免在解释适用法规则时可能出现的复杂问题。

4）仲裁的有效性

在网上仲裁方面，由于世界各国有关消费者保护的立法多带有政策性规定，有些国家的国内法明令禁止争议发生前订立消费者仲裁协议。如何使网上仲裁规则在既能有效地为参与跨境数字贸易的消费者和商家提供权益保障的同时，又不违反有些国家禁止争议发生前订立消费者仲裁协议的规定，便成为需要探讨的问题。联合国国际贸易法委员会对该问题的提议是，采用双轨制为基础，拟订网上争议解决程序规则草案，其中一条轨道以仲裁结束，而另一条轨道则不以仲裁结束，而是以中立人提出的不具约束力的"建议"结束。

全球性网上争议解决体系应具备快捷、高效、低成本的特点，这些特点不仅体现在争议解决机制、争议解决程序方面，也体现在与之相适应的争议解决适用法方面。因此，为更好地促进跨境数字贸易的健康可持续发展，必须建立一套系统的法律规则来统一解决网上争议问题，以国际统一立法为主，将适用法体系纳为全球性网上争议解决体系的重要组成部分。

第十二章

全球数字贸易规则

数字贸易的快速发展给现有国际贸易规则体系带来巨大挑战。个人隐私保护、数字跨境流动、国际线上监管协调合作以及数字鸿沟等都是国际经贸规则亟待规范和调整的新议题。

WTO 是负责制订和维护国际贸易规则的最主要国际组织。然而，由于多哈谈判陷入僵局，在目前的 WTO 框架中数字贸易并没有却未能产生专门规范电子商务的多边协定。WTO 框架下数字贸易规则的缺失对全球数字贸易发展是十分不利的，因此，众多国家开始积极寻求在区主体，积极参与全球数字贸易治理体系，引领全球数字贸易规则的制订。由于在文化传统、监管体制和利益倾向等方面存在显著差异，美欧在数字贸易规则诉求上存在明显分歧，分别呈现出数字贸易规则的"美式模板"与"欧式模板"。除了美欧之外，《全面与进步跨太平洋伙伴关系协定》（CPTPP）和《区域全面经济伙伴关系协定》（RCEP）也针对数字贸易制定了一系列规则，对推动区域经济一体化升级和数字贸易全球规则的制订，以及实现数字贸易的全产业链发展具有重要意义。新加坡、智利、新西兰于2020 年 6 月 12 日，线上签署的《数字经济伙伴关系协定》（DEPA），是全球第一个关于数字经济的重要规则安排，为全球数字经济制度的安排提供了模板。

一、WTO 框架下的数字贸易规则

（一）WTO 数字贸易规则谈判进展

1. 1998 年的《电子商务工作计划》

WTO 关于电子商务议题最早起步于 1998 年通过的《电子商务工作计划》。在《电子商务工作计划》框架下，WTO 电子商务议题由货物贸易理事会、服务贸易理事会、知识产权理事会、贸易和发展理事会四个常设机构具体推进，并向总理事会汇报进展情况。《电子商务工作计划》涉及的问题非常广泛，包括市场准入、分类问题、关税税费、知识产权等。确定电子商务议题讨论的具体问题是该计划的主要贡献，时至今日，这些问题仍在探讨之中。

尽管《电子商务工作计划》就服务贸易领域 12 个授权讨论事项向总理事会提交了进展报告，但由于在关键领域长期缺乏共识，除了达成电子传输免关税宣言并延期以外，没有取得实质成果。2013 年，巴厘部长级会议通过的《电子商务工作计划部长决定》要求《电子商务工作计划》考察网络互联、信息获取、移动通信、电子传输软件、云计算等电子商务领域出现的新问题，同样未能取得实际进展。随着电子商务在全球范围内迅猛发展，电子商务议题讨论的局势明显不同于以往。2015 年 12 月，内罗毕部长级会议以后，WTO 有关电子商务讨论的活跃度和参与度迅速发生变化。WTO 成员方提交了大量的电子商务提案和讨论文件，这些提案和谈论文件充分反映了各国在数字贸易规则上的立场。

2. 2017 年的《电子商务联合声明》

2017 年 12 月召开的布宜诺斯艾利斯部长级会议是电子商务讨论的重要转折点。该会议不仅沿袭往届做法通过了《电子商务工作计划部长决定》，还让 71 个国家和地区开创性地发布了《电子商务联合声明》，号召参加方"积极针对未来 WTO 与贸易有关的电子商务谈判开展探索性工作"。对 WTO 电子商务议题而言，《电子商务联合声明》的发布结束了以探讨问题为导向的旧模式，开启了以规则谈判为目标的新时代。

3. 2019 年 WTO 电子商务联合声明谈判

2019 年 3 月，与贸易有关的 WTO 电子商务规则谈判正式启动。由于谈判是 WTO 部分成员国在《电子商务联合声明》框架下展开的，因此被称为"WTO 电子商务联合声明谈判"，目标是为 2020 年 6 月第 12 届 WTO 部长会议召开前取得重要成果或进展。截至 2021 年 1 月，共有 86 个 WTO 成员方加入电子商务谈判。从结构上看，参与谈判的发达经济体和非发达经济体数量大体相当，有 37 个发达经济体和 49 个非发达经济体，发达经济体参与率远高于发展中经济体和转型经济体。

（二）WTO 数字贸易规则谈判议题

截至 2021 年 11 月，WTO 已收到 68 份提案，涉及规则提案 53 份，礼节性来文 15 份。发达经济体由于其数字经济在全球的领先地位，提出的提案较多也比较早。通过对 68 份提案的整理和分析，将谈判涵盖议题归结为数据流动与管理、数字贸易相关税收、知识产权保护、市场开放与公平竞争、数字治理与网络安全、配套制度、发展合作等 7 个方面的数十个议题。数字经济发展程度不同的经济体所提出和关注的议题有所差异，如表 12-1 所示。例如，美国主张高度开放，其提案内容主要涉及跨境数据流动、电子传输免关税、互联网开放等，对监管治理和国际协调议题关注较少；而美国以外的发达经济体和高收入发展中经济体主张开放与监管并重，其提案内容除了开放议题外，对个人隐私保护、消费者权益保护、国内税例外等议题关注度也较高；三是主张偏向于强监管和促进传统电子商务发展的经济体，如中国、新西兰和乌克兰，其提案内容主要涉及个人隐私保护、消费者权益保护、贸易便利化等议题，但没有涉及跨境数据流动、互联网开放等议题；四是主张国际协调和发展合作的经济体，如阿根廷、科特迪瓦，其提案内容主要涉及对落后国家资本与技术援助、开放政策灵活性和对本国产业的保护。

表 12-1　WTO 电子商务谈判主要议题

序号	分类	议题
1	商业和贸易基础设施	无纸化贸易、电子签名和认证、电子发票、改善数字基础设施等
2	数字贸易相关税收	跨境电子传输免税、国内数字经济征税
3	数据流动与管理	跨境数据流动、数据本地化
4	数字治理与网络安全	消费者权益保护、个人隐私保护、政府数据管理、网络安全等
5	知识产权保护	版权和专利保护、商业秘密保护
6	市场开放	互联网开放、非歧视、政策透明等
7	发展与合作	数字鸿沟、技术援助、政策灵活性等

（三）WTO 数字贸易规则谈判的主要争议

谈判自启动以来始终被置于"快车道"，各方在提升电子商务便利化和透明度、保护网络消费者、促进中小微企业参与度等方面取得一定共识，但在诸多关键问题上仍分歧明显。在 WTO 电子商务联合声明谈判中，对电子传输免关税永久化、数字产品非歧视待遇和跨境数据自由流动的争议最为尖锐，甚至可以说是决定谈判走向的核心议题。

1. 跨境数据流动、数据本地化与转让源代码

尽管数据及数据流动对数字经济和电子商务的重要性已得到广泛承认，跨境数据流动的规制问题却引发了空前争论。在 WTO 电子商务谈判中，美国的核心主张是跨境数据自由流动和禁止数据本地化，其将跨境数据流动的限制和数据本地化要求视为数字贸易的主要壁垒；以俄罗斯、中国为代表的成员则采取数据本地化措施；还有中间派欧盟严格保护个人数据和隐私。各方立场迥异、相持不下。有关跨境数据流动规制的争议集中反映了自由贸易与国内监管之间的冲突和矛盾。

2. 数字产品的非歧视待遇

数字产品非歧视待遇条款通常规定，数字产品或其创作者、所有者等享有的待遇不得低于其他同类数字产品的待遇。数字产品非歧视待遇条款虽然起初出现在自由贸易协定（FTA）中，却是 WTO 电子商务讨论中长期悬而未决的问题。数字产品非歧视待遇是美式电子商务规则的标准条款之一，除了最早签署的《美国—约旦 FTA》外，其他包含电子商务条款的美国 FTA 都规定了数字产品的非歧视待遇。与之相反，欧式电子商务规则均未写入数字产品非歧视待遇条款，即便是最近的《欧盟—日本经济伙伴关系协定》也不例外。这反映出美欧之间在数字产品非歧视待遇问题上的巨大分歧。

3. 电子传输免关税永久化

尽管电子商务免关税宣言是《电子商务工作计划》的唯一可见成果，但是对于免关税的争论从未停止。部长级会议即便每两年对免关税宣言进行一次延期，也有一些 WTO 成员方反对。毫无疑问，免关税永久化问题会引发更大的争论，发达成员国普遍赞成，发展中成员国则多数反对，如印度尼西亚的主张就是其中的典型代表，如表 12-2 所示。

表 12-2　WTO 议题的主要争议

议题 国别	跨境数据自由流动	数据本地化	转让源代码	非歧视待遇	免关税永久化
美国	支持	反对	反对	支持	支持
欧盟	支持	未表明	反对	视听例外	支持
中国	支持但有限制	支持	未表态	未表态	延长免关税措施
印度尼西亚等	未表明	未表明	未表明	未表明	反对

二、主要区域贸易协定中的数字贸易规则

（一）美国区域贸易协定中的数字贸易规则

1. 美国区域贸易协定的数字贸易规则概况

美国是全球排名第一的数字经济大国，也是数字贸易领先国。二十多年来，美国通过与其他国家签订自由贸易协定的方式构建数字贸易规则，逐步形成了数字贸易规则的"美式模板"。数字贸易规则"美式模板"的形成过程主要为以下三个主要阶段。

数字贸易规则"美式模板"
对中国的挑战及应对

1）"美式模板"1.0

2015 年之前，美国主导的双边区域贸易协定中的数字贸易规则称作数字贸易规则"美式模板"的 1.0 版。在"美式模板"1.0 中涉及的规则大多数为软性规则和倡议性内容，聚焦在对数字贸易相关概念的界定和数字技术的一些基础应用上。这一阶段的数字贸易规则主要包含在美国—约旦，美国—新加坡，美国—韩国自由贸易协定中。早在 2000 年，美国和约旦签订贸易协定，首次引入专门的电子商务章节，双方同意消除电子商务关税和电子商务壁垒。2003 年，美国—新加坡贸易协定第一次为电子商务章注入约束力，并且明确了数字产品的概念。2012 年，美国和韩国签订的自由贸易协定包含了当前生效的美国自由贸易协定中最强大的数字贸易条款，其规定涉及数字产品的非歧视性原则、禁止关税、透明度原则、电子认证和无纸交易、消费者保护合作、促进跨境信息流动等多个方面。

2）"美式模板"2.0

2015 年，跨太平洋伙伴关系协定（TPP）中的电子商务章是目前对数字贸易规则美式模板概括得最全面的协定，它体现了美国对于数字贸易规则制订的高标准。TPP 由于新引入了多项高标准、具有代表性的数字贸易规则，在美国构建数字贸易规则的历程中具有里程碑式的意义，因此代表数字贸易规则"美式模板"的 2.0 版。"美式模板"2.0 与"美式模板"1.0 相比，在电子商务章和知识产权章针对数字贸易做出了详细而充分的规定，包含的数字贸易的内容显著增加，而且更加全面。形式也从之前的软规定变得更为强硬，体现出典型的美国利益优先特征。具体增加了"跨境数据自由流动""数据存储非强制本地化""保护源代码""互联网自由接入以及中介责任"等规则。

3）"美式模板"3.0

2018 年签订的《美国—墨西哥—加拿大协定》（USMCA）中进一步对 TPP 中的数字贸易规则做出了更为严格的规定，约束力更强。一是对既有数字贸易规则做出了进一步深

化，对数字贸易规则的执行范围和强度根据实际情况做了细化调整，剔除了一些例外规定；二是根据实际情况，增加了一些新规则，即"交互式计算机服务"和"公开政府数据"。2019 年 10 月，美国和日本正式签署了《美日数字贸易协定》（UJDTA），不同于数字贸易规则在贸易协定中作为一章出现，《美日数字贸易协定》以单独协议的形式出现，也是全球关于数字贸易的第一个双边协定，将有助于促进美日两国更公平、更均衡地开展贸易，如表 12-3 所示。《美日数字贸易协定》和《美国—墨西哥—加拿大协定》反映了美国在主导全球数字经济和数字贸易的雄心和诉求，美国期待他国在数字贸易领域仿效美国的做法。

表 12-3　数字贸易规则"美式模板"

阶段	代表性 RTA	特点
"美式模板" 1.0	美—韩 FTA	软约束。 界定一些基础概念与术语
"美式模板" 2.0	TPP	强约束。 新增"跨境数据自由流动""数据存储非强制本地化"和"源代码非强制开放"
"美式模板" 3.0	美墨加	更强约束。 新增"交互式计算机服务者责任"和"公开政府数据"

2. 美国数字贸易规则的主要内容和特点

1）数字产品永久免关税

美国支持免关税规则对数字产品的适用。美国在 1997 年发布了《全国电子商务政策框架》，提出了数字产品免税税的建议。在 1998 年的 WTO 第二次部长会议上，美国明确表示绝不会为电子商务设置关税贸易壁垒。除此之外，美国在这次会议上积极促成了《全球电子商务宣言》的通过，该宣言宣布对电子传输实施暂时性的免关税政策。美国在与许多国家签订的双边贸易协定中都规定了对数字产品实行零关税，例如，《美韩自由贸易协定》明确规定了缔约双方不得对数字产品进行出口征收任何关税、手续费或其他费用，将美韩之间的零关税协议适用到数字贸易领域。《美国—墨西哥—加拿大协定》禁止对数字产品征收关税，但缔约方可以继续在国内征收税费。

2）数字贸易领域的非歧视原则

"数字产品非歧视待遇"是美国的一贯主张，最早和"免除海关关税"规则一起归类于美国所签订的双边自由贸易协议的数字产品规则下。从内容上来看，美国明确要求任何缔约方给予另一缔约方领土内创造、生产、出版、订约、代理或首次商业化提供的数字产品的待遇，或给予作者、表演者、生产者、开发者或所有者为另一缔约方的人的数字产品的待遇，均不得低于其给予其他同类数字产品的待遇。其要求给予来自缔约方数字产品以非歧视性待遇（包括最惠国待遇与国民待遇），是 TPP 和 USMCA 的核心主张。TPP 针对数字产品非歧视性待遇做出了三项例外规定，而 USMCA 将 TPP 所列三项例外规定剔除了两项，仅保留"补贴和赠款（包括政府支持的贷款、担保和保险）例外"。通过剔除例外的方式，USMCA 将数字产品非歧视性待遇的适用范围进行了部门和内容上的扩展，这是 USMCA 所具备的"TPP+"特征的重要体现。《美国—墨西哥—加拿大协定》强化了非歧视的概念，特别是强调了不得因为改变竞争条件而对于境外的服务提供者造成损害。这一非歧视概念从本质上来说直接借鉴了国民待遇原则当中对于"待遇不得低于"概念的法律解释，即从国内管理规章方面考虑，规定进口产品享有的待遇应不低于国内同类产品享有的待遇。纵观"数字产品非歧视待遇规则"在数字贸易规则美式模板中的发展演变，可以看出其重要性和强制性是在不断增强的，体现出了美国对其推广的决心。UJDTA 虽然也明确规定缔约方要给予来自另一缔约方的数字产品以非歧视性待遇，但是恢复了知识产权例外和广播例外。在 UJDTA 框架下，美国重视的数字产品非歧视性待遇规则非但未得到进一步深化，反而走向弱化，几乎回归了 TPP 的水平。

3）数据存储非本地化

数据存储的非本地化规则是美国数字贸易规则的重要内容之一。"数据存储非强制本地化"规则在"美式模板"中最早出现在 TPP（2015）第 14 章第 13 条，共提出了 3 项要求：

①各缔约方认识到每一缔约方对于计算设施的使用可能有各自的监管要求，包括寻求通信安全和保密的要求，即监管例外。

②缔约方不得将要求使用该缔约方领土内的计算设施或将设施置于其领土之内作为在其领土内从事经营的条件。

③不得阻止缔约方为实现合法公共政策目标而采取数据存储本地化的措施，即公共政策目标例外。

《美国—墨西哥—加拿大协定》第 19 章第 12 条规定："任何缔约方均不得要求当事人在该缔约方的领土内使用或定位计算设施以作为在该领土内开展业务的条件"，如表 12-4 所示。剔除了监管例外和公共政策目标例外，全面推行数据存储非强制本地化，将规则的执行力度和广度都推进了一个层次。

表 12-4 "美式模板"中的"数据存储非强制本地化"

代表性 FTA	条款内容
TISA（2015）电子商务章（8）	8.1 任何参加方不可将一下要求作为服务提供方在其领土提供服务或进行投资的条件：在领土内使用或者设置计算机处理或存储服务 8.2 各参加方不应将要求电子商务供应商设置任何本地基础设施作为服务供应的前提条件
TPP（2015）	14.13.1 各缔约方认识到每一缔约方对于通过电子方式跨境传输可能有各自的监管要求，包括寻求保护数据安全和保密的要求 14.13.2 缔约方不得将要求涵盖的人使用该领土内的计算设施或将设置置于其领土内作为在其领土内从事经营的条件
USMCA（2018）	19.12 任何缔约方均不得要求当事人在该缔约方的领土内使用或定位计算设施以作为在该领土内开展业务的条件
UJDTA（2019）	12.1 任何缔约方均不得要求当事人在该缔约方的领土内使用或定位计算设施以作为在该领土内开展业务的条件 12.2 本规则对金融服务不适用

4）源代码非强制本地化

与数据存储非当地化相同，源代码的非强制本地化也是美国数字贸易规则的重要内容。TPP 禁止缔约方强制要求在进入本国市场时与政府或者商业竞争对手公开、共享软件源代码。USMCA 也在该条例中的第 16 和第 19 条要求"缔约方不得将转移或获得另一缔约方所拥有的软件源代码以及源代码中的算法作为在其领土内进口、分销、或使用该软件及包含该软件的产品的条件。"源代码本地化意味着向当地公开其数字产品背后的技术，对美国而言，源代码的公开会减少本国企业利用该数字产品核心技术及知识产权所带来的收益，因此，美国在贸易协定中反对源代码强制本地化。但这一做法也引来了其他国家的质疑，这些国家大多为发展中国家，除了出于对自身信息安全的保护，也出于对本国数字产业未来发展的考虑，因为大多数软件的开发是建立在既有软件的基础之上的，如果限制开放源代码，则会阻碍发展中国家技术的创新和发展。

数据存储的非当地化和源代码非强制本地化，都是"美式模版"数字贸易规则的核心内容，其目的是促进数字贸易市场的进一步开放，但这些内容也并非符合大多数国家的发展利益，为了提高本国信息的安全性和可控性，很多国家目前都设置了要求信息数据当地化的政策，若要达成统一、公平的数字贸易规则，还需要各国间对于关键原则性问题，进行充分的协商和谈判。

5）数据跨境自由流动

美国将数据跨境自由流动纳入数字贸易规则中，美国和欧盟签订《安全港协议》《隐私盾协议》促进双方之间数据流动的自由性，为美欧数字贸易活动提供制度支持和保障。《美韩自由贸易协定》中第 15 章第 8 条规定："缔约国应防止对跨境电子信息流设置或维持不必要障碍。"TTP 电子商务章节中，各成员国在维护特定合法政策的前提下，对确保数据在全球范围内自由流动作出了承诺，规定了各成员方可以出于实现特定合法政策目标而采取一定的限制性措施，前提是"该措施不得构成不合理的歧视或对贸易变相压制的手段"。TISA 中的"电子商务和电信服务附件"也明确规定不得对信息和通信技术服务的供应商进行国家间数据流动的限制。《美国—墨西哥—加拿大协定》第 19 章第 11 条明确表明，在信息跨境自由流动的一般原则下，相关的限制措施只有在符合条件的情况下才能构成例外。通过一般原则与有条件例外的构造，该条规则力图实现更加自由的跨境数据流动，如表 12-5 所示。《美日数字贸易协定》确定双方将在个人信息保护的法律框架下确保企业可以通过跨境数据流动促进数字贸易。

表 12-5　"美式模板"中的"数据跨境自由流动"条款

代表性 FTA	条款内容
美—韩 FTA（2007）	15.8 各缔约方认识到在贸易便利中自由信息流动的重要性，同时承认保护个人信息的重要性，缔约方应努力避免对跨境电子商务信息流动强加或维持不必要的障碍
TPP（2015）	14.11.1 各缔约方认识到每一缔约方对于通过电子方式跨境传输可能有各自的监管要求 14.11.2 当通过电子方式跨境传输信息是为涵盖的人执行其业务时，缔约方应允许此跨境传输，包括个人信息

续表

代表性 FTA	条款内容
TISA（2015） 电子商务章（2）	2.1 只要与服务提供者实施的商业活动有关，各参加方都不阻碍另一参加方的服务提供者（或者提供服务的消费者）传输、访问、处理或者存储信息，无论转移、访问、处理和储存是否发生在参加方领土内
USMCA（2018）	19.11.1 当通过电子方式跨境传输信息是为涵盖的人执行其业务时，缔约方应允许此跨境传输，包括个人信息
UJDTA（2019）	11.1 任何一方不得禁止跨境信息传输，包括个人信息 11.2 公共政策目标例外

　　除了上述主要规则，美国的数字贸易规则还包括互联网接入与使用、技术中立原则、推动 ICT 合作等内容，这些凸显美国目的的数字贸易规则逐渐在一系列贸易协定中得以实现，一方面促进了世界数字贸易的开放与自由，另一方面对世界的数字贸易发展都产生了深刻的影响。

（二）欧盟自由贸易协定中的数字贸易规则

　　欧盟也在努力构建体现自身利益的"欧式模板"。目前，数字贸易规则的"欧式模板"主要聚焦于三大议题：跨境数据自由流动、知识产权保护和视听例外。

数字贸易规则"欧式模板"
的典型特征及发展趋向

1. 跨境数据自由流动、数据安全与个人隐私保护

　　"欧式模板"的跨境数据自由流动以保护个人隐私为前提。

　　2018 年 5 月 25 日，《通用数据保护条例》（GDPR）正式实施，旨在保护欧盟公民的个人数据，并对企业的数据处理提出严格要求。《通用数据保护条例》适用范围广、处罚力度强、数据主体权利完善，并且包括多种详细的跨境数据流动规则。2018 年 5 月 12 日，保加利亚因一家银行违反数据处理而对其做出了 500 欧元的罚款，这是《通用数据保护条例》实施后的第一个案例。2019 年 1 月 22 日，谷歌已因违反"通用数据保护条例"公开透明原则等条款而被法国数据保护监管机构处以 5000 万欧元的罚款。2021 年 7 月 22 日，亚马逊公司由于违反数据处理等原则被卢森堡数据保护委员会处以 7.46 亿欧元的天价罚款，亚马逊公司提出上诉。这些执法行动细致、频繁的调查和严厉的处罚措施对全球的互联网科技企业的合规与隐私策略产生了重大影响，也令各国政策制定者和监管机构越来越意识到隐私对公民、企业和社会的重要性，从而启发了各国的立法思路，在多个维度上推动了全球隐私保护的治理格局产生变化。

2. 知识产权保护

　　知识产权保护是数字贸易规则"欧式模板"谈判中的重点议题。由于欧盟知识密集型企业占比大，数字贸易的快速发展使知识产权纠纷不断增多。由于国际上最高标准的《与贸易有关的知识产权协定》（TRIPS）无法解决数字化产品或服务带来的知识产权纠纷，因此，欧盟在国际上积极推动"TRIPS＋"条款，以保护欧盟企业的知识产权。在平衡"隐私保护"和"知识产权保护"的问题上，针对不同程度的经济体，欧盟采取了不同的

态度。例如，在与发达经济体的谈判中，欧盟的立场是"知识产权保护"要以"隐私保护"为前提。2011 年，欧盟与多个发达经济体初步签订了《反假冒贸易协议》（ACTA），旨在打击假冒盗版，保护知识产权，但欧盟内部并未通过该协议，认为网络服务提供商可以采取措施阻止侵权行为的条款破坏了个人信息权和隐私权；在和中等经济体的谈判中，欧盟放宽了对个人隐私的保护，与其签订的《综合性经济贸易协议》（CETA）中有与 ACTA 一致的优先考虑保护知识产权的条款，而欧盟内部通过了 CETA。欧盟未来的谈判对象集中在发达经济体中，因此，只有平衡"隐私安全"和"保护知识产权"的关系，才能完善数字贸易规则的"欧式模板"。

3. 视听例外

视听例外是数字贸易规则"欧式模板"制订的核心规则。欧盟为了阻止他国文化影响本国公民的意识形态，在数字贸易规则的制订中经常引入文化例外的条款，其中规定视听部门归属于文化部门，可以通过欧盟在文化部门的立场演变来分析"欧式模板"在视听部门的规则制订。欧盟的区域贸易协定在引入"文化例外"条款的基础上增加了"视听例外"条款，还在部分协定中纳入了"文化合作"条款，但欧盟坚守"文化例外"的立场仍未改变。

（三）CPTPP 的主要内容

1. CPTPP 概况

CPTPP 最早可以追溯到 2002 年新西兰、智利和新加坡首先进行的谈判。2005—2015 年，通过美国的牵线，邀请了澳大利亚、秘鲁等环太平洋国家加入，为主导该项计划并全面体现美国在亚太地区的意志更名为跨太平洋伙伴关系协议，开始进入发展壮大阶段并引起了各方高度重视。2016 年 2 月，TPP 12 个成员国正式签署了 TPP。然而，在 TPP 稳步推进之际，2017 年 1 月美国就退出了。在国际社会对 TPP 唱衰之际，日本不甘心放弃在亚太地区的政治和经济利益，联合其他成员国继续推进协议生效，力图拯救名存实亡的TPP，并正式宣布将 TPP 更名为 CPTPP。经过多轮谈判，CPTPP 最终于 2018 年 12 月 30日正式生效。CPTPP 生效后将成为亚太地区规模最大的自由贸易协定，弥补了亚太地区缺乏大型经济组织的历史，并很大程度上将与欧盟、北美自贸区形成三足鼎立的世界经贸格局进一步扩大了国际经贸区域化程度，提高了亚太地区整体活跃度。

在谈判之初，CPTPP 就被定位于 21 世纪高水平的贸易协定。为体现新时代的特征，CPTPP 中包含了以"电子商务"章节为核心的数字贸易规则。CPTPP 数字贸易规则是全球数字贸易规则发展到现阶段的缩影，其中关于数字贸易相关规则得到了大多数国家的共识。

从多边层面来看，CPTPP 数字贸易规则的核心内容是鼓励自由、开放、活力的数字贸易，在一定程度上代表了不同类型经济体制定数字贸易规则的态度，CPTPP 能够在经济水平差异巨大的缔约方之间达成一致并设置缓冲期，是非常成功的进步，正迅速成为国际贸易规则谈判中的"现代化"标准，引领数字贸易规则的构建。

2. CPTPP 的主要内容与特点

CPTPP 在数字贸易规则上展现了继承性、创新性和前瞻性。CPTPP 数字贸易规则深化了电子传输免关税、个人信息保护等传统电子商务议题，引入跨境数据流动、计算设施本地化、源代码保护等争议性议题，也为多项条款预留迂回空间和解释余地。

1）灵活的"电子传输免关税"

"电子传输免关税"作为国际贸易谈判的重要议题，长久以来备受争议。1998 年日内瓦会议上，WTO 发布《全球电子商务宣言》，承诺对电子传输暂时免征关税，并在之后多次将此决定延期，但这属于 WTO 成员方之间的政治承诺，不能通过 WTO 的争端解决机制强制执行。部分数字贸易水平不高的国家仍担心此举会侵蚀本国税基，如印度、巴基斯坦、委内瑞拉和南非等，因此提议 WTO 终止该承诺。

2）软性的"个人信息保护"

CPTPP 为实现最大限度地利用在线环境中的商业机会，给消费者和企业提供一个安全且运行良好的互联网，要求缔约方通过立法为互联网用户的个人信息提供保护，并参照相关国际机构的原则和准则。此外，各方应该认识到保护互联网用户个人信息的经济和社会效益，以及这对于增强消费者对数字贸易的信心所做得贡献，应努力采取非歧视性做法，保护用户免受在其管辖范围内发生的侵犯个人信息保护的行为。另外，其还对非歧视性、透明度，以及各国体制的兼容性提出了更进一步的要求，主要包括各国应该采取非歧视性待遇，公开个人信息保护体制和救济方式，并就此机制的相关信息进行交流，并建立跨境执法合作的多边协调机制。CPTPP 希望在维护跨境数据自由流动的贸易环境的同时，还能让各国共同打击侵犯个人数据和隐私权等违法行为，要求各国为加强合作多采用对话和协商机制的方式来规制违法行为。CPTPP 并没有明确设立统一的强制性的个人信息保护标准，而是给予了各国充分的选择空间，使其可以依据本国国情自由制订合适的保护标准，但期望各国通过相互合作，在加强个人隐私保护的同时，也竭力保持信息的可持续性流动。

3）强制性的"跨境数据流动"和"计算设施本地化"

在数据本地化方面，CPTPP 第 14.13 条规定，任何一方均有权利对计算机设施提出监管要求，但不得要求计算机设施服务方在该方领土内使用或定位计算设施作为在其领土内开展业务的条件，但缔约方为实现合法的公共政策目标除外。其中，在对于跨境数据传输方面的规定，CPTPP 第 14.11 条要求任何一方都应允许通过电子手段进行信息的跨境转移，包括个人信息，但缔约方为实现合法的公共政策目标除外。实施数据跨境自由流动的重要意义体现在促进数据利用效率，符合自由贸易的要求，但同时也应认识到对于涉及敏感的国家安全和个人数据保护的问题，数据开放的协调难度很大。对此，CPTPP 采取了"软硬兼施"的措施作为解决数据跨境自由流动的中立办法。一方面，通过"合法政策目标"，设置缓冲区，作为维护各国政策主权而留出的缺口；另一方面，强调数据跨境自由流动，督促各国制定法律规则促进自由贸易。这两个条款既有助于确保数字交易不会被各国政府随意阻止，也减少了各国政府对于互联网平台进行相互割据的威胁，禁止强制技术转让，以及促进技术自由选择等原则可以联合缔约方形成数字贸易的多边框架，也为缔约方国内政府提供了自主权，以采用最适合当地需求的国内数字贸易规则。

4）创新性的"源代码"条款

CPTPP 是第一个包含源代码条款的区域协定，它承袭了美国所坚持的技术中立原则。对于源代码问题，CPTPP 第 14 条规定，缔约国不得要求转让或获取另一方个人拥有的软件源代码，作为在其境内进口、分销、销售或使用此类软件或包含此类软件的产品的条件，但该要求仅限于大众市场软件或包含此类软件的产品，不包括用于关键基础结构的软件。另外，该条款还给出了一些例外情形，包括不禁止政府要求对软件源代码进行修改以符合法律要求，不禁止在商业合同中要求对源代码进行披露，并且允许法院在具备保护措施的情况下在专利争端事件中要求予以披露。该条款实际上赋予了企业对于源代码的绝对控制权，保护了提供大众市场软件或包含该软件商品商家的知识产权，提高了这些企业创新积极性。这些模糊款项或例外条款为各成员国预留了迂回空间和解释余地，给予了数字经济发展相对滞后的国家适应期。

（四）RCEP 的主要内容

2020 年 11 月 15 日，RCEP（区域全面经济伙伴关系协定）正式签署，包含东盟十国、日本、韩国、澳大利亚、新西兰及我国共 15 个成员，标志着当前世界上人口最多、经贸规模最大、最具发展潜力的自由贸易区正式启航。从文本内容来看，RCEP 具有全面性、互惠性、现代化和高质量等特征，尤其是较高水平电子商务和电信章节的签署，体现了各成员在数字经济领域进一步推动市场开放、完善监管体制、开展经贸合作的决心。就数字贸易而言，RCEP 在强调跨境数字传统规则的同时，也纳入知识产权保护、电子商务等重要规则。无纸化贸易、电子认证和电子签名等在国内发展已成熟的数字技术的推广必将促进区域内产业的数字化转型；消费者权益、个人信息、知识产权等方面的保护规则将有利于构建数字贸易发展的良好营商环境；网络安全与数据传输监管将为数字贸易发展提供强有力的保障；传输设备等硬件建设将为数字贸易的发展提供强大技术支撑；新技术应用规则将加速跨境电商以及新型物流业的飞速发展；数字贸易对话与争端解决机制将推动区域贸易争端的高效解决。

一方面，电子商务服务包含的数据跨境流动等规则，涉及各国政府对本国数据、网络乃至数字社会治理的基本政策取向，从公共安全保障、个人权益保护和产业发展利益的角度出发，各国监管政策存在较大差异，相关经贸规则也呈现碎片化、异质化趋势；另一方面，RCEP 各成员国的电子商务产业发展阶段、监管机制水平差异较大，达成各国均适用的高水平条款存在诸多困难和阻碍。最终，RCEP 电子商务规则紧密围绕着增强合作、促进电子商务的发展目标和原则制订，主要包括数字产品关税征收、通过电子方式跨境传输信息、计算设施的位置，以及线上消费者及个人信息保护等方面。

从 RCEP 电子商务章节来看，一是整合区域市场发展方向，促进必要限度的数据流动和产业合作，在 RCEP 文本中，各国针对数据和设施的自由化做出两项义务性承诺——在公共政策目标之外，不得阻止商业行为目的的数据跨境流动，不得将设施的本地化作为市场准入条件；同时，也对公共政策目标措施进行了限定——不得构成歧视或变相贸易限制，其中，我国和东盟（整体）首次在国际谈判中采纳该条款，明确了各方在安全基础上，共建亚太数字合作圈的总体愿景。RCEP 考虑到缔约国多层级的经济水平状况，意图满足发展中国家期望破除知识垄断，缩小发展差距的经济需要，故删减了源代码条款来平衡国家之间的利益诉求差别。二是充分尊重各方国内监管框架，建立"公平贸易"市场。从上述规则文本来看，除了两项义务性承诺外，条款仍保留了授权性规则——彼此尊重各国监管要求、为公共目的而采取措施的必要性由本国政府决定，他方不得提出异议；同时，其对部分监管水平有限的成员，使用过渡期、保留性脚注、兼容性表述等灵活方式达成统一，为其产业发展和国内监管体系完善保留空间。RCEP 删减了非歧视待遇条款，实际上是意图维护处于弱势地位的非数字内容强国（尤其是以东盟国家为代表）的国家利益。

另外，RCEP 在维持免除电子关税政策主张的同时，也尊重各国对国内数字经济管理秩序的主权维护以及数字自由化流通的有效控制。

由此可见，RCEP 更多的是以一种妥协的方式促进各国在更多领域合作。

三、数字经济伙伴关系协定

《数字经济伙伴关系协定》（DEPA）的发起国是新西兰，该协定由新西兰、新加坡、智利三国于 2020 年 6 月 12 日通过网络签署的，也是全球第一个网络签署的重要国际条约。DEPA 的最大优势在于其开放性，协定被设计成"模块化"的诸边贸易协定，以便未来的参与者选择最适合成员特定情况的协议条款，也可以随着贸易政策和电子商务样式的发展而修改。协定由 16 个主题模块构成，包括商业和贸易便利化、处理数字产品及相关问题、数据问题、更广阔的信任环境、商业和消费者信任、数字身份、新兴趋势和技术、创新和数字经济、中小企业合作、数字包容、透明度和争端解决等。

（一）与数字贸易有关的基础设施

1. 数字身份

DEPA 明确认识到数字身份是数字经济的重要组成部分，并要求各国促进在个人和公司数字身份方面的合作，还要确保它们的安全性。数字身份方面的合作以互认数字身份为目标，以增强区域和全球的连通性为导向，这有助于促进各个体系之间的互操作性。DEPA 要求未来的各国将致力于有关数字身份的政策和法律法规、技术实施和安全标准方面的专业合作，从而为数字身份领域的跨境合作打下坚实的基础。

2. 无纸化贸易

DEPA 通过要求缔约方提供电子版本的贸易管理文件来促进无纸化贸易，从而提升贸易管理程序的有效性。在大多数情况下，电子版的贸易管理文件的效力与纸质文件相同。通过 DEPA，新加坡、智利和新西兰的海关当局将通过连接各自国家的单一窗口并启用可互操作的跨境网络。

3. 电子发票

DEPA 要求缔约方在电子发票系统内合作，从而促使它们使用电子发票。DEPA 鼓励各国对其国内电子发票系统采用类似 Peppol（Pan-European Public Procurement On-Line）的国际标准。这将使从事国际业务的企业能够通过跨境的互操作系统轻松交易。企业可以通过缩短发票处理时间实现快速付款，从而提升商业交易的效率、准确性和可靠性。

4. 金融科技和电子支付

DEPA 认识到支付技术正在发展，因此要求各国及时公布电子支付的法规，考虑国际公认的电子支付标准，从而促进透明度和公平的竞争环境。DEPA 同意促进金融科技领域公司之间的合作，促进针对商业领域的金融科技解决方案的开发，并鼓励缔约方在金融科技领域进行创业人才的合作。DEPA 还同意通过提出非歧视、透明和促进性的规则（例如开放的应用程序接口），为金融科技的发展创造一个有利的环境。同时，由于支付系统的信任和安全也很重要，DEPA 允许在特殊情况下进行监管，以应对国际收支危机。

（二）跨境数据流动与个人信息保护

1. 个人信息保护

DEPA 下的个人信息是指"包括数据在内的有关已识别或可识别自然人的任何信息"。

随着企业跨境进行电子交易，个人数据正在作为交易的一部分进行传输，但是各国在处理此类数据方面有不同的政策和法规，例如，某些国家的个人数据保护法要求企业在允许特定数据离开国界之前满足某些要求。DEPA 强调了关于个人信息保护的重要性，DEPA 还制定了加强保护个人信息的框架与原则，包括透明度、目的规范、使用限制、收集限制、个人参与、数据质量和问责制等。DEPA 要求缔约方在国内建立一个与这些原则相匹配的框架。DEPA 缔约方将建立机制，以促进各国保护个人信息法律之间的兼容性和互操作性，比如对企业使用数据信任标记和认证框架，从而向消费者表明该企业已经制订了良好的数据管理规范而且值得信赖。

2. 跨境数据流动

DEPA 认识到数据支持社会福利和推动企业创新的潜力，DEPA 将允许在新加坡、智利和新西兰开展业务的企业跨边界更无缝地传输信息，并确保它们符合必要的法规。DEPA 成员坚持他们现有的 CPTPP 承诺，允许数据跨边界自由流动。DEPA 有利于营造一个良好的营商环境，使企业无论身在何处都可以为客户提供服务，尤其是通过新的业务模型以及数字产品和服务（如在线游戏和视频流）。

3. 政府数据公开

DEPA 展望数据创新的未来，为数据共享项目的未来工作设定框架。DEPA 缔约方可以探索扩大访问和使用公开政府数据的方式，从而为企业（尤其是中小企业）创造新的机会。这包括共同确定可使用开放数据集（尤其是具有全球价值的数据集）以促进技术转让，人才培养和部门的创新。DEPA 各方应努力实现政府数据的公开，鼓励基于开放数据集开发新产品和服务。DEPA 同样鼓励以在线可用的标准化公共许可证形式使用和开发开放数据许可模型，并允许所有人出于法律允许的目的自由访问、使用修改和共享开放数据。

（三）争端解决

DEPA 还包含争端解决条款，以应对数字贸易领域争端解决条款普遍不适用的问题，DEPA 致力于为解决政府间的争端提供有效、公平和透明的程序，争端解决的程序细节已经加入了正式签署的文本，争端解决条款包括三个层次：协商、调解和仲裁程序，有效缓解了数字经济领域争端解决程序缺失的现状。

2021 年 11 月 1 日，中国正式提出申请加入 DEPA，在全球经贸舞台乌云密布的当下，中国的加入必将推动 DEPA 路线图的加速落实，促进成员间在货物贸易、服务贸易、知识产权以及投资等领域的深度合作与长足发展。

参 考 文 献

[1] 赵瑾, 张宇. 中国国际经贸理论前沿9: 数字经济下的国际贸易与国际投资 [M]. 北京: 社会科学文献出版社, 2021.

[2] 熊励, 刘慧, 刘华玲. 数字与商务 [M]. 上海: 上海社会科学院出版社, 2011.

[3] 白东蕊, 岳云康. 电子商务概论 [M]. 4版. 北京: 人民邮电出版社, 2019.

[4] 刘咏芳. 国际贸易电子商务 [M]. 2版. 北京: 电子工业出版社, 2015.

[5] 井然哲. 跨境电子商务导论: 理论与实践 [M]. 上海: 格致出版社, 2019.

[6] 常广庶. 跨境电子商务理论与实务 [M]. 北京: 机械工业出版社, 2018.

[7] 王健. 跨境电子商务基础 [M]. 北京: 中国商务出版社, 2015.

[8] 秦良娟, 张莉, 喇磊, 屈启兴. 跨境电子商务: 数字教材版 [M]. 北京: 中国人民大学出版社, 2022.

[9] 冯晓宁. 国际电子商务实务精讲 [M]. 2版. 北京: 中国海关出版社, 2016.

[10] 鲜军, 王昂. 跨境电子商务 (实训指导版 慕课版) [M]. 北京: 人民邮电出版社, 2021.

[11] 马述忠, 房超, 郭继文. 世界与中国数字贸易发展蓝皮书 (2018) [M]. 杭州: 浙江大学出版社, 2018.

[12] 王健. 跨境电子商务基础 [M]. 北京: 中国商务出版社, 2015.

[13] 杨坚争, 杨立钒. 国际电子商务教程 [M]. 北京: 电子工业出版社, 2013.

[14] 姜红波. 电子商务概论 [M]. 北京: 清华大学出版社, 2013.

[15] 冯晓宁. 国际电子商务实务精讲 [M]. 北京: 中国海关出版社, 2016.

[16] 仝新顺, 雷兵, 郭献强, 等. 电子商务概论 [M]. 北京: 清华大学出版社, 2010.

[17] 白东蕊, 岳云康. 电子商务概论 [M]. 北京: 人民邮电出版社, 2019.

[18] 周曙东. 电子商务概论 [M]. 南京: 东南大学出版社, 2015.

[19] 张夏恒. 跨境电子商务概论 [M]. 北京: 机械工业出版社, 2020.

[20] 常广庶. 跨境电子商务理论与实务 [M]. 北京: 机械工业出版社, 2021.

[21] 逯宇铎. 跨境电子商务理论与实务 [M]. 北京: 人民邮电出版社, 2021.

[22] 王昆鹏. 论跨境电子商务网上争议解决 [D]. 郑州: 郑州大学, 2012.

[23] 马述忠, 房超, 梁银锋. 数字贸易及其时代价值与研究展望 [J]. 国际贸易问题, 2018 (10): 16-30.

[24] 蓝庆新, 窦凯. 美欧日数字贸易的内涵演变、发展趋势及中国策略 [J]. 国际贸易, 2019 (06): 48-54.

[25] 张宇, 蒋殿春. 数字经济下的国际贸易: 理论反思与展望 [J]. 天津社会科学, 2021 (03): 84-92.

[26] 伊万·沙拉法诺夫, 白树强. WTO 视角下数字产品贸易合作机制研究——基于数字贸易发展现状及壁垒研究 [J]. 国际贸易问题, 2018 (02): 149-163.

[27] 孙杰. 从数字经济到数字贸易: 内涵、特征、规则与影响 [J]. 国际经贸探索, 2020 (05): 87-98.

[28] 刘洪愧. 数字贸易发展的经济效应与推进方略 [J]. 改革, 2020 (03): 40-52.

[29] 高鸿铭, 等. 在线评论与产品介入对虚拟购物车选择决策的影响研究——基于消费者介入理论 [J]. 中国管理科学, 2021 (06): 211-222.

[30] 李江一. 前景理论可以解释居民消费吗? [J]. 经济学动态, 2021 (07): 51-66.

[31] 魏景赋, 张嘉旭. 中日数字服务贸易对比分析——基于全球价值链视角 [J]. 沈阳工业大学学报 (社会科学版), 2022 (01): 27-35.

[32] 马艳丽. 跨境电子商务产品的选择原则、方法与策略分析 [J]. 电子商务, 2015 (08): 43-45.

[33] 马芳. 第三方支付机构跨境交易监管的国际比较和经验借鉴 [J]. 金融纵横, 2018 (08): 84-89.

[34] 谢波峰. 对当前我国电子商务税收政策若干问题的看法 [J]. 财贸经济, 2014 (11): 5-12.

[35] 毛道根. 跨境电子商务中的海关税收征管问题探讨 [J]. 对外经贸实务, 2015 (12): 26-29.

[36] 鞠晔. 略论电子商务领域消费者权益保护的基本原则 [J]. 现代商业, 2014 (19): 50-51.

[37] 张俊英, 韩佳凝. 网络交易消费者权益保护机制构建及优化路径 [J]. 消费经济, 2021, 37 (04): 45-52.

[38] 王建丰, 王玉林. 数字经济下我国跨境电商规则升级新路径 [J]. 宏观经济管理, 2020 (07): 66-71.

[39] 万丽. 从一则案例看跨境电商出口中的知识产权侵权风险与防范 [J]. 对外经贸实务, 2020 (11): 73-76.

[40] 陈剑玲. 论消费者跨境电子商务争议的解决 [J]. 首都师范大学学报 (社会科学版), 2012 (02): 154-156.

[41] 薛源. 跨境电子商务交易全球性网上争议解决体系的构建 [J]. 国际商务 (对外经济贸易大学学报), 2014 (04): 95-103.

[42] 李杨, 陈寰琦, 周念利. 数字贸易规则 "美式模板" 对中国的挑战及应对 [J]. 国际贸易, 2016, (10): 24-27, 37.

[43] 周念利, 陈寰琦. 数字贸易规则 "欧式模板" 的典型特征及发展趋向 [J]. 国际经贸探索, 2018, 34 (03): 96-106.

[44] 周念利, 王千. 美式数字贸易规则对亚洲经济体参与 RTAs 的渗透水平研究 [J]. 亚太经济, 2019 (04): 30-37.